北京人才蓝皮书

BLUE BOOK OF
BEIJING'S TALENT

北京人才发展报告
（2011~2012）

ANNUAL REPORT ON DEVELOPMENT OF
BEIJING'S TALENT (2011-2012)

北京市人力资源研究中心
主　编／于　淼

社会科学文献出版社
SOCIAL SCIENCES ACADEMIC PRESS (CHINA)

图书在版编目(CIP)数据

北京人才发展报告.2011~2012/于淼主编.—北京：社会科学文献出版社，2013.10
（北京人才蓝皮书）
ISBN 978-7-5097-5055-1

Ⅰ.①北… Ⅱ.①于… Ⅲ.①人才培养-研究报告-北京市-2011~2012 Ⅳ.①C964.2

中国版本图书馆 CIP 数据核字（2013）第 214413 号

北京人才蓝皮书
北京人才发展报告（2011～2012）

主　　编／于　淼

出 版 人／谢寿光
出 版 者／社会科学文献出版社
地　　址／北京市西城区北三环中路甲29号院3号楼华龙大厦
邮政编码／100029

责任部门／全球与地区问题出版中心（010）59367004　　责任编辑／仇　扬
电子信箱／bianyibu@ssap.cn　　　　　　　　　　　　　责任校对／姬春燕
项目统筹／祝得彬　　　　　　　　　　　　　　　　　　责任印制／岳　阳
经　　销／社会科学文献出版社市场营销中心（010）59367081　59367089
读者服务／读者服务中心（010）59367028

印　　装／北京季蜂印刷有限公司
开　　本／787mm×1092mm　1/16　　　　　印　张／27.75
版　　次／2013年10月第1版　　　　　　　字　数／451千字
印　　次／2013年10月第1次印刷
书　　号／ISBN 978-7-5097-5055-1
定　　价／89.00元

本书如有破损、缺页、装订错误，请与本社读者服务中心联系更换
▲ 版权所有　翻印必究

北京人才蓝皮书编委会

编撰机构 北京市人力资源研究中心

主　　编 于　淼

副 主 编 马　宁　程　岳

编　　委 于　淼　曾湘泉　杨河清　李海峥　马　宁
　　　　　　程　岳

执行编辑 马　宁　胡秋华　孟志强　秦元元

北京市人力资源研究中心简介

北京市人力资源研究中心是北京市委组织部直属的人力资源开发与管理应用对策研究和咨询机构，成立于2004年12月23日，是全国组织系统中组建的第一家人力资源研究机构。

北京市人力资源研究中心担负开展北京市委、市政府关于首都人力资源开发与管理的应用研究，推进人力资源交流与合作，为组织干部人才工作和社会提供专业化的人力资源研发服务职责。几年来，该研究中心按照"小机构、大平台、宽服务"的要求，紧紧围绕北京市委、市政府的中心工作，圆满完成了多项重大调研任务，并通过开办论坛、出版书籍和内刊等多种形式，为全市各级党委、政府、企事业单位提供了强有力的决策支持和服务。

主要编撰者简介

于淼 现任北京市委组织部人才工作处处长、北京市人力资源研究中心主任、北京专家联谊会秘书长。俄罗斯莫斯科国立大学硕士,高级经济师、高级政工师。曾任北京市人事局引智办副主任、北京市委组织部人才工作处副处长。长期从事人事人才工作。

马宁 现任北京市委组织部人力资源研究中心副主任。曾参与《首都中长期人才发展规划纲要(2010~2020年)》研究编制工作,参与"北京建设世界城市人才发展指标体系及发展路径""京津冀区域人才一体化发展"等课题研究。《北京人才参考》副主编,《北京人才蓝皮书(2011~2012)》执行副主编。

程岳 现任北京市委组织部人力资源研究中心副主任。理学硕士。曾先后在北京化工大学团委、团市委大学中专部、北京奥组委人事部培训工作办公室、市委组织部人才处工作。曾参与了《首都中长期人才发展规划纲要(2010~2020年)》和全市有关人才政策的研究制定工作,完成了奥运会、残奥会人才培养研究,高校领导干部选任机制研究,中关村人才特区政策创新研究等重点课题。

摘 要

《北京人才发展报告（2011~2012）》是由北京市人力资源研究中心组织编写的北京人才蓝皮书系列的第二本，旨在全面总结展示一个时期北京人才发展的理论成果和实践经验。全书由总报告、人才资源开发、人才政策创新和附录四部分组成。

总报告总结了2011~2012年北京人才发展的基本状况，以及北京市委市政府为推进人才发展采取的主要政策措施。同时，对未来形势和工作重点进行了分析、预测和展望。

人才资源开发篇收录了北京一些重点行业、领域和区域的人才发展研究报告，力求从不同角度展示有关部门在推进人才发展中的实践探索、工作成果和思路措施。

人才政策创新篇主要展示了中关村人才特区建设两年来，在人才政策方面的创新探索；同时围绕构建世界城市高端人才聚集之都政策体系、改革科技人才评价、调动社会力量参与人才工作、制定地方性人才法规、推进区域人才发展合作等热点问题，在分析基本情况、研判形势任务、借鉴国内外经验基础上，提出了有关政策建议。

附录部分收录了2011年以来北京关于人才发展的重要政策文件，以及这一时期北京人才发展的重要事件，供读者全面了解这一时期北京人才发展的总体脉络。

Abstract

Annual Report on Development of Beijing Talent (*2011 - 2012*) is the second one of Beijing Talent Blue Book series, which is compiled by Beijing Center for Human Resources Research. The book reviews the theories and experiences of Beijing talent development in the last two years, and includes four parts: general report, talent resources development, talent policy innovation, and appendix.

The general report summarizes the overall situation of Beijing talent development from 2011 to 2012, and main policies and measures to promote talent development implemented by Beijing municipal Party committee and Beijing government. Furthermore, it analyzes the trend and key work of Beijing talent development in the future.

The talent resource development section collects some important reports on talent development from different industries and fields of Beijing, in order to reveal the results and achievements in multiple viewpoints.

The talent policy innovation section introduces the policy innovation of Zhongguancun Special Talent Zone in last two years. In addition, based on the analysis of current situation and international experiences, it puts forward relevant policy suggestions on hotspots, including the policy system on building high-level talent metropolis, science and technology talent evaluation, participation of the whole society for talent, cooperation with other regions on talent.

The appendix collects the important policies and events of talent development in Beijing since 2011, the readers will have a comprehensive understanding of Beijing talent development.

目录

B Ⅰ 总报告

B.1 提升首都人才竞争优势　打造创新驱动发展格局
　　——2011~2012年北京人才发展报告
　　……………………………… 北京市人力资源研究中心课题组 / 001

B Ⅱ 人才资源开发

B.2 北京地区科技人力资源发展报告
　　……………………………………………… 北京市科学学研究中心
　　　　　　　　　　李永进　张士运　陈媛媛　张　旸 / 044
B.3 首都社会工作人才队伍建设调研报告
　　…………………………………… 刘占山　张　强　孙先礼 / 062
B.4 首都金融行业人才状况调查报告
　　………………… 北京市金融工作局　北京双高人才发展中心课题组 / 088
B.5 年轻领导干部成长规律研究
　　——以北京市年轻局级干部为样本
　　…………………… 中共北京市委组织部　共青团北京市委课题组 / 107
B.6 中关村国家自主创新示范区人才发展报告
　　………………… 中关村科技园区管理委员会　中关村创新研修学院 / 118

001

B.7 中关村国家自主创新示范区核心区高端创新型科技
　　　人才状况调查报告 ………………………………… 杨智慧 / 142
B.8 北京东城区文化人才队伍建设的实践探索与思考 ……… 吴松元 / 158
B.9 首都地区人才效能差异化实证研究
　　　——基于产业层面数据 ………………… 吴　江　王选华 / 167

BⅢ 人才政策创新

B.10 中关村人才特区政策创新研究报告
　　　………………………… "中关村人才特区政策创新研究"课题组 / 180
B.11 北京建设世界高端人才聚集之都政策体系研究
　　　………………………………… 曾湘泉　袁　罡　胡　奇 / 199
B.12 科技人才评价机制研究 …………………… 北京市科委课题组 / 214
B.13 社会组织在人才工作中发挥作用情况调研报告
　　　……………………………………………… 卢　建　杨沛龙 / 240
B.14 北京市开展人才立法相关问题的研究
　　　………………………… 北京市人力资源和社会保障局课题组 / 252
B.15 合作与共赢：京津冀区域人才一体化研究
　　　………………………………… 马　宁　饶小龙　王选华 / 263
B.16 世界城市聚集高端人才经验研究
　　　………………………………… 曾湘泉　袁　罡　胡　奇 / 277

BⅣ 附录

B.17 关于中关村国家自主创新示范区建设人才特区的若干意见 …… / 292
B.18 加快建设中关村人才特区行动计划（2011～2015年）………… / 302
B.19 关于实施首都青年人才开发工程的意见 ……………………… / 312
B.20 首都杰出人才奖评选表彰工作实施细则 ……………………… / 317

B.21　北京市优秀青年人才评选表彰办法 …………………… / 321
B.22　首都中长期农村实用人才发展规划纲要（2010~2020年） …… / 325
B.23　首都中长期高技能人才发展规划纲要（2010~2020年） ……… / 331
B.24　首都中长期教育人才发展规划纲要（2010~2020年） ………… / 341
B.25　首都中长期企业经营管理人才发展规划纲要（2010~2020年）
　　　 …………………………………………………………………… / 355
B.26　首都中长期科技人才发展规划纲要（2011~2020年） ………… / 364
B.27　首都中长期社会工作专业人才发展规划纲要（2011~2020年）
　　　 …………………………………………………………………… / 373
B.28　首都中长期专业技术人才发展规划纲要（2011~2020年） …… / 383
B.29　关于推进首都人才集群化发展的实施意见 ………………… / 393
B.30　关于进一步加强党管人才工作的实施意见 ………………… / 402
B.31　2011年北京人才工作大事记 ………………………………… / 409
B.32　2012年北京人才工作大事记 ………………………………… / 414

英文摘要 ……………………………………………………………… / 419

皮书数据库阅读**使用指南**

CONTENTS

B I　General Report

B.1　Promoting Talent Competitive Advantage in China's Capital Forging Innovation Driven Development Pattern

—Beijing Talent Development Report in 2011-2012

Group of Beijing Center for Human Resource Research / 001

B II　Human Resource Development

B.2　Report on Scientific Human Resources Development in Beijing

Beijing Scienology Research Center

Li Yongjin, Zhang Shiyun, Chen Yuanyuan and Zhangyang / 044

B.3　Report on Beijing Social Work Talent Team Construction

Liu Zhanshan, Zhang Qiang and Sun Xianli / 062

B.4　Report on Beijing Financial Industry Professionals Conditions

Group of Beijing Municipal Bureau of Financial Work and Beijing G&G Human Resource Development Center / 088

CONTENTS

B.5 Research on Regular Pattern of Beijing Yong Leaders Growth
—Based on Bureau-level Leaders in Beijing
Group of CPC Beijing Committee Organization Department and China Communist Youth League Beijing Committee / 107

B.6 Report on Talent Development of Zhongguancun Science Park
Group of Administrative Committee of Zhongguancun Science Park / 118

B.7 Report on High-end Innovative Talent Condition of Core Area at Zhongguancun Science Park *Yang Zhihui* / 142

B.8 Exploration and Thinking on Practices of Cultural Talent Team Construction in Dongcheng District of Beijing *Wu Songyuan* / 158

B.9 Research on Talent Performance Differentiation in the Capital Region
—Based on Industry-level Data *Wu Jiang, Wang Xuanhua* / 167

BⅢ Human Resource Policy Innovation

B.10 Report on Policy Innovation of Zhongguancun Science Park
Group of Policy Innovation Research for Zhongguancun Special Talent Zone / 180

B.11 Research on Policy System of Beijing Building a City Gathering High-end Talent in the World *Zeng Xiangquan, Yuan Gang and Hu Qi* / 199

B.12 Research on Evaluation Mechanism of Science and Technology Talent
Research Group of Beijing Municipal Science & technology Commission / 214

B.13 Report on Social Organization Playing a Role in Talent Work
Lu Jian, Yang Peilong / 240

B.14 Research on Beijing's Legislation for Talent

Research Group of Beijing Municipal Human Resource and Social Security Bureau / 252

B.15 Cooperation and Win-win: Research on Talent Integration of Beijing, Tianjin and Hebei　　*Ma Ning, Rao Xiaolong and Wang Xuanhua* / 263

B.16 Research on Experience of Gathering High-end Talent in World Cities

Zeng Xiangquan, Yuan Gang and Hu Qi / 277

总报告

General Report

B.1
提升首都人才竞争优势 打造创新驱动发展格局

——2011~2012年北京人才发展报告

北京市人力资源研究中心课题组[*]

摘 要:

报告基于北京建设中国特色世界城市目标,对2011~2012年全市人才发展状况与未来的形势任务进行了深入研究。首先,对人才质量状况、产业和区域分布、人才环境、效能发挥进行了分析,并与国内外城市加以比较,研究了北京人才发展的优势与劣势。其次,从全市人才规划纲要体系建设出发,重点选择人才工程项目推进、海外高层次人才引进、人才事业平台搭建、人才体制机制创新等视角,对近年来促进人才发展的主要政

---

[*] 课题组组长:于淼,中共北京市委组织部人才工作处处长、北京市人力资源研究中心主任,高级经济师、高级政工师。课题执笔人:马宁,北京市人力资源研究中心副主任;王选华,北京市人力资源研究中心研究人员,经济学博士;饶小龙,北京市人力资源研究中心研究人员,管理学博士。

策措施加以梳理，明晰了全市人才工作格局。最后，针对未来时期人才发展面临的形势与任务，主要从全市人才资源开发、人才结构调整、城乡人才一体化以及人才政策创新等方面提出了建议。

关键词：

　　首都人才发展　人才工作　人才竞争　创新驱动

自2010年7月召开人才工作会议并发布实施《首都中长期人才发展规划纲要（2010~2020年）》（以下简称《首都人才规划》）以来，北京市围绕实施"人文北京、科技北京、绿色北京"战略和建设中国特色世界城市奋斗目标，以落实《首都人才规划》为主线，以培养、吸引和集聚高层次人才为重点，统筹推进各支人才队伍建设，积极改革创新人才管理体制机制，不断优化人才发展环境，首都人才竞争优势得到进一步提升，在打造科技创新、文化创新"双轮驱动"发展格局、建设世界科技文化创新之城进程中的战略地位和重要作用更加凸显。

一　首都人才发展总体状况

（一）人才资源总量不断增长，质量状况持续改善

1. 人才资源总量

《北京统计年鉴2012》显示，2011年年末北京地区常住人口为2018.6万人，从业人员数量为1069.7万人[1]。经测算，截至2011年年底，北京地区人才资源总量为532万人，占从业人员总数的49.73%[2]。其中，具有专业知识的人才417万人，具有专门技能的人才115万人。各类人才队伍数量情况见表1。

---

[1] 如无特别说明，本报告中有关数据均截止到2011年年底。
[2] 具体测算过程见本报告所附《北京地区人才资源测算说明》。

表1 北京地区人才资源总量及人才队伍情况

单位：万人

类别	数量
人才资源总量	532
1. 专业知识人才	417
2. 专门技能人才	115
党政人才	20.97
企业经营管理人才	243
1. 专业知识人才	202
2. 专门技能人才	41
专业技术人才	318
1. 专业知识人才	231.3
2. 专门技能人才	25.7
3. 双重身份人才	61
高技能人才	65.9
1. 专业知识人才	14.7
2. 专门技能人才	51.2
农村实用人才	3.8
1. 专业知识人才	0.6
2. 专门技能人才	3.2
社会工作人才	2.35

2008年，为编制《首都人才规划》，北京市人才工作领导小组办公室组织力量对北京地区人才资源状况进行了分析测算；此后，采取相同方法测算出了2009年和2010年人才资源数量（见表2）。由于当时分析测算缺乏普查数据支撑，技能人才、非公领域人才等一些数据不够完整，因此，表2结果并不能十分准确地反映近几年北京地区人才资源总量的变化情况，但北京地区人才资源总量不断增长的趋势是非常明确的。

表2 2008～2011年北京地区人才资源总量情况

单位：万人

年度	常住人口数量	从业人员数量	人才数量
2008	1692.0	980.9	337*
2009	1860.0	998.3	350*
2010	1961.9	1031.6	385*
2011	2018.0	1069.7	532

注：*表示不完全统计，常住人口、从业人员数据均来自《北京统计年鉴2012》。

2. 受教育状况

近年来,北京稳步推进各级各类教育事业,地区人口素质不断提高,2010年人均受教育年限达到11.5年,比2000年提高了1.5年[①];2011年6岁以上年龄人口中,接受过高等教育的占比为33.9%,比全国平均水平高出23.8个百分点,排名全国第一,见图1。从业人员文化素质较高,据第六次全国人口普查数据显示,截至2010年年底,北京地区接受过高等教育的从业人员占比为38.98%;2011年这一比例超过39%,和十年前相比提高了20.4个百分点,见图2。从人才资源情况看,具有大学本科以上文化程度人员比例超过60%[②]。

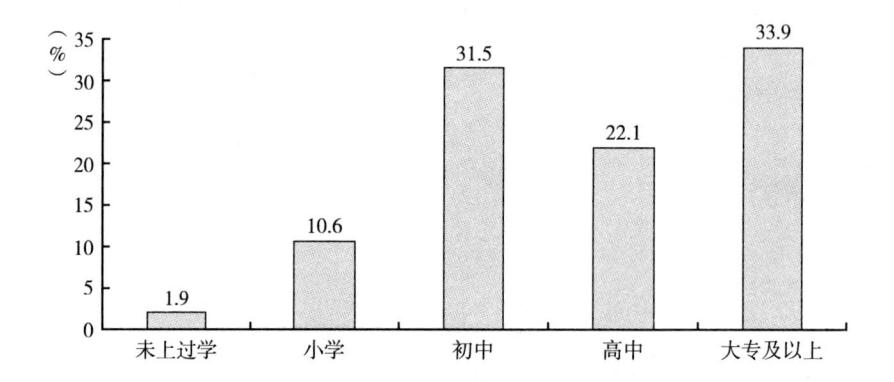

图1 2011年北京地区常住人口受教育程度比例

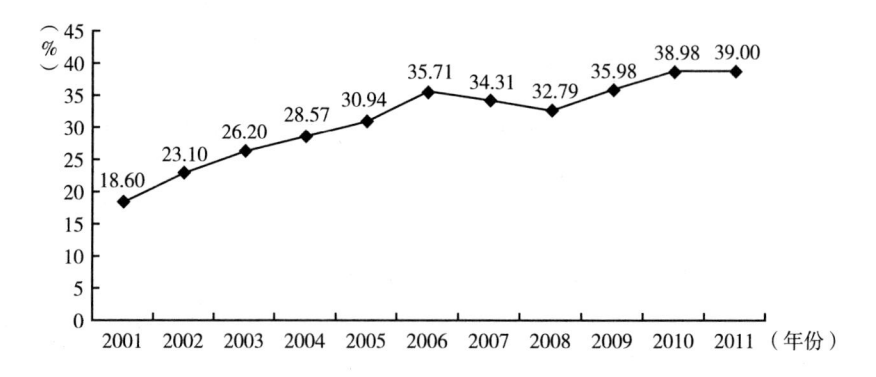

图2 北京地区从业人员受高等教育比例变化情况

---

① 数据来源:《中国劳动统计年鉴2012》。
② 数据来源:《中国2010年人口普查资料》。

3. 科技活动人员

科技活动人员是指直接从事科技活动、科技管理活动以及为科技活动提供直接服务的人员，其核心部分是 R&D 人员。科技活动人员状况是衡量科技活动规模和发展速度的重要指标，也是评价人才资源总体质量和创新能力的重要参考依据。2011 年北京地区科技活动人员达到 60.6 万人，比 2001 年增加了 151.9%；每一万名从业人员中科技活动人员达到 566 人，比 2001 年增加了 48%，呈现持续增加趋势。R&D 人员达到 21.73 万人，比 2001 年增加了 128.1%；每一万名从业人员中 R&D 人员达到 203 人，比 2001 年增加了 34.1%。R&D 人员在 2005 年以来略有波动，但总体上也呈增长趋势，详见图 3 与图 4。

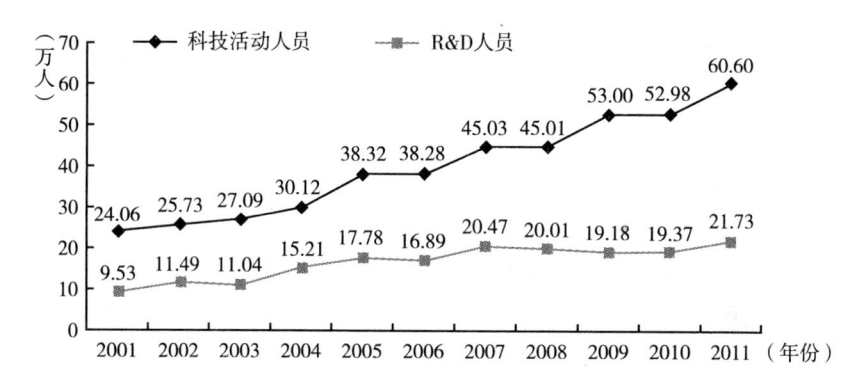

图 3　北京地区科技活动人力资源规模变化情况

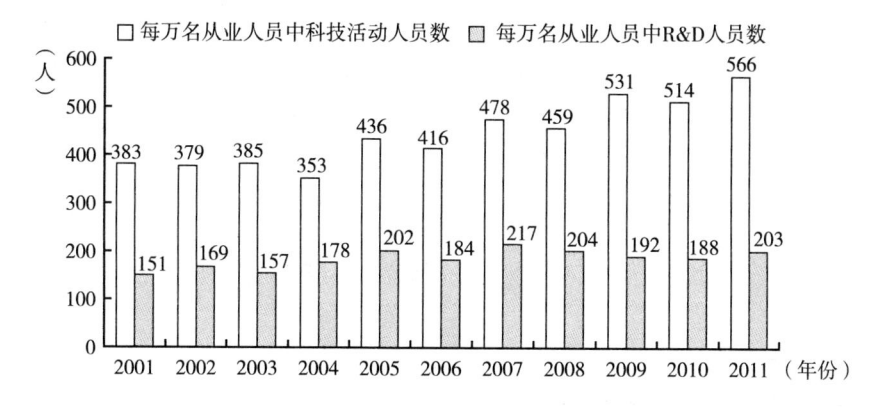

图 4　北京地区人均科技活动人力资源变化情况

4. 高层次人才

北京是全国最大的教育、文化和科研中心，是各类人才创业、发展的首选地之一，聚集了大量的高层次人才。截止到2011年年底，北京地区共有718位"两院"院士，约占全国总数的48%。入选国家"千人计划"的海外回国创新创业人才共770名，占全国总数的46.6%；入选国家"外专千人计划"16人，占全国总数的17%。2006年以来，北京地区共有教育部"长江学者"奖励计划特聘教授227人，占总数的29%；讲座教授95人，占总数的21.2%。入选全国宣传文化系统"四个一批"人才328人，占总数的45.2%。国家级有突出贡献专家共98人，享受国务院政府特殊津贴的专家3611人。这些高层次人才在促进北京经济社会发展的过程中发挥了突出的骨干作用①。

（二）人才产业结构相对合理，区域分布不够平衡

1. 人才产业结构

2011年年底，北京地区GDP总量达到16251.9亿元，第一、第二、第三产业增加值占比分别为0.8%、23.1%、76.1%②，其中第三产业对经济增长的贡献率近10年来始终保持在60%以上，2011年达到80.2%。可以说，近10年来北京地区服务经济始终占据主导地位，详见表3。

表3 北京地区三次产业对经济增长贡献率比较

单位：%

年份	产业贡献率			产业对经济增长的拉动			
	第一产业	第二产业	第三产业	经济增长率	第一产业	第二产业	第三产业
2001	0.8	26.7	72.5	11.7	0.1	3.1	8.5
2002	0.5	23.4	76.1	11.5	0.1	2.7	8.7
2003	-0.2	33.4	66.8	11.1	—	3.7	7.4
2004	-0.1	37.9	62.2	14.1	—	5.3	8.8
2005	-0.3	26.9	73.4	12.1	—	3.2	8.9
2006	0.1	23.5	76.4	13.0	—	3.1	9.9

---

① 数据来源：相关部门统计数据。
② 数据来源：《中国劳动统计年鉴2012》。

续表

年份	产业贡献率			产业对经济增长的拉动			
	第一产业	第二产业	第三产业	经济增长率	第一产业	第二产业	第三产业
2007	0.2	24.9	74.9	14.5	—	3.6	10.9
2008	0.1	2.4	97.5	9.1	—	0.2	8.9
2009	0.4	26.5	73.1	10.2	—	2.7	7.5
2010	-0.1	34.4	65.7	10.3	—	3.5	6.8
2011	0.1	19.7	80.2	8.1	—	1.6	6.5

2011年年底，北京地区1069.7万名从业人员中，第一产业从业人员数量为59.1万人，第二产业为219.2万人，第三产业为791.4万人，三者占比分别为5.5%、20.5%和74%[①]。根据分析测算，一、二、三产业人才分布状况为：第一产业共有各类人才19.7万人，第二产业共有各类人才110.07万人，第三产业共有各类人才402.25万人，三者占比分别为3.7%、20.69%和75.61%，见表4。数据表明，在北京地区产业结构转换升级过程中，就业人口、人才结构变化趋势与产业结构变化趋势是基本一致的。

表4 北京地区人才三次产业分布情况

单位：万人

人才队伍	第一产业	第二产业	第三产业
党政人才	—	—	20.97
企业经营管理人才	7.65	52.97	182.37
专业技术人才	6.17	42.73	147.1
高技能人才	2.08	14.37	49.46
农村实用人才	3.8	—	—
社会工作人才	—	—	2.35
合　计	19.7	110.07	402.25

高技术、金融和文化创意是目前纽约、伦敦、东京等世界城市的典型业态，也是近年来北京重点发展的高端产业。2011年年底，北京市这三大高端产业从业人员比重合计为18.7%，比2008年提高近3个百分点，但高技术产

---

① 数据来源：《中国劳动统计年鉴2012》。

业和金融产业从业人员比重仍然相对偏低，三大产业从业人员比重与世界城市平均水平①还存在较大差距，详见表5。

表5 北京地区高技术、金融、文化创意产业从业人员比重

单位：%

产业人才类型	2008年	2011年	世界城市平均水平
高技术产业从业人员比重	2.5	2.4	30
金融产业从业人员比重	2.4	3.1	10
文化创意产业从业人员比重	10.9	13.2	15
三大产业合计	15.8	18.7	55

2. 区域分布状况

目前北京地区共有16个区县，根据资源禀赋状况和发展定位，分为首都核心功能区、城市功能拓展区、城市发展新区、生态涵养区等四类。截至2011年年底，四类功能区常住人口数量、城镇就业人口数量、地区生产总值、人才数量情况见表6。

表6 北京地区四大城市功能区人才分布状况

功能区	常住人口 数量（万人）	常住人口 全市占比（%）	城镇就业人员 数量（万人）	城镇就业人员 全市占比（%）	地区生产总值 数量（亿元）	地区生产总值 全市占比（%）	人才数量 数量（万人）	人才数量 全市占比（%）
核心功能区	215.0	10.65	147.60	21.52	3700.50	24.05	117.14	22.02
城市功能拓展区	986.4	48.87	349.00	50.88	7615.30	49.51	287.81	54.11
城市发展新区	629.9	31.20	147.72	21.54	3419.54	22.23	102.69	19.31
生态涵养区	187.3	9.28	41.59	6.06	646.97	4.21	24.26	4.56
合 计	2018.60		685.91		15382.31		532.00	

北京市16个区县人才资源分布状况如表7所示。其中，6个中心城区人才资源总量为405万人，占全市人才资源总量比重为76.13%；10个郊区县人

---

① 这里的"世界城市平均水平"，主要是根据2005～2009年之间纽约、伦敦和东京的数据测算得出，有关数据详见《北京世界城市人才指标体系及人才发展路径研究》（北京市人力资源研究中心2010年年度重点课题）。

才资源总量为127万人，占全市比重为23.87%。从人才总量上看，6个城区是郊区的约3.2倍。从人才人口密度、人才从业人员密度、人才空间密度等几个不同的纬度看，人才资源在中心城区大量聚集的态势也非常明显，郊区县人才密度偏低，人才资源城乡之间分布很不均衡。如：以城区和规划新城面积为基础来测算人才空间密度①，全市平均水平约为每平方公里1833人，首都核心功能区人才密度在全市平均值5倍以上；10个郊区县除昌平、顺义外，均远低于全市平均值；人才密度最高的西城区和人才密度最低的平谷区相比，前者是后者的37倍之多。

表7 北京各区县人才资源聚集状况

区 县	人才数量（万人）	人才人口密度（人/万人）	人才从业人员密度（人/百人）	人才空间密度（人/平方公里）
东城区	45.55	5005	78	10882
西城区	71.59	5773	80	14168
朝阳区	105.80	2892	89	2325
海淀区	136.68	4018	95	1093
丰台区	33.43	1541	50	1411
石景山区	11.90	1877	64	3173
门头沟区	4.03	1371	66	835
房山区	12.94	1338	77	887
通州区	13.75	1100	60	695
顺义区	25.64	2802	61	1367
昌平区	17.64	1015	70	2007
大兴区	32.72	2290	81	463
平谷区	5.23	1251	52	377
怀柔区	6.07	1636	71	475
密云县	5.70	1210	53	419
延庆县	3.33	1044	54	483
全 市	532	2635	—	1833

注：目前区县从业人员数据只统计城镇法人单位从业人员数据，不包括农村、个体经营单位等从业人员数据。

① 人才空间密度计算方法为人才数量/区域面积。其中城六区为城区实际面积，郊区县为新城规划面积，数据来自北京市规划委网站。

（三）人才发展环境总体优越，个别领域亟待改善

1. 就业形势

近几年来，面对日趋严峻的国际经济形势，北京市坚持"稳中求进"，主动转变发展方式，调整经济结构，积极推进各项宏观调控政策，全市经济社会保持了持续健康发展的良好势头，综合实力不断提升，有力地拉动了就业增长，为各类人才提供了广阔的发展机遇。2011年，北京地区人均GDP达到81685元（折合12482美元），进入了高收入地区行列。据统计，2008~2011年，北京共新增企业31986家，平均每年增加将近8000家；新增城镇就业人员173.74万人，平均每年增加43.4万人[1]。2012年北京月最低工资标准为1260元，排名全国第六；小时最低工资为14元，排名全国第一。《2011年中国劳动力市场报告》[2]显示，北京的就业环境、就业状况排名全国第一，就业质量指数为全国最高。

2. 高端事业平台

以高等院校、科研机构为主体的知识创新体系和以企业为主体的技术创新体系，既是实现创新驱动的骨干力量，也是承载和培养创新创业人才的主要平台。作为国家首都，北京具有独特的区位优势，形成了高水平大专院校和科研机构、跨国公司总部或地区分部、高新技术企业大量聚集的态势。截至2011年年底，北京地区共有普通高等院校89所，R&D机构370家，北京市重点实验室196个。其中，国家级重点实验室111个，占全国总数的41.73%；国家工程技术研究中心65家，国家工程中心62个，占全国总数的21.1%[3]。2011年年底，跨国公司在京总部企业和研发机构达到639家，其中世界500强跨国公司总部44家、地区总部84家，北京成为"第二大世界500强总部之都"，仅次于拥有49家500强企业总部的东京[4]。开发区高新技术企业数量达到1.5万余家，占全国比重达26.35%，处于全国领先地位[5]。这些事业平台为各类

---

[1] 数据来源：《北京统计年鉴2012》。
[2] 《2011年中国劳动力市场报告》，北京师范大学出版社，2011。
[3] 北京地区国家工程中心数据来自科技部，截至2011年年底，全国国家工程技术中心总数为294个。
[4] 数据来源：新华网，2012年7月18日。
[5] 数据来源：《中国统计年鉴2012》。

高层次人才创新创业提供了施展才华的广阔空间。

3. 地方品质

"地方品质"的概念是由美国著名区域经济学家弗罗里达提出的,他认为环境质量、生活风格、休闲娱乐设施等是一个地区或城市吸引集聚人才的重要因素。《首都人才规划》借鉴了这一观点,将"优化引才聚才的地方品质"作为优化北京人才发展环境的重大任务之一,并从提高城市环境对人才的吸引能力、探索跨文化的人才交流机制、营建丰富多彩的活动环境、构建广泛参与的社会环境等方面提出了一些具体任务和要求。

近年来,特别是筹备和举办奥运会以来,通过大力实施"人文北京、科技北京、绿色北京"发展战略,首都的地方品质得到了大幅提升。北京经济发展高端化格局初步形成,经济增长的质量和效益显著提高;社会民生持续得到改善,城镇居民人均可支配收入快速增长;社会建设和管理不断创新,城市服务功能明显提升,城乡区域发展趋向协调;对外交流不断扩大,一批重大国际会议、会展活动和体育赛事成功举办,城市国际形象和国际影响力显著提升;以"爱国、创新、包容、厚德"为主要内容的"北京精神"得到大力弘扬,北京特有的文化品位和首善特质进一步提升。中国社会科学院每年发布的中国城市竞争力指数、全球城市竞争力指数显示,北京的城市竞争力不仅在国内位居前列,多项指标在国际上也处于领先地位。

从促进人才发展的角度而言,当前北京在总体环境上的不足主要表现在:一是人口国际化程度还比较低。2010年全国人口普查资料显示,北京外籍常住人口数量为10.7万人,总量低于广东(31.61万人)和上海(20.86万人);外籍常住人口在常住总人口中的比重为0.55%,低于上海(0.91%);和纽约、伦敦、东京等世界城市相比,差距则更为明显。二是近年来北京交通拥堵、空气污染等问题日益加剧,引起社会普遍关注,对吸引人才特别是高层次人才产生了不利影响。国家外国专家局有关机构从2010年开始先后两次开展了"外籍人才眼中最具吸引力的中国城市"评选活动,参与评选人员为中国政府"友谊奖"获奖外国专家、"外专千人计划"专家等外籍人士,北京在2011年、2012年排名分别位列第一和第二,评价指标中工作条件、政府服务、引才政策等多个方面都位居前列,但在生活环境方面评价不高,特别是空气质量和交通状况最让外籍专家感到不满意。中国美国商会2012年进行的一项调查显示,在244家公司中,有36%因空气质量问题在招聘高管时碰到了困难,高于2010年的19%[①]。

(四)人才效能水平不断提高,创新驱动特征明显

1. 经济效能状况

近年来,北京地区经济发展水平不断提升。2011年,经济总量比2008年增长了31.4%[②],年均增长率达到9.53%;人均GDP增长了15.3%,年均增长率保持在5%左右。以文化创意、信息、高技术、生产性服务业等为代表的新兴产业增加值持续提高(见表8),知识密集型服务业增加值占生产总值比重达35.66%,比2008年提高了约0.5个百分点;高技术产业增加值占工业增加值比重达20.08%,水平位居全国前列。从经济活动中人才要素投入看,2008年每生产1亿元GDP所对应的人才数量为0.443万人左右,2011年降低到0.358万人,人才经济效能水平提升了20%。从人才经济产出看,2011年,北京地区人才对经济增长的贡献率首次超过40%,达到40.6%,比2008年提高了5.6个百分点。

表8 北京地区部分新兴产业增加值(2008~2011年)

单位:亿元

项目	2008	2009	2010	2011
文化创意产业	1346.4	1489.9	1697.7	1989.9
信息产业	1759.8	1762.9	1989.2	2377.7
高技术产业	852.3	778.4	888.8	1043.2
现代制造业	836.2	895.2	1082.3	1234.9
现代服务业	5660	6264.7	7026.3	8311.3
生产性服务业	5355.3	5676.1	6705	8124.8
信息服务业	1195.2	1267.6	1445.3	1760.2
物流业	423.4	427.7	493.7	562.5

① 数据来源:新华网,2013年4月8日。
② 按照可比价进行计算与比较。

2. 科技创新状况

2011年北京市专利申请量达到77955件，比2008年增加34447件；专利授权量达到40888件，比2008年增加23141件。每万名R&D活动人员科技论文数达到3540.45篇，比2008年增加了375篇；被国外主要检索工具收录科技论文数量为61302篇，占全国总数的19.1%。科技成果登记数达到1035件，其中获得国家技术发明奖5项、国家科技技术进步奖56项。从技术成果市场化水平看，2011年全市技术合同成交数达到53552项，技术合同成交总额达到1890.3亿元；每万人技术成果成交额达到9364.30万元，比2008年的5800万元增长了61.5%；万名R&D活动人员向国外转让专利使用费和特许费达到1687.78万元，比2008年增加了133%。规模以上工业企业新产品产值和销售收入分别达到3548亿和3480亿元，比2008年分别增长了17.06%和13.77%。

（五）人才优势国内领先，国际比较仍有差距

1. 国内人才发展优势

为便于对人才发展水平进行横向比较，本报告在课题组以往研究成果"世界城市人才发展指标体系"[①]基础上，提出了国内和国际两套人才发展指标体系。其中，国内指标体系由3个一级指标、9个二级指标和25个三级指标构成，并选取上海、广州、南京等三个城市与北京进行比较。详见表9。

以表9为基础，本报告采用层次分析法（AHP）分别计算四个城市人才发展综合实力指数、一级指标指数、二级指标指数，并使用计算结果来比较城市之间人才发展的优势与劣势[②]。

以北京为参照标准，北京、上海、广州和南京四个城市人才综合水平指数分别为100、98.65、42.42和22.30，北京人才发展综合实力处于领先水平，详见表10。

---

① 详见北京市人力资源研究中心课题成果——"北京世界城市建设的人才指标体系及人才发展路径研究"，《北京人才发展报告（2010~2011）》，社会科学文献出版社，2011。

② 在指数测算过程中，三级指标对二级指标、二级指标对一级指标、一级指标对总指标相对重要性的判断矩阵打分，主要采用专家问卷调查法，参与调查的共有12位国内知名专家。

表9 国内代表性城市人才发展指标体系及具体状况

一级指标	二级指标	三级指标	北京	上海	广州	南京
人才基础	人才数量	人口规模(万人)	2018.6	2347.46	1275.14	810.91
		人才占从业人员比例(%)	0.4973	0.3747	0.2947	0.3926
	人才质量	人口平均预期受教育年限(年)	11.5	10.55	10.5	10
		接受高等教育从业人员比重(%)	39	28	21	26.12
		每万从业人员中R&D人员数量(人年/万人)	203.1	134.5	83.67	145.69
	人才结构	第三产业人才比重(%)	74	56.32	53.46	53
		高技术产业从业人员比重(%)	2.44	5.31	6.12	7.72
		金融产业人员比重(%)	3.12	2.57	1.29	0.81
		文化创意产业人员比重(%)	13.17	10.69	7.23	3.05
	基础环境	人口密度(人/平方公里)	1231	3702	1750	1231
		生活质量指数	56.23	60.05	64.07	59.49
人才环境	经济环境	年GDP规模(亿元)	16251.9	19195.69	12423.44	6145.52
		人均可支配收入(元/人)	30401.96	34027.3	31324.33	26961.92
		人均可支配收入占人均GDP比重(%)	37.76	41.61	32.15	35.58
	事业环境	规模以上工业企业数(家)	3740	9942	4438	2508
		R&D机构数量(家)	280	125	92	106
		高等院校数量(所)	89	66	77	53
	人文环境	公共图书馆数量(个)	25	25	15	18
		艺术馆、文化馆和博物馆数量(个)	182	147	45	173
		教育经费支出占GDP比重(%)	3.2	2.86	0.91	1.55
人才效能	人才投入	科技投入占GDP比重(%)	1.13	3.11	0.26	0.39
		卫生经费支出占GDP比重(%)	1.39	0.99	0.41	0.64
	人才产出	人均GDP(元/人)	80510.75	81772.17	97428.05	75785.48
		劳动生产率(万人/人)	15.19	17.38	16.72	13.12
		国内专利授予量(件)	40888	47960	18339	12404

表10 北京地区人才发展综合水平国内比较

人才发展指数	北京	上海	广州	南京
人才综合水平	100	98.65	42.42	22.30
人才发展基础	100	55.78	19.48	32.94
人才发展环境	100	82.45	30.01	34.59
人才效能水平	100	135.87	65.18	6.75

进一步分析9项二级指标可以看出，在人才发展基础方面，北京地区的人才数量、质量和结构等处于领先地位。人才发展环境方面，北京人才事业环境和人文环境最佳，经济环境落后于上海，而基础环境因生活质量指数较低[①]，导致在四个城市排名中最低。人才效能方面，人才投入和产出指数均低于上海[②]，具体情况详见表11。

表11　北京地区人才发展优劣势国内比较

人才发展指数	北京	上海	广州	南京
人才数量指数	100.00	53.90	6.31	40.39
人才质量指数	100.00	40.30	7.06	34.46
人才结构指数	100.00	82.04	46.18	26.86
基础环境指数	100.00	194.90	455.57	266.33
经济环境指数	100.00	171.51	46.73	32.82
事业环境指数	100.00	62.38	11.99	6.88
人文环境指数	100.00	67.54	20.72	51.97
人才投入指数	100.00	111.76	0.00	23.27
人才产出指数	100.00	145.72	91.81	0.00

2. 国际比较

本报告选取纽约、伦敦和东京三大国际公认世界城市，通过29个人才发展指标进行比较。指标体系详见表12。

以表10为依据，以纽约作为参照对象，采用与国内四个城市人才发展指数相同的计算方法，测算纽约、伦敦、东京和北京四个城市人才发展指数。从比较结果来看，纽约人才发展综合指数为100，实力最强，排名第二的是伦敦，指数为91.33，排名第三的是东京，指数为84.19，北京排名最后，指数为22.54，北京与三个世界城市的人才发展综合实力还存在较大差距（见表13）。

[①] 基础环境指数主要包括人口密度和生活质量指数两项指标，北京的生活质量指数低于其他三个城市，而专家们一致认为，在衡量基础环境时，生活质量指数的重要程度要远高于人口密度。因此，北京地区的该项指数值较低。

[②] 因本报告采用0~100方式进行指标指数化处理，当某一个城市的某一类指标同其他城市相比较，其包含的各项细分指标值均处于最低时，这一类指标的指数将为0，下文国际比较同理。

表12 世界城市人才发展指标体系及具体情况

一级指标	二级指标	三级指标	单位	纽约	伦敦	东京	北京
人才规模	人才数量	人口规模	万人	839	780	1238	2018.6
		人才占从业人员比例	%	0.312	0.311	0.291	0.497
	人才质量	平均预期受教育年限	年	16.2	12	12	11.5
		接受高等教育从业人员比重	%	31.21	31.14	28.9	39
		每万名从业人员中R&D人员数量	人年/万人	664	410	795	203.1
	产业结构	第三产业从业人员比重	%	90.1	84.6	76.5	74
		高科技产业从业人员比重	%	30.1	29.7	29.9	2.44
		金融产业人员比重	%	13	11	3.66	3.12
		文化创意产业人员比重	%	12	14	15	13.17
人才环境	基础环境	人口密度	人/平方公里	10681	4924	5660	1231
		生活质量指数排名	—	47	38	46	109
	经济环境	年GDP规模	亿美元	6568	5103	18771	2552
		人均可支配收入	美元/人	37302	40608	38606	4707
		人均可支配收入占人均GDP比重	%	82	64	61	38
	事业环境	世界500强跨国公司总部数量	家	18	15	51	41
		R&D机构数量	家	730	538	499	280
	人文环境	高等院校数量	所	35	40	136	89
		公共图书馆数量	个	741	395	387	114
		艺术馆、文化馆和博物馆数量	个	407	200	246	182
	国际化环境	国际组织总部数量	个	21	57	16	2
		外籍侨民与本地人比例	%	28.4	36	3.2	0.55
		每年国际会议举办次数	次	137	106	21	111
人才效能	人才投入	教育经费支出占GDP比重	%	6.1	5.6	3.54	3.2
		科技投入占GDP比重	%	2.6	1.89	3.2	1.13
		卫生经费支出占GDP比重	%	15.4	7.7	6.7	1.39
	人才产出	人均GDP	美元/人	78284	65423	151624	12643
		劳动生产率	美元/人	189827	145800	262531	23858
		年专利授予量(WIPO)	件	25332	13673	59309	1891
		论文发表数量(SSCI、SCI以及A&HCI)	篇	62970	90428	63715	37038

表13 北京地区人才发展综合水平国际比较

人才发展指数	纽约	伦敦	东京	北京
人才综合实力	100.00	91.33	84.19	22.54
人才基础	100.00	77.67	85.22	57.44
人才环境	100.00	85.33	47.87	34.08
人才效能	100.00	101.36	113.34	0.00

北京地区人才发展综合实力的差距主要表现在：在人才基础方面，虽然北京地区的人才数量具有绝对优势，但在人才质量和结构方面与其他世界城市存在较大差距；在人才环境方面，人才发展基础环境、经济环境和事业环境差距较大，而人文环境、国际化环境与个别世界城市相比具有一定优势，人文环境指数高于伦敦，国际化环境指数高于东京。差距最大的是在人才效能指数方面，无论是人才投入还是人才产出，与世界城市均存在较大差距，具体情况详见表14。

表14 北京地区人才发展优劣势国际比较

一级指标	二级指标	纽约	伦敦	东京	北京
人才基础	人才数量指数	100.00	86.62	80.56	1089.30
	人才质量指数	100.00	45.68	79.41	40.87
	人才结构指数	100.00	120.41	93.33	21.57
人才环境	基础环境指数	100.00	147.03	107.91	35.41
	经济环境指数	100.00	77.66	85.05	0.00
	事业环境指数	100.00	55.04	94.72	34.67
	人文环境指数	100.00	20.69	77.83	24.11
	国际化环境指数	100.00	115.05	12.42	50.73
人才效能	人才投入指数	100.00	62.06	42.30	0.00
	人才产出指数	100.00	126.45	158.70	0.00

二 推进首都人才发展的主要政策措施

（一）全面建立规划纲要体系，清晰描绘人才发展目标

2010年7月《首都人才规划》正式发布后，北京市委市政府有关部门根据工作职责，分别牵头起草制定专项人才发展规划；16个区县依据区域功能定位制定了区域性的人才发展规划。截止到2012年年底，全市7个专项规划和16个区域规划均已正式发布。这些专项规划和区域规划紧紧围绕建设中国特色世界城市和世界高端人才聚集之都的总体目标，针对各自的行业和区域特点，提出了明确的奋斗目标和具体的工作任务，形成了以《首都人才规划》

为统领、上下衔接、左右协调、相互支撑的"1+7+16"人才规划体系,为统筹推进首都人才发展绘制了清晰明确的"路线图",见表15、表16。

表15 首都中长期人才发展专项规划一览表

发布时间	规划名称	2020年主要目标
2011年8月	首都中长期农村实用人才发展规划纲要	农村实用人才总量增加到5万人,区县培养选拔5000名左右中级农村实用人才,全市重点培养2000名左右高级农村实用人才,为首都率先实现城乡一体化提供智力支持和人才保障
2011年12月	首都中长期高技能人才发展规划纲要	高技能人才达到120万人,形成门类齐全、结构合理、技艺精湛、素质优良的高技能人才队伍,满足产业结构优化升级和企业发展的需要,推动中国特色世界城市建设
2011年12月	首都中长期企业经营管理人才发展规划纲要	企业经营管理人才总量达到205万人;培养造就一批具有全球战略眼光、市场开拓精神、管理创新能力和高度社会责任感的优秀企业家和一支高水平的企业经营管理人才队伍
2011年12月	首都中长期教育人才发展规划纲要	培养造就高素质、创新型、国际化教育人才队伍,进一步提升首都教育的国际国内竞争比较优势,成为支撑首都教育现代化的强大内驱力和中国特色世界城市建设的持久动力源
2012年2月	首都中长期科技人才发展规划纲要	打造具有强大吸引力和国际包容性的高端科技人才聚集之都。每万劳动力中研发人员达到260人年,百万人发明专利申请量和授权量分别达到3000件和800件
2012年3月	首都中长期社会工作专业人才发展规划纲要	打造高端社会工作专业人才聚集之都。社会工作专业人才总量达到8万人,其中获得社会工作者职业水平证书的专业人才不少于4万人,大学以上学历比重超过80%
2012年9月	首都中长期专业技术人才发展规划纲要	建设具有强大吸引力辐射力的高端专业技术人才聚集之都。专业技术人才总量达到380万人,高层次人才达到9000人,形成以初级为基础、中级为骨干、高级为引领的人才梯队

表16 北京市各区县中长期人才发展战略目标及主要指标一览表

地区	人才发展战略目标及主要指标
东城	建设"开放度高、融合度高、吸引力强、培育力强,服务首都、辐射全国"的"人才之都集聚区"。人才资源总量达到40.1万人,平均受教育年限达到15.5年
西城	初步建成以"三园四环境五平台"为支撑的人才生态区。人才资源总量达到93.5万人,主要劳动年龄人口受过高等教育的比例达到56%
朝阳	构建高端"国际人才宜聚区",建设国际化人才高地。人才队伍总量达到130万人以上,主要劳动年龄人口受过高等教育的比例达到46%
海淀	初步建成世界创新人才发展高地。人才资源总量达到130万人,从业人员受高等教育的比例达到75%

续表

地 区	人才发展战略目标及主要指标
丰 台	以"一轴两带四区"建设为依托,建设一流人才发展新高地、新平台、新空间。人才总量突破50万人,创新型人才比例30%以上,从业人员受高等教育比例达到48%
石景山	建设北京人才资源强区、首都创意人才特区。人才资源总量增加到29万人,主要劳动年龄人口中受过高等教育的比例达到55%
门头沟	打造京西人才生态圈,为加快建设生态涵养发展区和首都西部综合服务区提供人才智力支持。人才总量占地区人口的比重由9%增长到18%左右
房 山	建设快速发展、富于创新、充满活力的"人才宜聚"新城。全区人才总量达到8万人,大学以上学历人才比例达到55%
通 州	初步建成人才吸引与集聚、开发与发展的一流人才高地,引领通州经济和社会发展转型升级。人才总量达到23万人左右,主要劳动人口受高等教育比例达到42%
顺 义	建设适应"临空经济区、世界空港城"发展要求的人才队伍。区域人才总量增加到28万人,高层次人才比例达到15%
昌 平	建设高层次创新创业人才聚集区和人才特区重要承载区。人才总量达到30万人,二、三产业受高等教育从业人员比重超过55%
大 兴	建设适应"战略产业新区、区域发展支点、创新驱动前沿、低碳绿色家园"发展需要的人才队伍,初步建成开放型、创新型、引领型人才高地。人才总量达到50万
平 谷	建设与首都生态第一区和科学发展首善区相匹配的人才队伍。人才总量达到10.63万人,主要劳动年龄人口受过高等教育的比例达到25%
怀 柔	建设京郊人才强区、特色人才新高地。人才资源总量达到13万人,主要劳动人口中受过高等教育的比例达到38%
密 云	建设京东北生态经济人才高地和人才集聚中心。主要劳动年龄人口受过高等教育的比例分别达到30%
延 庆	培养造就支撑绿色北京示范区、生态涵养发展区建设的人才队伍。人才资源总量达到8.2万人

为保证《首都人才规划》顺利实施,2012年年初北京市人才工作领导小组研究制定了《首都人才发展规划落实推进工作制度》,提出了科学决策、分工协作、信息沟通、经费保障共4方面12项具体制度。将《首都人才规划》确定的近中期工作任务分解为29项重点工作,分别制定了具体实施方案。同时,研究构建《首都人才规划》落实情况的评估指标体系,并将适时启动针对有关部门和区县的规划评估工作,根据评估情况,提出加大规划推进力度的有效措施。

2012年年底,为落实中央《关于进一步加强党管人才工作的意见》,北京市出台了《关于进一步加强党管人才工作的实施意见》,明确提出以"建体系、建机制、建队伍、建平台、建环境"作为党管人才的主要内容，并从组织形式、决策方式、协调途径、落实方法和支撑手段等五个方面提出了保障党管人才工作顺利实施的具体要求，以规划纲要实施情况为主要内容的人才工作情况作为各级领导班子和领导干部综合考核有关指标的主要依据。市人力社保局、市委政法委、市委教育工委（市教委）、市委农工委、市发展改革委、市经济信息化委、市卫生局、市国资委、市知识产权局、团市委、市工商联、经济技术开发区、市民政局等单位在本部门设立了人才工作领导小组，各区县均成立了人才工作领导小组及相关机构，配备了专门人员。这些举措从组织领导层面为推进人才规划纲要顺利实施提供了坚强保证。

（二）深入实施重点工程项目，统筹推进人才队伍建设

为全面推进各类人才队伍建设，《首都人才规划》提出了12项人才发展重点工程，涵盖了党政人才、企业经营管理人才、专业技术人才、高技能人才、农村实用人才和社会工作人才等六支人才队伍。在各有关部门共同努力下，截至2012年年底，已有10项重点工程陆续启动实施，并取得了阶段性成果，发挥了显著的示范带动作用，见表17。

表17 《首都人才规划》重点工程进展情况

工程名称	牵头部门	进展状况
"科技北京"百名领军人才培养工程	市科委	已开展两批遴选工作，累计入选60人，通过项目带动、产学研用结合、国际合作交流等形式进行培养支持
北京海外人才聚集工程	市委组织部	建立8个海外人才联络站，聘任19名市政府"海外人才工作顾问"，启动实施外专项目、青年项目。已开展8批遴选工作，入选人员437名，80%分布在战略性新兴产业
首都名师教育家发展工程	市教委	制订了培养计划、培养基地建设管理办法、名师名校长导师管理办法；在市属高校范围内实施高层次人才引进计划、长城学者计划、青年英才计划
首都高层次卫生人才队伍建设工程	市卫生局	已完成两批遴选工作，235人入选培养计划，基本覆盖了全市相关重点学科
优秀企业家聚集培养工程	市国资委	规范国企领导人员管理办法，加大竞争性选拔和市场化选聘力度，完善国企领导人员管理制度体系。2011年年底市属国企聚集经营管理人才近10万名，64.7%具有本科以上学历，9.9%具有中级以上职称，338人具有EMBA学位

续表

工程名称	牵头部门	进展状况
高技能人才培养带动工程	市人保局市国资委	建立技能人才职业培训补贴机制,评选表彰"有突出贡献的高技能人才",提升完善首席技师工作室。2011年年底全市技能人才总量达243.3万人,高技能人才占比为27.1%
京郊农村实用人才开发培养工程	市委农工委	完善人才评价体系,举办示范培训班、创业成果推介展示会,年均培训4000余人。2011年底全市农村实用人才3.8万余名,大专以上学历4255人,高级农村实用人才929人
首善之区社会工作人才发展工程	市委社工委	建成社工事务所50家,加大购买服务力度,组织职业水平考试。2012年底全市社工人才总量达4.1万余人,专业人才达2.3万余人,11723人持有职业水平证书
党政人才素质提升工程	市委组织部	到2011年年底,全市举办各类干部培训314期,培训局处级干部1.4万余名。公开选拔局级领导干部107名,处级领导干部424名。选派504名年轻干部到基层挂职锻炼
首都青年人才开发工程	团市委	搭建多岗位锻炼平台,通过"导师+青年+项目"模式扶持青年人才创新创业,建立1000多家见习基地,9个创业园区,培训青年人才3.8万人

北京市人才工作领导小组各成员单位和各区县,着眼于行业和区域经济社会发展需求,针对不同类型人才成长的特点规律,设计和实施了各自的人才培养工程、计划、项目,据不完全统计,市级部门组织实施的有20项,区县组织实施的有126项,全市形成了以重点工程为牵引、以部门计划为骨干、以区域项目为支撑,覆盖不同层次、重点行业、各个领域,立体化、多样化的人才培养项目体系(见表18)。

表18 市级部门主要人才培养项目一览

项目名称	牵头单位	主要目的	进展情况
优秀人才培养资助计划	市委组织部	支持优秀中青年人才成长,加强高层次人才队伍建设	2011年、2012年共支持660名个人项目、25个集体项目
北京学者计划		选拔培养高层次专业技术人才	第一批遴选14人给予培养支持
专业技术人才知识更新工程	市人保局	在重点领域开展大规模知识更新继续教育,培训专业技术人才,建设一批继续教育基地	投入1000万元用于培训项目开发、课程设计等;建立继续教育基地承担培训任务
宣传文化"四个一批"人才培养工程	市委宣传部	推进高层次人才队伍建设,提高建设社会主义先进文化的能力	遴选各界别近5000人跟踪培养,组织专题研修和境外培训

续表

项目名称	牵头单位	主要目的	进展情况
"十百千"政法人才建设工程	市委政法委	培养政法系统专家、学科带头人业务骨干和专门人才	全面开展新一轮培养对象遴选工作
人才强教深化计划	市委教工委、市教委	提高市属高等学校人才队伍的整体素质和水平	已遴选29个创新团队、2000余名培养对象
职业院校教师素质提高工程		完善培训体系建设,提高职业院校教师队伍的整体素质	建立15个培训基地,开展38个培训项目,培训4万余人次
中小学名师发展工程		培养造就一批思想先进、视野开阔、勇于创新的名师名校长	遴选73名培养对象,举办240个培训班,培训骨干8000人次
基础教育阶段创新人才培养项目		探索协同培养创新人才体系,提升学生创新精神和实践能力	整合翱翔、雏鹰计划,建立培养基地29所,科普基地200家
万名社区工作者培训计划	市委社工委	每年培训万名社区工作者,3年轮训一遍,推进队伍规范化建设	确定29个国家级、52个市级社会工作人才队伍建设试点单位
科技新星计划	市科委	支持青年科技人才开展科研、国际合作交流,培养科技后备人才	2011年、2012年共遴选支持219人。已累计支持20批、1694人
传统技艺人才队伍建设工程	市商务委	传承发扬行业传统技艺技能,培养商业服务人才	设立人才培养基地,认定技能大师60名,建立大师工作室47个
卫生系统"十百千"人才培养工程	市卫生局	促进中青年卫生人才快速成长,提升医疗卫生技术水平	遴选60人作为"十"和"百"层次人选进行培养和支持
企业经营管理人才培训计划	市国资委	提高经营管理人才素质能力,带动市属国企人才队伍建设	开展了6类15个班次的专题培训,培训713人次
首都职工素质建设工程	市总工会	提高首都职工队伍整体素质,提升企业核心竞争力	开展技能培训400万人次。组织技能大赛,53万人参赛。建立职工创新工作室5500家
青年人才导师计划	团市委	拓展青年人才培养渠道,建立"传帮带"人才培养机制	聘请导师790名,形成培训项目112个,培训青年人才1403名
青少年科技后备人才培养计划	市科协	开展科研实践活动,帮助优秀高中生发展科学兴趣、爱好和特长	选拔305人开展科研实践,举办科技创新大赛,30余万人参赛
科技套餐配送工程	市科协市农委	开展科技下乡,推广先进、适用科技成果,培养农村实用人才	组织1200名专家开展100余次培训,参训3万余人次
非公企业家研修班	市工商联	提高非公企业家素质,培养与国际接轨的高级管理人才	举办14期研修、50期培训,420人获研究生学历,7300人参训
千名硕士人才培养引进工程	市民政局	培养适应民政工作需要的专业化、职业化、高学历人才	与北航、北京广电大学建立合作,已招生308人

(三) 加快聚集高端人才资源,奠定创新驱动坚实基础

2010年8月,习近平同志在北京考察调研时指出,要努力把北京打造成

国际活动聚集之都、世界高端企业总部聚集之都、世界高端人才聚集之都、中国特色社会主义先进文化之都、和谐宜居之都。北京市认真贯彻落实习近平同志指示要求,以实施"千人计划""海聚工程"等为重点,加大对各类高层次人才的吸引和支持力度,为加快实现创新驱动奠定坚实基础。

为完善海外引才工作机制,北京市建立了海外学人工作联席会议制度,每年研究制定和发布引进海外高层次人才工作专项计划;成立了海外学人中心,组建了硅谷、华盛顿、伦敦、多伦多、东京、慕尼黑、香港和悉尼等8个海外人才联络机构,2012年在澳大利亚首批聘请了10名北京市政府"海外人才工作顾问",形成了信息发布、人才寻访、推荐、申报、评审、服务保障等一系列比较完整的工作制度。北京市"海聚工程"先后增加了青年项目、外专项目等,形成了包括7项内容的引才项目体系,引才的层次和范围都大大拓展。中关村、经济技术开发区、市国资委、市卫生局、市教委、朝阳区、海淀区、石景山区等分别实施了本系统、本区域的海外人才引进工程或专项计划,全市形成了多层次的引才工程格局。

2009年4月发布的《关于实施北京海外人才聚集工程的意见》和《北京市鼓励海外高层次人才来京创业和工作的暂行办法》等两个文件,是北京市吸引支持海外人才的主要政策,其内容涉及引进人才的评估认定、工作支持、生活保障等方面。2012年年初北京市人才工作领导小组办公室组织了对"海聚工程"的评估调研,从调查了解情况看,这些政策总体上得到了海外人才的充分认可,在实际工作中也基本得到贯彻落实,促进了全市人才环境的整体优化,进一步提升了对海外人才的吸引集聚能力。调查显示,70%的"海聚工程"入选人员认为北京市吸引海外人才政策体系"内容覆盖非常全面,具有可操作性",86%的人认为这些政策对海外人才具有较强或很强的吸引力。对于政策落实情况,有65.9%认为基本符合预期,30.7%认为比预期要好。入选人员中60.49%的人认为所在单位承诺的工作条件全部落实,认为承诺条件大部分落实的占37.04%,认为没有落实的仅占2.46%。约95%的人认为自己在人员招聘、经费使用等方面具有自主权或有一定的自主权。入选人员所在单位服务与管理工作比较满意的接近70%。对目前创业或工作环境总体评价"比较好"和"很好"的超过80%。近90%入选人员表示要在北京长期工作。

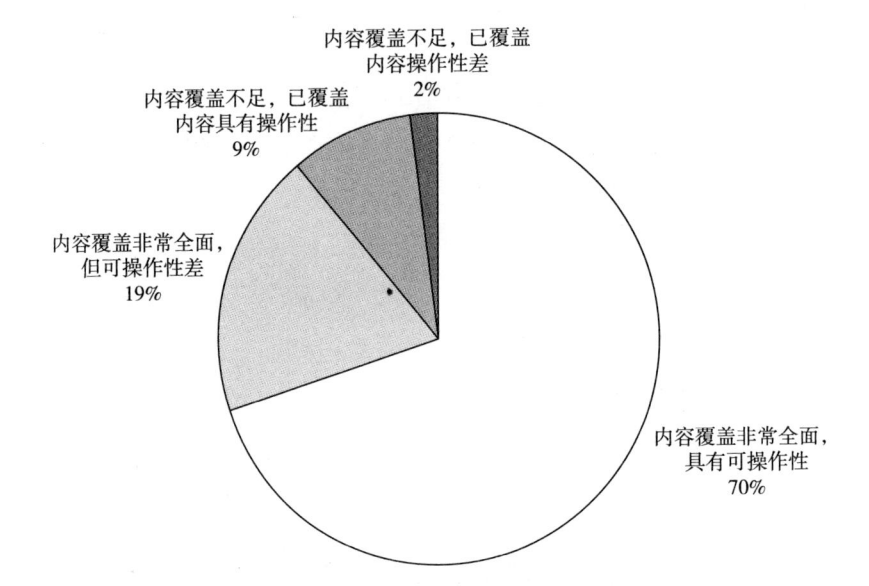

内容覆盖不足，已覆盖
内容操作性差
2%

内容覆盖不足，已覆盖
内容具有操作性
9%

内容覆盖非常全面，
但可操作性差
19%

内容覆盖非常全面，
具有可操作性
70%

对"海聚工程"政策的总体评价

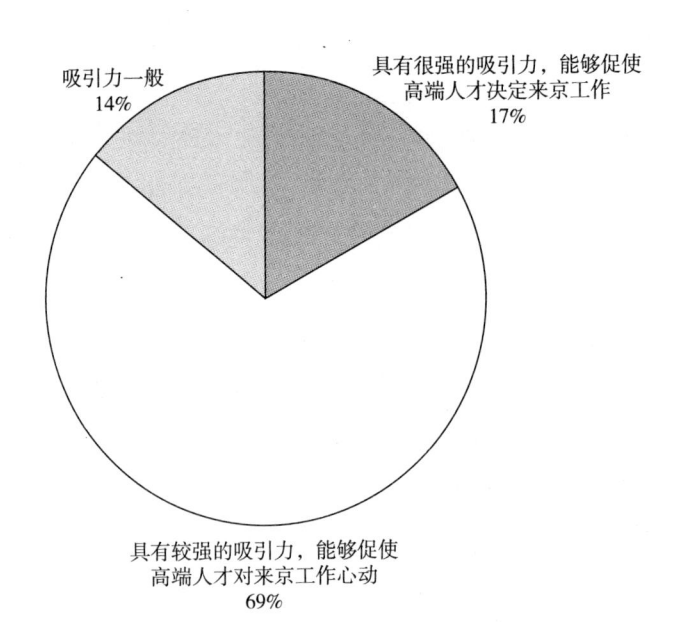

吸引力一般
14%

具有很强的吸引力，能够促使
高端人才决定来京工作
17%

具有较强的吸引力，能够促使
高端人才对来京工作心动
69%

对"海聚工程"政策吸引力总体评价

比预期差一些 3.4%

比预期要好 30.7%

基本符合预期 65.9%

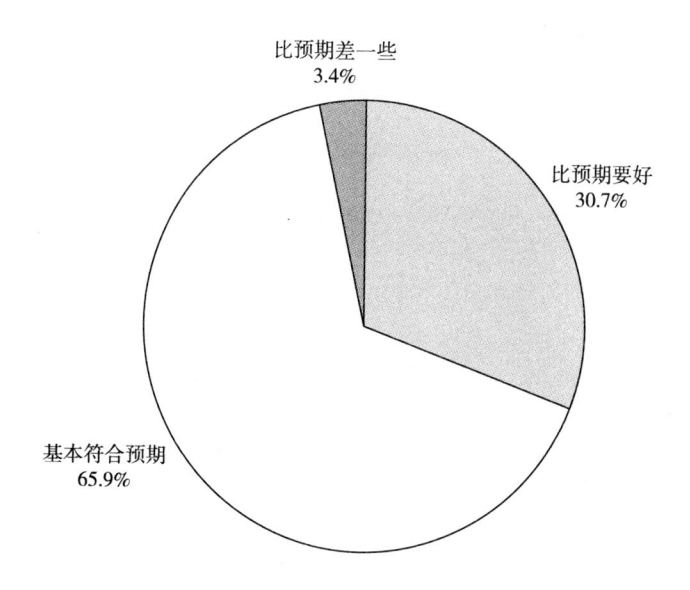

对政策实施情况总体评价

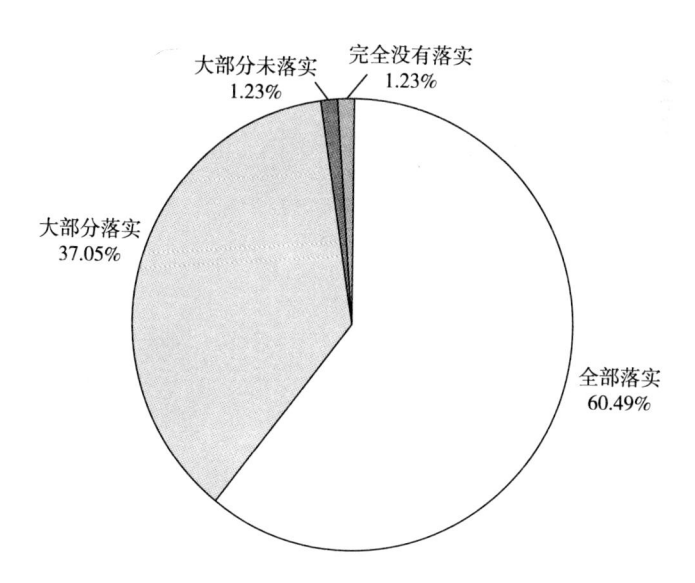

大部分未落实 1.23%

完全没有落实 1.23%

大部分落实 37.05%

全部落实 60.49%

所在单位工作条件落实情况

很少有自主权
4.9%

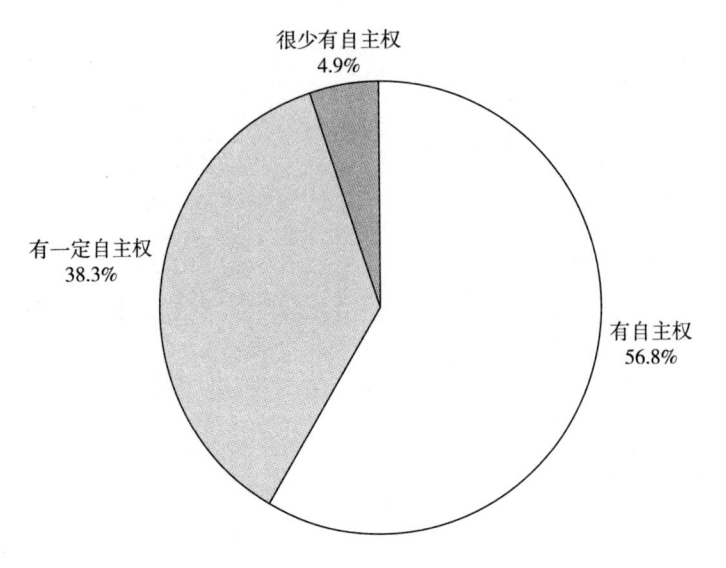

有一定自主权
38.3%

有自主权
56.8%

对人员招聘、经费使用等方面自主权的评价

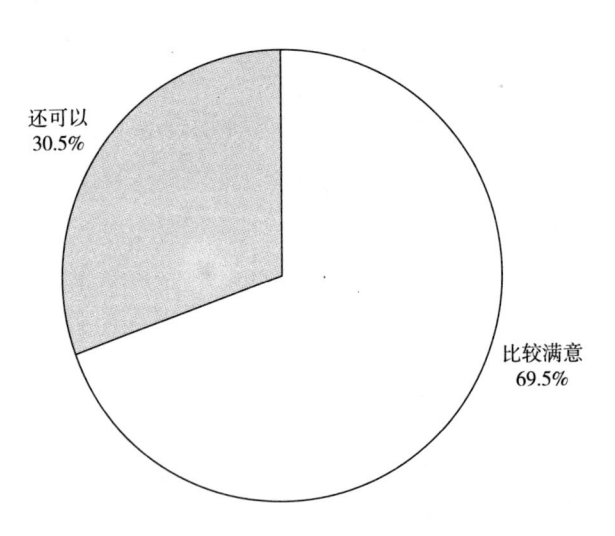

还可以
30.5%

比较满意
69.5%

对所在单位管理与服务工作的评价

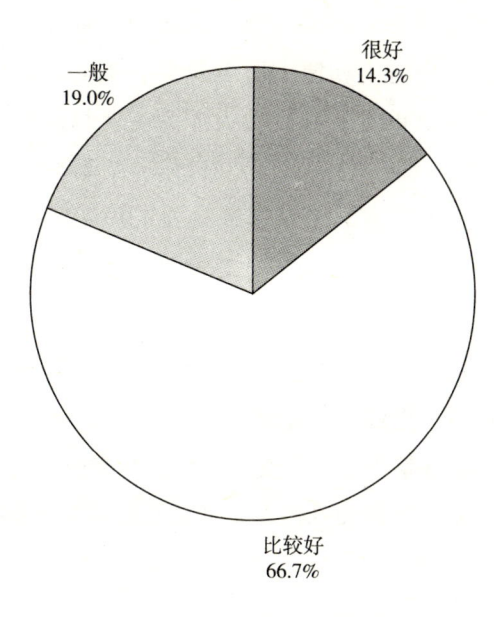

提升首都人才竞争优势　打造创新驱动发展格局

一般
19.0%

很好
14.3%

比较好
66.7%

对目前创业或工作环境的总体评价

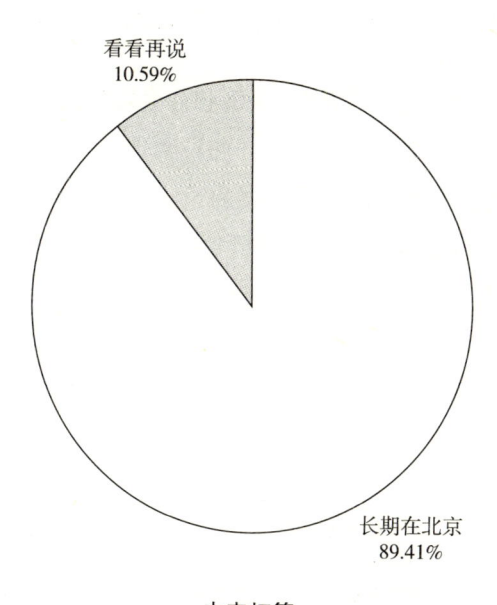

看看再说
10.59%

长期在北京
89.41%

未来打算

截至2012年年底,北京"海聚工程"共组织八批评审工作,有437名海外高层次人才入选,其中博士和博士后占88%,拥有高级职称的超过70%。以培养北京市重点产业、重点领域高端人才为主要目的的"北京学者计划"选拔了14名正式人选,已经向社会公示。以培养集聚高层次创新型科技人才为主要目的的"科技北京"百名领军人才培养工程先后组织两批评审,遴选了60人进行重点培养。这些高层次人才普遍具有较为广泛的国际联系,很多掌握一定的核心技术,在突破关键技术、发展高新产业、带动新兴学科方面具备较强能力或潜力。他们结合国家和北京市重点发展领域和产业的整体规划,积极承接国家重大项目、重点攻关课题、重要成果推广,积极推动科研成果转化、重点学科建设、人才培养、国际交流合作,在突破关键技术、发展高新产业、带动新兴学科、推进教育和科技人才机制创新等方面发挥了重要作用,取得了一批成果。入选"科技北京"百名领军人才培养工程的人员仅在2012年就获得了17项北京市科学技术奖,其中一等奖7项,二等奖5项,三等奖5项[①]。北京经济技术开发区的一项调查显示,自2009年以来,开发区海外高层次人才创办企业营业收入年均增长82%以上,纳税年均增长32%[②]。

(四)积极建设创新创业平台,大力拓展人才发展空间

2011年年初发布的《北京市国民经济和社会发展第十二个五年规划纲要》提出,"十二五"期间北京将着力构建"两城两带、六高四新"的创新和产业发展空间格局[③],形成全市高端产业发展的重要载体、高端科技要素和人才资源聚集的重要平台,这是充分整合区域科技教育和人才资源、进一步提升首都区位优势的重要举措。全市相关部门加强协调配合,以建设未来科技城、中关村科学城为重点,努力打造创新驱动的战略高地,不断拓展人才创新创业空间。

---

① 数据来源:北京市科委调研报告。
② 数据来源:北京经济技术开发区调研报告。
③ "两城两带"是指中关村科学城、未来科技城、北部研发服务和高新技术产业发展带、南部高技术制造业和战略性新兴产业发展带。"六区四新"指中关村、亦庄、CBD、金融街、奥林匹克中心区、临空经济区等高端产业功能区和通州高端商务服务区、丽泽金融商务区、新首钢高端产业综合服务区、怀柔文化科技高端产业新区。

位于北京市昌平区的未来科技城是由中央和北京市单位共同建设的央企人才创新创业基地，将组建一批低碳能源、航空技术、新材料等前沿领域的高水平研发机构，成为引领我国应用科技发展方向的创新平台和人才高地。未来科技城自2009年7月奠基启动以来，北京市大力推动市政基础和公共服务设施建设，梳理人才服务配套有关政策措施，着力构建从平台搭建、人才引进、项目培育、资金扶持到科技成果转化的跟踪服务体系。到2012年年底，15家入驻央企研发机构全部开工建设，神华集团、中国商飞集团的人才基地已经建成并投入运行。目前未来科技城已经汇聚了136名入选"千人计划"的海外高层次人才，北京市认定了17家市级重点实验室和工程技术研究中心，向31个重点科技项目提供了1.6亿元的科技资金支持。

2011年3月，北京市政府正式印发《关于加快建设中关村科学城的若干意见》，对建设中关村科学城做出部署。中关村科学城是指中关村大街、知春路和学院路周边区域，总面积约75平方公里。作为中关村国家自主创新示范区核心区的核心，我国科技智力资源最为密集、科技条件最为雄厚、科研成果最为丰富的区域，中关村科学城汇集了清华大学、北京大学等40余家重点高等院校，200余所国家级科研机构、国家重点实验室和国家工程中心，以及航天科技、联想集团等2万多家高新技术企业。北京市针对这一区域产业布局，细化制定了集成电路设计、云计算、物联网等42个产业促进实施方案，推动一批"专、特、精、新"企业的集群式发展。目前，已经推动北航先进工业技术研究院等37个新型产业技术研究院和24个特色产业创新园项目建设，支持高校、科研院所与企业联合共建了45个新型研发机构和实验室，扶持了国机集团、北京理工大学等27家单位的59项重大科技成果产业化项目。2012年5月，中关村管委会、海淀区人民政府、北京科技大学在天工大厦共同组建成立中关村高端人才创业基地，该基地将通过建设一流空间、打造一流服务、创造一流环境、汇集一流资源、配套一流政策，达到培育一流企业、吸引一流人才的目的，为"千人计划""海聚工程""高聚工程"等国家和北京市重大人才计划落地提供承载平台。

在推进未来科技城、中关村科学城建设的同时，北京市加强对区县、企业创新创业基地的指导和支持力度。北京市人才工作领导小组根据全市区县功能定位和产业发展布局，指导协调有关单位在不同区域打造相应的重点产业功能区，其中包括东城区文化人才管理改革试验区、西城区金融街金融人才聚集区、朝阳区CBD国际高端商务人才发展区、亦庄战略性新兴产业领军人才发展示范区、石景山区常青藤高端人才集聚区、门头沟京西人才生态圈、怀柔区国家影视数字制作基地、中科院怀柔科教产业园、雁栖湖生态发展示范区等，形成了一批产业集群，对高端人才的吸附效应不断增强。北京市科委大力加强市级重点实验室和工程技术研究中心建设，截至2012年年底累计认定196个北京市点实验室、292个企业研发机构，通过"企业研发机构创新能力提升计划"等，为企业高端人才领衔开展技术创新给予专项支持。北京市科协积极协调推动院士专家工作站建设，在全市成立了39家院士专家工作站、3家院士专家服务中心，进站院士92位，推动了一大批创新技术的研发和应用，形成了吸引央属高端人才提升北京创新能力、促进经济社会发展的开放性工作平台。

（五）努力改革人才体制机制，充分激发创新创业活力

建立健全有利于人才发展的体制机制，是充分激发人才创新创业活力的关键因素，是形成创新驱动发展格局的重要前提。《首都人才规划》把创新机制作为加快首都人才发展的一项基本指导方针，提出了明确的努力方向和工作任务。在中央有关部门指导下，北京市以建设中关村人才特区为契机，积极探索实践，加快构建与国际接轨、符合国情市情和人才发展规律的体制机制。

2011年3月，中央组织组部、国家发改委等15个中央单位与北京市联合印发了《关于中关村国家自主创新示范区建设人才特区的若干意见》，提出打造"人才智力高度密集、体制机制真正创新、科技创新高度活跃、新兴产业高速发展"的国家级人才特区，并组建人才特区建设指导委员会，组织领导和统筹协调人才特区建设工作。同年7月，北京市制定实施了《加快建设中关村人才特区行动计划（2011~2015）》，依托中关村国家自主创新示范区领导小组、北京市人才工作领导小组和中关村创新平台，全面推进人才特区建设，在推动人才发展体制机制改革和政策创新上取得了多方面的突破。

在支持鼓励人才创新方面：大力推动人才自主创新和成果转化，每年统筹

100亿元用于支持重大科技项目转化和产业化，两年来先后支持546个项目[①]。改进科技经费使用管理，承担国家民口科技重大专项的高校、科研院所、企业等单位可在项目（课题）直接费用扣除设备购置费和基本建设费后，按照一般不超过13%的比例列支间接经费，已有1238个科研项目纳入试点范围。探索建立股权激励制度，明确了股权奖励、股票期权、科技成果入股等科技创新人才激励方式，在494家单位实施了股权和分红激励，初步形成了相互配套的股权激励政策体系，探索建立了适应创新型经济和人才发展的长效激励机制。

在扶持人才创业方面：推动新型创业孵化载体建设，成立了26家大学科技园、91家科技企业孵化器、33个留学人员创业园，对创投机构提供资金补贴，培育和扶持创新工场、车库咖啡、联想之星、创客空间等创新型孵化器，2011年共促成创业投资案例349个，投资金额378亿元，约占全国创投总额的1/3。扶持产业技术联盟发展，成立了中关村产业技术联盟联席会，支持人才领军产业技术联盟建设，先后组建了物联网联盟等70余家产业技术联盟。探索建立科技金融合作机制，加快构建和完善跨系统、跨部门的科技金融合作体系，开展担保融资、信用贷款、知识产权质押等创新试点，缓解中小企业融资难问题。实行相关税收优惠政策，对研发人员缴纳的"五险一金"、医药企业临床试验经费等纳入研发费用加计扣除范围，将职工教育经费税前扣除比例由2.5%提高到8%，允许获得股权奖励的技术人员在5年内分期缴纳个人所得税，2011年共有923家企业根据政策享受资金优惠达1.46亿元。加大政府采购支持力度，市财政设立新技术新产品（服务）应用推广专项资金，在全市1000多个采购项目中应用了中关村企业的新技术新产品，采购金额达226亿元。

在加强人才服务方面：完善居留与出入境政策措施，在办理外国人永久居留证、外国人居留许可、往返签证等事项中简化手续，提高效率。实行高层次人才直接落实落户政策，符合条件的高层次人才可不受户籍所在地的限制，直接落户北京。提供医疗、住房、配偶安置等相关服务，符合条件的高层次人才

---

① 本部分数据来自中关村科技园区管理委员会相关报告。

可享受医疗照顾人员待遇，市区有关部门通过人才公租房、租金补贴等形式帮助解决住房问题，根据高层次人才随迁配偶职业需求优先推荐就业岗位。

经过近两年的探索和实践，中关村人才特区形成了实行特殊政策、构建特殊机制、搭建特殊平台、聚集特需人才的建设发展模式，为全国人才发展体制机制创新积累了宝贵经验，也为中关村全面发展注入了新的强大动力。截至2011年年底，中关村集聚各类人才138.48万人，其中博士学历1.4万人、硕士学历13.24万人，入选"千人计划""海聚工程"人员数量占到了北京地区总数的80%以上；企业研发及科技活动经费总额超过750亿元，专利申请量和授权量分别达为1.9万件、1.2万件，新创制技术标准211项，2011年流向京外地区的技术合同成交额达到1900亿元。

为进一步推进中关村人才特区政策创新，2012年北京市委组织部联合市科委、市发改委、市经信委等10个单位，根据中关村企业和人才发展的实际需求，从科技体制改革、产业发展促进、财税金融支持、人才管理服务四个方面，针对科技人才评价、非公有制企业扶持、人才社会组织发展、科技金融合作等方面的政策和体制机制创新展开系列研究，探索政策突破，形成了一批初步成果。市人才工作领导小组指导协调东城、西城、朝阳和经济技术开发区，借鉴中关村人才特区建设经验做法，分别开展了建设文化人才管理改革试验区、高端金融人才聚集区、高端商务人才发展区、高技术制造业和战略性新兴产业领军人才发展示范区的政策研究，并转化为具体工作方案，将在近期开始组织实施。

在全面推进中关村人才特区建设同时，北京市相关部门在市人才工作领导小组统一部署下，加强协调配合，积极推进重点领域人才政策创新。2012年9月，北京市委组织部、市人力社保局联合发布《北京市面向海外高层次人才设立政府特聘岗位暂行办法》，首次提出在政府部门设置高级专业人才或高级管理人才特聘岗位，打破身份、级别限制，面向海外进行招聘选拔，首批招聘7个岗位涉及卫生、交通、商贸、旅游等北京市重点发展领域。北京市人保局大力深化职称制度改革，积极探索以创新成果、专业水平、技术贡献为主要评价标准的专业技术职称评审机制，2011年5月启动实施高端领军人才职称评审"直通车"试点，中关村、经济技术开发区等试点区域内的高层次人才在申报专业技术职称时，可不受学历、资历、职称、外语和计算机考试成绩等条件限制，直接申报教授级高工，2012年年底已经有98人通过"直通车"获得高级职称，在建立以业绩和能力为核心导向的人才评价机制上取得了新的突破。

三 首都人才发展面临的形势及任务

《首都人才规划》实施两年多来，北京的人才优势得到了进一步强化和提升，但发展中也面临很多新的问题和挑战。近年来北京常住人口数量的快速增长虽然为经济发展提供了丰富的人力资源供给，但同时也使自然资源和环境面临的挑战和压力越来越大，控制城市人口规模、缓解人口资源环境矛盾已成为首都工作中十分紧迫的问题，这必然会影响到人才引进的数量和规模。北京"十二五"规划明确提出了率先形成创新驱动的发展格局、率先形成城乡经济社会发展一体化新格局的奋斗目标，但目前首都高层次、创新型、国际化人才相对不足的情况依然存在，高端产业和远郊区县人才资源总量不足的问题还比较突出，与实现"两个率先"的要求相比还有较大差距。随着人才强国战略的深入实施，国内各省市对人才重视程度不断提高，在吸引延揽高层次人才方面投入的资金更多、给予的扶持政策更加优惠，有些地区在推进人才体制机制改革创新方面采取的措施也更加大胆和灵活，人才竞争白热化、竞争手段多样化、竞争对象高端化的趋势更加明显，北京对高端人才的吸引力正面临越来越多的挑战和冲击。面对这种形势，北京人才发展应当继续以全面落实《首都人才规划》为主线，加快推进人才发展高端化、一体化、国际化进程，为建设有中国特色世界城市提供坚实的人才保证。

（一）加大培养开发力度，提升人才队伍规模和质量

2013年年初，北京市委常委会研究确定了2013年需要重点推进的改革任务，其中，创新城市管理体制机制、缓解人口资源环境矛盾位居六大类重点改革任务之首，这是当前北京在日益突出的自然资源和环境压力之下的必然选择。可以想见，今后在调控人口规模方面，北京将采取更加严格的政策措施，有些地区以优厚待遇、优惠政策大量吸引外来人才的扩张式发展模式在北京是

无法实现的，北京人才发展必须更加重视提高现有劳动者素质、提升存量人才队伍质量，走"内涵式"发展道路。一是要加大人才发展投入。应设立首都人才发展专项资金，建立完善人才发展投入稳步增长机制，优先保证人才发展经费支出；完善人才培训经费相关政策，确保人才培训经费渠道畅通、来源稳定。同时，通过税收、贴息等优惠政策鼓励和引导社会、用人单位、个人投资人才资源开发，鼓励企业成为人才开发投入主体，激发用人单位人才投入主动性、自觉性，逐步形成政府、社会、用人单位和个人共同投资、合理分担、利益共享的多元化人才投入机制。二是要建立完善分类型、分层次的人才培养开发项目体系。要引导支持各系统、各区县、各部门建立实施符合首都需求、行业或区域特点、人才成长规律的人才培养开发项目，并不断改进培养方式和手段，将各类人员都纳入人才培养项目体系之中，促进劳动者素质能力不断提高，实现各类人才队伍协调发展、整体推进。三是要坚持以用为本，更加坚决地突破束缚人才发展的观念和体制机制障碍，真心实意地为人才提供施展才华的舞台、成功的机会、适宜的工作条件和良好的资源支持，使人才在工作岗位上历练成长、发挥作用，实现人人成才、人尽其才、才尽其用。

（二）适应产业发展需求，加快人才结构调整

人才在产业中的合理分布是产业健康发展的前提条件，只有人才的产业结构优化了，才能带动产业优化升级，推进人才结构调整不仅事关人才发展全局，而且事关经济社会发展全局。目前北京人才资源在三次产业中的分布比例总体上与三次产业结构比例一致，但高科技产业、金融产业和文化创意产业等高端产业人才比例偏低，与国际公认的世界城市相比还有较大差距。北京市提出"十二五"期间要牢牢把握加快转变经济发展方式这条主线，坚持以经济结构战略性调整为主攻方向。在加快转变经济发展方式、推动产业结构优化升级过程中，必须优先谋划和率先调整人才结构，以人才结构优化引领产业结构优化升级，以人才优化配置提升经济社会发展质量。一是要加强政府宏观调控。针对战略性新兴产业和教育、医药卫生、文化创意等北京市经济社会发展的重点领域，定期开展需求预测，科学编制急需紧缺人才目录，定期向社会公布，引导人才合理有序流动，促进人才资源优化配置。二是要以领军人才为主

导，加快人才集群化发展。要依托中央"千人计划""特支计划"，北京"海聚工程""高创计划"等，集中资源培养集聚重点产业高端领军人才，支持高层次人才参与和承担重大科技专项、重点产业项目和应用技术研发项目，加快打造具有国际水平的科学家、工程师以及创新创业人才队伍，带动相关产业人才发展。三是要推进市场体系建设，完善市场服务功能，畅通人才流动渠道，建立政府部门宏观调控、市场主体公平竞争、中介组织提供服务、人才自主择业的人才流动配置机制。

（三）统筹城乡人才资源开发，促进区域协调发展

当前北京正处于建设中国特色世界城市的新阶段，迫切要求加快城市空间格局由功能过度集中在中心城区向多功能区域共同支撑转变，构建城乡一体、多点支撑、均衡协调的发展格局。北京市"十二五"发展规划提出，要深入落实区县功能定位，加快推进重点新城、郊区城镇化和新农村建设，率先形成城乡经济社会发展一体化新格局。人才是科学发展的第一资源，城乡人才一体化是促进首都城乡区域协调发展的重要途径，是实现城乡经济社会发展一体化的基本前提之一。当前首都城乡之间人才分布很不均衡，人才发展水平差距也比较明显，需要加强统筹协调。这不仅有利于疏散城区人口、资源、环境压力，促进科技、人才、信息、资本等发展要素合理配置，建立健全各区县功能定位的实现机制，也有利于增强首都人才整体竞争优势，充分发挥人才引领和支撑科学发展的重要作用。一是要加快构建城乡人才与经济社会协同发展格局。大力推动各区县产业功能区建设，在政策、资源和项目布局上给予郊区倾斜，支持郊区立足自身特点发展特色产业，吸引和聚集急需紧缺人才。合理配置公共资源，推动优质公共服务资源向农村转移、城市基础设施向农村延伸、公共服务政策向农村衔接，加快建立健全符合市情、比较完整、覆盖城乡、可持续的基本公共服务体系，推动城乡基本公共服务均等化发展。二是要建立健全城乡人才合作发展机制。市级部门要加强统筹协调，发挥资源优势，通过开展项目合作、专家咨询、干部交流、人才"传帮带"等方式，支持郊区经济社会发展。推动相关区县建立人才工作联席会议制度，合作共建党政人才培训基地、技能人才实训基地、科技研发基地等，开展常态化人才互动交流。加强

与中央单位合作交流，积极争取中央单位项目和成果到郊区落地转化，带动郊区的产业发展和人才发展。三是要加强人才向郊区有序流动的政策支持。适当放宽对郊区急需紧缺人才引进的限制，市级相关部门的人才培养工程或资助项目给郊区以适当倾斜。对到郊区创新创业的高层次人才，在资金扶持、税收优惠、政府采购等方面给予重点支持。

（四）加大政策创新力度，保持人才发展制度优势

2011年启动建设的中关村人才特区，是中央人才工作协调小组指导建设的第一个国家级人才特区。两年多来，中关村建设人才特区的探索和实践不仅引领着北京人才体制机制的创新发展，而且形成了显著的辐射带动效应，成为了全国人才特区的示范和样板。各地在参考借鉴中关村人才特区建设经验基础上，根据自身区位特点推进人才体制机制改革和政策创新，形成了不同类型的人才管理改革试验区发展模式，取得了很多重大突破和创新，例如南京"科技9条"、武汉"黄金10条"、重庆"创新10条"、深圳"1＋10文件"及以温州金融改革政策等。各地争先恐后加速推进人才发展的形势，要求北京必须进一步加大政策创新力度，才有可能保持首都人才发展的制度优势。一是要加大政策突破力度。目前中关村人才特区以13项特殊政策为代表的创新性政策，虽然涉及人才引进、培养、创新创业、服务以及相关财税金融等多个方面，但大部分政策内容在现行国家和地方相关政策的框架内，在新的形势下已经不具备超前特点，与人才发展的实际需求存在一定差距。比如，中关村科技间接经费列支比例一般不超过13%，而深圳可达到20%、武汉东湖则可达到30%；境外股权和返程投资、结汇等有利于人才投资兴业的政策还没有实质性突破，而温州市建设金融综合改革试验区已经允许个人开展境外直接投资。相比之下，中关村迫切需要大胆突破制约人才发展的政策和体制机制。二是要加强政策资源集成。目前北京涉及人才引进、培养、使用、管理服务在内的配套政策散见于各类文件中，且由相关部门分别执行，集成效应不够突出，需要进一步强化政策资源整合。特别是在顶尖人才及其团队引进、科技孵化机构建设模式创新、天使投资人队伍建设与培养、中小企业及其人才发展等方面，需要进一步集成相关领域的科技政策、产业政策、金融政策等资源，加快形成科技、产

业、人才协同发展的工作局面。三是要拓宽政策覆盖面。目前中关村人才政策体系中超过90%的专项政策面向企业高端人才，特别是13项特殊政策主要面向入选"千人计划""海聚工程""高聚工程"的人才。据不完全统计，能够享受《关于中关村国家自主创新示范区建设人才特区的若干意见》中优惠政策的总人数不超过900人，与中关村138万、全市532万人才总数相比，比例微乎其微。人才特区作为人才体制机制改革的先行先试样本，起始阶段为打开工作局面、实现重点突破，在政策上向重点人才倾斜是必要的。经过近几年的努力，应该说目前已经在很多方面实现了点上的突破，具备了将特惠政策逐渐转变为普惠政策的基础和条件。2012年年底国家在实施引进海外人才的"千人计划"后，又启动支持国内人才的"万人计划"，将实践中已经证明有效的政策措施惠及到国内更多人才身上，就是扩大人才政策覆盖范围的典型实践。北京市正在研究制定相关配套的工作方案，今后应抓紧推进实施，并进一步提炼和推广普适性政策，加大对不同类型、不同层次人才的扶持力度，让各类人才都能够分享到政策创新的"红利"，形成人人成才、人尽其才、才尽其用的良好局面。

附：

北京地区人才资源测算说明

根据2010年颁布的《国家中长期人才发展规划纲要（2010~2020年）》，人才是指"具有一定的专业知识或专门技能，进行创造性劳动并对社会做出贡献的人，是人力资源中能力和素质较高的劳动者"。这一定义可以从四方面来理解：一是人才要具备一定的专业知识或专门技能，这是成为人才的基本条件，专业知识反映一个人接受专业化教育的程度，专业技能反映一个人的技能水平；无论是知识型人才还是技能型人才，都是党和国家需要的人才。二是要进行创造性劳动。创造性是人才的本质特征，是人才区别于一般劳动者的显著特点。进行创造性劳动，是衡量人才的实践标准，取得创新性成果是人才获得社会承认的关键。三是要对社会做出贡献，这是对人才价值属性的界定，是对人才素质的核心要求。四是人才是人力资源中能力和素质比较高的劳动者，这是对人才概念外延的界定，明确了人才与人力资源的内在联系，即人才包含在人力资源之中。

目前国内尚未建立规范的人才资源统计标准和制度，为便于测算统计和分析研究，本文依据上述定义，从统计学意义上将从业人员中具有专业知识或者专门技能的部分认定为人才。其中，将接受过高等教育的从业人员视为具有专业知识的人才（即学历人才），将各行业按照一定技术标准进行专门认定的从业人员视为具有专门技能的人才（即非学历人才）。

一 人才资源总量

根据北京市统计局发布的《2012 北京统计年鉴》，截至 2011 年年底，北京地区从业人员共有 1069.7 万人。按照第六次全国人口普查数据，截至 2010 年年底，北京地区接受过高等教育的从业人员占比为 38.98%；国家统计局抽样调查数据显示，这一比例在 2011 年达到了 50.26%。我们认为，一年以内高出普查比例超过 10%，存在明显过高的估计，为稳妥起见，我们在测算 2011 年人才总量时，使用从业人员中接受过高等教育的比例为 39%。根据以上数据可以测算出，北京地区具有专业知识的从业人员为：1069.7×39% = 417（万人）。

对于测算具有专门技能的从业人员，需要通过引入六支人才队伍数据来进一步分析。

党政人才：指公务员、参照《公务员法》管理的群团机关工作人员数量之和。据初步测算，截至 2011 年年底，北京地区（包括中央和北京市属范围）共有党政人才 20.97 万人，其中接受过高等教育的占比为 98.5%[1]。因此，我们将这类人才全部视为具有专业知识的人才，即全部是学历人才。

社会工作人才：指接受过社会工作专业教育、系统的职业培训或通过社会工作者职业水平考试获得职业水平证书的人员数量。据相关部门提供数据，截至 2011 年年底，北京地区社会工作人才共有 2.35 万人[2]，这类人才全部接受

---

[1] 据相关部门数据，北京地区党政人才规模在 20 万人左右，经测算大约有 20.97 万人。
[2] 该数据来自北京市社会工作委员会。

过高等教育，均属于具有专业知识的从业人员（即学历人才）。

高技能人才：指在生产或服务等领域岗位一线的从业者中，具有精湛专业技能，关键环节发挥作用，能够解决生产操作难题的人员数量，包括取得高级技师、技师和高级工职业资格及相应职级人员。按照高技能人才统计范畴，截至2011年年底，北京地区共有高技能人才65.9万人，其中，接受过高等教育的高技能人才占比约为22.3%[1]。因此，在高技能人才中，属于学历人才的数量为：65.9×22.3%=14.7（万人），非学历人才数量为：65.9-14.7=51.2（万人）。

农村实用人才：指具有一定的知识或技能，能够起到示范和带头作用，为当地农业和农村经济发展做出积极贡献，并得到群众认可的农村劳动者的数量之和，包括生产型人员、经营型人员、技能带动型人员、科技服务型人员、社会服务型人员。据相关部门数据，截至2011年年底，北京地区农村实用人才共有3.8万人，其中，接受过高等教育的占比为15.79%[2]，学历人才数量为：3.8×15.79%=0.6（万人），非学历人才为：3.8-0.6=3.2（万人）。

因此，在党政人才、社会工作人才、高技能人才和农村实用人才中，具有专门知识的人才（学历人才）数量为：20.97+2.35+14.7+0.6=38.62万人；具有专门技能的人才（非学历人才）有：51.2+3.2=54.4（万人）。

根据上面结果，可以测算出企业经营管理人才和专业技术人才中的学历人才数量为：417-38.62=378.38（万人）。另据相关部门数据，北京地区企业经营管理人才中，接受过高等教育的人才占比约为82.9%，专业技术人才中接受过高等教育的比重约为90%[3]，专业技术人才是企业经营管理人才的1.0576倍，且专业技术人才中，属于管理岗位的人才占比为23.74%[4]。

设2011年年底北京地区有专业技术人才x万人，企业经营管理人才y万人，二者之间关系如下：

$$\begin{cases} \dfrac{x}{y} = 1.0576 \\ 0.9x + 0.829y - 0.9 \times 0.2374x = 378.38 \end{cases}$$

---

[1] 高技能人才规模和受教育程度数据来自北京市人力资源和社会保障局。
[2] 农村实用人才数量和受教育程度数据来自北京市农工委。
[3] 企业经营管理人才、专业技术人才受教育程度比例数据来自北京市人力资源和社会保障局。
[4] 企业经营管理人才和专业技术人才相互关系数据根据《中国人才资源统计报告》测算得出。

对方程组求解，得 $x=257$（万人），$y=243$（万人）。其中，处于管理岗位的专业技术人才为：$257×0.2374=61$（万人），这部分为两类人才的重叠数量。专业技术人才与企业经营管理人才之和为：$257+243-61=439$（万人）。专业技术人才中，具有专门技能的人才（含管理岗位）为：$257×0.1=25.7$（万人）；企业经营管理人才中，具有专门技能的人才为：$243×(100\%-82.9\%)=41$（万人）。具有专门技能的人才中，专业技术与企业经营管理人才重叠部分为：$25.7×0.2374=6$（万人）。

综上所述，2011年北京地区人才资源总量为532万人（即$20.97+2.35+65.9+3.8+257+243-61$）。其中，具有专业知识的人才为417万人，具有专门技能的人才为：$532-417=115$万人。

对以上人才资源数据进行汇总，如附表1所示。

附表1 北京地区人才资源总量及队伍情况

单位：万人

项　　目	数量	备注
人才资源总量	532	
1. 专业知识人才	417	
2. 专门技能人才	115	
党政人才	20.97	
企业经营管理人才	243	
1. 专业知识人才	202	
2. 专门技能人才	41	
专业技术人才	257	全部为专业知识人才
1. 专业知识人才	231.3	
2. 专门技能人才	25.7	
3. 双重身份人才	61	
高技能人才	65.9	
1. 专业知识人才	14.7	
2. 专门技能人才	51.2	
农村实用人才	3.8	
1. 专业知识人才	0.6	
2. 专门技能人才	3.2	
社会工作人才	2.35	

二 人才资源产业分布状况

三次产业人才资源测算方法：首先，将能明确归类的人才队伍列入相应产业。其中，农村实用人才列入第一产业，党政人才、社会工作人才列入第三产业；其次，企业经营管理人才、专业技术人才、高技能人才在三次产业中均存在，结合三次产业从业人员和增加值比例，分别测算出人才在产业中的占比；再次，将未归类的三类人才使用产业占比加以分配，然后加上能明确分类的人才，测算出各产业人才总和。分配结果见附表2。

附表2 北京地区三次产业人才分布

单位：万人

人才队伍	第一产业	第二产业	第三产业
党政人才	—	—	20.97
企业经营管理人才	7.65	52.97	182.37
专业技术人才	6.17	42.73	147.1
高技能人才	2.08	14.37	49.46
农村实用人才	3.8	—	—
社会工作人才	—	—	2.35
合　　计	19.7	110.07	402.25

三 人才资源区域分布状况

各区县人才资源测算方法是：首先，以2004年和2008年《北京经济普查年鉴》为依据，测算出16个区县人才比例结构；其次，在人才比例结构基础上，通过人口结构、从业人员结构、GDP结构得到综合调整系数，对2011年人才结构进行综合调整，从而测算出各区县的人才资源总量；最后，按照城市功能区划分范围，将相应区县人才加总，得到各功能区人才资源总量。

（一）区县人才资源分布状况

根据测算，到2011年年底，6个中心城区人才资源总量为405万人，占全市人才资源总量比重约为76.13%；10个郊区县人才总量为127万人，占全市比重约为 23.87%。城区人才是郊区的约 3.2 倍，比郊区多 278 万人。各区县人才资源总量如附图 1 所示。

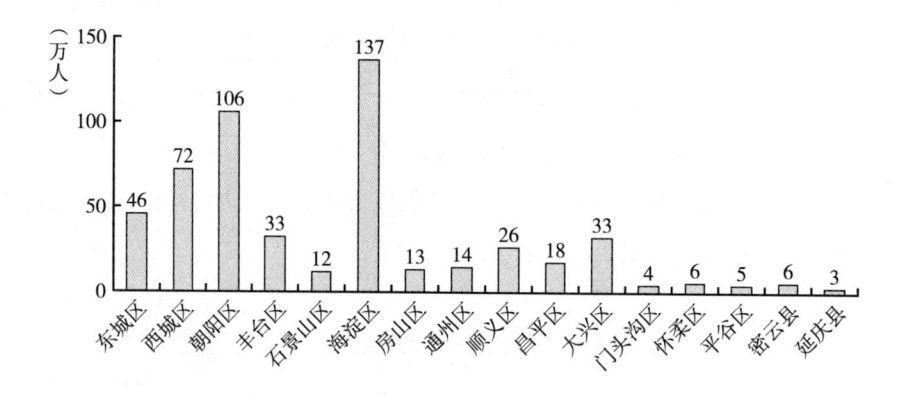

附图 1　北京地区各区县人才资源总量情况

6 个中心城区中，海淀区人才资源总量为 137 万人，占全市比重约为 25.75%，全市区县排名第一。其次是朝阳区，人才资源总量为 106 万人，占比约为 20%；排在第三位的是西城区，人才总量为 72 万人，占全市比重为 13.53%。海淀、朝阳和西城人才总和占全市的比重接近 60%。

10 个郊区县中，大兴区人才资源达到了 33 万人[①]。怀柔区、密云县、平谷区、门头沟区和延庆县等 5 个远郊区县人才总量为 24 万人，占全市比重为 4.51%。

（二）城市功能区人才资源分布状况

按照《北京市主体功能区规划》，将 16 个区县划分为四个城市功能区，包括核心功能区、城市功能拓展区、城市发展新区、生态涵养区。功能区范围分别是：东城区（含崇文区）、西城区（含宣武区）属核心功能区；朝阳区、海淀区、丰台区、石景山区属城市功能拓展区；通州区、顺义区、大兴区（北京经济技术开发区）以及昌平区和房山区的平原地区属城市发展新区；门头沟区、平谷区、怀柔区、密云县、延庆县以及昌平区和房山区的山区部分属

---

① 北京经济技术开发区人才资源计入大兴区。

生态涵养区。在计算各城市功能区人才规模时，将昌平区、房山区的人才全部计入城市发展新区。各城市功能区人才规模见附表3。

附表3　北京地区四大城市功能区人才分布

功能区	常住人口(万人)	城镇就业人员(万人)	地区生产总值(亿元)	人才数量(万人)
核心功能区	215	147.60	3700.50	117.14
城市功能拓展区	986.4	349.00	7615.30	287.81
城市发展新区	629.9	147.72	3419.54	102.69
生态涵养区	187.3	41.59	646.97	24.26
合　　计	2018.6	685.91	15382.31	532

参考文献

[1]《北京统计年鉴2012》，中国统计出版社，2012。

[2]《中国劳动统计年鉴2012》，中国统计出版社，2012。

[3]《中国2010年人口普查资料》，中国统计出版社，2012。

[4]《北京区域经济统计年鉴》，中国统计出版社，2012。

人才资源开发

Human Resource Development

B.2
北京地区科技人力资源发展报告

北京市科学学研究中心

李永进　张士运　陈媛媛　张旸*

摘　要： 本报告从科技人力资源内涵出发，选取科技人力资源规模、素质、产业聚集、部门结构以及创新效能等五种维度，通过与国内外相互比较，较为深入地分析了北京地区科技人力资源现状、特点以及未来变化趋势。结论认为，总体上看，北京地区科技人力资源在国内处于领先地位，但与世界城市之间仍存在一定差距，差距主要表现在科技人力资源质量、部门结构优化以及创新效能等方面。此外，报告还从提升科技人力资源素质、调整结构、增强国际竞争力以及创新绩效等方面提出了政

---

* 李永进，高级经济师，法学硕士，博士后合作导师，北京市科学技术研究院副院长、副书记，从事城市社会经济发展决策和科研人才管理研究；张士运，管理学博士，研究员，北京科学学研究中心主任，从事战略与政策研究、科技评估、科技项目管理以及科技人才研究；陈媛媛，管理学硕士，北京科学学研究中心助理研究员，从事标杆管理、人力资源管理与科技政策研究；张旸，工商管理学士，北京科学学研究中心研究实习员，从事标杆管理、科技人才研究。

策建议。

关键词：

科技人力资源　规模增长　质量提升　效能增进

一　科技人力资源的概念

（一）科技人力资源的概念界定

科技人力资源是一个国家最重要的战略资源，其规模和素质是衡量一个国家综合国力和发展潜力的重要指标。经济合作与发展组织（OECD）和欧盟统计局（Eurostat）联合编写的《科技人力资源手册》，在国际上首先提出科技人力资源的定义，认为科技人力资源是指完成了科学技术学科领域的第三层次教育，或者虽然不具备上述正式资格但从事通常需要上述资格的科学技术职业的人。中国科协发展研究中心公布的《中国科技人力资源发展研究报告》认为，科技人力资源是指实际从事或有潜力从事系统性科学和技术知识的产生、发展、传播和应用活动的人力资源，包括实际从事科技活动（或科技职业）的人员，和具有从事科技活动（或科技职业）潜能的人员。

根据上述定义，鉴别科技人力资源有两个主要依据：一是"资格"，即受教育程度，二是"职业"。按"资格"统计的科技人力资源数据反映了科技人力的储备水平和供给能力；按"职业"统计的科技人力资源数据反映了科技人力的实际投入水平和社会经济发展对科技人力的现实需求。具体来讲，科技人力资源是指满足下列条件之一的人：一是完成科技领域大专或大专以上学历（学位）教育的人员，或按联合国教科文组织《国际教育标准分类法1997》的标准分类，在科技领域完成第五级教育或第五级以上教育（相当于我国大专和高职以上教育）的人员；二是虽然不具备上述正式资格，但从事通常需要上述资格的科技职业的人员[①]。

---

① 中国科协调研宣传部、中国科协发展研究中心：《中国科技人力资源发展研究报告》，2008。

（二）科技人力资源的统计标准

当前与科技人力资源相关的统计指标主要有科技活动人员、R&D人员两类：

1. 科技活动人员

联合国教科文组织的《科技活动统计手册》将科技活动人员定义为直接从事科技活动以及专门从事科技活动管理和为科技活动提供直接服务的人员。科技活动人员具体分为三类：一是从事R&D活动的人员（R&D人员）；二是从事R&D成果应用的人员；三是从事科技服务的人员[①]。

我国科技活动人员指标测度采用人数作量纲，常用的指标有"科技活动人员总量（人）"和"参与科技活动的科学家和工程师（人）"[②]。实际统计中将直接从事科技活动以及专门从事科技活动管理和为科技活动提供直接服务，累计实际工作时间占全年法定工作时间的比例大于等于10%的人员计入科技活动人员。

2. R&D人员

OECD发布的《研究与发展调查手册》将R&D人员定义为直接从事R&D活动的人员以及为R&D活动提供直接服务的管理人员、行政人员和办事人员。R&D人员是科技活动人员的核心部分，具体可以分为研究人员、技术人员和辅助人员三类。

我国R&D人员指标测度采用人数和全时工作当量（FTE）两种量纲，常用的指标包括"R&D人员折合全时当量（人年）"和"R&D人员折合全时当量中的科学家与工程师（人年）"。R&D科学家与工程师用来测度R&D人员和R&D活动的质量，R&D人员只要符合"职称"（具有高、中级专业技术职称职务）和"资格"（大学本科及以上学历学位）中的一个条件即可以统计为R&D科学家与工程师。

科技活动人员和R&D人员均能较好地反映科技人力资源的领域和范畴，有助于对科技人力资源进行衡量与测算，因此本课题主要从这两方面进行数据采集和分析讨论。由于2009年以后我国科技统计指标中去掉了"科学家与工程师"

[①] 中国科协调研宣传部、中国科协发展研究中心：《中国科技人力资源发展研究报告》，2008。
[②] 中国科协调研宣传部、中国科协发展研究中心：《中国科技人力资源发展研究报告》，2008。

的指标统计数据,为保证数据采集与分析的连续性,本课题研究的"科技人力资源",将主要通过"科技活动人员(人)"和"R&D人员全时当量(人年)"两个指标,来描述北京地区科技人力资源的规模、结构状况及其发展变化趋势。

二 北京市科技人力资源的现状、特点及变化趋势

(一)规模不断扩大

1. 总量持续增长

2011年北京地区科技活动人员达到60.6万人,比2001年增加了151.5%,科技活动人员数量年均增速为12.7%,见图1。每万从业人员中科技活动人员为566人,比2001年增加了183人,见表1。同期北京地区从业人员增长幅度为70.1%,年均增速为5.84%,无论是增长幅度还是增长速度,科技活动人员都远远高于从业人员。

北京地区R&D人员呈现先快后慢的增长趋势,"十五"期间R&D人员年均增长率为17.8%,"十一五"期间R&D人员年均增长率为4%,2011年R&D人员达到21.7万人年,比2001年增加128.4%;每万名从业人员中R&D人员的数量波动增长,从2001年的151人年增长至2011年的203人年,增加了52人年,见图1、表1。

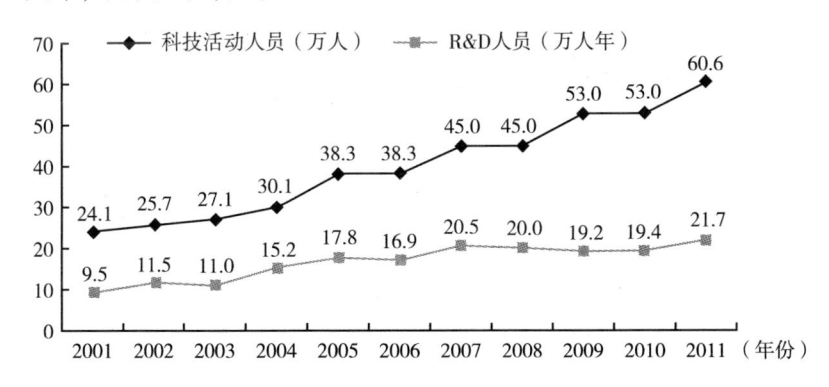

图1 北京地区科技人力资源变化情况(2001~2011)

数据来源:《北京统计年鉴(2002~2012)》,中国统计出版社。

北京人才蓝皮书

表1　北京地区每万名从业人员中科技人力资源变化情况（2001~2011年）

	2001	2002	2003	2004	2005	2006	2007	2008	2009	2010	2011
每万名从业人员中科技活动人员（人）	383	379	385	353	436	416	478	459	531	514	566
每万名从业人员中R&D人员（人年）	151	169	157	178	202	184	217	204	192	188	203

数据来源：《北京统计年鉴（2002~2012）》，中国统计出版社。

目前北京每万名从业人员中R&D人员数量与纽约、伦敦、东京相比，仍有较大差距（纽约、伦敦和东京分别为664人年、410人年、795人年[①]）。

2. 储备和供给能力不断提升

高校是科技人力资源培养、储备和供给的重要基地。作为科技人力资源的主要后备力量，北京地区高校研究生队伍呈现出了快速发展的态势。2011年北京地区高等普通学校博士、硕士研究生毕业生数，招生数和在校生数分别为5.5万人、7.2万人和20.8万人，分别为2001年的3.7倍、2.3倍和2.6倍，年均增长率分别为29.6%、13.9%和18.1%，见图2。

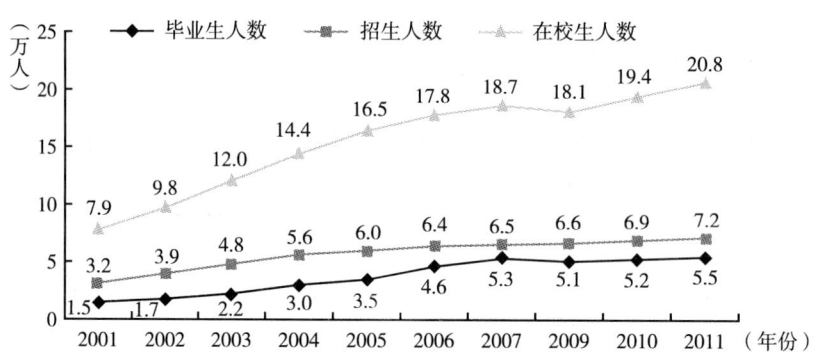

图2　北京地区普通高等学校博士、硕士研究生数量变化情况（2001~2011年）

数据来源：《北京统计年鉴（2002~2012）》，中国统计出版社。

（二）高端化特征明显

1. 受教育水平全国领先

北京R&D人员中本科以上学历占比为68.47%，远高于全国平均水平，

[①] 北京市人力资源研究中心课题组：《北京世界城市建设的人才指标体系及人才发展路径研究》，《北京人才发展报告（2010~2011）》，社会科学文献出版社，2011。

位列全国第二，见表2。从各部门科技人力资源受教育程度来看，2011年北京地区高等院校、研究机构、企业中本科以上学历的R&D人员占比分别为90.74%、86.74%和44.94%，高校与研究机构R&D人员的受教育水平明显高于企业，见图3。

表2　全国及部分地区R&D人员受教育程度情况（2011年）

	本科以上R&D人员比例(%)	全国排名
全　国	23.1	—
北　京	68.47	2
上　海	55.31	12
广　东	47.79	24

数据来源：《中国科技统计年鉴（2012）》，中国统计出版社。

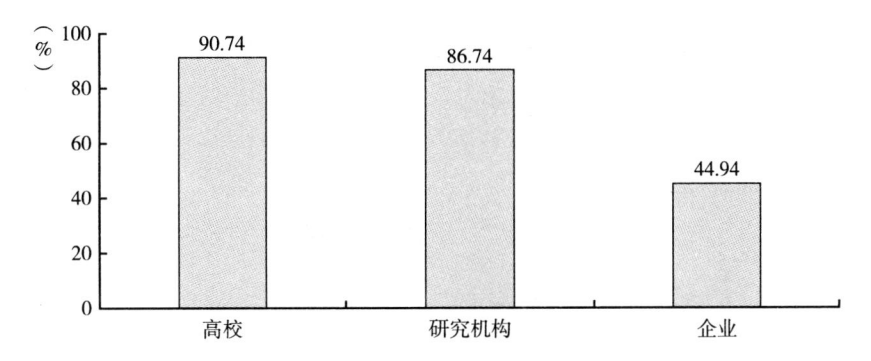

图3　北京地区各部门本科以上R&D人员占比情况（2011年）

数据来源：《北京统计年鉴（2012）》，中国统计出版社。

2. 研究人员比重过半

研究人员指R&D人员中具备中级以上职称或博士学历（学位）的人员。2011年，北京地区R&D人员中的研究人员为12.2万人年，占全部R&D人员的56.07%。从部门分布情况看，高等院校、研究机构中研究人员占比为83.90%和64.11%；企业中研究人员占比为41.42%，见图4。

3. 高层次人才大量集聚

截至2011年年底，北京地区拥有两院院士718人，约占全国总数的48%。入选国家"千人计划"的海外回国创新创业人才共770名，占全国总数的

■ 中级以上职称或博士学位的R&D人员占比
□ 高校中级以上职称或博士学位的R&D人员占比
▨ 研究机构中级以上职称或博士学位的R&D人员占比
■ 企业中级以上职称或博士学位的R&D人员占比

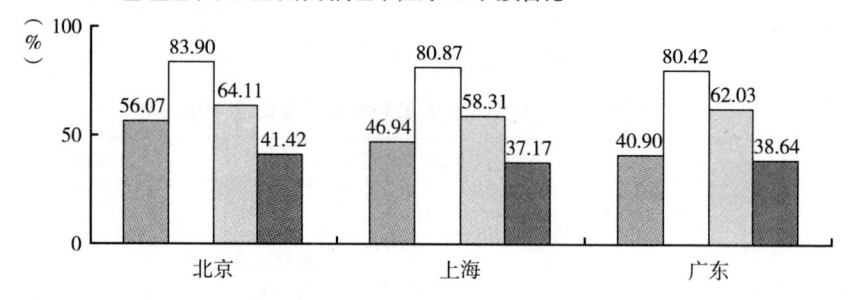

图4 部分地区 R&D 人员中研究人员占比情况（2011年）

数据来源：《中国科技统计年鉴（2012）》，中国统计出版社。

46.6%；入选国家"外专千人计划"16人，占全国总数的17%。2006年以来，北京地区共有教育部"长江学者"奖励计划特聘教授227人，占总数的29%；讲座教授95人，占总数的21.2%。国家级有突出贡献专家98人，享受国务院政府特殊津贴的专家3611人。

4. 研发力量有待加强

近年来北京地区科技人力资源总量虽然持续增长，但作为其核心部分的R&D人员增长相对缓慢。从人员变化率来看，2001～2011年北京地区科技活动人员的年均增长率为10%，R&D人员年均增长率为9%，R&D人员增长速度低于科技活动人员。从研发人员在科技活动人员的占比来看，总体呈现波动变化趋势，先由39.6%增至50.5%，又逐渐降至35.9%，见图5。数据表明，北京地区丰富的科技人力资源中，从事科技活动管理和提供服务的间接人员偏多，研发力量有待加强。

（三）高度集聚于第三产业

2011年，北京地区第一、二、三产业的科技活动人员为0.13万人、15.53万人和45.10万人，第三产业科技活动人员占北京地区总量的74.43%。第一、二、三产业的R&D人员为0.01万人年、4.94万人年和14.23万人年，

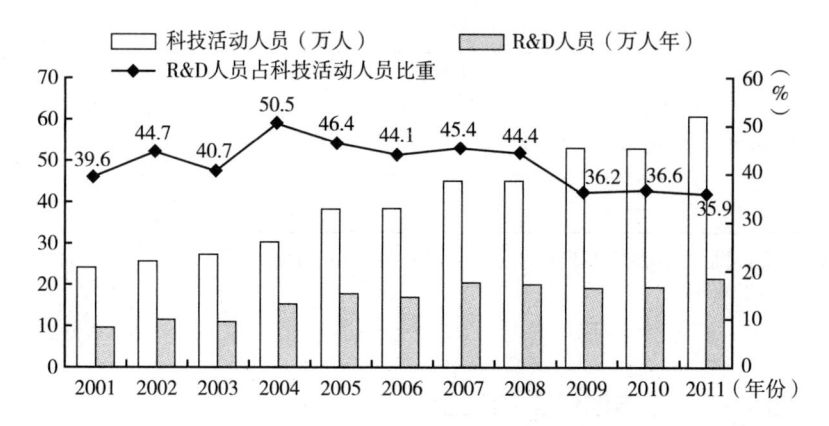

图5 北京地区科技人力资源变化趋势（2001～2011年）

数据来源：《北京统计年鉴（2002～2012）》，中国统计出版社。

第三产业R&D人员占北京地区总量的74.17%。科技人力资源高度集聚于第三产业，见图6。

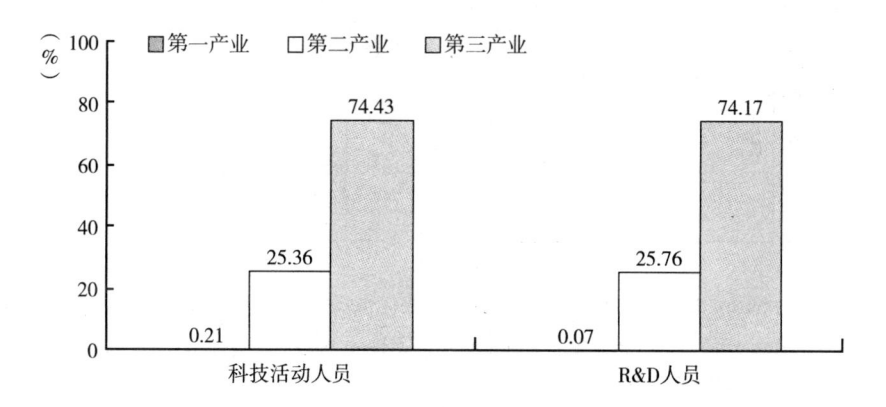

图6 北京地区科技人力资源产业分布（2011年）

数据来源：《北京市研究与发展数据汇编（2010、2012）》，北京市科委、北京市统计局、北京市教育委员会联合汇编。

从行业分布情况看，科技活动人员最为集中的前三大行业分别是软件业、研究与试验发展业和制造业，软件业人员增长速度最快，占比由2002年的13.3%快速增长到2011年的27.8%。R&D人员中四成以上集中在研究与试验发展业，制造业与软件业分列第二、三位，见表3。

表3 北京地区科技人力资源行业分布情况

	科技活动人员(2011年)			R&D人员(2009年)		
	总量(人)	占比(%)	排名	总量(人年)	占比(%)	排名
研究与试验发展业	157789	26.0	2	80410	42.0	1
软件业	168360	27.8	1	26417	13.8	3
制造业	122215	20.2	3	39881	20.8	2

数据来源：《北京市研究与发展数据汇编（2010、2012）》，北京市科委、北京市统计局、北京市教育委员会联合汇编。

（四）企业主体地位更加突出

2002年以来，北京地区企业科技人力资源大幅增加，企业科技活动人员、企业R&D人员所占比重由51.77%、33.91%分别增至60.36%、45.16%，企业在科技活动中的主体地位逐渐凸显，见图7、图8。

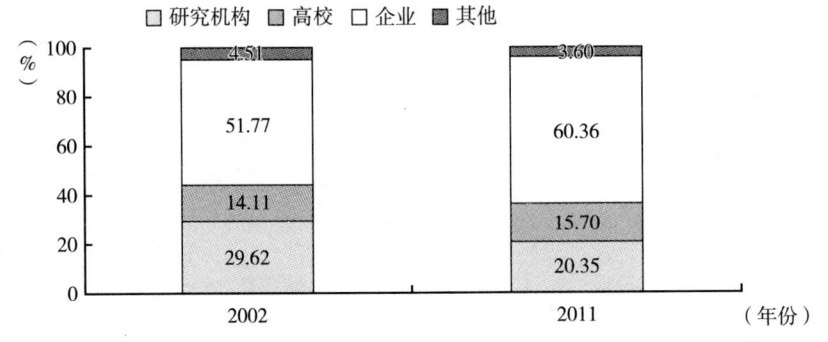

图7 北京地区科技活动人员部门变化情况（2002年、2011年）

数据来源：《北京市研究与发展数据汇编（2003、2012）》，北京市科委、北京市统计局、北京市教育委员会联合汇编。

2011年，北京地区基础研究人员主要分布在科研机构，占比为58.4%；应用研究人员也主要分布在科研机构，科研机构和高校两者的应用研究人员合计占比为90.5%。试验发展活动人员高度集中在企业，所占比重由2002年的54.2%增至2011年的72.1%，反映出企业作为创新活动的执行主体，对技术创新的需求和重视程度明显提高，见图9。

目前，国内广东和上海企业R&D人员在科技人力资源中的占比分别为90.94%和53.27%，见图10；国际上，2002年纽约、东京和伦敦企业R&D人

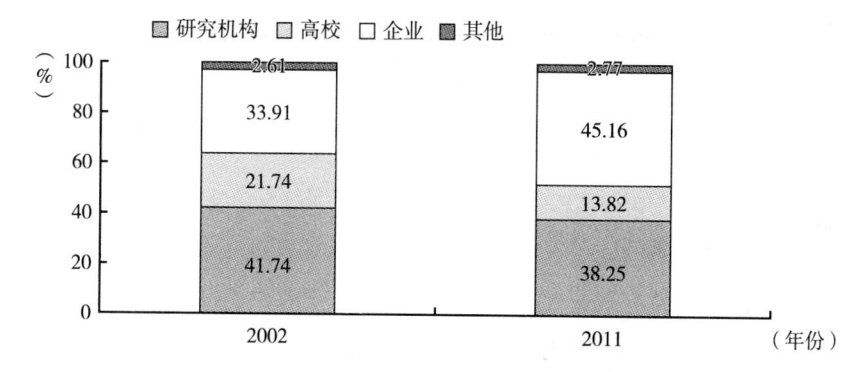

图 8　北京地区 R&D 人员部门变化情况（2002 年，2011 年）

数据来源：《北京市研究与发展数据汇编（2003、2012）》，北京市科委、北京市统计局、北京市教育委员会联合汇编。

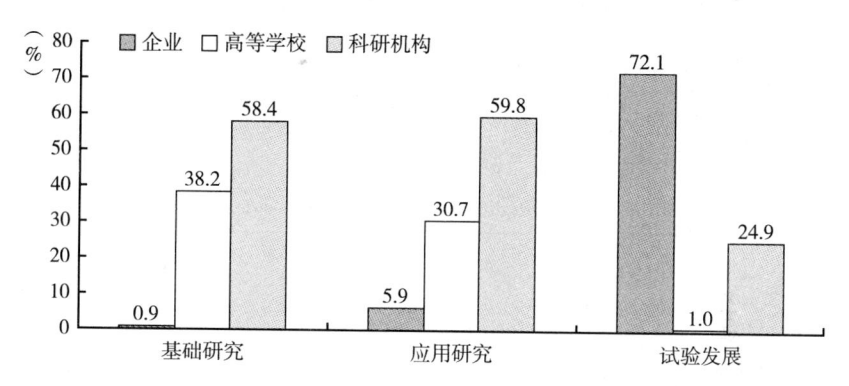

图 9　北京地区三类研发活动人员按执行部门的分布（2011 年）

数据来源：《北京统计年鉴（2012）》，中国统计出版社。

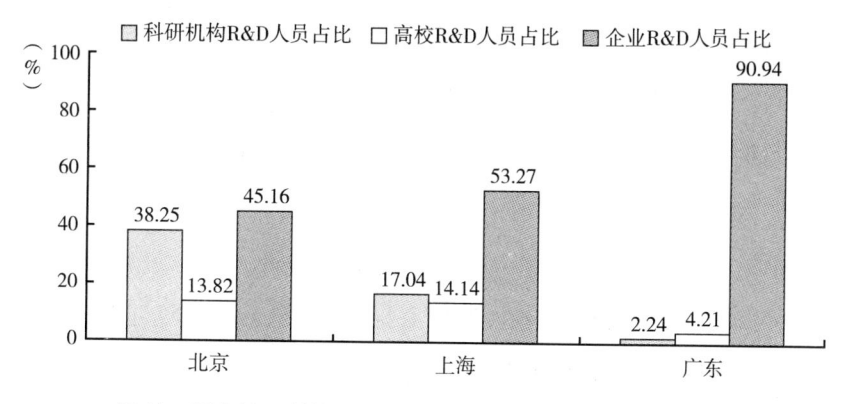

图 10　重点地区科技人力资源按执行部门的分布（2011 年）

数据来源：《中国科技统计年鉴（2011）》，中国统计出版社。

员比重分别为79.8%、65.8%和88.7%[①]。通过横向比较可以看出，北京地区企业在科技创新中的主体作用还有着很大的提升空间。

（五）科技创新效能显著

1. 科技成果数量大幅增加

2011年，北京科技成果登记数1035项，为2001年的3.2倍；全市专利申请量及授权量为77955件和40888件，分别是2001年的6.4倍和6.5倍，年均增长率达到22.9%和23.2%；每万名R&D人员专利授权量为1882件，比2001年增长了1.9倍；最能代表科技人力资源创新水平的发明专利申请量和授权量为45057件和15880件，分别是2001年的9.0倍和16.8倍，在全国占比分别为4.3%和9.2%；商标申请及核准注册数增至94737件和70090件。见表4。

表4　北京地区科技成果变化情况（2001年、2011年）

科技成果	2001	2011
科技成果登记数（项）	326	1035
专利申请量（件）	12174	77955
其中：发明专利（件）	4984	45057
专利授权量（件）	6246	40888
其中：发明专利（件）	946	15880
商标申请数（件）		94737
商标核准注册数（件）		70090

数据来源：《北京统计年鉴》（2002~2012年各年），《中国科技统计年鉴（2012）》，中国统计出版社。

2011年北京地区承接的R&D项目数达到103526项。获得国家科技成果奖78项，其中国家自然科学奖17项、国家技术发明奖5项、国家科学技术进步56项奖。SCI、EI、CPCI-S等国外主要检索工具收录北京地区的科技论文总数为61302篇，全国占比为19.1%，排名第一；每万名R&D人员国外收录

[①] 左学金、王红霞：《大城市创新与人口发展的国际比较》，《社会科学》2009年第4期。

科技论文数为3165篇，比2001年增长了1.4倍。

目前北京地区科技人力资源创新成果水平与世界城市相比，仍有一定差距。北京在国际三大期刊检索（SCI、SSCI和A&HCI）论文发表数量为37038篇，分别为纽约、伦敦和东京的1/1.7、1/2.4和1/1.7。2009～2010年，北京获得国际认可的专利数量在全球城市排名中位居130位，而纽约、伦敦、东京分别位列第88位、46位、41位[①]。从专利质量来看，2011年北京地区发明专利授权量占专利授权总量的39%，而发达国家有效专利中发明专利约占总量的80%，见表5。

表5 科技人力资源产出效能比较

地 区	SCI、SSCI和A&HCI论文数量（篇）	国际认可专利数量排名
纽 约	62970	88
伦 敦	90428	46
东 京	63715	41
北 京	37038	130

数据来源：北京市人力资源研究中心课题组：《北京世界城市建设的人才指标体系及人才发展路径研究》，《北京人才发展报告（2010～2011）》，社会科学文献出版社，2011；倪鹏飞：《全球城市竞争力报告（2009～2010）》，社会科学文献出版社，2010。

2. 科技成果产业化水平全国领先

2011年北京地区技术合同成交数为53552项，是2001年的2.2倍，年均增长率达到8.4%。技术合同成交总额达到1890.3亿元，是2001年的9.9倍，年均增长率达到25.8%，见图11。每万名R&D人员技术交易合同数为2465项、技术合同成交额为87万元，均为全国最高，见表6。北京技术交易额占据全国的40%，以绝对领先的优势成为国内最大的技术交易中心。从投入产出效益方面来看，2011年北京R&D经费内部支出936.6亿元，投入产出比为1:2.0，科技投入产出效益在国内处于领先水平，见表7。

---

① 倪鹏飞：《全球城市竞争力报告（2009～2010）》，社会科学文献出版社，2010。

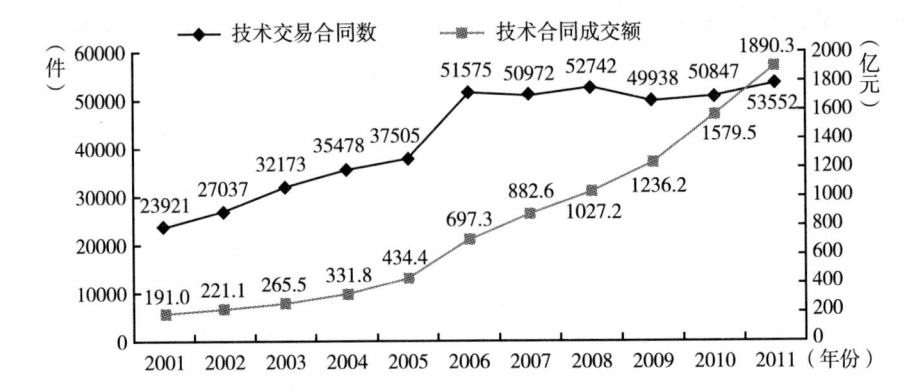

图11 北京地区技术合同交易变化情况（2001~2011年）

数据来源：《北京统计年鉴（2002~2012）》，中国统计出版社。

表6 每万名R&D人员技术交易合同数、技术合同成交额排名情况（2011年）

排名	地区	每万名R&D人员技术交易合同数（项）	排名	地区	每万名R&D人员技术合同成交额（万元）
1	北京	2465	1	北京	87
2	辽宁	2074	2	青海	34
3	上海	1953	3	上海	32
4	甘肃	1760	4	陕西	29
5	天津	1575	5	甘肃	25

数据来源：《中国科技统计年鉴（2012）》，中国统计出版社。

表7 北京、上海、广东投入产出效益情况（2011年）

地区	R&D经费内部支出（亿元）	技术市场成交金额（亿元）	投入产出比	排名
北京	936.6	1890.3	1∶2.0	1
上海	597.7	480.7	1∶0.8	5
广东	1045.5	275.1	1∶0.3	14

数据来源：《中国科技统计年鉴（2012）》，中国统计出版社。

3. 科技创新辐射能力持续增强

2011年北京技术合同成交总额为1890.3亿元，从技术合同类型来看，技术开发合同成交额354.1亿元，占18.73%；技术转让合同成交额56.4亿元，占2.98%；技术咨询合同成交额43.4亿元，占2.29%；技术服务合同成交额

1436.4亿元，占75.99%。北京技术交易活动以一般性技术服务、技术中介、技术培训为主，相比于技术开发为主的上海、广东，北京技术转移服务体系优势愈加明显，见图12。

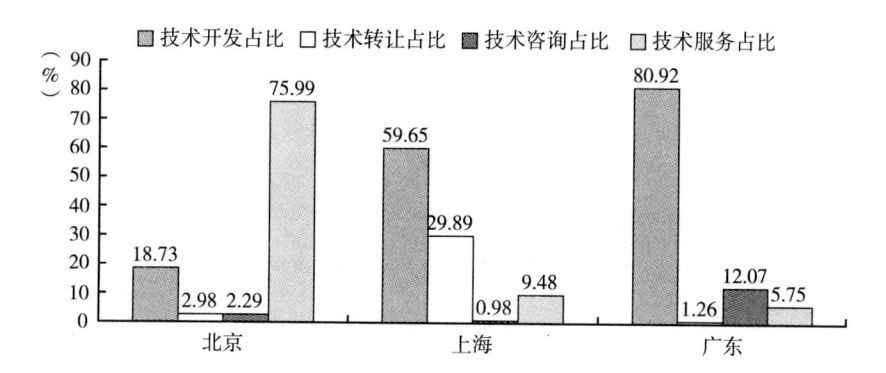

图12 北京、上海、广东技术类型成交额占比对比（2011年）

数据来源：《北京统计年鉴（2012）》、《上海统计年鉴（2012）》、《广东统计年鉴（2012）》，中国统计出版社。

从技术合同流向来看，2011年流向本市技术23814项，成交额471.3亿元，占技术合同成交额的24.93%；流向外省市技术28627项，成交额635.9亿元，占技术合同成交额的33.64%；出口技术1111项，成交额783.1亿元，占技术合同成交额的41.43%，见图13。

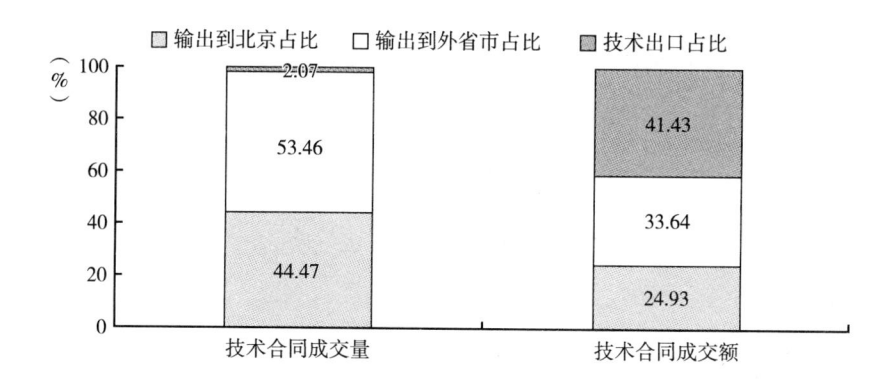

图13 北京技术合同流向状况（2011年）

数据来源：《北京统计年鉴（2012）》，中国统计出版社。

自 2001 年以来，北京地区技术合同成交数量年均增长率达到 8.39%，其中流向京内地区的年均增长率为 7.37%，流向京外地区的年均增长率为 9.30%。从技术成交额看，年均增长幅度达到 25.76%，其中流向京内地区的增长幅度为 16.35%，流向京外地区的增长幅度为 32.15%。流向京外地区的合同数量及交易额不仅持续增长，而且平均年增长幅度均高于流向京内地区，反映出北京科技创新成果的辐射能力持续增强，见表8。

表8　2001~2011 年北京地区技术合同流向状况

	2001	2002	2003	2004	2005	2006	2007	2008	2009	2010	2011
技术合同数（项）	23921	27038	32173	35449	37505	51575	50972	52742	49938	50847	53552
流向本市	11696	13028	15976	16706	16871	24670	24938	24989	23477	22711	23814
流向外省市	12225	14010	16197	18843	20016	25965	24819	26566	25300	26885	28627
技术出口					618	940	1215	1187	1161	1251	1111
技术合同成交额（亿元）	191	221	265	331	434	697	882	1027	1236	1579	1890
流向本市	103	90	119	220	156	271	264	304	365	340	471
流向外省市	85	100	132	165	194	325	407	487	498	654	635
技术出口	2	30	13	39	83	100	210	235	372	584	783

4. 高技术产业科技效能仍需提高

2011 年北京地区高技术产业 R&D 人员为 18049 人年，占全地区 R&D 人员的比重为 8.31%，见图 14；高技术产业产值占地区生产总值的比重为 17.83%。平均每名 R&D 人员贡献的产值达到 1605.4 万元，与上海相比有一定差距，还有很大的提升空间，见表9。

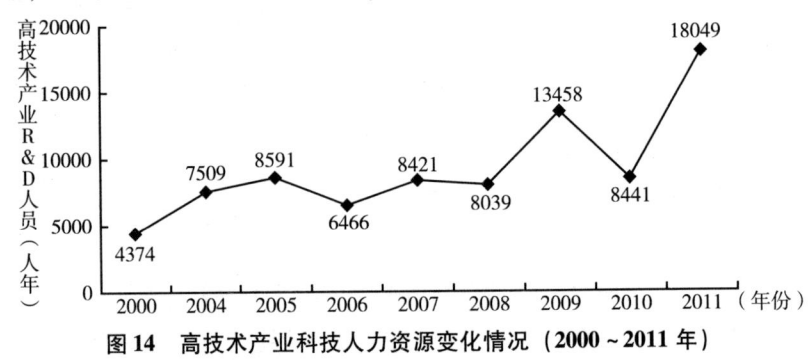

图14　高技术产业科技人力资源变化情况（2000~2011 年）

数据来源：《中国高技术产业统计年鉴（2001~2012）》，中国统计出版社。

表9 高技术产业研发人员产出效能对比情况（2011年）

地区	高技术产业R&D人员全时当量(人年)	每名R&D人员贡献的产值(万元)	高技术产业产值占地区生产总值比重(%)	高技术产业R&D人员占全地区R&D人员的比重(%)
北京	18049	1605.4	17.83	8.31
上海	19051	3685.5	36.58	12.83
广东	179117	1316.3	44.76	43.60

数据来源：《中国高技术产业统计年鉴（2012）》《中国科技统计年鉴（2012）》，中国统计出版社。

三 结论及建议

近年来，北京市以实施"科技北京"行动计划和建设中关村国家自主创新示范区为牵引，大力推进创新型城市建设，科技人力资源得到了快速发展，为增强自主创新能力、提升科技对经济社会发展的支撑作用奠定了坚实基础。从科技人力资源的数量上看，储备和供给充沛，人员规模持续扩大；从质量上看，高端化特征明显，受教育水平、高层次人才集聚程度国内领先；从产业分布上看，科技人力资源高度集中在第三产业；从部门分布上看，企业科技人力资源大幅增加，在科技活动中的主体地位逐渐凸显；从科技人力资源的创新效能看，科技成果的数量和产业化水平位居国内前列，对外辐射能力持续增强。存在的不足主要表现在：科技人力资源中研发人员力量有待加强；与国内部分地区以及纽约、伦敦、东京等世界城市相比，在增强企业的科技创新主体地位、提升科技创新效能等方面，仍有很大的提升空间。

2010年以来，《首都中长期人才发展规划纲要（2010~2020年）》《首都中长期科技人才发展规划纲要（2011~2020年）》陆续发布和实施，为今后一个时期首都科技人力资源的开发利用确定了基本任务和方向；北京建设具有全球影响力的国家创新中心、率先形成创新驱动发展格局的奋斗目标，为全面提升首都科技人力资源整体水平提供了空前的机遇。北京应以建设世界城市为导向，以实施人才发展规划纲要为主线，着力解决突出问题，进一步促进科技人力资源快速发展。

（一）加强首都教育培训体系建设，不断提升科技人力资源素质水平

夯实教育基础建设。在加强高等教育投入的基础上，合理配置教学资源、优化布局，提升高等院校的教学水平，增加优质高等教育资源。加强综合素质教育，完善继续培育和职业培训体系，通过教育与实践培养复合型和创新型的科技人力资源。围绕北京市科技进步的重点产业、行业和领域开展学科建设，有针对性地培养适应实际需求的科技人力资源。

加强高素质科技人力资源储备。适应国家和北京经济和科学技术发展的需要，构建专业人才培训体系和培养模式，依托职能标准制订培训方案，培养具有卓越视野与竞争力的创新研发人才和高端科技人才。充分利用首都教育资源，采用产学研合作的"订单式"培养模式，实行企业与研发机构的岗位互换等形式，在科研实践中培养能引领科技创新、管理创新、促进科技成果转化的科技人力资源。

（二）依托重点需求优化科技人力资源结构，保持与首都经济结构的相互协调

推动战略性新兴产业和高技术产业人才发展。北京应以产业发展的需求为导向，着重考虑战略性新兴产业、高技术产业对科技人力资源的需求，持续引进能突破关键技术，推动产业开拓，推动科学技术成果转化和产业化的急需产业、新兴产业和潜在优势产业的高层次科技人才。

加强高端产业科技人力资源建设。北京应着力关注首都经济结构调整与产业优化升级，根据世界城市的发展定位和产业结构发展状况，提升高端制造业、金融业、信息产业、创意产业、商业服务产业科技人力资源比重，鼓励和支持科技人才向重点产业流动，推动首都重点产业跨越式发展。

加强科技人力资源在企业的聚集。优化企业内部环境，建立"一流人才、一流业绩、一流报酬"激励机制，加大企业对科技人力资源的吸引力；对企业研发投入进行补贴，增加财政资金对企业技术创新和人才培养的直接支持，支持企业建设技术研发机构，牵头实施重大科技项目和工程，鼓励科研院所和

高校要更多地为企业技术创新提供支持和服务，通过岗位互换等方式促进科技人力资源创新要素向企业转移。

（三）推进科技人力资源国际化发展，增强人才国际竞争力

推进高层次科技人才开发工程的实施。围绕"科技北京"百名领军人才培养工程和优秀企业家聚集培养工程，抓紧做好高层次科技人才工程的开发工作，实施领军人才引领工程、产业领袖塑造工程、海外人才聚集工程、高层次创新团队工程和青年人才开发工程，充分发挥科技人才在产业发展、创新创业、凝聚团队中的核心作用和政府决策中的参谋咨询作用，服务首都经济社会和谐发展。

拓宽科技人才国际化发展的渠道。以科技项目和海外人才计划吸引优秀海外人才，设立海外科技人才引进专项资金，建立国外人才工作站和中介机构，吸引更多的海外人才回国来京发展；通过任期聘任、项目承包、人才租赁等多种形式公开招聘外国高层次科技人力资源，形成以智力交流为特征的"人才柔性流动"；引导和鼓励以科技人力资源培养为主线的国际交流合作和项目共建，支持与国际高水平研究机构和团队之间的实质性合作；解决国内人才出国限制，简化公务出国办理手续，政策和资金支持国际合作项目，推进科技人力资源的国际化发展。

（四）优化科技人力资源投入模式，进一步提高科技创新绩效

保证科技经费投入稳步增长。随着北京地区对科技经费需求的进一步增长，加大对科技的投入，特别是 R&D 经费的投入。通过建立稳定的科技活动投入机制，提高人均可支配科技经费，提高科技活动的产出效益。

建立多元的科技人力资源投入模式。在财政投入经费中允许产生一定比例的人员经费，用于科技人力资源的培养和激励。通过税收减免、质押融资、贷款贴息等形式，调动企业及其他部门对科技人力资源投入的积极性，建立以政府资金为导向，用人单位投入为主体，社会资金投入为补充的多元投入模式。

加强对科技人力资源优秀成果的激励与奖励。加强对科技成果质量和有效性的评价，提高科技人力资源的投资效益。加强知识产权保护，鼓励发明创造和高水平的学术研究，建立专项资金对获得国际认可专利授予权、专利实现产业化、发表高水平学术论文的组织和个人给予奖励。

B.3
首都社会工作人才队伍建设调研报告[*]

刘占山 张强 孙先礼[**]

摘 要：
近年来，首都社会工作人才队伍建设取得了不少进展，同时也面临着多方面的问题。本文综合分析了影响制约首都社会工作人才队伍发展的主要原因，指出了首都社会工作及人才队伍建设沿着"六化"方向将呈加速度发展的总体趋势。为促进有步骤、分阶段地稳步推进社会工作及其人才队伍建设，提出了健全教育培训制度，完善社会工作人才评价制度，加快岗位开发与设置，完善激励保障制度，大力培育社会服务组织，发展壮大志愿者队伍等建议。

关键词：
社会工作 社会管理 人才队伍

社会工作人才队伍建设是一项广泛涉及社会福利、社会救助、慈善事业、残障康复、优抚安置、卫生服务、青少年服务、司法矫正等社会管理和服务领域的系统工程，关系到社会管理体制的改革、社会政策的调整、社会服务方式的变革等诸多内容。加强首都社会工作人才队伍建设研究，明确今后社会工作人才队伍建设的目标、方向、原则和策略，是十分重要而迫切的任务。

---

[*] 本文系中国社会工作协会社会工作实务研究课题——《首都社会工作人才队伍中长期发展对策研究报告》的主要内容。
[**] 刘占山，中共北京市委社会工作委员会委员、北京市社会建设工作办公室副主任，主要研究方向为社会建设；张强，中共北京市委社会工作委员会、北京市社会建设工作办公室社会工作队伍建设处处长，主要研究方向为社会服务管理创新；孙先礼，中共北京市委社会工作委员会、北京市社会建设工作办公室社会工作队伍建设处调研员，主要研究方向为社会工作人才队伍建设。

第一部分 基本概念界定

一 社会工作

目前，社会工作在我国还是一个宽泛的概念，我国对社会工作大致存在三种不同理解，即普通社会工作、行政性社会工作、专业性社会工作。普通社会工作是指在本职工作之外从事的、不计报酬的服务性或公益性工作，如在单位中兼任工会、共青团、妇联的一些工作，这种社会工作是相对于本职工作而言的。行政性社会工作是指在政府部门和群众团体中专门从事职工福利、社会救助、思想政治工作等类型的助人活动。这些工作都是由国家正式人员专门承担的助人解困的活动，工作人员较少受过助人方面的专业训练，是行政性、非专业化的社会工作。专业社会工作是由受过社会工作专业训练的人员开展的助人活动[①]。有关部门在充分参考西方国家定义和我国学术界定义的基础上，认为：社会工作是社会建设的重要组成部分，它是一种体现社会主义核心价值理念，坚持助人自助的宗旨，遵循专业伦理规范，在社会服务与管理等领域，综合运用专业知识、技能和方法，帮助有需要的个人、家庭、群体、组织和社区，整合社会资源，协调社会关系，预防和解决社会问题，恢复和发展社会功能，促进社会和谐的职业活动[②]。

二 社会工作人才有关概念

（一）社会工作从业人员

这是一个较宽泛的概念，凡是直接从事社会工作并从中获得劳动报酬的人

[①] 王思斌：《社会工作综合能力（初级）》，中国社会出版社，2007，第2~3页。
[②] 中组部：《关于加强社会工作人才队伍建设的意见（征求意见稿）》，2008。

都可称之为社会工作人员,对其没有学历资历、职业资格和能力水平上的区分和要求。在范围上,涵盖了未达到社会工作者和社会工作人才标准的非专业人士,包含了所有的社会工作者和社会工作人才等专业人士。

(二)社会工作者

"社会工作者"一词1900年始现于美国。社会工作者的概念界定及内涵规定性在世界范围内尚无定论。国内有的学者将社会工作者定义为从事社会工作的专业人员①。2004年,劳动保障部颁布了第九批国家职业标准,"社会工作者"首次被载入中国职业标准目录。按照《社会工作者国家职业标准》的规定,社会工作者是指"遵循助人自助的价值理念,运用个案、小组、社区、行政等专业方法,以帮助机构和他人发挥自身潜能,协调社会关系,解决和预防社会问题,促进社会公正为职业的专业工作者"。据此,一些与社会工作服务范围相近或相邻的专业人士,如医务保健人员、心理咨询师、学校辅导员、职业辅导员、特殊教育教师、音乐治疗师、语言治疗师等,他们与社会工作者虽然有一定外在的相似性,但其专业领域存在区别,与社会工作者不能混同。

(三)社会工作人才

"社会工作人才"是十七届六中全会提出的一个全新名词。目前,相关部门按照《中共中央国务院关于进一步加强人才工作的决定》和十六届六中全会《决定》精神,综合考虑思想道德、助人宗旨、专业技能、履行职责和做出贡献等因素,将社会工作人才界定为"具有良好的思想道德素质和一定的社会工作专业知识或技能,创造性地进行社会服务与管理、社会工作教育和研究等工作,为构建社会主义和谐社会做出积极贡献的人"②。这一概念对于专业性的要求比"社会工作者"更高。

(四)社会工作专业人才

2011年10月,中央18个部门和组织发布了《关于加强社会工作专业人

---

① 陈良瑾:《中国社会工作百科全书》,中国社会出版社,1994,第3~4页。
② 参见中组部2007年社会工作人才队伍建设专题研究班关于社会工作人才的定义。

才队伍建设的意见》，第一次明确提出"社会工作专业人才"的概念，指出，"社会工作专业人才是具有一定社会工作专业知识和技能，在社会福利、社会救助、慈善事业、社区建设、婚姻家庭、精神卫生、残障康复、教育辅导、就业援助、职工帮扶、犯罪预防、禁毒戒毒、矫治帮教、人口计生、纠纷调解、应急处置等领域直接提供社会服务的专门人员"。

本报告所指社会工作人才，与上述"社会工作者"相比更具专业性，但其外延又较"社会工作专业人才"更为广泛，因此，采用上述第三类概念。

三 社会工作人员的分布领域和工作内容

（一）分布领域

根据有关研究，我国社会工作主要存在于社会服务与管理领域①，社会工作人员主要在社会福利、社会救助、社区建设、残疾康复、教育辅导、司法矫正、就业服务、医疗卫生、青少年事务、流动人口服务、计划生育服务等公益性领域发挥作用。社会工作人员从所属机构的性质看，主要有六支队伍：党政机关负责社会服务与管理的领导和工作人员，工会、共青团、妇联等人民团体的社会工作人员，社会公益类事业单位的社会工作人员，服务类民间组织的社会工作人员，城乡基层自治组织的社会工作人员，社会工作研究与教学机构的专业人员。

---

① 主要是两方面：一方面是从社会工作者与社会和谐发展的关系角度出发，为困难群众提供社会服务的领域（王思斌，2001），如介入流浪儿童救助保护领域，加强对流浪儿童救助保护的能力建设（薛在兴，2005）；涉足残疾人工作，更好地满足残疾人及其家庭的需要（苏巧平，2006）；介入妇女援助工作，构建妇女援助模式（王世军，2001）；涉足城市农民工等弱势群体的援助工作（李良进、风笑天，2003）等。另一方面是在一些特定机构中开展的社会服务，如开展学校社会工作，帮助有困难的学生提高适应学习和生活的能力（刘斌志，2005；刘枫、王成奎，2005）；在医院和社区卫生机构开展医疗社会工作（刘继同，2005）；在监狱和社区开展矫正社会工作（焦守强，2005）；依托社区或非营利机构开展社会养老工作（赵芳、许芸，2003）等。转引自邓春玲《中国社会工作队伍建设研究综述》，《博士后交流》2007年第4期，中国社会科学院博士后流动站网站，http：//rsj.cass.cn。

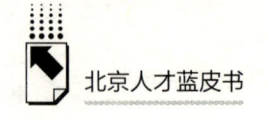

（二）工作内容

社会工作人员的主要工作内容是从事社会服务和社会管理：①提供社会服务。如在公益类事业单位的业务部门、公益类民间组织的业务部门以及村委会、居委会中直接从事社会服务，包括为儿童、青少年、老人、妇女、残疾人、贫困者、失业者、帮教对象等提供物质支援、生活照顾、精神支持、危机介入和权益保护等服务，这是社会工作者最重要的工作内容。②进行社会管理。主要包括两类，一是在各级党政组织、相关政府部门、各类群团组织中进行宏观社会管理，二是在具体从事社会服务的社会公益类事业单位和民间组织中进行的微观管理。

第二部分　基本现状与问题分析

一　基本现状

1987年，北京大学设立全国第一个社会工作专业，开启了首都地区社会工作专业教育的先河。以2002年北京社会工作协会的成立、社区专职工作者职业资格认证制度的实施和2007年社会工作人才队伍建设试点的开展为标志，专业社会工作开始在基层社区、福利机构积极实践。以2007年12月北京市委市政府《关于加强社会工作人才队伍建设的意见》的出台和市区两级社会建设部门的成立为标志，首都社会工作人才队伍建设日益受到党委政府高度重视，进入加强领导、统筹推进的新阶段。

（一）社会工作队伍不断壮大，为专业社会工作人才队伍建设奠定了良好基础

首都从事社会工作的人数众多，分布十分广泛，几乎涵盖社会生产、群众生活的方方面面，其中主要分布在以下五大类社会服务与管理领域，具有跨部

门、跨行业、跨所有制和岗位高度分散的特点。

第一类：与社会工作有关的党政机关。包括各级社会建设、民政、人力社保、卫生、教育、司法、计划生育、公安、流动人口管理、信访、社会建设等。

第二类：与社会工作有关的人民团体。包括工会、共青团、妇联、残联、老龄委、红十字会等。

第三类：与社会工作有关的公益类事业单位。包括社会福利、社会救助、社区建设、收养服务、优抚安置、慈善事业、减灾救灾、婚姻家庭、殡葬服务、教育辅导、司法矫正、就业服务、医疗卫生、计划生育、职工权益维护、青少年事务、妇女权益维护、流动人口服务等，共18类。

第四类：城乡基层组织。包括城市社区居民委员会、社区党组织、社区服务站，农村村委会、村级党组织。

第五类：社会公益服务类民间组织。主要是在上述社会服务领域成立的各类社会团体、基金会、民办非企业单位。

据各单位统计，目前首都地区共有社会工作相关从业人员30余万人，占常住人口的1.5%左右（见表1）。

表1 首都地区社会工作从业人员数量分布

所属组织或机构	人员数量	所属组织或机构	人员数量
民政系统	153453	教育系统	18000
人力社保	7773	司法系统	48024
工会系统	8466	流管办系统	11576
共青团系统	10353	计生系统	9458
妇联系统	6856	居委会	16134
残联系统	1254	村委会	12700
红十字会系统	74	合计	305608
卫生系统	1487		

受"社会工作人才"统计标准和统计范围尚不够明确的影响，目前关于人员数量的统计标准较低，统计口径较宽泛，数据的准确程度和质量不是很高，现在的人员总量只能算是"与社会工作相关的从业人员"，实际从事社

工作的人员数量应该少于现在的"理论统计"数字。但是，不可否认，这一数据至少反映出了首都社会工作发展的良好基础和人才队伍建设的巨大人才资源优势，是我们开展研究和加强队伍建设的重要依据。

1. 岗位结构

首都地区社会工作人员中以在社会工作一线直接从事社会工作服务的人员为主体，约占77%，在党政机关、人民团体、事业单位、社区、公益类社会组织中担负领导职责或管理任务，负责政策制定、组织协调、指导监督等事务的社会管理人员占23%左右，社会服务人员与社会管理人员之比为3.4:1，总体看，与社会工作实际需要相比，负责社会管理的人员比例偏大（见表2）。

表2 主要系统社会管理和服务人员结构分布

系统	社会管理人员 人数	社会管理人员 比例(%)	社会服务人员 人数	社会服务人员 比例(%)
共青团	9371	90.50	982	9.50
工会	2073	24.50	6393	75.50
妇联	6856	100	0	0
民政	32316	21.10	121138	78.90
人力社保	172	24.10	542	75.90
卫生	546	36.70	941	63.30
司法	1090	2.30	46934	97.70
残联	65	5.20	1189	94.80
平均	—	22.78	—	77.22

2. 性别结构

首都地区社会工作人员中女性略占多数，数量优势明显，女性约18万人，占59.4%，男性约12.5万人，占40.6%，二者之比为6:4（见表3）。

3. 年龄结构

首都地区社会工作人员中，35岁以下人员约10.7万人，占35%；36~49岁约15.2万人，占50%；50岁以上约4.6万人，占15%。可以看出，首都地区社会工作人员以36~49岁为主体，35岁以下次之，年龄结构比较适当。（见表4）

表3 首都地区社会工作人员性别构成

系统	男 人数	比例(%)	女 人数	比例(%)
共青团	4947	47.80	5406	52.20
工会	4686	55.40	3780	44.60
妇联	99	1.40	6757	98.60
民政	59267	38.60	94187	61.40
人力社保	418	58.50	296	41.50
卫生	441	29.70	1046	70.30
司法	23147	48.20	24877	51.80
残联	604	48.20	692	51.80
红十字会	36	48.60	38	51.40
平均	—	40.60	—	59.40

表4 首都地区社会工作人员年龄结构

系统	35岁以下 人数	比例(%)	36~49岁 人数	比例(%)	50岁以上 人数	比例(%)
共青团	9409	90.90	792	7.60	152	1.50
工会	1387	16.40	5045	59.60	2034	24.00
妇联	1010	14.70	4287	62.50	1559	22.70
民政	56558	36.90	77921	50.80	18975	12.30
人力社保	235	32.90	334	46.80	145	20.30
卫生	454	30.50	751	50.50	282	19.00
司法	10793	22.50	25260	52.60	11971	24.90
残联	513	39.90	627	48.80	146	11.30
红十字会	26	35.10	40	54.10	8	10.80
平均	—	34.85	—	49.88	—	15.29

4. 学历结构

首都地区社会工作人员中，高中及以下学历的约12.8万人，占42%；大专学历的约9.8万人，占32%；大学本科及以上学历的约7.9万人，占26%。总体来说，目前社会工作人员整体学历层次比较低，学历结构不尽合理（见表5）。

表5 首都社会工作相关从业人员学历结构

项目	高中及以下学历	大专学历	本科及以上学历
人数	128355	97795	79458
比例(%)	42	32	26

（二）服务领域不断扩大，社会工作人才就业渠道和职业发展空间得到拓展

近年来，首都社会建设步伐不断加快，社会保障体系逐步完善，福利服务、救助服务、权益维护、行为矫治、社区服务等公益事业和福利事业迅速发展，社会工作的领域、数量、规模和服务对象不断扩大，各种从事社会工作的服务机构不断壮大，全市登记注册社会组织（社团、基金会和民办非企业单位）7600多个，90%以上的街道扶持培育了各类社会服务组织。其中既有以提供社会服务和管理为主要职能的机构，如社会建设、民政、人力社保、工会、共青团、妇联、残联、红十字会等，也有以提供社会服务和管理为辅助职能的机构，如卫生、教育、司法等，还有城乡自治组织。在整个社会组织发展过程中，慈善协会等一些政府主导型社会工作机构迅速壮大，政府购买服务改革趋势下成立的契约型社会工作机构开始兴起。社会工作事务所等专业社会工作机构蓬勃发展，截至2011年年底，全市16个区县全部建立了社会工作事务所，全市社会工作事务所总数达到38家，为专业社会工作人才发挥作用提供了新载体（见表6）。这些机构和组织为社会工作人才施展才华创造了广阔空间和良好的发展环境。

表6　北京市社会工作事务所一览

区县	社会工作事务所名称	主要服务领域	年份
东城	助人社会工作事务所	青少年事务、为老服务、残疾人服务	2010
东城	阳光社会工作事务所	青少年事务、为老服务	2010
西城	悦群社会工作事务所	残疾人康复、驻校社会工作	2010
西城	仁助社会工作事务所	青少年事务、驻校社会工作	2010
西城	睦友社会工作事务所	为老服务、医务社会工作人才派驻	2010
西城	厚朴社会工作事务所	少数民族文化促进、社区工作者发展	2010
西城	北京泓德中育文化发展中心	外来人口融合	2010
朝阳	惠心社会工作事务所	青少年事务、为老服务、残疾人服务	2010
朝阳	在行动社会工作事务所	流动人口服务、社区工作者发展和提升	2010
朝阳	近邻社会服务中心	城乡结合部外来务工人员和拆迁转居人员服务	2010
朝阳	曙康社会工作事务所	专业社会工作政策咨询、志愿者团队建设	2011
朝阳	七彩昀社会工作事务所	流浪乞讨人员服务、社区关系修复、军队司法社会工作	2011

续表

区县	社会工作事务所名称	主要服务领域	年份
朝阳	亚运村立德社会工作事务所	残疾人康复、社区关系融合	2011
	民和社会工作事务所	家庭综合社工、商务楼宇社工、公益文化	2011
	颐天悦社会工作事务所	为老服务、心理辅导、志愿服务宣传与推广	2011
	艺途社会工作事务所	家庭文化服务、企业文化服务、残障人士文化服务	2011
海淀	惠泽社会工作事务所	青少年事务、帮扶困难家庭	2010
	睿博社会工作事务所	司法矫正、青少年事务、家庭社会工作	2010
	北城心悦社会工作事务所	社工培养、社区需求调研、社区公益服务、专业社区支援服务	2011
丰台	挚爱婚姻家庭社会工作事务所	老年人家庭关系支持	2010
	蓟翔社会工作事务所	青少年事务	2010
	九万里社会工作事务所	社区公益服务、志愿者团队建设	2011
	中鼎社会工作事务	社工招聘、培训、派遣	2011
石景山	金顶阳光社会工作事务所	司法矫正、重点人群管理和服务	2010
	小飞象社会工作事务所	智障青少年服务、心理咨询	2011
	乐龄老年社会工作服务中心	社区居家养老服务	2011
	泉源儿童之家	孤残儿童救助	2011
门头沟	康馨社会工作事务所	妇女儿童社会工作、医务社会工作	2011
房山	尚民社会工作事务所	心理咨询、助老助残	2011
通州	中仓社会工作事务所	为老服务	2011
	玉桥社会工作事务所	为老服务、志愿者团队建设	2011
顺义	绿港社会工作事务所	"农转居"人员的角色转换、社区心理咨询	2010
大兴	朗润社会工作事务所	心理健康服务、心理咨询	2011
昌平	温心社会工作事务所	为老服务、青少年事务	2010
平谷	绿谷社会工作事务所	社工人才培养、为老服务、青少年服务、心理及法律咨询	2011
怀柔	京北社会工作事务所	社会工作政策研究、社会建设政策咨询	2011
密云	家业如心社会工作事务所	专业心理服务	2011
延庆	家缘社会工作事务所	法律援助	2011

（三）管理体制取得重大突破

一是成立专门机构。北京市在全国率先成立市、区两级社会建设工作部门，赋予其对社会工作人才队伍建设的统筹规划和指导监督职能。其中，中共北京市委社会工作委员会、北京市社会建设工作办公室于2007年11月成立，并专设社会工作人才队伍建设处,负责全市社会工作队伍建设的统筹规划、综合协调和指导监督。二是将社会工作人才队伍建设纳入"党管人才"范畴,提升到首都人才发展战略的高度。市人才工作领导小组将市委社会工委增加为成员单位,加强党委对社会工作人才工作的领导。2010年召开的全市人才工作会议和发布的《首都中长期人才发展规划纲要(2010~2020年)》,明确提出要实施"首善之区社会工作人才发展工程",将社会工作人才队伍作为全市重点建设的人才队伍之一,纳入首都人才发展战略的总体规划和部署当中。三是探索建立社工人才统筹协调机制。由市社会建设工作领导小组办公室牵头,定期召集相关部门通报交流社会工作人才队伍建设的重点工作,研究社会工作人才队伍建设的重点、难点问题,形成了促进社会工作人才发展的工作合力。四是积极构建社会工作"枢纽型"社会组织管理体系。市级层面,积极筹建北京市社会工作者联合会;区级层面,在西城、丰台、通州、怀柔、延庆等区县建立了区级社会工作者联合会,在朝阳区成立了农村地区社会工作协会。通过加强两级社工联建设,逐步形成覆盖各部门、各系统、各领域的社会工作"枢纽型"社会组织管理体系,逐步实现社会工作行业的自我管理与自我服务。

通过努力,北京市在构建社会工作人才队伍建设管理体系方面迈出了重要步伐,初步形成了"在党委政府领导下、社会建设工作领导小组办公室综合协调、社会工作'枢纽型'组织具体实施、相关单位密切配合"的工作新格局。

(四)制度建设迈出坚实步伐

一是明确全市社会工作人才队伍建设的纲领和方向。2007年,市委、市政府印发《关于加强社会工作人才队伍建设的意见》,明确了首都社会工作人才队伍建设的指导思想、工作目标、主要任务和保障措施。2012年3月,市委组织部、市委社会工委等部门联合印发《首都中长期社会工作专业人才发展规划纲要(2011~2020)年》,对未来10年首都社会工作人才队伍发展思路、基本目标和实现目标的路径作出系统规划。二是规范社区工作者队伍的服务和管理。2008年,市委办公厅、市政府办公厅印发了《北京市社区工作者管理办法》，在社区工作者招录、管理和待遇保障等方面，作出了具体、明确、具有可操作性的规定。三是建立社会工作者职业水平评价制度。2008年，市人事局、市社会办、市民政局联合下发了《关于贯彻执行〈社会工作者职业水平评价暂行规定〉和〈助理社会工作师、社会工作师职业水平考试实施办法〉的通知》，明确提出将北京市社会工作者职业水平评价制度纳入全市专业技术人员职业资格制度统一管理，并对北京市落实社会工作者职业水平考试工作提出了明确意见和要求。四是完善社区工作者薪酬保障体系。2008年，《北京市社区工作者管理办法》对社区工作者待遇结构进行规范，并将全市社区工作者年平均应发工资提高到3.4万元。2010年，印发《关于进一步规范社区工作者待遇的通知》，明确提出使社区工作者工资待遇原则上不低于所在区县全额拨款事业单位（不含教师）的平均工资水平。为鼓励社区工作者提高专业化水平，《通知》规定社区工作者获得社工师和助理社工师证书的，每人每月分别可获得300元和200元补贴，极大激发了他们投身社会建设的热情。

（五）专业教育发展迅速

目前，首都共有包括北京大学、中国人民大学等在内的21所高校设置了社会工作系或社会工作专业，形成了大专、本科和研究生三个办学层次，每年毕业生人数超过1000人，数量位居全国前列，为社会工作人才队伍建设提供了比较充裕的后备资源。与此同时，大力推进社会工作专业培训，社会工作领域相关部门和社会组织采取专家讲座、专题研讨、实地考察等多种形式，组织开展了多层次的社会工作业务培训，有效提高了一线工作人员的专业水平和职业技能。2011年10月，北京市委社会工委与北京城市学院、北京社会建设研究院联合制订实施"北京社区工作者硕士研究生培养计划"，2012年面向全市社区工作者，招收30名社会工作专业在职硕士研究生，其中社会管理、公共服务专业各15名，学习期满并考核合格后，将同时获得研究生学历和硕士学位。这一计划是培养应用型社会工作人才的重要途径，也是北京市加强社区工作者队伍建设的又一重要举措，对进一步提升这支队伍的专业化、职业化水平具有重要促进作用。（见表7）

表7 首都地区开设社会工作专业高校一览

序号	学校名称	开办年份	培养层次
1	北京大学	1987	研究生
2	中国人民大学	1987	研究生
3	中国青年政治学院	1993	研究生
4	北京社会管理职业学院	1994	大专
5	中华女子学院	1995	本科
6	中国劳动关系学院	1999	本科
7	北京科技大学	1999	本科
8	中国政法大学	2000	本科
9	北京工业大学	2000	本科
10	北京青年政治学院	2001	专科
11	北京师范大学	2002	研究生
12	首都经济贸易大学	2002/2005	本科/研究生
13	首都师范大学	2002	研究生
14	北京理工大学	2003	本科
15	北京农学院	2003	本科
16	中央民族大学	2004/2010	本科/研究生
17	北京建筑工程学院	2004	本科
18	北京城市学院	2005	专科
19	首都师范大学科德学院	2005	专科
20	清华大学	2009	研究生
21	中央财经大学	2010	本科

（六）职业化、专业化建设稳步推进

2008年3月，北京市人事局、北京市社会建设工作办公室、北京市民政局联合下发了《关于贯彻执行〈社会工作者职业水平评价暂行规定〉和〈助理社会工作师、社会工作师职业水平考试实施办法〉的通知》。按照全国统一部署，2008年起北京市社会办、北京市人力社保局、北京市民政局共同组织实施了北京地区社会工作者职业水平考试。截至2011年年底，全市共有44475人报考社会工作师和助理社会工作师，约占全市社会工作从业人员的15%；共有7505人获得社会工作者职业水平证书，其中社会工作师1640人，助理社会工作师5865人，实际参考率和合格率均居全国前列，为首都社会建设提供了有力的专业人才支撑。

(七)发展环境不断改善

组织开展了首都地区社会工作人才队伍状况摸底调研,开展了社会工作者岗位设置、资格评定、注册管理、激励机制等重大政策问题的前瞻研究;与清华大学、中国人民大学、北京师范大学等院校合作共建社会工作研究机构;有关高校、研究机构和专业团体关于社会工作及其人才队伍建设理论研究和交流十分活跃,取得丰硕理论成果。举办了"国际社工日"系列活动,以职业水平考试等为契机,广泛开展了社会工作及其人才队伍建设宣传,增强了全社会对社工人才和社会工作的知晓度。

二 存在的主要问题

首都社会工作人才队伍建设虽然近年来取得了不少进展,但从总体上看,仍处于起步阶段,处于行政性、"非专业化"或"半专业化"状态,还不能满足建设和谐社会首善之区对专业社工人才的需要。目前存在的问题主要是:

(一)专业人才不足

从国际上看,专业社工占总人口的比例一般都在2‰~4‰。① 而就北京来说,虽然社会工作相关从业人员有30余万人,但由于社会工作发展时间短,真正具有社会工作专业背景的人才还很少,而且,由于我国直到2006年7月才正式建立社会工作者职业水平评价制度,专业社会工作人才所占比例很小。② 这一现状与首都社会服务与管理的需求存在很大的差距。

(二)队伍结构不合理

一是学历层次整体上不高。二是高素质人才相对集中在行政机关,工作一

---

① 2005年美国专业社工总量已达到65万人,约占总人口的2‰,日本专业社会工作者占总人口的比例高达5‰,加拿大的比例为2.2‰。2007年,香港地区700万人口中,仅注册社工就有13018人,占总人口数的1.86‰。数据来源于市人力社保局内部研究报告。
② 北京市目前具有助理社会工作师、社会工作师资格的专业社会工作者占常住人口的比例仅为0.37‰。

线特别是城乡基层缺乏高素质的专业社会工作人才。三是兼职社会工作人员多，专职社会工作人员少。如据市卫生局调查，全市1487名医务社会工作人员中，37%的人员属于医院医政部门的管理人员，另有大约1/3的人由医生和护理岗位转行或者兼职而来。[1] 再如街道、乡镇及居委会、村委会工作中基层社会工作人员大多身兼数职，很难保证把工作精力和时间全部投入到社会工作中来。四是城乡分布差异较大。据统计，首都地区社会工作人员主要聚集在城区，约占社会工作人员总量的80%，农村社会工作人员仅占约20%。

（三）行政色彩浓厚

目前，由于我们的社会工作与党的工作、群众工作、思想政治工作等还没有完全分开，社会工作人才所依托的社会组织数量过少，社会工作人才基本分布在体制内的"条""块"当中，大多数是以行政干部或准行政干部的身份出现，与服务对象之间是管理与被管理的关系，而不是一种专门助人的职业，行政色彩浓厚，社会化程度不够。

（四）专业化水平不高

现有社会工作从业人员中具有社会工作相关专业背景的人员比例偏低。如在各区县青少年社会工作者队伍中，情况最好的区县社会工作专业毕业人数仅占总人数的5%[2]；据市妇联统计，在全部妇女社会工作者中，具有社会工作、社会学、心理学等相关专业背景的人员比例不超过2%。其他各系统情况也都类似。多数社会工作人员没有接受过系统的社会工作专业教育，经验型居多，工作理念、技能、手段和方法比较落后，特别是能综合运用各类专业方法的"复合型"社工、在一线解决复杂问题的"临床"社工等严重不足，难以有效应对当前复杂多样的社会问题，提供个性化、多样化、系统化的专业服务，很大程度上限制了社会工作效能作用的发挥。

---

[1] 数据来源于市卫生局内部研究报告。
[2] 目前北京市的青少年社会工作者队伍中，社会工作专业毕业的学生数量很少，据有的区县统计，全区所有的青少年社会工作者中没有一个是社会工作专业毕业的学生，情况最好的区县毕业于社会工作专业学生所占青少年社会工作者的比例也只有5%。数据来自团市委内部统计资料。

（五）发展不够平衡

在我国，社会工作和社会工作人才都是比较新的概念，不仅社会上对此不太了解，就是专门从事社会工作的单位和人员对社会工作的认识和理解水平也差别很大。调研中发现，认识水平高的单位，社会工作推进就快，人才基础相对较好。如民政系统、残联、卫生系统等，这些系统的一些单位，已经设立了专门的社会工作岗位，聘请了专职社工，有的还与香港或首都高校合作推进社会工作，取得了很好的社会效果，创造了很好的工作经验。但也有许多单位对什么是社会工作还不太了解，工作推进相对落后。

三 制约首都社会工作人才队伍发展的主要原因

造成上述问题的原因是多方面的，既有历史的因素，也有现实的障碍；既有体制机制的制约，也有社会环境的影响，主要原因有以下几个方面。

（一）对社会工作认识不到位

由于现阶段社会工作的需求没有得到有效的开发，加上社工自身作用发挥不够明显以及相关的社会宣传不够，人们对社会工作的基本理念、基础知识、主要方法还不太熟悉，对社会工作认识不到位、把握不准确、重视程度不够。许多人对专业社会工作不了解，将其与一般意义上的社会工作混为一谈，认为社会工作是谁都能做的工作，是低档次的工作，没有什么专业技术含量；许多人将社工等同于义工、志愿者，没有将其看做一种职业；还有人认为思想政治工作、群众工作就是社会工作，或者把民政工作等同于社会工作[1]，等等。社会对社工认知度不高，是社会工作发展和社工人才队伍建设的巨大障碍。

---

[1] 据市妇联的调查，被调查对象中有51.6%的人对社会工作选择了"不了解"或"了解不多"，大部分人认为社会工作是"社会公益活动"（62.2%）及"本职工作以外的工作"（13.2%），仅有9.4%的人选择了"专业助人活动"。而在对"社会工作者"概念的理解上，62.8%的人选择了"志愿者/义工"，仅有20%的被调查者选择了"专业服务者"。数据来源于市妇联内部调研报告。

（二）缺乏成熟的社会工作理论和实践支撑

我国社会工作理论研究起步较晚，目前还主要是学习、消化西方社会工作知识理论，对适合我国国情的专业价值、知识和技巧缺乏深入分析，对我国长期存在的半行政、半专业社会工作经验和技巧没有认真总结，有中国特色的社会工作专业理论体系还没有形成。同时，专业的社会工作实践才刚刚起步，发展历程较短，实践经验不足。这都严重制约了社工人才队伍的发展。

（三）社会工作人才的发展空间不够

总体上来看，目前社会服务类事业单位的改革还不到位，民间社会服务组织还不够发达，扶持发展社会组织的政策还不完善，社会福利服务和社会事务管理社会化程度还不高，行政管理仍然是我国社会管理的主要手段，致使社会工作人才缺乏社会组织依托，缺乏事业发展的平台。目前我市各类民间组织刚刚超过3万家，而且以互益性的经济类民间组织为主，公益性民间组织较少。[①]

（四）缺乏明确的社会工作岗位

到目前为止，社会工作的岗位规范和职业标准尚未建立，党政机关、事业单位等还没有设立专门的社工岗位，其社会工作大多由兼职人员承担，设立专门社工岗位的民间组织也很少。这种岗位严重稀缺的现象一方面使为数不多的社工专业人才因没有对口的就业岗位而纷纷流向其他领域和岗位，造成专业人才的输出性浪费；[②] 另一方面也使大量实际从事社会工作的人员得不到正式的职业门类承认，降低了其职业威望和岗位吸引力。

[①] 截止到2012年第一季度，我市社会组织共有3万余家。正式登记注册的7600多家，其中社会团体3300多家，民办非企业单位4000多家（市级207家），基金会近200家。数据来源于市委社会工委内部资料。

[②] 中国社会工作教育协会对80多所高等院校2001~2002年社会工作专业学生毕业去向的调查显示：92%的院校有毕业学生到党政机关就业、83%的院校有毕业学生到企业单位就业、75%的院校有毕业学生到事业单位就业，还有27%和18%的院校分别有毕业学生在国内或到国外继续学习深造。参见民政部：《社会工作者职业水平评价有关背景知识材料》，中国社会出版社，2007。

（五）缺乏良好的社会认同

在西方，社会工作作为一项专门的职业，具有较高的社会地位。从首都情况看，社会工作还没有得到社会各界的普遍了解和充分认可，尚未确立其职业地位，大量社工专业人员都还是按照行政职位、职级在操作，发展空间小，待遇无法落实，很难吸引和留住人才。如据市人力社保局调查，近年北京地区社会工作专业毕业生中，有近90%改做其他行业工作，部分进入社区或社会福利机构工作的毕业生也因待遇偏低、职业前景渺茫而流失。

（六）管理体制仍需完善

社会工作人才队伍管理涉及党群、民政、司法、工、青、妇等十多个部门，每个部门都有相应的工作要求，社会工作人才的行政分割特点比较明显，"活动"空间往往受到单位的"条""块"分割，需要加强统筹协调。党委统一领导、组织部门牵头抓总、社会建设部门具体负责、有关部门各司其职、社会力量积极协同、公众力量广泛参与的社会工作人才队伍建设管理体制尚未完全落实到位，组织健全、分级负责的管理体系尚未建立；市级行业协会管理能力较弱，作用发挥不充分，基层和各系统行业协会组织还没有建立起来，制约了社会工作人才队伍的快速发展。

（七）政策法规体系不健全

中央提出加强社会工作人才队伍建设，建立健全以培养、评价、使用、激励为主要内容的政策措施和制度保障，确定职业规范和从业标准。目前，既没有建立完整系统的社会工作岗位开发与设置制度，同时在教育培训、资格考试、注册管理、从业规范和激励保障等关键环节也缺少相应的制度设计，社会工作政策、法律体系，以及注册管理、实务督导、服务评估、项目设计等配套制度亟待建立和完善。

（八）财政投入不足，职业地位不高

政府还没有建立起稳定的支持社会工作发展的财政制度，导致政府财政对社会工作及其人才队伍建设的投入不足。在某种程度上，工资是社会对于一项专业社会服务的价值认同的主要量度。相对于社工人才的付出以及发挥的作用，社工薪酬偏低，缺少职业吸引力。在发达国家，社会工作者和公务员、工程师、会计师、律师一样，属于中产阶级，具有很高的职业声望和社会地位，工资待遇处于中高水平。[①] 目前，首都社会工作人才的职业声望、社会地位较低，收入水平不高，社会工作人才缺乏内在动力。这种状况造成队伍不稳定，难以吸引和留住比较优秀的社会工作人才。

第三部分　发展趋势

当前北京人均GDP已经超过10000美元，政府社会管理与公共服务职能不断加强，各项社会事业全面发展。首都的基础教育、医疗卫生、文化体育、公共安全等公共服务资源的人均拥有量和保障水平均处于全国领先行列，一些代表社会发展水平的主要指标均已接近甚或达到发达国家水平。据初步预测，到2020年，首都地区人均GDP将达到20000~25000美元，接近发达国家20世纪90年代平均水平。[②] 这些因素既为首都发展社会工作提供了基础条件，也为社会工作人才创造了良好机遇。从总体上看，首都社会工作及人才队伍建设沿着"六化"方向将呈加速度发展趋势。

一　职业化

新的社会服务需求推动社会工作从其他工作中分化出来，日益成长为一种

---

① 在欧美和港台地区，社会工作者的薪酬水平大多处于社会中档水平。根据美国社会工作协会2004年的调查数据，专职注册社会工作者的工资水平介于30000~59999美元。加拿大社会工作者的收入也相当于中产阶级。一般来说，在社区工作的一线社会工作者，税前年薪大约是35000加元，在政府举办的儿童福利机构工作的一线社会工作者，年薪可达45000加元以上。香港社会工作专业毕业生一般要比其他专业毕业生的薪水高出20%左右，社会工作者平均月薪1.2万~1.8万港元。数据来自市人力资源研究中心内部调研报告。
② 参见北京市经济与社会发展研究所《首都经济社会发展趋势预测》，2008。

新兴的专门职业，包括建立自身的入职条件、面对专门的服务对象、采用专门的方法和技术、形成共同的服务标准等。首都社会工作将在职业界定、职业资格、职称体系、职业认证、职业伦理和监管等职业化的基本要素方面持续提升，各项职业保障措施将得到有效落实，从而为社会工作者施展才华、发挥作用创造足够的职业发展空间。

二 专业化

受过正规专业训练的社会工作者不断进入社会工作领域，社会工作职业群体专业化步伐明显加快。首先是对实际从事社区工作、社会服务工作的人员，提出准专业化的发展要求，确定岗位资格，实行在岗培训，促使其走向专业化；随后则逐渐由专业人士替代非专业人士充实专业社会工作岗位，从重点部门入手对原来的行政性社会工作进行专业转化，渐次实现社会工作专业化。

三 社会化

各类非营利性组织作为开展社会工作的主体，逐渐成为提供社会工作岗位的重要载体和人才使用的主要舞台。政府职能加快转变，推动社会工作者使用方式、培养机构、效能评估和服务保障等的社会化水平不断提升。社会工作者开发将由政府主导向政府宏观指导转变，逐步形成政府调控、行业指导、用人单位自主、个人自由选择有机衔接的社会工作者开发机制。

四 规范化

随着首都社会工作发展及其人才队伍建设日益深化，首都社会工作将逐步改变在起始阶段的制度缺失状态，从无序走向规范，按照职业化、专业化的要求，借鉴国内外先进的理念和方法，立足首都实际，继承和发扬其他领域人才队伍建设的成功经验，逐步建立起以培养、评价、使用、激励为主要内容的政策框架和制度体系，为社会工作者队伍开发的规范性和可持续性提供可靠保障。

五 社区化

随着社会主义市场经济的迅速发展和社会结构的变化,社区已经成为多种社会群体的聚集点、多种利益关系的交汇点、多种社会组织的落脚点和党在城市执政的支撑点。与此相适应,社会工作的对象、机构日益向社区聚集,社区日益成为家庭服务、社会福利、社会救助、司法矫治、就业服务等社会工作最重要载体,成为社会工作人才施展才华、发挥作用的最重要舞台。

六 本土化

社会工作在引入外部理论后,将逐步适应中国政治、经济制度和社会文化需要,适应首都作为政治、文化中心的特点和要求。首都社会工作既要引进西方发达国家和地区社会工作的先进思想和工作模式,汲取其经验智慧和工作成果,又要对外来经验具有甄别能力,有选择地加以引进、消化和再创新。要注重对首都原有社会工作知识、方法和实践的总结,充分借鉴传统的政治思想工作、群众工作经验、方法,在充分继承的基础上积极推进理论创新、方法创新、制度创新,增强专业社会工作同本土文化的亲和性,创建符合首都实际的本土化的社会工作模式。

第四部分 政策建议

加强社会工作人才队伍建设,推进社会工作发展,需要一个长期的过程。要遵循社会工作发展规律,坚持整体规划,分步推进,重点突破,有步骤、分阶段地稳步推进社会工作及其人才队伍建设的各项工作。

一 健全教育培训制度,大力培养社会工作人才

一是统筹规划教育培训。根据首都社会工作人才队伍现状和经济社会发

展趋势,研究制定社会工作人才教育培训规划,建立教育培训长效机制和工作体系。二是大力开展在职人员专业培训。有计划、分层次对现有社会工作从业人员进行大规模、系统化的专业培训。大力开展继续教育,鼓励尚未取得职业资格的实际在岗人员参加社会工作专业学历教育和社会工作者职业水平考试,加快向社会工作人才转化。三是支持发展专业教育。健全社会工作专业高等教育培养体系,加强社会工作专业教师队伍建设,加强社会工作人才培训基地和实训基地建设,探索实行社会工作课堂教学与实务教育相结合的机制。

二 完善社会工作人才评价制度,健全社会工作职业体系

一是完善职业水平评价体系。在现有助理社会工作师、社会工作师职业水平评价基础上,探索开展高级社会工作师评定工作,逐步形成高端引领、梯次衔接、层级结构合理的社会工作专业人才职业水平评价体系。二是建立社会工作者登记管理制度。制定首都地区社会工作者登记注册管理办法,规范登记注册条件、程序和方式,对助理社会工作师、社会工作师实行登记管理,对其他社会工作人员实行注册管理,加强规范化管理和服务。三是逐步建立社会工作者职业资格准入制度。

三 加快岗位开发与设置,拓展社会工作人才发展空间

一是积极开展社会工作岗位设置试点。开展岗位调研,研究社会工作岗位的设置标准、范围、职责任务和任职条件,制定并出台社会工作岗位设置指导意见,在条件相对成熟的部门、领域开展试点。二是分类推进岗位设置。在具有社会管理和公共服务职能的有关部门、群团组织、公益服务类事业单位、城乡社区中,明确一批社会工作专业岗位,分类配备、招聘和引进人员。三是拓展人才发展空间。探索建立专职制、聘用制、派遣制、委托制等多种用人机制相结合的柔性用人机制。探索优秀社会工作人才与党政机关干部交流的途径和渠道。

四 完善激励保障制度,努力提高社会工作职业地位

一是健全薪酬保障体系。根据全市在职职工工资水平,综合考虑各区县实际情况,制定并公布全市社会工作专业岗位平均薪酬指导标准。在部分单位和领域探索建立兼职社会工作专业人才职业水平补贴制度。认真落实国家及本市相关社会保险政策规定,按时足额缴纳各类社会保险费用。二是建立表彰奖励制度。建立健全以党委、政府奖励为导向,以用人单位和社会力量奖励为主体,符合社会工作专业人才特点、鼓励创新创业的表彰奖励措施。树立和宣传社会工作专业人才先进典型,提升社会工作专业人才的职业声望和社会地位。

五 大力培育社会服务组织,健全社会参与机制

一是培育发展社会组织。鼓励支持符合条件的组织、企业和个人兴办公益慈善类社会组织。依托北京市社会组织孵化基地,完善民办社会工作服务机构的政府扶持和服务平台。发挥政府资金的示范引导作用,积极探索采取政府购买服务等方式,支持社会工作类社会组织发展。二是建立政府购买社工服务机制。按照先易后难、由点及面、稳步推进的原则,开展政府购买社会工作服务试点。鼓励和引导社会力量出资,成立专业社工服务机构,承接政府购买的社会工作服务。

六 发展壮大志愿者队伍,建立社工、义工联动机制

一是大力发展志愿者队伍。科学继承北京奥运会志愿者工作遗产,完善志愿者服务管理制度,加强志愿者工作制度化、规范化、专业化建设,形成社会志愿服务长效机制。创新志愿者工作体制机制,整合社会资源,健全组织体系,鼓励广大市民,特别是具有专业知识技能的各类人员以志愿者的身份参加社会服务。二是探索建立社会工作者、志愿者联动机制。充分发挥社工在组建

团队、规范服务、拓展项目、培训策划等方面的专业优势，发挥志愿者（义工）的协助、参与作用，形成"社工引领义工开展服务、义工协助社工改善服务"的工作机制。建立"社工＋义工"联动服务模式，可按照一定比例，由社会工作者固定联系一定数量的志愿者，共同开展工作。

参考文献

［1］ 中央组织部等18部门和组织：《关于加强社会工作专业人才队伍建设的意见》，中组发〔2011〕25号，2011。

［2］ 北京市委、市政府：《关于加强社会工作人才队伍建设的意见》，京发〔2007〕27号，2007。

［3］ 北京市委组织部、市委社会工委、市民政局、市人力社保局：《首都中长期社会工作专业人才发展规划纲要（2011~2020）》，京组发〔2012〕5号，2012。

［4］ 北京市委组织部：《首都地区社会工作人才队伍建设问题调研报告》，2007。

［5］ 北京市委组织部：《构建新世纪现代人才管理体制——首都人才发展战略研究报告》，中国人民大学出版社，2004。

［6］ 北京市经济与社会发展研究所：《首都经济社会发展趋势预测》，2008。

［7］ 北京市统计局：《2011年北京市国民经济和社会发展统计公报》，首都之窗网站，2012。

［8］ 北京市人事局：《北京市社会工作岗位设置和人才使用问题研究报告》，2007。

［9］ 北京市人力资源研究中心：《国内外社会工作人才队伍建设的主要经验和优秀实践研究》，2007。

［10］ 北京市统计局：《2011年北京市统计年鉴》，中国统计出版社，2012。

［11］ 陈涛：《公民社会：专业社会工作的社会基础》，《中国社会工作》1998年第6期。

［12］ 陈为雷：《以授权为特征的职业化——上海社会工作模式的经验与启示》，《烟台师范学院学报》（哲学社会科学版）2006年第6期。

［13］ 陈良瑾：《中国社会工作百科全书》，中国社会出版社，1994。

［14］ 崔乃夫：《在中国社会工作者协会成立大会上的讲话》，1991年7月5日。

［15］ 丁元竹：《建设和谐社会化解社会矛盾——2005年我国社会发展的重点和难点问题》，《中国经济时报》2005年1月27日。

［16］ 丁慧敏：《现代社会工作理论》，华东理工大学出版社，2005。

［17］ 邓春玲：《中国社会工作队伍建设研究综述》，《博士后交流》2007年第4期。

［18］ 顾东辉：《社会工作概论》，复旦大学出版社，2008。

［19］何雪松：《社会问题导论：以转型为视角》，华东理工大学出版社，2007。

［20］何增科：《社会管理体制改革背景下的社会工作发展思路——中国社会管理体制改革与社会工作发展研究之三》，《毛泽东邓小平理论研究》2007年第10期。

［21］杭州市委组织部：《杭州市社会工作人才队伍建设研究报告》，2007。

［22］刘华丽：《专业社会工作者的含义和要件》，《华东理工大学学报》（社会科学版）2004年第2期。

［23］李立文：《社会转型期我国社会工作职业化的现实困境及应对策略》，《社会工作》2007年第12期。

［24］陆士桢：《浅说美国社会工作及其教育》，《中国社会工作》1998年第6期。

［25］胡赞：《社会工作专业化、职业化——现场座谈会综述》，《社会》2001年第2期。

［26］柳拯、柳浪编《当代国际社会工作》，中国社会出版社，2002。

［27］梁魏懋贤：《社会工作专业化的发展路向——香港经验的启示》，《长沙民政职业技术学院学报》2004年第3期。

［28］民政部社会工作人才队伍建设领导小组办公室：《社会工作人才队伍建设文件资料选编》，中国社会出版社，2007。

［29］民政部社会工作人才队伍建设领导小组办公室：《中国社会工作理论与实践探索》，中国社会出版社，2007。

［30］民政部：《赴香港社工专业化、职业化考察报告》，民政部社工网站，2006。

［31］邱展开：《深圳市社会工作制度设计的七大创新》，《中国民政》2008年第1期。

［32］上海社会科学院：《呼唤社会工作职业化》，《人民日报》华东新闻，2002年10月17日。

［33］上海市委组织部：《上海市加强社会工作人才队伍建设研究总报告》，2007。

［34］宋林飞：《社区社会工作》，社会科学文献出版社，2002。

［35］首都人才发展战略研究组：《构建新世纪现代人才管理体制——首都人才发展战略研究报告》，中国人民大学出版社，2004。

［36］深圳市委市政府：《关于加强社会工作人才队伍建设推进社会工作发展的意见》，深发〔2007〕18号，2007。

［37］王思斌：《社会工作专业化及本土化实践（中国社会工作教育协会2003～2004论文集）》，社会科学文献出版社，2006。

［38］王思斌：《社会工作概论》，高等教育出版社，2006。

［39］王思斌：《转型期的中国社会工作（中国社会工作教育协会2001年会论文集）》，华东理工大学出版社，2003。

［40］王思斌：《中国社会工作研究（第二辑）》，社会科学文献出版社，2004。

［41］王思斌：《社会工作：利他主义的社会互动观》，《中国社会工作》1998年第

3 期。
［42］王思斌：《中国社会工作的经验与发展》，《中国社会工作》1995 年第 2 期。
［43］王思斌：《社会政策实施与社会工作发展》，《江苏社会科学》2006 年第 2 期。
［44］王思斌：《社会工作导论》，北京大学出版社，1998。
［45］王思斌：《社会工作综合能力（初级）》，中国社会出版社，2007。
［46］王青山：《试论社会工作在全面建设小康社会中的地位与作用》，《社会工作》2003 年第 1 期。
［47］王婴：《社会工作与社会政策的发展历程与启示》，《江苏社会科学》2002 年第 3 期。
［48］吴亦明：《香港的社会工作及其运行机制》，《社会学研究》2002 年第 1 期。
［49］中共中央：《中共中央关于构建社会主义和谐社会若干重大问题的决定》，人民出版社，2006。
［50］朱力：《社会问题概论》，社会科学文献出版社，2002。
［51］朱希峰：《台湾社会工作管理体制与运行机制考察》，《社会工作》2007 年第 11 期。
［52］仲祖文：《努力建设宏大的社会工作人才队伍——三论为构建社会主义和谐社会提供组织保证》，《人民日报》2006 年 12 月 18 日。
［53］赵宝华：《香港的社会福利社会化及其启示》，《中国社会工作》1998 年第 1 期。
［54］张著名：《香港社会工作的内容、特点及启示》，《福建省社会主义学院学报》2001 年第 2 期。
［55］曾家达：《社会工作在中国急剧转变时期的定位——以科学方法处理社会问题》，《社会学研究》2001 年第 2 期。

B.4 首都金融行业人才状况调查报告

北京市金融工作局 北京双高人才发展中心课题组*

摘　要：

为增强北京金融人才开发的科学性和有效性，北京金融工作局会同北京双高人才发展中心合作开展了首都金融人才状况调研。课题组在文献研究的基础上，开发设计了调研问卷，在北京相关金融企业发放、回收。通过统计分析问卷，明确了北京金融人才队伍发展状况，分析了北京金融人才队伍面临的问题与挑战，并就如何加强北京金融人才队伍建设提出了对策建议。

关键词：

金融人才　队伍状况　对策建议

导　言

当前，北京已将建设具有中国特色的世界城市作为未来长远发展的战略目标。国际金融中心是世界城市的基本特征之一。金融业对于经济结构调整，促进产业转型、升级和经济社会发展具有重要作用，北京要建设世界城市，必须大力发展金融业。为提高北京金融人才开发的科学性、针对性和有效性，北京市金融工作局会同北京双高人才发展中心开展了《首都金融人才状况调研》。本次调查研究运用定量与定性分析相结合的方法。在文献研究

---

* 课题组组长：张幼林，北京市金融工作局副局长；王璞，北京双高人才发展中心副主任。成员：毛刚，原北京市金融工作局人事处处长；李致敏，北京市金融工作局人事处副处长；顾坤峰，北京市金融工作局人事工作人员；陈公海，博士，北京双高人才发展中心研究员，研究方向为企业战略与组织。

的基础上，通过随机抽样向北京地区金融企业及中高级金融人才进行问卷调查，结合问卷反映的突出问题，采取专家深度访谈和座谈研讨等形式，借鉴国际金融中心人才开发的实践经验，分析评估北京地区金融行业人才状况，提出解决问题的建议措施。问卷调查共发放企业问卷91份，回收71份；发放个人问卷716份，回收629份，回收率分别为78.02%和87.85%（见表1）。

表1 问卷回收情况统计

序号	行业	发放企业问卷	发放个人问卷	收回企业问卷	收回个人问卷	企业问卷回收率(%)	个人问卷回收率(%)
1	银行	10	192	10	187	100.00	97.40
2	保险	9	90	8	78	88.89	86.67
3	证券	7	160	7	156	100.00	97.50
4	期货	18	180	16	156	88.89	86.67
5	小贷	21	35	21	34	100.00	97.14
6	PE	26	59	9	18	34.62	30.51
总体		91	716	71	629	78.02	87.85

一 北京地区金融人才队伍状况

（一）金融业中高级人才[①]队伍结构状况

为深入了解北京金融业中高级人才的具体情况，本次调查对银行、保险、证券、基金、期货、小额贷款和PE各行业中高级人才发放了问卷。调查显示，目前北京地区金融中高级人才队伍具有以下基本特点：

1. 性别与年龄结构

调查显示，中高级人才性别比例总体均衡，男性略多于女性，男性占

---

① "中高级人才"是本次问卷调查的对象，包括在单位中担任中层以上管理职务或研发等专业技术岗位的骨干人才。

56.6%，女性占 43.4%；年龄梯次分布合理，36～45 岁之间的最多，占 50.5%，35 岁以下的为 31.1%（见图 1）。

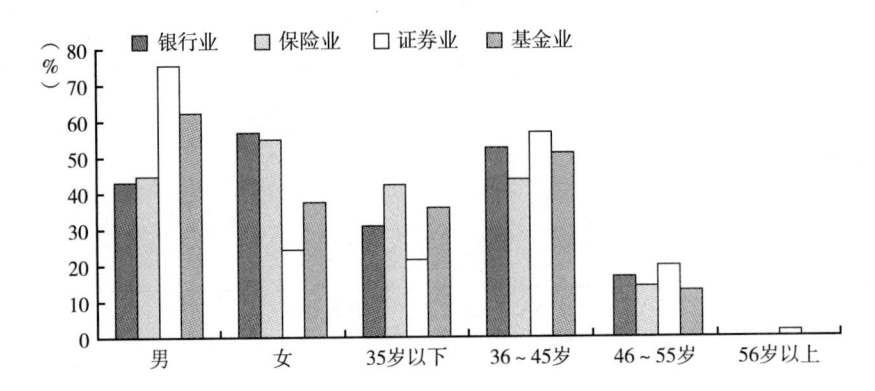

图 1　金融各行业从业才的性别、年龄结构

2. 教育背景

调查显示，中高级人才总体学历较高，本科学历占 49.8%，硕士及以上学历占 43.2%，其中证券、期货、PE 行业中，硕士以上学历人才占比均超过 20%（见图 2）。

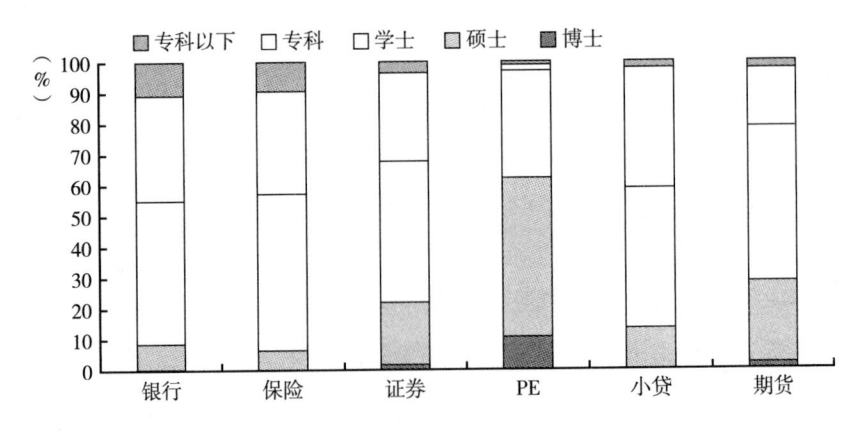

图 2　金融各行业人才的学历结构

中高级人才专业结构合理，所学专业集中于金融、经济、管理和财会类，合计达到 77.87%。其他专业集中于法律和信息技术等，约为 22.13%（见图 3）。

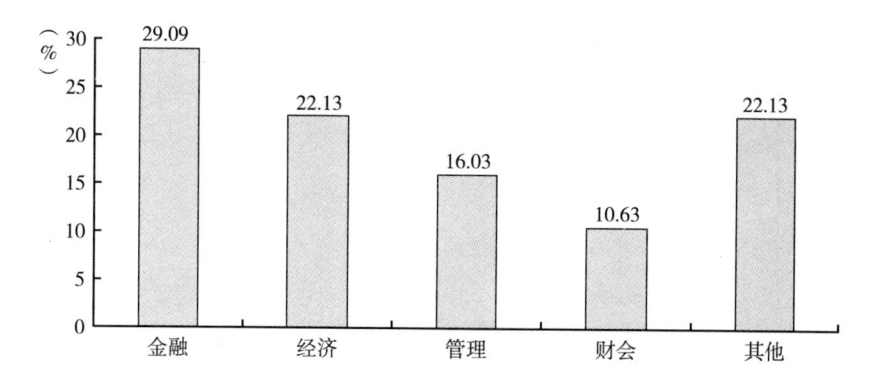

图 3　金融业人才专业背景

3. 国际化背景

调查显示，中高级金融人才队伍已初步具备国际化背景。全行业有25.6%的人从事过国际化业务。银行业26.8%，保险业17.1%，证券业25.9%，基金业41%，从事国际化业务的平均时间约为4.85年。其中，有13.8%的人有过海外留学或工作经历（见图4）。

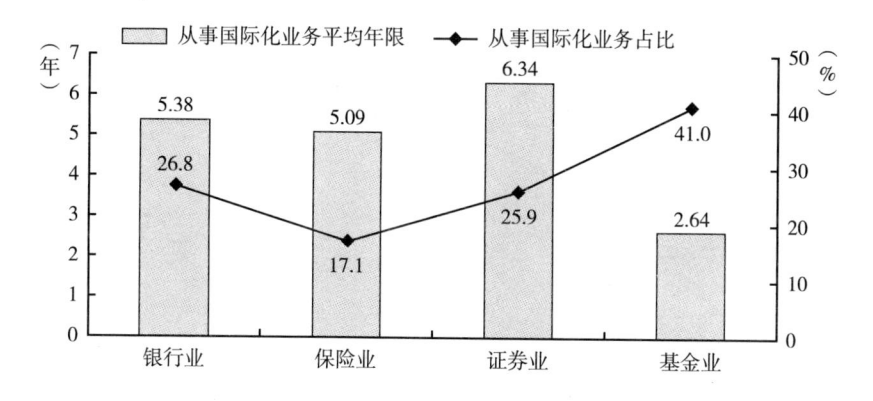

图 4　北京金融各业从事国际化业务状况

4. 户籍状况

调查显示，户籍在外地的中高级人才在金融机构中占有相当比例。有北京市户籍的占74.84%；户籍在其他直辖市的占5.29%，户籍为内地其他地区的占17.47%，两项合计达22.76%，外国籍约为2.4%（见图5）。

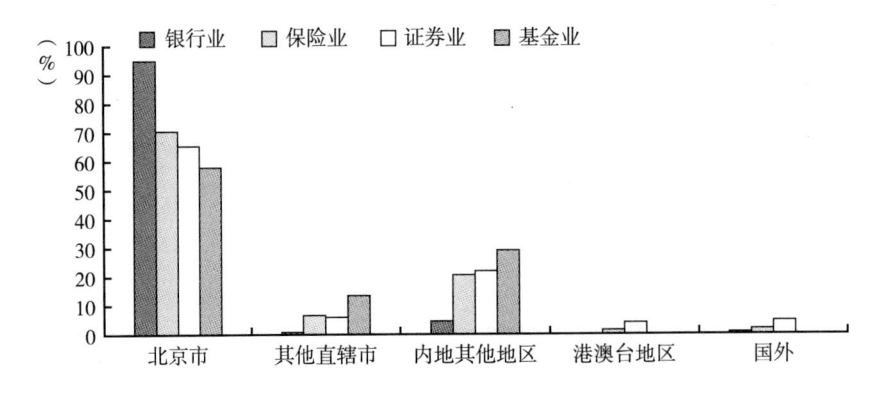

图5 北京金融业从业人才的户籍状况

5. 薪资结构

调查显示，中高级金融人才的薪资处于全市中上水平，有75.8%的企业中高级人才年薪在10万~39万元之间，40万元以上的有24.2%。2009年北京市职工平均工资为4.4715万元，中高级金融人才年薪中位数约为17万元，是地区人均工资水平的近4倍。分行业来看，银行、证券、基金的薪资水平较高，期货和小贷公司的人才薪资水平相对较低。（见图6、图7）

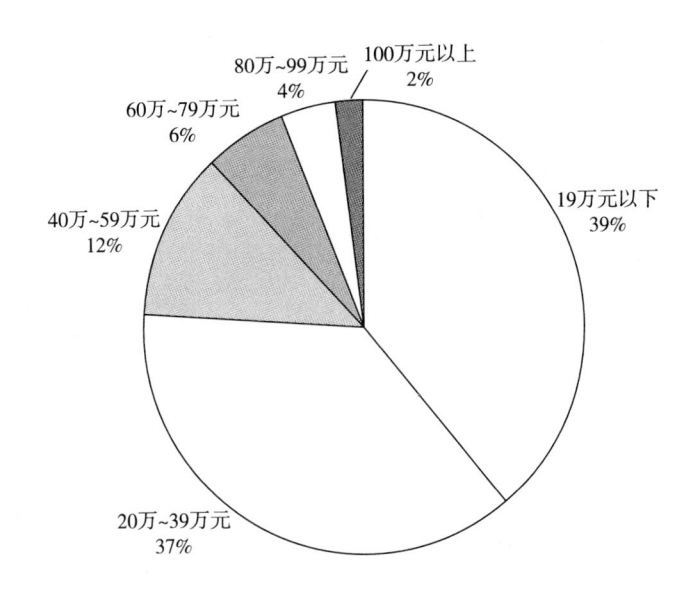

图6 金融人才年薪结构

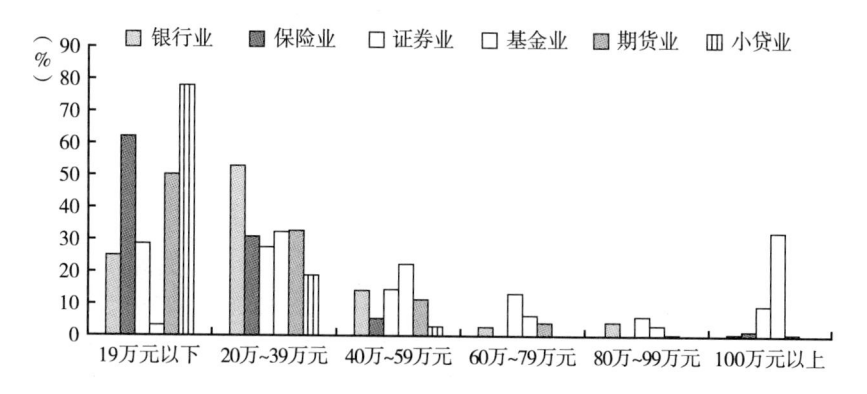

图 7　分行业金融人才年薪结构

（二）金融业中高级人才流动状况

1. 人才稳定性

（1）从业年限

调查显示，中高级金融人才队伍具有较高的稳定性。超过60%的人在金融行业工作超过10年，其中15年以上的占38.7%，11～15年的占22.7%，6～10年的占19.7%，工作5年以下的占18.9%。同时，人才在岗位上的流动性较大，从担任现职的时间来看，不足1年的占28.9%，2～3年的占35%，4～5年的占15.5%，5年以上的仅占21.6%。

（2）劳动合同

调查显示，中高级金融人才与企业签订无固定期劳动合同的占47.1%，5年以上的占15.3%，2～3年的占31.6%，1年的占6%。其中，银行业、证券业的中高级人才与单位签订无固定期限劳动合同的比例最高，分别占61.2%和60.6%（见图8）。

调查显示，超过95%的中高级金融人才从单位流出后，依然选择继续留在金融行业，反映出金融行业中高级人才具有较强的行业稳定性。

2. 人才流出情况

调查显示，2007～2009年三年间，各类企业均存在人才流出的情况，人才流出数量和流出人才结构如表2所示。

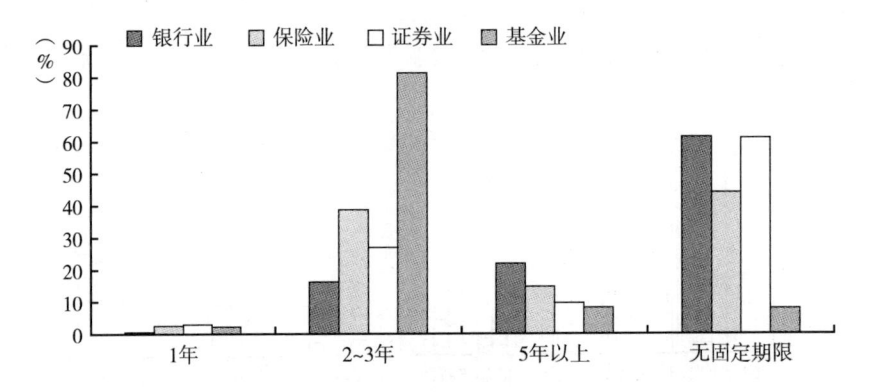

图 8 劳动合同情况

表 2 人才流出情况

年份 \ 人才类别	高级管理人才(%)	高级技术人才(%)	一般管理人才(%)	一般技术人才(%)	合计(%)
2009	12.9	9.9	33.5	43.7	100.0
2008	7.1	7.9	34.2	50.8	100.0
2007	8.7	11.8	35.5	44.0	100.0

2007~2009年三年间，人才流出以一般管理人才和一般技术人才为主，两类人才的流出量之和分别占到年度人才流出总量的 79.5%、85.0%、77.1%。说明金融机构中一般管理人才与一般技术人才的流动性较大。

3. 人才流出的影响

调查显示，企业表示"有一定影响"的企业占47.37%。而选择"影响很大"和"影响较大"的企业合计占15.79%，可见金融人才的流出对企业存在一定的影响，但影响不严重。分析原因在于：人才流出的同时，也伴随着人才流入，目前北京地区人才总体需求与供给处于相对平衡的状态（见图9）。

4. 人才流出与流入原因

调查从薪酬福利待遇竞争力、职业发展空间、内部工作环境、单位的声誉、单位经营状况、金融行业人才的市场竞争等六方面对人才流出和流入的原因作出评价（评分为1~5分，分值越高重要性越大）（如表3、表4所示）。

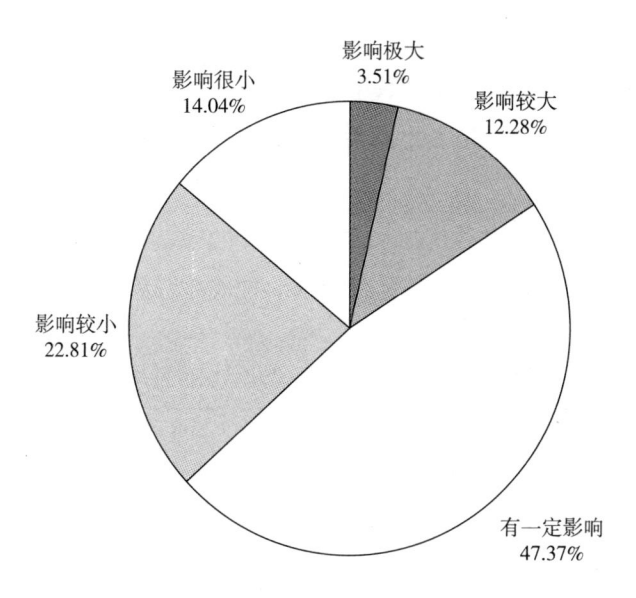

影响极大 3.51%
影响较大 12.28%
影响很小 14.04%
影响较小 22.81%
有一定影响 47.37%

图 9　人才流出对单位的影响

表 3　人才流出的主要原因（按重要性降序排列）

流出因素	均值
1. 金融行业人才竞争激烈	3.71
2. 薪酬福利待遇缺乏竞争力	3.29
3. 职业发展空间狭窄	2.84
4. 单位经营状况不佳	2.10
5. 内部工作环境不好	2.08
6. 单位的声誉不高	1.98

表 4　人才流入的主要原因（按重要性降序排列）

流入因素	均值
1. 职业发展空间广阔	4.28
2. 单位经营状况良好	4.05
3. 良好的内部工作环境	4.03
4. 单位具有较高的声誉	3.87
5. 薪酬福利待遇具有竞争力	3.62
6. 金融行业人才市场供应量增加	3.28

结果显示，人才流出的原因主要集中在金融行业人才竞争激烈、薪酬福利待遇缺乏竞争力和职业发展空间狭窄三个方面，而职业发展空间广阔、单位经营状况良好和工作环境好是人才流入的主要因素。

5. 人才流向城市

选择人才流出可能去往的城市，请调查对象做出评估，评分为1~5分，评分越高表明人才去往该地的可能性越高。如表5所示：

表5 人才流向的地点（从高到低排序）

流向城市	均值	流向城市	均值
北京	4.65	内地其他城市	2.05
上海	3.63	港澳	2.05
深圳	2.91	重庆	2.05
海外	2.15	天津	1.82

结果显示，北京、上海、深圳是本市金融人才流出的主要选择地。

调查显示，金融人才对北京表现出较高的城市认同度。其中，认为"北京的整体环境好，有很多其他城市没有的优势"的占36.2%；认为"北京的发展机会多"占20.2%。70%以上的人在"北京工作与生活都满意"。可以看出，金融中高级人才对北京有较强的城市认同感。同时，值得注意的是，约有66.1%被调查者人为"北京自然环境差""交通拥堵""污染较严重"；约47.9%的被调查者认为"北京生活成本过高"。

调查显示，人才流向的企业性质，最主要为国有及国有控股公司，占42.67%；其次为外资企业，占29.33%；民营企业，占18.67%；说明国有及国有控股企业和外资企业对金融业中高级人才具有较大的吸引力。（见图10）

（三）金融业中高级人才紧缺状况

在金融行业人才紧缺状况调查中，54.29%的企业表示"有一定的缺口"，而表示"紧缺"和"非常紧缺"的分别占7.14%和2.66%，反映出金融行业人才紧缺状况尚不十分突出。（见图11）。

为进一步了解北京金融行业紧缺人才的实际情况，本次调查运用北京双高

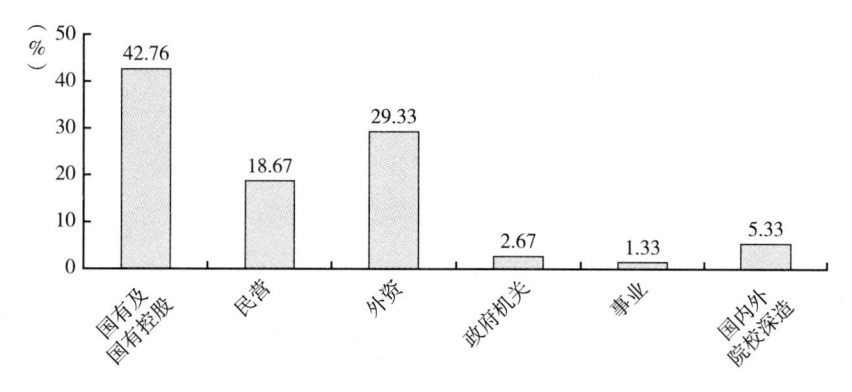

图 10 人才流向的单位

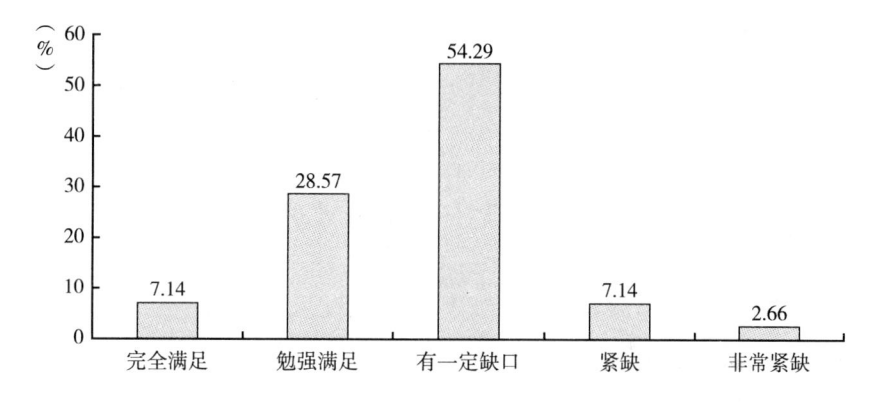

图 11 对本市金融人才紧缺状况的评价

人才发展中心研究开发的"紧缺人才指数模型"进行测算。即通过德尔菲法咨询专家，形成对紧缺人才需求趋势的模糊性判断，建立系统推算人才紧缺指数的数学模型，并采用层次分析法进行验证，通过后进行紧缺岗位和程度的问卷调查，采集有关样本的统计数据，做出相关的量化分析。请受访企业和个人对北京市金融行业专业岗位人才紧缺状况进行评估（选取5~10个专业岗位，按照1~5分的分值进行评估）。通过对银行、保险、证券、基金、期货等行业人才紧缺状况的综合分析，并对相关专家进行咨询，北京市金融行业十个紧缺人才岗位的评估结果。如表6所示：

调查显示，基金经理、营销及产品、产品开发、发展研究、风险管理、市场开发、保险精算、投行业务、高级财务、信息技术是目前北京地区金融业中高级人才十大紧缺岗位。

表6　北京市的金融人才紧缺情况评估

序号	专业岗位	综合情况	数量*	质量	供给
1	基金经理	13.65	4.75	4.48	4.42
2	营销及产品	12.81	4.22	4.35	4.24
3	产品开发	12.63	4.15	4.52	3.96
4	发展研究	12.56	4.2	4.33	4.03
5	风险管理	11.90	3.94	4.15	3.81
6	市场开发	11.70	4.2	4.24	3.26
7	保险精算	11.44	3.9	3.97	3.57
8	投行业务	11.21	3.64	3.96	3.61
9	高级财务	11.12	3.52	3.95	3.65
10	信息技术	11.05	3.62	4.19	3.24

注：*"数量、质量和供给"表示人才紧缺的原因，或存量不足，或质量不能满足岗位需要，或人才供给不畅。

二　北京金融业中高级人才开发状况

为评估北京地区金融行业中高级人才开发状况，本次调查从企业人才开发与管理水平、城市认同度和人才政策评价等三个方面对金融业中高级人才进行了调查。

（一）企业人才开发与管理

1. 企业人才管理制度

调查显示，中高级人才对企业各项人才管理制度基本满意。对所在单位人力资源管理制度的满意程度的总体均值为5.32（评分标准为1～8分，分值越高越满意）。其中，对福利和住房制度的满意度相对较低。如表7所示：

表7　从业人员对各项人力资源政策满意度评价（按满意程度降序排列）

制度	均值	制度	均值
社会保障制度	5.72	人才选拔政策与程序	5.34
职务聘任制度	5.52	薪酬激励制度	5.33
人才培训制度	5.42	人才流动制度	5.24
绩效考核制度	5.4	福利和住房制度	4.6

不同行业的统计显示，对企业管理制度的满意度存在差异，银行从业人员对企业人才制度的满意度较高，期货和 PE 公司员工的满意度则相对较低。如表 8 所示：

表 8　各金融行业对人力资源政策的满意度评价（按满意程度降序排列）

制度	均值	制度	均值
银行业	5.83	证券业	5.23
小额贷款	5.56	PE	4.89
保险业	5.35	期货业	4.71
基金业	5.31		

2. 引进和留住人才的关键因素

调查显示，工资待遇、发展机会、激励措施、企业文化和工作环境是企业引进和留住人才最关键的 5 个因素，其中，选择工资待遇的 93.2%，发展机会的 90.8%，激励措施的 72.8%，企业文化的 70.8%，工作环境的 65.8%。（见图 12）

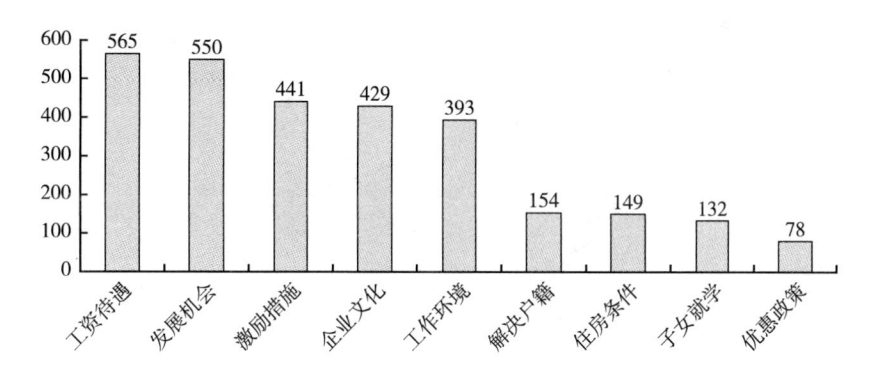

图 12　单位引进和留住人才的关键因素

3. 人才激励措施

调查显示，职务晋级、物质激励和培训机会是中高级人才比较认同的激励措施，分别为 3.86 分、3.78 分和 3.68 分（评分标准为 1~5 分，分值越高越认同）（如表 9 所示）。

表9 金融人才激励措施评价

	机构	职务晋级	物质激励	培训机会	授予荣誉	退休待遇	增加假期
所属领域	银行	4.09	3.98	3.86	3.86	3.54	3.25
	证券	3.86	3.81	3.62	3.59	3.13	3.21
	保险	3.67	3.47	3.61	3.58	3.04	2.89
	基金	4.11	4.23	3.81	3.71	3.06	3.09
	期货	3.63	3.55	3.49	3.34	2.75	2.82
	PE	3.00	3.83	3.15	2.62	2.67	2.92
	小额贷款	3.81	3.78	3.99	3.55	3.44	3.42
	总体平均	3.86	3.78	3.68	3.60	3.15	3.08

（二）城市间人才政策的比较

调查针对北京、上海、香港、深圳和天津等五个城市，在人才政策方面的满意度进行了评估。调查显示：金融业中高级人才对北京的出国便利、商业保险、医疗条件、薪酬水平、教育培训机会评价相对较高（见图13、图14）。

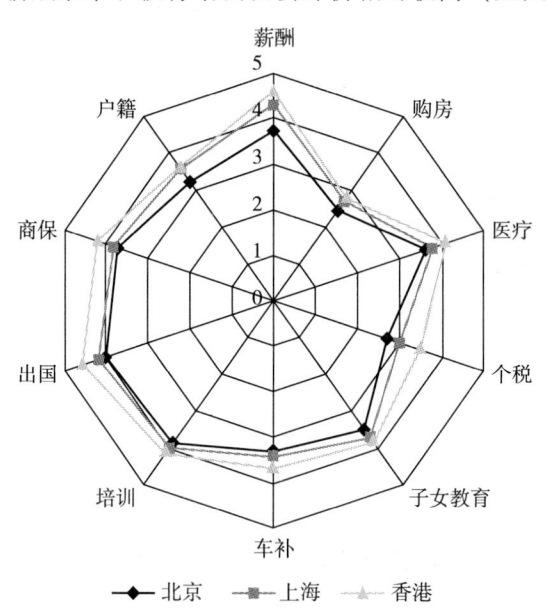

图13 北京、上海、香港人才优惠政策评价

五个城市中，金融中高级人才对香港、上海和深圳的人才政策评价较高，对天津的评价最低；对北京在户籍、购房和个人所得税三个方面的评价均位于五大城市的最低水平。

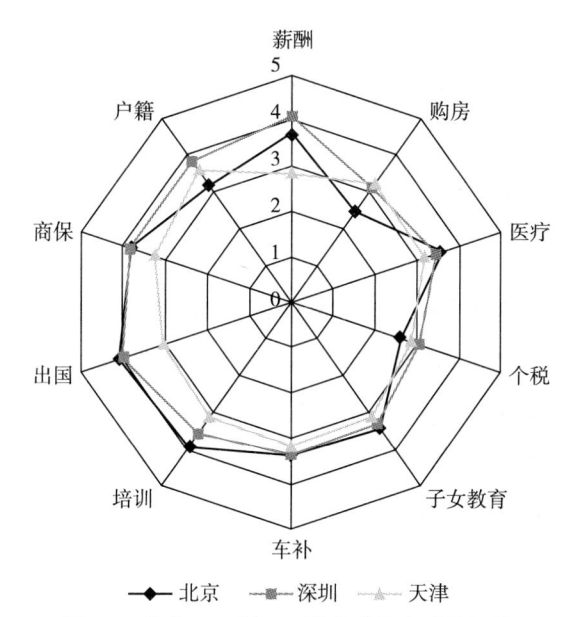

图 14 北京、深圳、天津人才优惠政策评价

调查显示，北京金融中高级人才对住房、户籍、子女教育和个人所得税四个方面政策的诉求是最为强烈的。选择住房的最高，占 24%。其他依次为户口（22%），子女教育（20%）以及个人所得税（17%）（见图 15）。

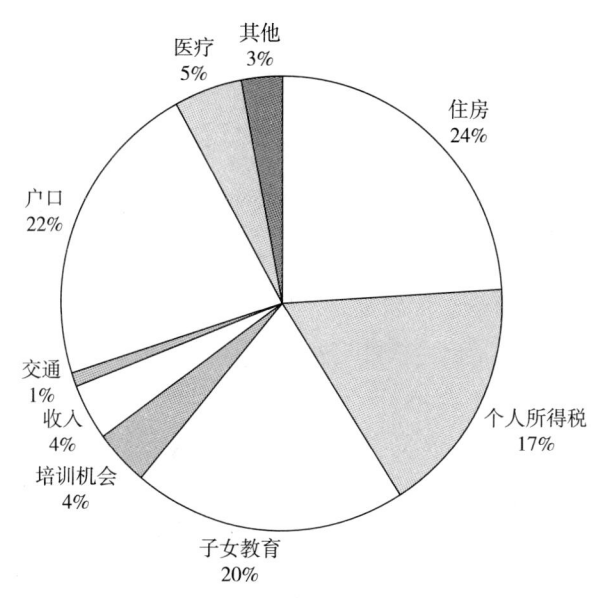

图 15 中高级人才最希望获得的优惠政策

三 首都金融人才队伍建设面临的问题与挑战

北京市金融业在从业人员数量、人才总量方面均处于国内领先地位，但是与国际金融中心相比还有很大差距。从总体规模来看，纽约、伦敦等国际金融中心从业人员均占城市从业人员的10%以上，而北京金融从业人员仅占北京法人单位从业人员的3.18%。按照伦敦金融城对金融中心的评价，人才资源状况始终是国际金融中心竞争力的重要方面。其中人才的可获得性、劳动力市场的灵活性、商业教育程度以及人力资本发展程度是最为关键的因素。根据问卷调查结果分析，结合相关国内外文献研究和专家访谈研讨，目前首都金融人才队伍建设面临以下几个方面的突出问题。

首先，调查显示，北京现阶段金融行业的人力资本发展程度与建设国际金融中心城市的发展目标存在较大距离。北京金融机构在市场研究、产品研发、服务创新、风险管理、投资管理和资产管理等方面的高端人才匮乏。从趋势看，随着首都金融业发展步伐的加快，中高层次人才需求的缺口将进一步扩大，人才竞争会进一步加剧。

其次，目前，北京受到交通拥堵、污染比较严重、生活成本过高等方面的困扰，在户籍、国籍、住房、子女教育以及税收等高层次人才优惠政策方面与香港、上海、深圳等城市相比处于劣势等因素都影响了北京对金融行业中高端人才的吸引力。

再次，北京金融行业，特别是基金、期货、PE等新兴业态在人才培养、引进和使用等方面存在着投入不足、管理不规范、保障与激励措施不到位、人才流动较大等问题。

最后，北京市金融产业国际化业务相互渗透、相互推介的状况不断增强，产品创新、服务创新的需要不断提高，金融混业经营的发展趋势以及后金融危机时代对系统风险防范和金融监管的要求明显提高等，都对人才队伍建设提出了新的更高的要求。

四 加强首都金融人才队伍建设的对策建议

实践表明，政府在人才开中的作用主要体现在：一是制定宏观政策加以引导；二是组织协调各个方面的资源配置；三是发挥指导监督市场服务；四是发挥人才开发的服务保障作用。北京金融工作部门应当紧密结合首都金融产业定位和发展目标，研究把握首都金融人才队伍的现状、特点和问题，创新人才开发体制机制，完善、提升、落实育才、引才、用才政策，整合服务资源，优化人才发展环境。

（一）总体思路

从建设世界城市的高度，以建设具有国际影响力的金融中心城市为出发点，立足于首都集决策监管、资产管理、支付结算、信息交流、标准制定于一体的国家金融管理中心地位，着眼于增强首都金融业的综合竞争力和金融企业的核心竞争力，走金融人才高端、高效、高辐射发展之路，以金融人才的培养、引进、评价和使用为重点，建设一支与首都金融产业发展水平相适应的高素质金融人才队伍，营造有利于金融人才成长的政策环境，努力开创首都金融人才工作的新局面。

（二）战略目标

根据《首都人才中长期发展规划（2010~2020）》确定的战略目标，紧密结合北京建设"国家金融创新中心、国家结算中心、国家股权投资中心、国家债券市场中心和国家资产管理中心"的产业发展定位，加强人才能力建设，优化结构，提升整体素质，着力加强高层次、复合型、国际化、富于创新的中高层金融经营管理、金融专业技术和金融监管服务人才队伍建设，打造世界一流的"金融人才之都"，为建设具有国际影响力的金融中心城市和世界城市提供充足的人才保障和智力支持。

（三）主要措施

加强金融人才队伍建设的关键是完善管理体制、创新人才引进、使用、培养、激励的长效机制和开发模式，搭建服务平台，不断改善适合人才成长与发展的良好环境。

1. 加强调查研究，搭建金融人才信息资源平台

依托北京金融工作管理部门专业人才开发机构建立首都金融人才队伍状况调查研究的长效机制，建设中高层次金融管理、金融专业技术和金融监管服务人才及其后备人才信息系统和数据库，搭建与金融监管部门的信息资源交换和共享平台。结合北京市金融业"十二五"规划的发展方向，着力调研掌握"五个中心"建设对人才的需求，在银行、证券、保险等传统的行业框架基础上，重点了解风险管理、金融产品服务创新方面人才的状况、特点和变化趋势，为金融人才队伍建设提供决策参考依据。建立与纽约、伦敦等国际金融中心和一些大型国际金融机构在人才理论和实践探索等方面的信息交流平台，通过共同举办研讨会等多种方式，学习借鉴国际前沿的人才评估、管理、政策服务等新理念、新知识、新工具。

2. 坚持"以用为本"，建立金融人才事业发展平台

以北京市金融发展研究院为载体，发挥人才蓄水池作用，凝聚高端国内外金融人才，承担前瞻性金融课题研究、金融人才数据库建设、市长金融咨询顾问委员会会议召集、北京国际金融奖学金评审与管理等职能。引导金融企业提高人才开发管理水平，发挥人才开发、使用的主体作用，充分尊重高端金融人才的个性特点，根据其特长、兴趣和专业方向，合理安排工作岗位。推动金融企业优化组织文化，营造良好氛围，创造工作条件，为金融人才搭建事业发展平台，为高端金融人才提供宽松、宽容和便利的工作环境，支持高端金融人才自身在知识和能力综合方面的发展与提高，鼓励高端金融人才运用所掌握的知识和国际合作渠道开展工作，大胆创新，做到人尽其才、才尽其用。

3. 坚持"人才优先"，建立金融人才服务保障平台

积极促进构建完备的金融人才政策体系和多元化、社会化金融人才投入体系，引导用人单位、个人和社会组织加大人才投入。对于引进人才在生活和工作等方面面临的问题，给予特殊政策支持；针对已引进的国际高端金融人才在生活等方面面临的困难，在出入境、医疗、子女教育、住房、交通等方面提供服务保障，在现有政策的基础上开拓创新。落实市政府奖励高级人才的有关政策，建立有效的金融人才服务保障机制，实行个性化追踪服务，不断提高服务保障水平。充分发挥北京市金融工会、金融团工委作用，加速集聚各类金融人才，拓宽金融人才服务工作的覆盖面。搭建全方位、广覆盖、专业化的金融人才中介服务和保障网络平台，为金融人才提供"一站式"服务。

4. 创新金融人才培养模式

推动建设多渠道、多层次的开放式金融人才培训体系，全方位、多角度的交互式金融人才实践体系以及国际化金融人才培养体系，鼓励首都高校加强与国际知名院校在金融人才培养方面的合作。吸引国际知名院校和金融机构来京设立个性化的金融培训项目，为在京金融机构和相关部门提供在职培训。大力培养熟悉政府部门运行机制、掌握金融企业运作规则、具有较强研究能力、富于金融风险监管意识、具备较高国际化水平的跨行业、跨领域的复合型金融管理人才。构建全覆盖、一体化的城乡金融知识普及体系，不断提升社会公众的金融文化素养。建设以大学生"村官"为主体的农村金融后备人才培养体系，为农村金融发展提供人才和智力支持。

5. 创新金融人才引进模式

依托中央"千人计划"和北京市"海聚工程"，充分发挥金融企业引进国内外高端紧缺金融人才的主体作用和海外华人金融协会等组织的媒介作用，运用市场机制，实现项目引才和机构引才。采取政府雇员制等多种方式，加大力度引进国际化高端金融人才进入市金融局、发改委、经信委、商务委、投促局、西城区政府/金融街、朝阳区政府/CBD、丰台区政府/丽泽金融商务区、中关村管委会/科技金融创新中心等金融和综合决策、监管、服务部门；建立健全高端金融人才的引进和退出机制，探索高端金融人才在过渡期后继续为首都金融服务的模式，提供用人单位和高端金融人才的双向选择机会。实施全面、开放、灵活的人才策略，对急需的高端和紧缺金融人才，设立特聘岗位，实行首席专家等制度，对特殊人才适当放宽年龄、资历限制，简化引进程序、畅通"人才绿色通道"，大力引进在风险管理、金融产品创新和服务创新等方面的国际化高端领军型人才和优秀团队。在金融街建立金融人才"特区"，借鉴国际金融中心人才引进方面的有关优惠政策，积极推动先行先试。

6. 创新金融人才交流模式

鼓励人才自由流动，打破行政区划对金融人才发展的限制，探索高端金融人才多岗任职的方式方法，促进金融人才柔性流动。鼓励和帮助国内外高端金融人才来京从事兼职、咨询、讲学、科研等活动，支持金融企业以岗位聘用、项目聘用、任务聘用和人才租赁等方式引进高端金融人才，推动首都金融人才与境外金融企业的广泛对接，用好、用活中央在京单位和国内外高端金融人才资源。推动金融专业人才与市属国有企业经营管理人才的交流，为金融企业与实体经济企业搭建人才交流平台，鼓励金融企业吸收实体经济产业企业经营管理人才，加强金融业与实体经济产业的融合。建立金融决策和监管部门与金融机构人员干部挂职等互派人才交流机制。

7. 创新金融人才评价模式

采用组织评价、行业评价、学术社团评价、团队评价、名师评价、个人评价相结合的方式，建立由政府部门组织实施，社会各方面广泛参与，著名专家负责评审，社会认可和业内认可相结合的高端金融人才评价体系，吸纳已引进回国的高端金融人才加入政府部门组织实施的各个评估评审小组，为首都金融人才评估体系建设献计献策。研究建立符合岗位、专业知识、专业技能等要求，以能力、业绩和贡献为导向，定性评价与定量评价相结合的中高端金融人才评价指标体系，为首都金融人才资源的培养、引进、使用和激励提供科学依据。

B.5 年轻领导干部成长规律研究[*]

——以北京市年轻局级干部为样本

中共北京市委组织部 共青团北京市委课题组[**]

摘 要：

年轻干部茁壮成长、执政队伍人才辈出，是党和人民事业兴旺发达、长盛不衰的根本保证。本文以254名年轻局级干部为研究对象，综合分析了影响年轻局级干部成长的主要原因。在总结提炼年轻干部成长一般规律的基础上，提出了突出"德"在选拔年轻干部标准中的优先地位和主导作用，抓好年轻干部实践锻炼，完善年轻领导干部发现机制，逐步建立来自基层一线的年轻干部培养选拔链，营造年轻干部成长良好的环境和氛围，加强和改进年轻干部培养选拔工作的五项对策建议。

关键词：

年轻领导干部 成长 规律

年轻干部茁壮成长、执政队伍人才辈出，是党和人民事业兴旺发达、长盛不衰的根本保证。研究年轻干部成长规律，对于培养选拔年轻干部，使年轻干部脱颖而出，实现领导班子有序更替、领导人员新老交替，推动首都科学发展，都具有非常重要的现实意义。

本课题以北京市担任副局级领导干部职务时年龄不超过42岁的同志为研

---

[*] 本课题为北京市党建研究会2011年年度重点调研课题。

[**] 课题组组长：史绍洁，原中共北京市委组织部常务副部长；主要成员：刘震，共青团北京市委副书记；赵磊，北京市国有文化资产管理办公室党组副书记、副主任，原中共北京市委组织部市直干部处处长；易帅东，共青团北京市委组织部部长；朱洲，中共北京市委组织部市直干部处副处长。

究对象，定义为"年轻局级干部"，共计254人。其中包括两类，一类是1995～2010年通过公开选拔走上副局级领导岗位的干部，简称"公选干部"，共95人；另一类是2011年6月底前，各单位按照《党政领导干部选拔任用工作条例》等规定培养选拔的干部，简称"非公选干部"，共159人。

本课题综合使用资料查阅、个别访谈、问卷调查、统计分析等多种方法，查阅研究254名年轻局级干部的履历资料，汇总分析影响他们成长的各种要素，总结共性特征。课题组先后对市教工委、市规划委、市民委、市园林绿化局、市国资委、市科学技术研究院等单位15名正、副局级领导干部进行深度访谈，召开干部人事处长座谈会两次。在此基础上，课题组设计了"年轻干部成长规律研究"调查问卷。

本报告综合分析了影响年轻局级干部成长的主要原因，总结出年轻干部成长的一般规律，提出了加强和改进年轻干部培养选拔工作的对策建议。

一 年轻干部成长的一般规律

纵观254名年轻局级干部研究对象的成长经历和轨迹，他们脱颖而出并快速成长为局级领导干部，是个体素质、组织培养和社会环境各要素之间综合作用、同步优化的结果。通过研究这些要素蕴含的诸多因素，与年轻干部成长有着内在的必然联系、决定其发展必然趋向的一般规律，主要有以下六个方面：

（一）坚定政治立场、加强党性锻炼，是年轻干部成长的基本前提

理想信念是干部成长的内在动力。从研究对象的整体情况分析，年轻局级干部普遍具有远大的理想和坚定的信念，工作富有激情。在成长过程中，坚持正确的政治方向，注重将政治信念内化为自觉的意志和成长的动力，将个人发展与党的事业紧密结合，积极追求进步，科学地观察事物、判断形势，不为风险所惧，不为干扰所惑，经受住各种考验。在254名研究对象中，有148人在学生时期就加入了中国共产党，占被调查者中中共党员总数的62%。在访谈中，受访者也一致认为，年轻局级干部普遍有着"正确的世界观、权力观、事业观"，表现在工作中就是"有理想、充满激情，注重作风养成，从来或很

少在工作上闹情绪",而是"相信党、相信组织"。在座谈中,大家也普遍感到"年轻局级干部在政治上显得比同龄人更成熟"。在问卷调查中,回答"年轻干部当前应优先具备的素质"时,认为"树立正确的世界观、权力观、事业观"的占83.1%;认为"树立群众观点,全心全意为人民服务"的占81.8%;认为"理想信念坚定,忠诚于党的事业"的占68.3%。同时,有68.3%的被调查者认为年轻干部应处理好"做'官'与做'事'"的关系,61.4%的被调查者认为要处理好"个人成长与事业发展"的关系。

(二)注重学习总结、研究思考、自我加压,努力提高自身综合素质,是年轻干部成长的重要基础

这种自我完善不只是知识学习,而是一种全面学习、持续学习,始终将学习与实践相结合,不断提高自身的知识水平、道德修养和适应能力、实践能力与创新能力,增强综合素质。统计表明,在254名研究对象中,在工作前取得了全日制大学本科及以上学历的有224人,占总数的88.2%,其中64人具有研究生学历,3人具有博士学位。尽管有较好的学历背景,但他们仍然注重知识更新,坚持边实践、边学习,不断完善知识结构,使自己具备较高能力素质。158人取得在职研究生学历或硕士学位,占总数的62.2%;22人取得在职博士学位,占总数的8.7%。在访谈中,大部分受访者认为,提拔使用的年轻领导干部,学习调研能力都比较强,总有一种积极向上的精神风貌,人际关系的处理也较为妥善,能较好地处理好与老同志、与同龄人等方面的问题,传承了老同志身上的优良作风,归纳、总结、感悟工作中的经验、技巧,又有年轻人特有的朝气(61.3%)、服务创新能力(48.8%)、整合要素资源能力(37.7%)。

(三)注重基层实践锻炼、扎根人民群众,是年轻干部成长的根本途径

基层和生产一线是培养锻炼年轻干部的基础阵地。从研究对象的整体情况分析,这些年轻领导干部普遍能正确处理组织培养教育与打牢群众基础的关系,尊重人民群众首创精神,拜人民群众为师,将群众当亲人,充分了解和理解基层

干部群众的所想、所需、所愿，为群众做实事、办好事、解难事，增强群众观念、提高执政本领。在254名研究对象中，241人具有较为丰富的基层工作经历，平均基层工作时间为14.1年，其中，32%的研究对象担任过基层主要领导职务。大部分受访者表示，年轻干部在基层锻炼特别是刚参加工作在基层时，由于职位、级别等方面的关系，很多事情需要自己独立处理，在锻炼处理复杂问题能力的同时，能听到大量来自基层的反映，有利于增进对群众的深厚感情，牢固树立执政为民的宗旨意识，提升了群众工作能力、处理实际问题能力和应对复杂局面能力。一位受访者说，自己从实习开始，一直与工人们在一起，学会了工人们思考问题的方式，了解他们的真实想法，当上领导干部后，由于了解基层干部群众的语言、思维，在推进工作的过程中很少遇到阻力。在访谈中，受访者一致表示，基层实践很有必要，不仅给了年轻干部施展才华的舞台，还为他们搭建了发现错误及时改正的"试错平台"。在问及"当前年轻干部培养选拔中，最需要组织部门研究和解决的问题"时，68.8%的被调查者认为，"提供有效锻炼平台，增强干部服务群众工作能力"，62%的受访者选择"鼓励扎根基层，建立来自基层一线的干部培养选拔链"，分别位居第一、第二位。

（四）党中央高度重视培养选拔年轻干部，各级党组织科学搭建平台，是年轻干部成长的关键因素

良好的政治环境和社会氛围为年轻干部的健康成长营造了有利条件。调查显示，大部分同志认为，年轻干部要成长为优秀的领导干部，除了个人要具备相当的马克思主义理论素养和能力素质等自身要素外，离不开党组织科学合理搭建的干部发展平台，更离不开党组织的培养、选拔、使用干部的政策环境和社会环境，科学的选人用人机制为年轻干部的成长提供了制度保障。综合分析254名研究对象的情况，非公选干部在任副处级、正处级以及副局级的平均年龄比公选干部的都要短些。这说明，各级组织仍然是发现、培养、选拔、使用年轻干部的主要渠道。问卷调查显示，80.5%的被调查者认为"当前年轻干部成长发展氛围总体评价是好或比较好"，其中局级干部更满意当前的发展环境，认为"好或比较好的"占85.1%，比处级干部高出7个百分点。

党组织对干部成长的关怀体现在制度设计、具体工作的操作等方面。按照

《党政领导干部选拔任用工作条例》有关规定，领导干部在任上一级领导职务前，一般应当具有在下一级两个以上职位任职的经历等，而干部能否具有这样的经历，在实际工作中主要依靠组织培养。实践中，各级党组织通过上调下派、任职和挂职、交流轮岗等方式，有计划地安排年轻干部到不同岗位锻炼，培养他们的实际工作能力。254名研究对象在任副处、正处、副局职务之前，分别平均经历了2.0个单位和4.8个岗位、2.2个单位和5.7个岗位、2.8个单位和6.4个岗位的锻炼。其中，最多的经历过10个单位和27个岗位。58%的研究对象有过援藏、援疆等挂职经历或参与过北京奥运会、国庆庆典等重大活动。15位受访者表示，多岗位锻炼，特别是在复杂矛盾和艰苦环境中锻炼，使年轻干部对工作有"饱满的新鲜感"，在熟悉不同领域、不同工作环境的同时，还避免了"职业疲劳"现象，使年轻干部的收获更大，进步更快。

（五）遵循成长周期、实现用当其时，是促进年轻干部成长的重要因素

调查结果显示，254名调查对象在适当的年龄阶段都得到提拔使用，符合人才学研究的"人才最佳起用期为30~45岁"的一般规律，实现了用当其时。这样使用干部也进一步增强了干部对组织提拔使用的认可和满意度，体现了干部政策的激励作用。按照《党政领导干部选拔任用工作条例》的任职时间要求，一名本科（22岁）或硕士研究生（25岁）或博士研究生（28岁）毕业后进入机关工作，到达任副处级的时间基本上都在32岁，此后任正处级、副局级领导干部的理论年龄分别是34岁、37岁。254名调查对象中，公选干部提拔副处级、正处级、副局级的平均年龄是31岁、34岁、38岁上下；非公选干部的是29岁、32岁、37岁上下。以上年龄阶段都在最佳起用期范围。进一步分析得出，254名研究对象中，有105人曾被破格或越级提拔，占总数的41.3%。在不同的成长阶段及时甚至更早地得到提拔任用，助推了年轻干部的成长。问卷调查显示，在回答任领导职务最合适的年龄时，有42.7%的被调查者认为副处级应是30岁上下，73.1%的被调查者认为正处级应是35岁上下，67.8%的被调查者认为副局级应是40岁上下。被调查者选择的年龄阶段与人才成长规律的"最佳起用期"基本吻合。

表1 研究对象任各级别时经历的平均年限情况统计表

类别\项目	从开始工作到副处 平均年限	从副处到正处 平均年限	从正处到副局 平均年限
公选干部	8.0	3.3	3.4
非公选干部	7.7	3.2	4.5

（六）党组织扩大范围选人、公平择优用人，是促进年轻干部成长的必要因素

年轻干部发展和成长的平台对其能否脱颖而出、能否敢于展示自我，起着至关重要的作用。由于中央机关和市属机关存在着站位高、视野开阔、职数相对多等优势，62.6%的被调查者认为年轻干部在中央机关、市属机关成长最快。近年来，为广开进贤之路，把各方面优秀干部及时发现出来、合理使用起来，北京市加大了竞争性选拔力度，进一步拓宽干部选拔任用的渠道。1995～2010年，北京市共公开选拔了191名局级干部，优秀年轻干部在开放、透明、公正的舞台上展示自我，进入组织的视野，其中42岁以下的95名，占总数的49.7%。目前，公开选拔、竞争上岗等竞争性选拔方式逐步成为全市选任干部的重要方式。问卷调查显示，14.3%的被调查者有过破格提拔（含公开选拔）的经历，其中，16人在提任局级职务时破格提拔，占18%；62人在提任处级职务时破格提拔，占69.7%；11人在提任局、处级职务时均破格提拔，占12.4%。254名研究对象走上副局级岗位前的单位体现了来源广泛的特点。从来源单位属性看，来自机关187人、企业38人、高校19人、其他10人；从来源单位层级看，来自中央单位17人、市级相关单位198人、区县机关37人、非公有制经济组织和社会组织2人，其中市级以上单位占总数的85.4%。

二 影响年轻干部成长的主要因素分析

对年轻干部的成长来说，其影响因素有时间（时代、时机）、工作生活环

境、人际关系以及社会环境等。具体到北京市的年轻干部,影响其成长的主要因素有:

(一) 年轻干部的发现机制不够健全

近年来,北京市委把年轻干部的培养选拔作为一项战略任务来抓,但还是出现了年轻干部储备不足的现象。据统计,全市40岁及以下区县局级干部仅占区县局级干部总数的3.3%,35岁及以下处级干部仅占处级干部总数的3.1%。究其原因主要有:一是对培养选拔年轻干部的政策宣传不够,有的单位和领导对年轻干部培养选拔工作在思想上不够重视。二是发展事业和推进个人发展不统一。个别领导干部存在工作上重视年轻干部,对年轻干部要求多、关心少,使用多、帮助少。

(二) 年轻干部的"革命化"水平与事业发展的要求还有差距

表现在:有的年轻干部对党情、国情、民情缺乏了解,宗旨意识淡薄,对群众缺乏感情;个别单位在选人用人时还存在重才轻德、以才蔽德、以绩掩德的现象;个别年轻干部走上领导岗位以后,不能保持原有的谦虚与激情,难以适应岗位对素质能力的要求,最后不得不进行岗位调整。被调查者反映,当前考核干部的"德"很重要,在战争年代,干部大都经历了生与死的考验;在和平年代,面对长期复杂严峻的执政考验、改革开放考验、市场经济考验、外部环境考验,干部"德"的问题更加凸显。群众对一些干部不满意,也主要是对他们的"德"不满意,因此必须加强干部"德"的建设。

(三) 年轻干部扎根基层、全心全意为人民服务意识有待加强

一些年轻干部没有经历基层一线和多岗位锻炼,群众工作能力、应急处变能力和处理复杂矛盾能力不强,经不起更重要岗位的考验。分析其原因:一是部分年轻干部学历高、机关情结较浓,不太愿意到基层锻炼。北京教育资源丰富,人才竞争激烈,近年来能进入机关工作的基本上要求在研究生以上学历,这部分干部参加工作的年龄大体在25岁左右。按照干部政策有关解释,北京市的"基层"基本集中在乡镇、街道、企事业单位等,这些干部不太愿意到

这些"基层单位"去。二是干部到基层一线锻炼、人才从一线选拔的良性循环机制还不够完善。市级和区县机关的年轻干部，或没有机会放到基层培养，或以挂职为主锻炼，时间短、不深入。而基层一线的年轻干部，由于受机构规格和职数制约，缺少上升空间，培养挂职机会有限。三是破格提拔办法还不够完善。破格提拔的前提是"特别优秀"。一方面，目前没有制定破格提拔干部的办法，对"特别优秀"没有明确的界定。在具体工作中，除公开选拔以外，党政机关内部破格提拔的实例很少。另一方面，破格提拔的干部往往是"德才兼备"，"德"主要是看政治品质和道德品行，而"才"更多是看"工作实绩"，一个干部要取得公众认可的实绩，需要一定的时间，从研究对象情况看，到达副局级时的工作时间一般在15年左右。这在客观上也使年轻干部的成长需要经历一个过程。

（四）培养选拔年轻干部的激励约束机制不够健全

问卷调查显示，有42.4%的被调查者认为组织部门要研究和解决"对年轻干部的激励约束机制不够完善"问题。存在问题的主要原因：一是少数领导班子培养选拔年轻干部的责任意识不强。由于对年轻干部培养管理、选拔任用不是单位主要领导或"一把手"考核的内容，少数领导班子在思想上不够重视。一方面，受领导职数的限制，少数领导班子不敢适时把优秀年轻干部提拔进入领导班子，出现了后备干部备而不用的现象。另一方面，考虑到年轻干部的资历能力等问题，不敢把年轻干部放在重要岗位、关键岗位上。二是少数领导班子对年轻干部的教育管理缺少必要措施。实践中，还存在少数领导班子对年轻干部存在的问题和不足，不愿或不敢及时提出的现象。调研中，有的领导班子认为"年轻干部变成市管干部后，管理的主体是组织部门，他们不便说些什么"；有的领导干部认为"年轻干部级别与我们一样，一把手说更好些"；也有的干部认为"年轻干部的未来广阔，现在不能得罪他们，所以不能说"；等等，以及少数年轻干部不够谦虚，使自己缺少了难得的改进机会。三是干部退出机制不完善，使单位不敢"试错"。访谈中，大家认为，副局级领导岗位对人的素质能力要求更高。从这个意义上讲，提拔使用年轻干部在客观上存在一定风险。由于没有退出机制，如果提拔后没有继续成长，对年轻干部本人来说，出现了职位"天花板"现象；对单位来说，其承担的工作可能要由其他班子成员来分担，且其长期占着领导班子干部职数，这势必会挫伤其他干部的积极性。

三 加强和改进年轻干部培养选拔工作的对策建议

（一）坚持"德才兼备，以德为先"原则，突出德在选拔年轻干部标准中的优先地位和主导作用

以对党忠诚、服务人民、廉洁自律为重点，加强对年轻干部政治品质和道德品行的考核，并把考核结果体现到年轻干部的选拔任用、培养教育、管理监督等各个方面。对德表现好的干部，在同等条件下优先使用。创新理想信念教育的措施和方式，充分发挥党（团）校、行政学院、干部培训机构的主阵地作用，采用理论培训、实践锻炼、考察学习、经验交流、自我学习等方式，大规模培训年轻干部，全面提高年轻干部的马克思主义理论素养，增强贯彻落实中国特色社会主义理论体系的自觉性和坚定性。

（二）抓好年轻干部实践锻炼

树立"实践锻炼是最好的培养"的理念，大胆放手让年轻干部到重点工作中、重要岗位上施展才华。越是有培养前途的年轻干部，越要放到艰苦环境中、派到改革和发展的第一线去接受实践锻炼。越是德才条件好、发展潜力大、有培养前途的年轻干部，越应当给他们压重担，放到艰苦和复杂环境中、关键岗位上锻炼考验，积累经验，增长才干。问卷调查显示，68.8%的被调查者认为，组织部门要为年轻干部多"提供有效锻炼平台，增强干部服务群众工作能力"。推行干部多岗位、多职务的交流和锻炼，按照"小步快跑"的适度性原则，使年轻干部沿台阶拾级而上，缩短成长周期，为年轻干部的健康成长提供使用机制上的保证。加大年轻干部跨地区、跨部门、跨行业交流力度，重点交流列入后备干部名单的处级正职。注意做好党政干部、企业经营管理人员、科技人员三支队伍之间的交流。重视正职岗位历练，对适合担任主要领导

职务但缺乏下一级党政正职任职经历的年轻干部，要抓紧安排到党政正职岗位工作，全面提高他们的素质和能力。

（三）完善年轻领导干部发现机制，不断加强年轻干部源头建设

遵循年轻干部成长规律，充分运用公开选拔、竞争上岗、遴选等方式所取得的成果，促进更多的优秀年轻干部脱颖而出。干部的提拔使用应有一定的台阶，这可以使干部更加成熟、走得更稳，所以不能少，但有的可以缩短时限。受访者认为，发现好苗子后，组织部门要有意识地对他们早培养，早压担子，为他们走上领导岗位、承担更大责任、发挥更大作用创造良好条件。尽快出台破格提拔实施办法，对于破格的标准条件、审批权限等做出明确规定。积极推行竞争上岗，逐步扩大公开选拔的范围和频度，对竞争中确实表现优秀但未能及时提拔使用的年轻干部做好跟踪培养，适时提拔使用。着眼于培养大批基层骨干和党政领导后备力量，充分利用首都人才资源优势，积极吸纳首都经济社会发展急需的各类优秀青年人才。

（四）鼓励扎根基层一线，逐步建立来自基层一线的年轻干部培养选拔链

着眼于首都未来5年乃至10年各级领导班子建设的战略需要，组织实施"年轻干部成长工程"，集中选拔一批"70后""80后"优秀年轻干部到市有关部门、区县、乡镇、街道党政班子正职或其他重要岗位培养锻炼。有计划地安排缺乏基层经历的领导机关干部，到基层任职挂职，打牢深厚群众基础，不断提高素质能力。坚持从基层一线遴选机关干部，从大学生"村官""社工"中招录公务员，逐步加大具有基层工作经历人员的比例，使基层成为领导机关工作人员的主要来源。大力推进选派基层年轻干部到上级机关挂职锻炼工作，坚持每年选派一批优秀年轻干部到市直机关和市属有关单位培养锻炼，探索建立年轻干部跟踪培养制度，逐步形成从基层来、到基层去的良性循环机制。

（五）坚持宽严相济，营造年轻干部成长良好的环境和氛围

切实从政治上、思想上、工作上、生活上关心年轻干部。进一步解放思想，

破除论资排辈、平衡照顾观念，树立开放、发展的选人用人观念，对条件成熟的干部，及时抓住"最佳使用期"，适时使用，充分发挥其年龄、素质、能力、经验等各方面的优势。适当放宽主要领导职位的任职资历限制，创造有利于优秀年轻干部脱颖而出、及时走上主要领导岗位的环境，使优秀主要领导干部适当缩短"锻炼磨砺阶段"。进一步加强舆论引导，推进信息公开。强化对年轻干部的管理监督，增强年轻干部廉洁从政的自觉性。建立拟提拔干部廉政报告制度，防止干部带病提拔、带病上岗。建立科学的考评机制，保证干部评价的公正性。探索建立优秀年轻干部容错机制和退出机制，加强试用期考核评价机制建设，规范调整的原则、程序，拓宽干部安排渠道，对不合格干部及时进行转岗调整。

B.6
中关村国家自主创新示范区人才发展报告

中关村科技园区管理委员会* 中关村创新研修学院

摘　要：

　　人才是中关村国家自主创新示范区的核心资源。本报告从三个方面对中关村示范区的人才发展状况进行了分析。人才资源加速聚集，人才结构进一步优化，高层次、高创造力和国际化的人才特征日益明显。人才发展体制机制改革全面启动，人才政策创新体系不断完善，人才环境集成优势全面凸显。人才集群不断发展壮大，一大批创新创业成果涌现，为推动新兴产业发展发挥了重要的支撑和引领作用。

关键词：

　　中关村　人才特区

2011年3月，中组部、国家发展改革委等15个中央单位与北京市联合印发《关于中关村国家自主创新示范区建设人才特区的若干意见》，提出借鉴改革开放初期兴办经济特区的经验，在中关村国家自主创新示范区（以下简称"中关村"）范围内实行特殊政策、特殊机制，打造"人才智力高度密集、体制机制真正创新、科技创新高度活跃、新兴产业高速发展"的国家级人才特区，实现以海外高层次人才为代表的国家发展所特需的各类人才在中关村的高度聚集，建设具有全球影响力的人才战略高地。中关村人才特区建设不仅是中关村示范区建设中的大事，还是在国家

---

* 课题组组长：李志磊，中关村科技园区管理委员会人才资源处处长，博士，高级经济师，主要研究方向：公共人力资源管理。课题组成员：郭鹏程等。

人才建设战略层面探索建设经验，形成我国人才竞争比较优势的重要举措。

2011年，在中央和北京市的大力支持之下，中关村人才特区建设工作取得显著进展，高层次人才资源加速聚集、人才结构更加优化，体制机制与政策不断实现创新突破、人才发展环境得到提升发展，中关村人才特区建设实现良好开局。

一 人才资源[①]加速聚集，人才特区竞争力提升

（一）人才总量大规模提升，增长速度创新高

2011年中关村人才资源实现大幅增长。截至2011年年底中关村人才资源达到138.48万人，比2010年增加22.68万人，数量规模居全国高新区之首，同时也超过了硅谷133.08万人的从业人员规模；年增长率达到19.59%，是中关村近六年来增长率最高的一年，比"十一五"期间年均增长率高出8.06个百分点。

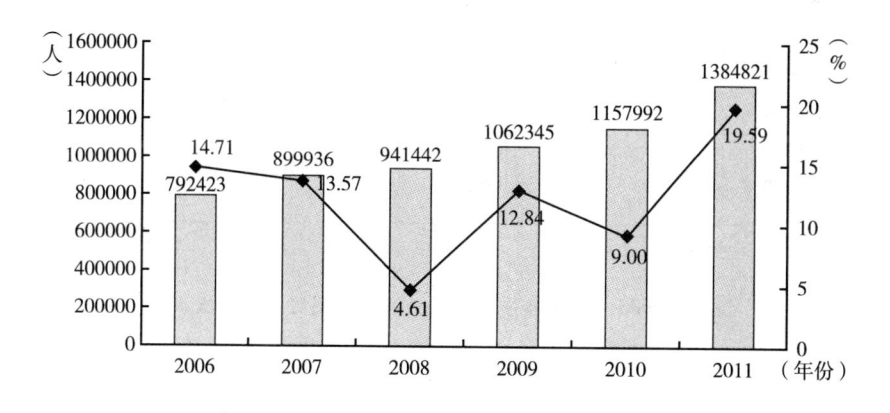

图1 2006~2011年中关村人才资源总量及增长率

---

① 本报告所指人才资源是指中关村示范区范围内科技企业的从业人员。如无特别说明，数据来源均为中关村管委会经济分析处，截止时间为2011年12月31日。

大专及以上学历人员和科技活动人员继续保持增长态势。截至2011年年底，中关村大专及以上学历人员达到95.69万人，比2010年增加了14.6万人，是2006年的2.01倍；科技活动人员达到35.95万人，比2010年增长了5.21万人。

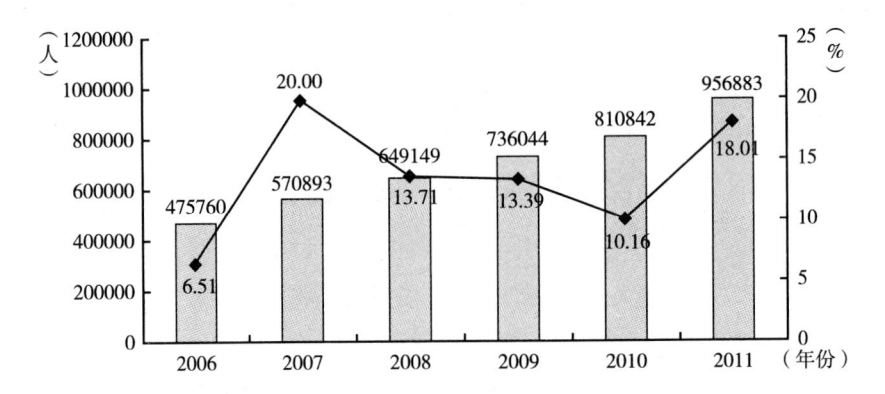

图2 2006~2011年中关村大专及以上学历人员数量及增长率

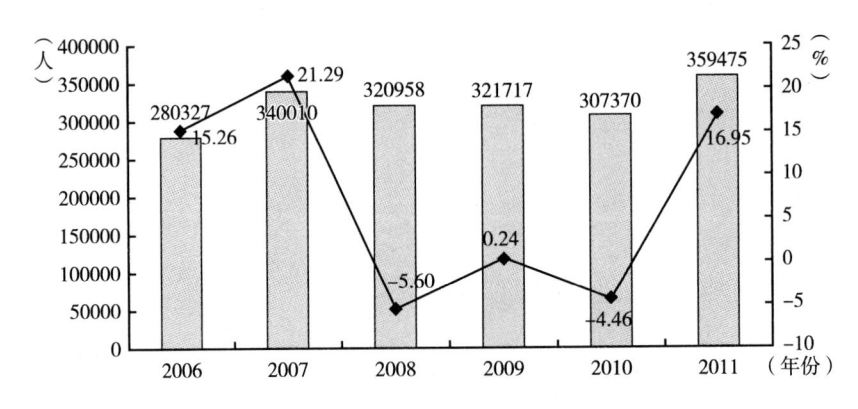

图3 2006~2011年中关村科技活动人员数量及增长率

（二）人才结构进一步优化，高素质人才加速增长

1. 学历结构高端化趋势更加明显

截至2011年年底，中关村大学本科及以上学历人员达到68万人，占中关村人才资源总量的49.11%，高出同期硅谷地区居民大学本科及以上学历人员

占比 6.11 个百分点。

其中，硕士学历人员达到 13.24 万人，占中关村人才资源总量的比重为 9.56%；博士学历人员达到 1.41 万人，占中关村人才资源的比重为 1.02%。大学本科、硕士和博士学历人员均比上年同期增长 17% 以上。但硕士及以上学历人员占比与硅谷地区仍存在较大差距。

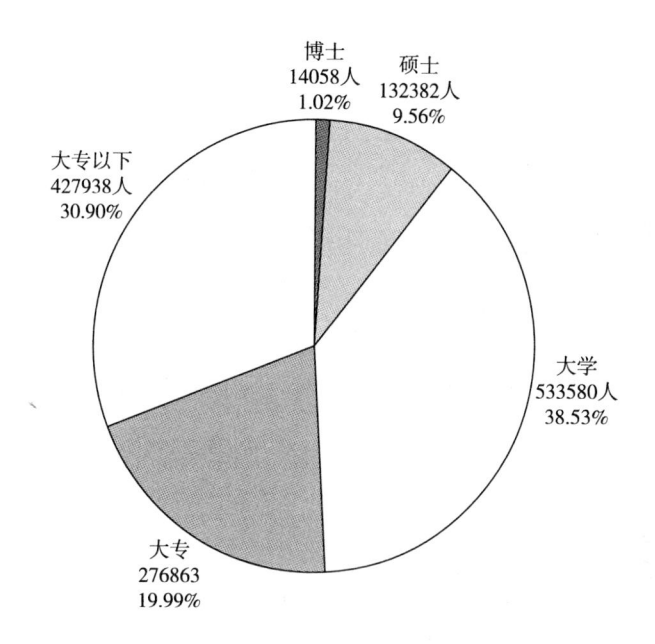

图 4　2011 年中关村人才资源学历构成

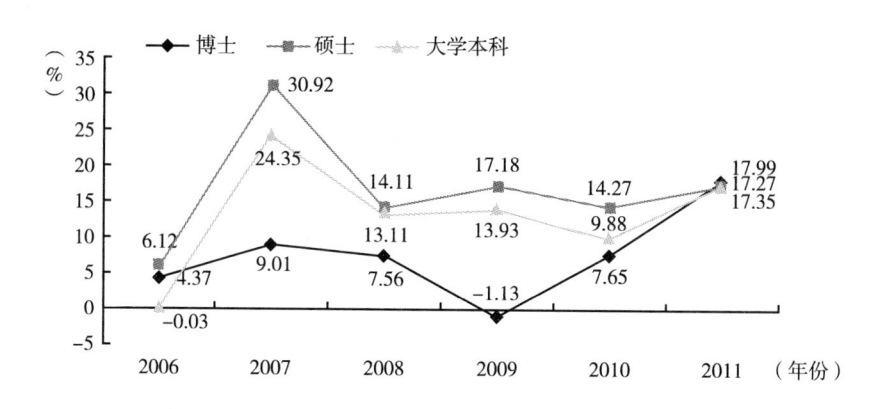

图 5　2006~2011 年中关村各类学历人员增长率

表1 中关村与硅谷地区人才资源情况对比（2011）

类别	中关村	硅谷*
人才资源总量	138.24万人	133.08万人
本科及以上	49.11%	43%
硕士及以上	10.58%	18%

注：*硅谷地区数据为居住人口成年人学历构成情况，资料来源：《硅谷指数2012》。

2. 技术职称获得者数量大幅提升

2011年，中关村技术职称获得者人员大比例上涨，拥有技术职称人员达到35.48万人，比2010年同期增长了12.58%；获得技术职称人员占比为25.62%，比2010年下降了1.6个百分点，比2006年下降了8.59个百分点。

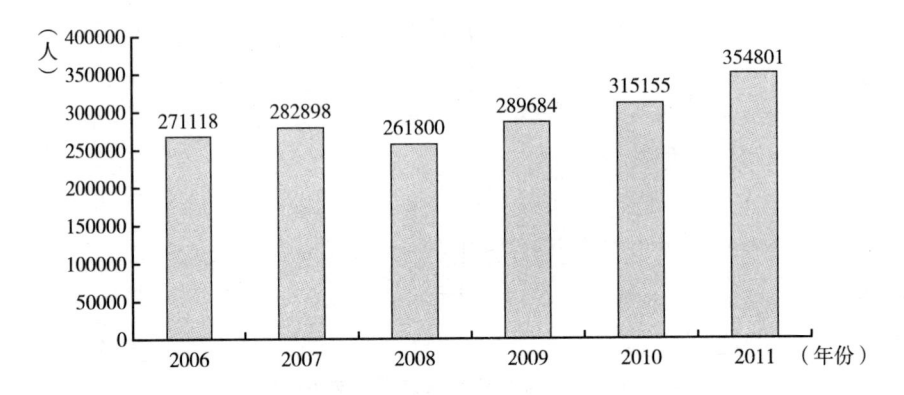

图6 2006~2011年中关村获得技术职称人员数量*

注：*包括高级、中级和初级技术职称获得者。

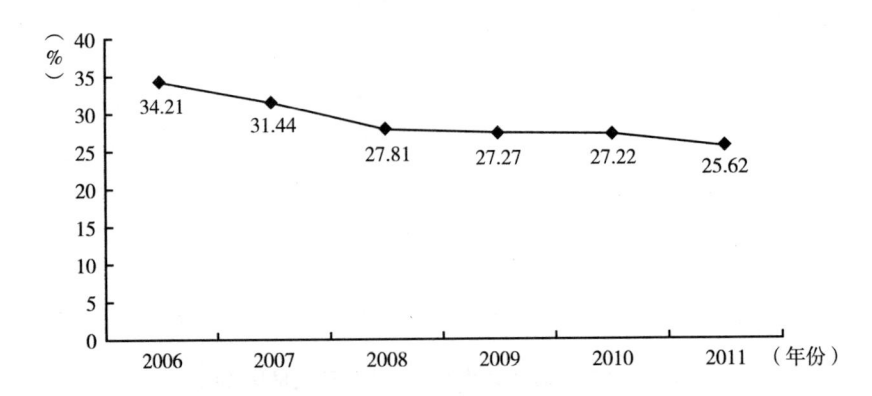

图7 2006~2011年中关村获得职称人员占比

在获得技术职称的人员中，高级职称人员比2010年增长了1.06万人，达到7.05万人，增长速度达17.67%（较2010年同期）。

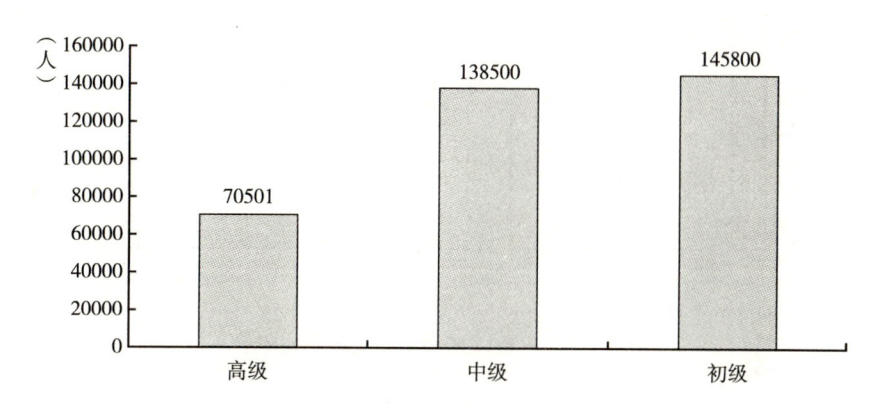

图8 中关村人才技术职称构成（2011年）

表2 2006~2011年中关村获得各级技术职称人员增长率

单位：%

增长率	2006年	2007年	2008年	2009年	2010年	2011年
高级职称	6.21	-0.28	-11.63	6.39	8.08	17.67
中级职称	-0.41	2.99	-5.59	9.69	7.28	11.90
初级职称	-2.29	8.39	-7.13	13.75	10.60	10.90
总体	0.21	4.34	-7.46	10.65	8.79	12.58

3. 年龄结构年轻化趋势更为突出

截至2011年年底，中关村人才的平均年龄为32.45岁，是近六年来平均年龄最低的一年。其中，29岁及以下人员占比为50.24%，比2010年同期提高了0.44个百分点；39岁及以下人员数量占比为81.12%，比2010年同期提高了0.67个百分点。另外，根据统计数据，中关村1/4的科技企业法人代表是"70后"和"80后"。

4. 围绕重点产业形成五大人才集群

中关村围绕产业发展形成了五大人才集群，即电子信息、先进制造、新能源、新材料和生物医药人才集群。五大人才集群人才资源占中关村总量的

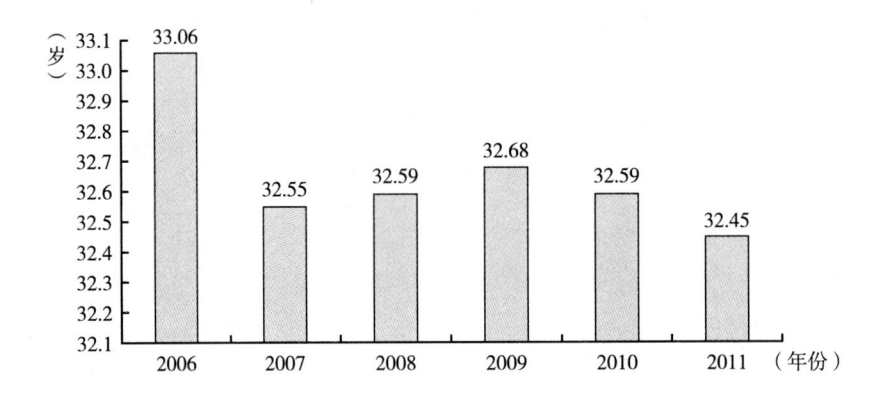

图9 2006~2011年中关村人才平均年龄

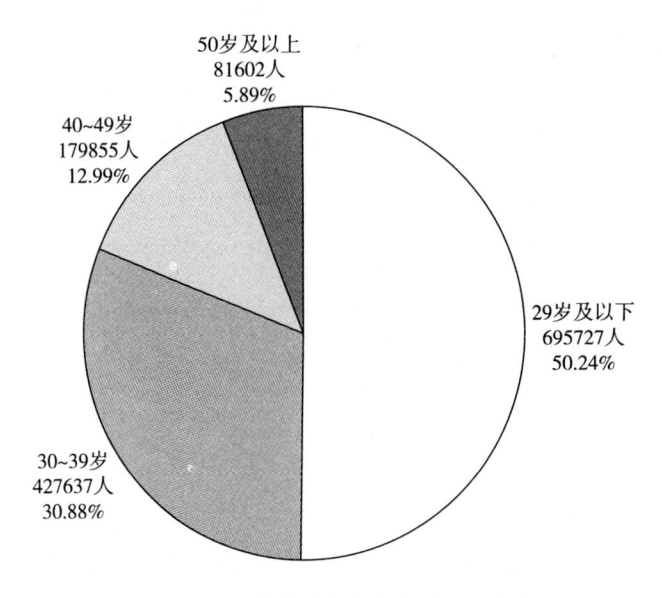

图10 中关村人才年龄结构（2011年）

81.27%，科技活动人员占88.21%，硕士及以上学历人员占84.40%。其中，电子信息作为中关村总收入规模最大的产业领域（行业总收入占中关村总收入的40.46%），是吸引人才资源的主力，截至2011年年底，该领域人才数量达到71.30万人，占中关村人才资源总量的51.49%，科技活动人员21.65万人，占中关村科技活动人员总量的60.22%。

表3　中关村各产业领域人才资源结构情况（2012年）

单位：%

	电子与信息	生物医药	新材料	先进制造	航空航天	现代农业	新能源	环境保护	海洋工程	核应用	其他
总收入占比	40.46	4.04	9.65	13.88	0.90	0.86	13.21	2.61	0.10	0.13	14.16
从业人员占比	51.49	5.33	5.35	13.96	1.90	1.30	5.15	2.40	0.25	0.27	12.60
科技活动人员占比	60.22	4.46	4.54	13.99	1.56	0.90	5.00	2.24	0.09	0.26	6.72
硕士及以上学历人员及占比	59.31	4.38	4.03	10.06	2.47	0.92	6.61	2.37	0.13	0.42	9.29
技术职称获得者占比	46.10	4.47	5.72	11.96	3.34	1.04	7.27	3.23	0.47	0.42	15.99

注：总收入占比＝该产业领域总收入/中关村总收入；从业人员占比＝该产业领域人才资源数量/中关村人才资源总量，硕士及以上人员占比＝该领域硕士及以上学历人员数量/中关村硕士及以上学历人员数量，技术职称获得者占比＝该领域技术职称获得者占比/中关村技术职称获得者总量。

5. 大企业吸纳人才能力强

从企业规模上来看，人才分布具有"二八"特征，即20%的企业拥有中关村80%的人才资源：中关村总收入5000万元及以上的企业共2569家，占中关村企业总量的17.10%，这些企业人才资源总量为109.50万人，占中关村人才资源总量的79.07%。

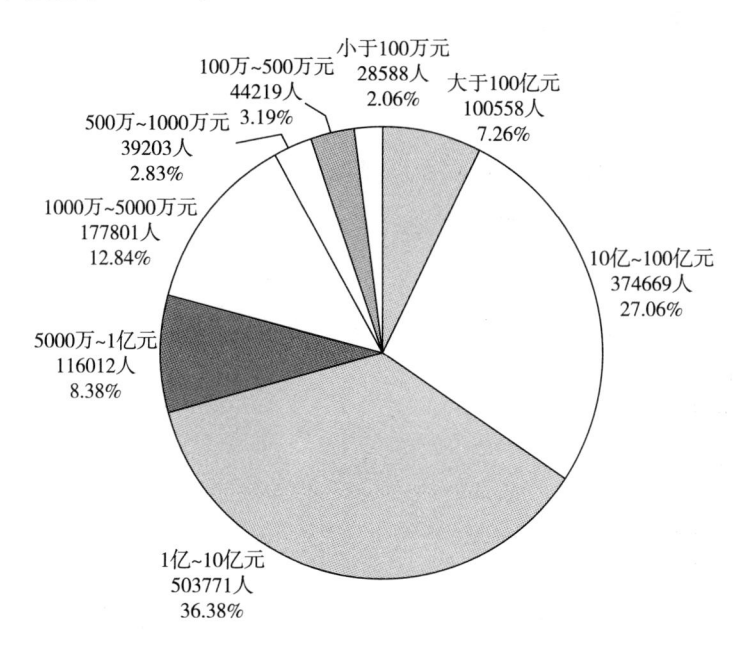

图11　中关村人才资源在不同收入规模企业间分布（2011年）

表4 中关村不同规模企业平均从业人员数量（2011年）

	>100亿元	10亿~100亿元	1亿~10亿元	1000万~1亿元
平均收入规模	219亿元	28亿元	3亿元	0.34亿元
平均人才规模	32444人	1493人	369人	72人

6. 科技活动人员持续增长

2011年中关村科技活动人员数量规模扭转近年来下滑态势，增长速度达到16.95%，但由于科技活动人员增长速度低于中关村人才资源总体增长速度，科技活动人员占中关村人才资源的比重仍然持续近年来的下降状态。

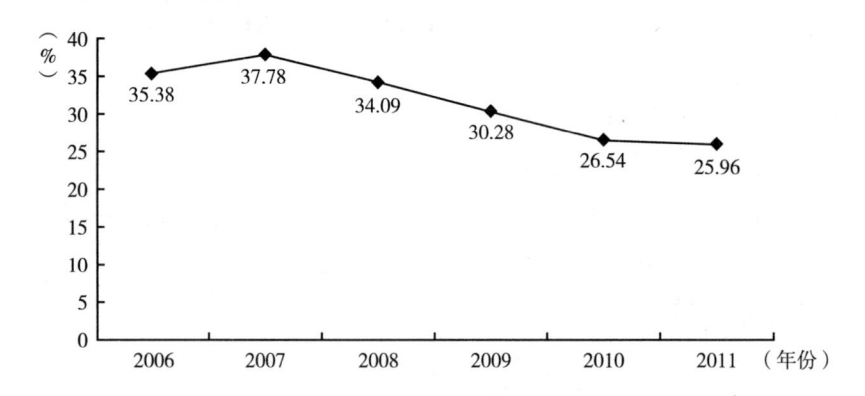

图12 2006~2011年中关村科技活动人员占比

截至2011年年底，中关村研究与试验开发人员数量为9.67万人，比2010年下降了3.95万人，下降幅度较大。

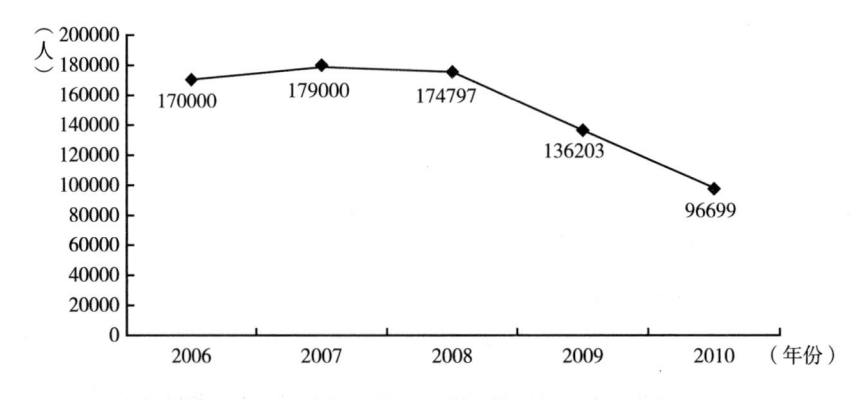

图13 2006~2010年中关村研究与试验开发人员数量

7. 园区间分布保持调整态势

截至 2011 年年底海淀园人才资源占中关村人才资源总量的 50.07%，比 2010 年同期下降了 2.58 个百分点；其次为亦庄园人才资源总量，为 18.11 万人，占中关村人才资源总量的比重为 13.08%，比 2010 年同期下降了 2.2 个百分点。丰台园、昌平园、电子城等园区人才资源占比提升，提升幅度分别为 0.41 个百分点、1.66 个百分点和 0.94 个百分点。

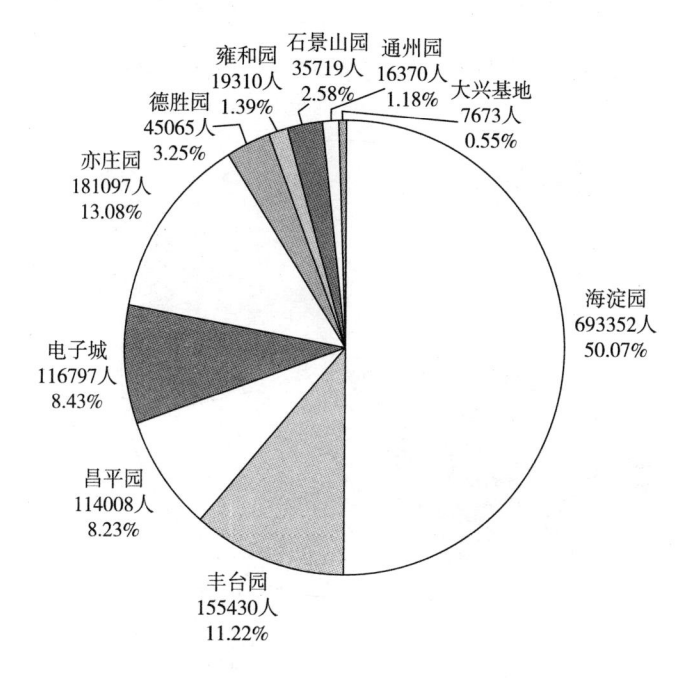

图 14 中关村各分园人才资源情况（2011 年）

海淀园、丰台园、电子城、亦庄园、雍和园和石景山园人才多集中在电子信息产业领域，昌平园 39.48% 的人才集中在先进制造领域，大兴基地有 33.71% 的人才集中在生物工程领域。

8. 人才稳定性保持较好水平

截至 2011 年年底，中关村在现有单位工作 3 年及以上的人才总量达到 57.65 万人，占中关村人才资源总量的 41.63%，该比例近年来一直相对稳定。

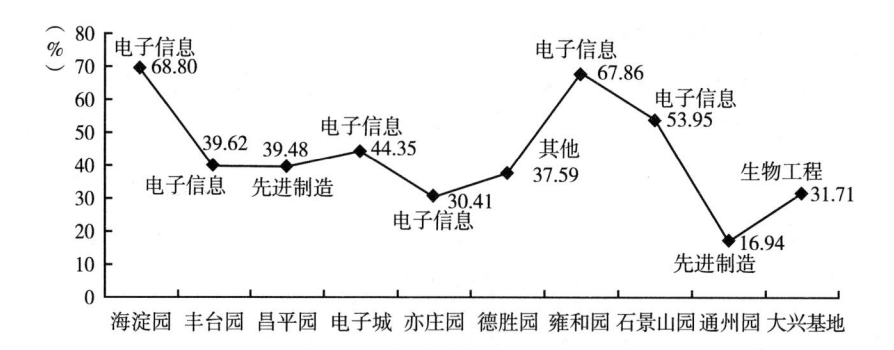

图15 中关村各分园人才规模最大的产业（2011年）

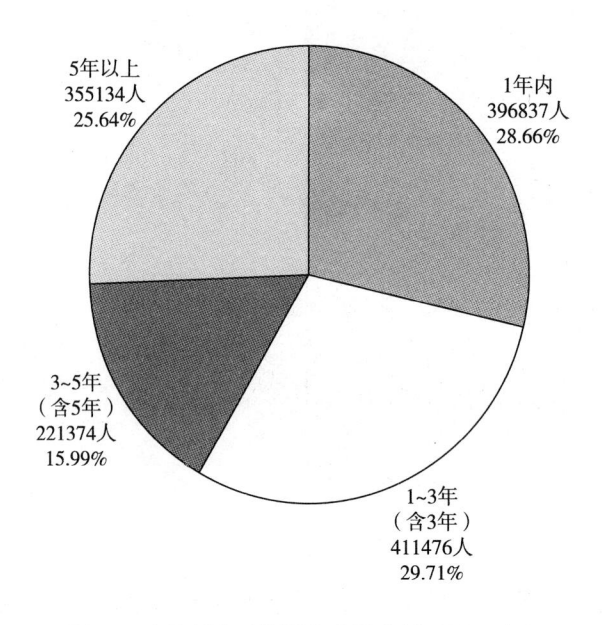

图16 中关村人才资源稳定性分析（2011年）

（三）人才队伍亮点突出，"两高一化"特征明显

总体来看，2011年中关村人才资源发展呈现"两高一化"的特征，"两高"即高层次和高创造力，"一化"即国际化。

1. 高层次人才加速聚集，规模优势显现

2011年是近年来中关村选拔、吸引和聚集高层次人才成效最为突出的一年。截至2011年年底中央"千人计划"已分7批引进2263名海外高层次人

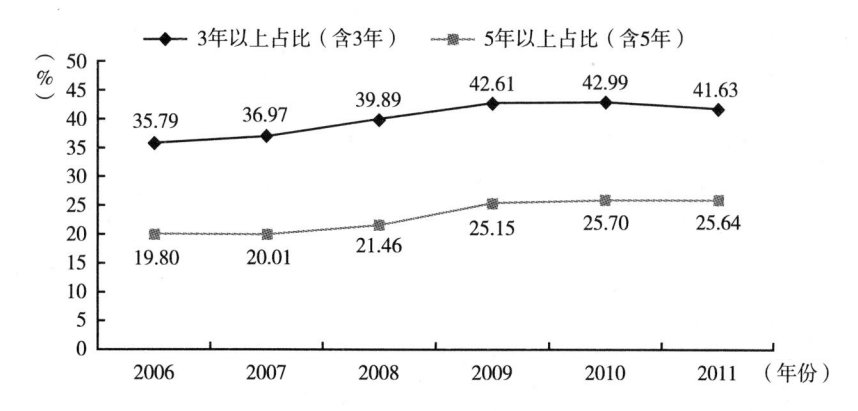

图17 2006~2011年在本单位工作3年以上和5年以上员工占比情况

才，其中北京地区629人，中关村规划范围内492人（市属的103人，非市属的389人），中关村企业及科研院所等机构98人，占北京市属的89.9%。北京市"海聚工程"已分6批评选出301人，其中中关村238人，约占80%。中关村"高聚工程"认定高端领军人才共97人（团队），其中战略科学家1人，科技创新人才28人、创业未来之星57人（团队），风险投资家11人。

表5 中关村高层次人才规模情况（截至2011年年底）

	北京	中关村	中关村占比
千人计划	629	492	占北京市的78.22% 占全国的21.74%
海聚工程	301	238	占北京市的79.07%
高聚工程	—	97人（团队）	

2. 人才创新能力与贡献稳步提高

2011年，中关村每百万人专利年授权量比2010年增加了1460件，达到9089件，远高于2011年北京市每百万人口专利年授权量2025件[①]的平均水平；中关村每百万人发明专利年授权量达到3604件，比2010年增加了1108件，是北京市平均水平的4.6倍；中关村人均产出[②]142万元，比2010年同

---

① 按北京市常住人口计算。数据来源：北京市知识产权局网站，北京市统计调查队网站。
② 人均产出=园区总收入/园区人才总量。

期提高5万元；人均利润总额11万元，人均增加值22万元，均比2006年明显提高。

与硅谷相比，中关村人均指标还有一定差距。2011年中关村人均增加值为22.1万元（约3.5万美元），不足硅谷地区2011年人均增加值15万美元[①]的1/4。

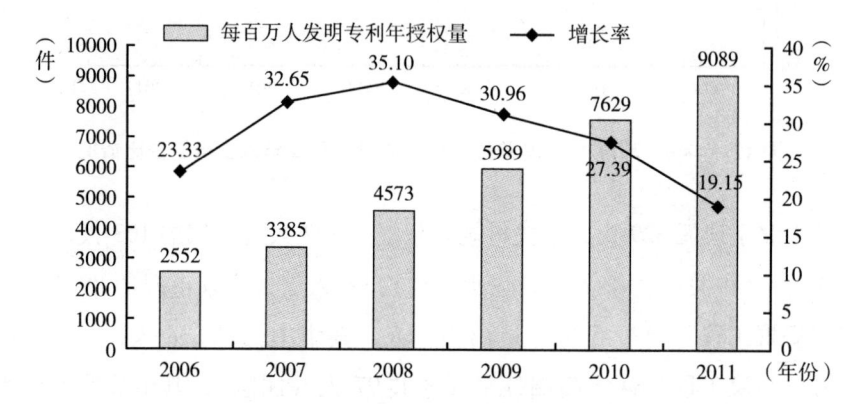

图18 2006~2011年中关村每百万人年专利授权量及增长率

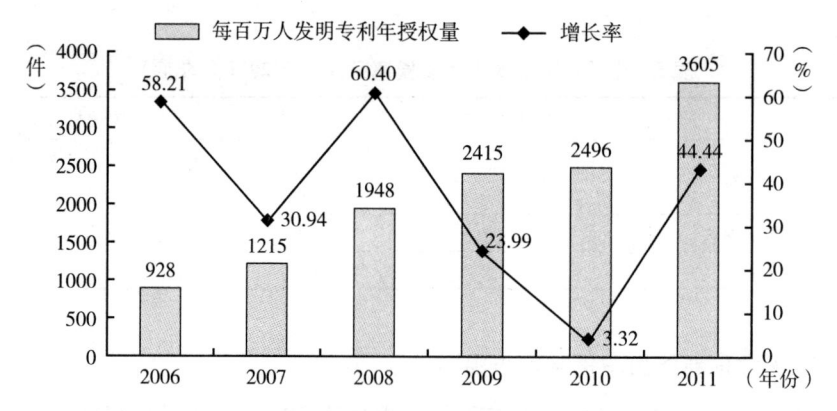

图19 2006~2011年中关村每百万人年发明专利授权量及增长率

人才的创新和贡献能力在新兴产业更为突出，如在新能源产业领域，人均总收入达到363.84万元，是中关村平均水平的2.56倍，人均利润总额22.08万元，是中关村平均水平的1.99倍；新材料领域内，人均产出256.07万元，

---

① 硅谷人均增加值来自《硅谷指数2012》。

图20 2006~2011年中关村人均经济指标比较

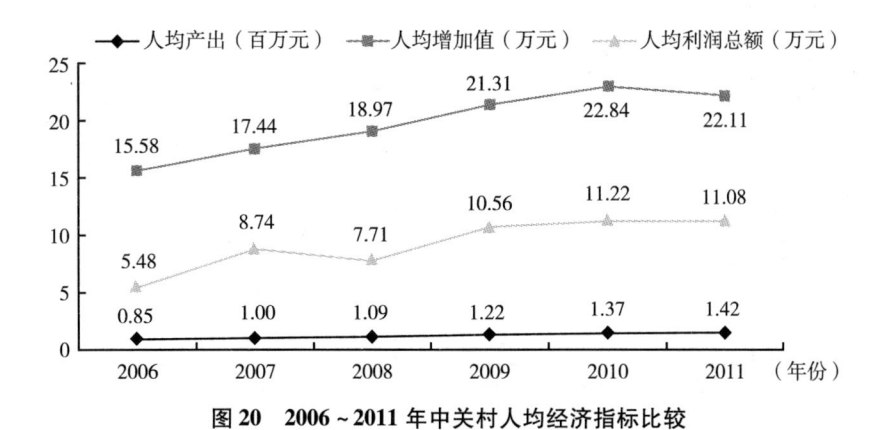

比中关村平均水平高114.2万元，人均利润总额14.37万元，比中关村平均水平高出3.29万元，体现出新兴产业强大的生命力。

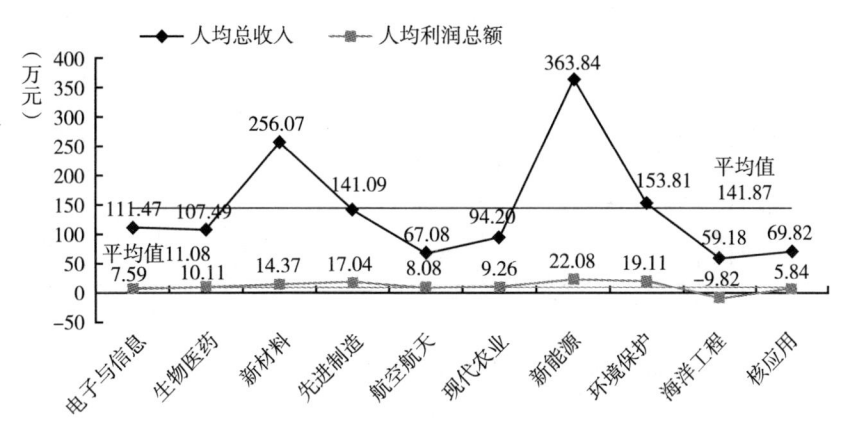

图21 中关村各产业领域人均经济贡献（2011年）

3. 国际化人才资源聚集实现大幅提升

中关村人才资源国际化显著。一是港澳台和外籍人才数量大幅增长，截至2011年年底达到8991人，为近六年来之最，比2010年同期增长了29.76%；二是归国留学人员数量再创新高，比2010年增长了4034人，达到1.37万人，同比增长41.72%，增速为近六年来之最，且留学归国人员的学历素质也保持较高水平，归国留学人员中硕士及以上学历人员达到73.98%，远高于中关村硕士及以上学历人员10.58%的比例；三是从事国际业务的人员形成一定规模，如仅海淀园离岸外包行业从业人员就近6万人。

131

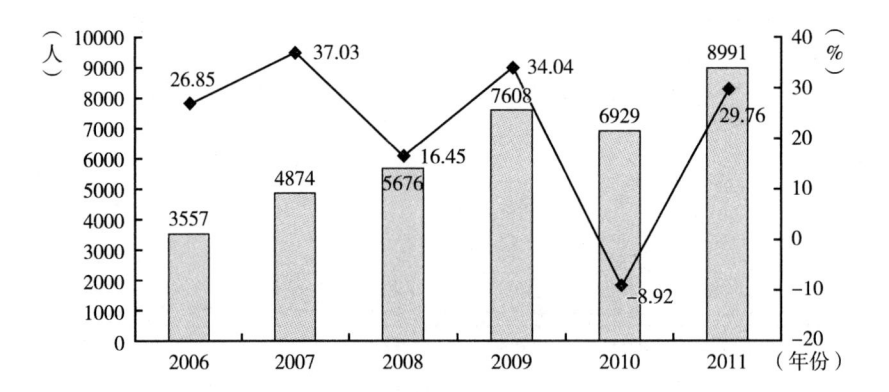

图 22 2006~2011 年中关村港澳台和外籍人才数量及增长率

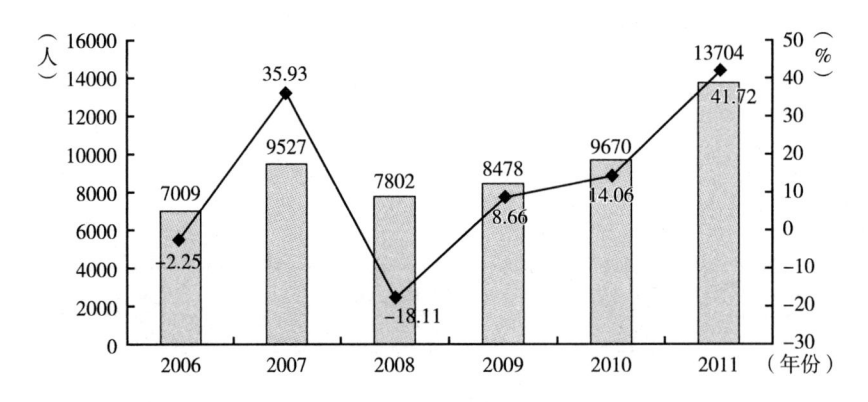

图 23 2006~2011 年中关村留学归国人员数及增长率

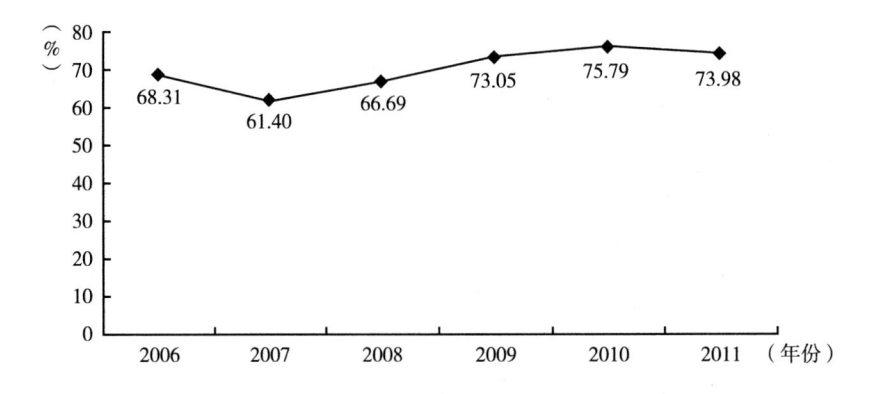

图 24 2006~2011 年中关村归国留学人员中硕士以上学历占比

二 改革创新全面启动，人才特区发展环境全面优化

（一）创新体制机制，保障人才工作有序开展

1. 整合资源，创建央地互动人才工作新机制

中关村统筹多方资源，建立了多层次的工作推进机制。一是在国家指导层面，由中组部牵头，15家中央国家部委与北京市成立人才特区建设指导委员会，负责人才特区建设的组织领导和统筹协调；二是由北京市牵头，联合中组部人才局、市委组织部、中关村管委会等单位，成立人才特区建设指导委员会办公室，负责协调落实需要部委层面支持的政策和其他重要事项；三是工作操作层面，中关村创新平台的人才工作组，紧紧围绕发挥好人才第一资源的作用，整合中央和北京市的创新资源，采取跨层级联合审批模式开展工作。2011年，中关村成立了"中关村人才特区建设促进中心"，作为操作层面的载体之一，面向高层次人才提供专项服务。

2. 广开渠道，构建全方位引才新机制

中关村在不断探索实践的基础上，构建了六大引才渠道。一是工程引才，即通过中央"千人计划"、北京市"海聚工程"等工程引才；二是驻办引才，即在海外设立驻外联络处，开展海外引才活动，截至2011年年底中关村已成立了驻硅谷、华盛顿、伦敦、多伦多、东京、慕尼黑6个海外联络处，其中驻德国慕尼黑联络处于2011年设立；三是机构引才，即建立天使投资、风险投资机构及国内外知名人力资源服务机构挖掘推荐领军人才的渠道；四是按需引才，即支持中关村企业、高校、科研院所等单位按需引才，市委组织部牵头启动了"2011年北京市引进海外高层次人才专项计划"，市人力社保局开展了"2011年中关村人才特区引进人才专项计划"，面向高校、院所、企业等征集用人需求，征集了700多个高层次人才岗位需求；五是团队引才，即通过引进一个领军人才，再吸引若干顶尖专业人才，形成创新创业团队，如恒泰艾普公司创始人孙庚文回国创业后，吸引了精通财务与投融资的斯坦福大学博士刘军、埃克森－美孚的高级地质师尹旭东以及地球物理、油藏工程、软件工程等

领域的海内外一流专家十多人，形成了由300多名专业技术人员组成的研发团队；六是媒体活动引才，中关村创建了"海外人才在线"网站，利用互联网为中关村企业、高校、科研单位提供专业引才服务，增强对海内外人才的吸引力。

3. 建立试点，探索科研院所管理新机制

在总结北京生命科学研究所的建设经验基础上，探索建立以学术发展和创新绩效为主导的科研资源配置机制，在国家作物分子设计中心、联想集团中央研究院等一批有条件的单位试行与国际接轨的科研管理制度，放宽用人自主权和科研经费使用自主权，深化股权和分红激励，构建以能力、贡献、业绩为导向的人才考核评价体系，逐步形成国际化科研院所制度。

（二）构建政策体系，全面激发人才活力

1. "区—县"① 互动政策体系不断完善

在北京市和各区县、中关村管委会和各分园的互相配合之下，中关村已经初步形成涵盖人才引进、人才评价、人才培养、人才激励、人才服务的"区—县"互动的人才政策体系。

一是在中关村示范区整体层面，2011年3月，《关于中关村国家自主创新示范区建设人才特区的若干意见》发布，根据此文件精神，中关村以国家层面支持为依托，针对人才特区建设推进中的瓶颈和障碍，持续进行政策创新，不断出台新政策，完善中关村层面的人才政策体系。

二是在各区县和分园层面，各区县和分园积极落实中关村人才特区建设要求和相关政策，配套出台相关政策措施，如海淀园出台了《海淀区促进人才创新创业发展支持办法》，丰台区出台了《丰台科技园贯彻落实中关村人才特区建设的实施意见》。

2. 探索政策措施创新突破，确保执行和落实

2011年，中关村按照《若干意见》的要求，针对人才创新创业发展的瓶颈，持续开展政策创新，并积极推进政策落实工作，成绩显著。

---

① "区"特指中关村示范区，"县"特指中关村各分园及其所在各区县。

创新人才评价和流动政策。一是在人才职称评审方面实现政策突破。2011年出台了《中关村国家自主创新示范区高端领军人才专业技术资格评价试行办法》，突破传统的"爬楼梯"式职称评审程序，规定具有突出贡献的领军人才可不受学历、现有职称限制，不需参加职称外语和计算机应用能力考试，直接申报北京市高级工程师（教授级）专业技术资格，在海淀园和亦庄园先行试点，54人通过评审获得教授级高工职称证书。二是在高校人才评价和流动方面实现政策突破。市教委、中关村管委会联合印发了《关于加强北京高校与中关村国家自主创新示范区企业人才互动工作的意见》，支持高校将科技人员和科技管理人员在成果转化和产业化方面取得的业绩作为职称评定、业绩考核的重要指标，提出了推动高校与企业开展产学研合作的11项具体措施。清华大学等8所知名高校与百度等重点企业合作开展了17个人才互动项目。

创新人才培养政策。以为产业培养合格人才为目标，教育部启动了针对人才特区内高校、科研院所、企业联合开展工程博士培养的试点工作，在招生计划指标倾斜和培养高层次工程技术人才方面提供具体支持。

创新人才激励政策。一是开展科研经费管理改革试点，允许按照一般不超过13%的比例列支项目间接经费。2011年，中关村科技项目列支间接经费达4560万元，同比增长72.8%。二是继续推动落实股权激励政策落实。481家单位实施了股权和分红激励，其中，市属国有企业和事业单位75家，中央企业和中央级事业单位35家，民营企业287家，上市公司84家。三是实施高层次人才奖励资助政策，为入选中央"千人计划""海聚工程"的中关村高层次人才提供100万元人民币的一次性奖励。

创新人才服务政策。中关村以高层次人才为重点，从居留、签证、医疗、公寓建设、配偶安置等方面实施人才服务政策创新。包括：确定安贞医院、同仁医院、宣武医院、积水潭医院、小汤山医院等5家医院为高层次人才的定点医疗机构，开设就诊绿色通道，高层次人才可在定点医院干部门诊就诊；市公安局牵头为外籍高层次人才解决长期工作居留和多次往返签证；市人力社保局牵头为高层次人才随迁配偶提供就业服务，优先推荐就业岗位等；积极推动人才公租房建设，第一期人才公共租赁住房6045套已启用，建筑面积23.88万平方米。

（三）搭建平台，开拓人才事业发展空间

1. 创新创业载体建设取得新突破

中关村科学城建设全面推进，高端人才创业基地投入使用。中关村科学城实施了59项重大科技成果产业化项目。中关村高端人才创业基地（天工大厦）专为中关村战略性新兴产业领军人才、创业团队和企业提供创业服务；2011年12月，10家领军企业第一批入驻。

未来科技城人才创新创业基地效用显现。在中组部、国务院国资委的支持下，北京市加快未来科技城建设工作，支持入驻央企引进急需紧缺人才，打造引领我国应用技术创新的人才战略高地。目前，神华集团、中国商飞等人才基地已先期投入使用，引进了111名入选"千人计划"的海外高层次人才。

以留学人员创业园为主体的创业孵化体系作用显著。一是留创园数量增加，2011年新建中关村雍和航星留创园、昌平园留创园、798创意产业留创园和博雅留创园等4家，至此中关村留创园达33家，孵化总面积超过136万平方米，在孵企业4000余家，在园留学人员总数达到2070人。二是提升孵化器服务质量和水平，完善了由大学科技园、科技企业孵化器、留创园、小微企业创业服务楼和协会商会组织等100余家单位组成的创业孵化服务体系，安排专项资金用于各创业园中介服务体系和技术支撑平台的建设，提升各创业园的专业孵化能力。

2. 积极开辟各项绿色通道

继续完善针对留学人员创业的小额担保贷款绿色通道。截至2011年年底，中关村累计为留创企业贷款担保404项，担保金额达3.1亿元，平均每项担保77万元。

继续开通紧缺人才破格引进通道。对企业急需引进的紧缺型关键人才，办理人才破格引进，受理了7家"十百千"等重点企业的23名高层次人才引进需求并进行落实。

搭建多渠道推优平台，增强创新创业人才的影响力。一是推荐了20人申报留学人员择优资助项目，获得北京市留学人员科技活动择优资助经费140万元。二是积极组织"千人计划""海聚工程"等各类高层次人才推荐和评选工

作，不断推出领军人物。

3. 着力构建创新创业人才培养体系

中关村积极构建并不断完善高校、科研院所、培训机构和企业组织四位一体的特色化培训培养体系，不断提高中关村人才的理论水平和创新能力。

针对不同层次人才形成多种人才培养模式和方法。一是针对高端领军人才，中关村创新平台人才工作组、市委组织部和市委党校共同举办第四期"中关村企业家党校班"；组织27位入选中央"千人计划"的人才参加"国家特聘专家"培训，占北京市培训总人数的71%。二是针对高层次人才，举办中关村创新创业人才高级培训班，学员所在企业涵盖了中关村支持的重点领域。三是针对企业员工，开通了"中关村创新创业人才网络培训公共服务平台"，发布了30门70学时的网络课件。

引导中关村人才特区内的协会、留创园、企业开展人才培训活动。中关村高新技术企业协会、中关村IT专业人士协会、大北农集团等单位组织开展CEO沙龙、人才论坛、MBA高级研修班等培训活动。

三 人才效用充分发挥，引领带动人才特区提升发展

中关村人才特区通过聚集大量高层次人才、优化人才发展环境，人才优势逐步凸显、人才效用充分发挥，引领带动人才特区提升发展。

（一）创新创业成果突出，引领带动企业做强做大

带领转化和研发了一批国际领先的科研成果。北京凯因科技股份有限公司技术总监潘海（入选"海聚工程"和"高聚工程"）主导研发的产品凯因益生（重组人干扰素 α2b）、凯因甘乐（复方甘草酸苷胶囊）2011年市场份额排行第一，产品已在印度尼西亚等13个国家进行注册；"千人计划"入选者程京带领博奥生物研制的晶芯九项遗传性耳聋基因检测试剂盒，通过国家食品药品监督管理局的注册审核，填补了国内外临床尚无遗传性耳聋基因诊断产品的空白；入选"千人计划"和"海聚工程"的美国耶鲁大学终身冠名教授、国家作物分子设计中心首席科学家邓兴旺，研发"第三代杂交水稻育种技术"，预计成

表6 中关村"十百千工程"企业高端人才名单

专业领域	姓名	工作单位	职务	入选类别
新能源与节能环保	孙庚文	恒泰艾普石油天然气技术服务股份有限公司	董事长 总裁	千人、海聚、高聚
	刘军		首席财务官	千人、海聚
	单盈		高级研究员	海聚
	尹旭东		副总裁	海聚
	李锁定	北京碧水源科技股份有限公司	膜技术研发中心首席顾问专家	海聚、高聚
	关晶		技术部部长	海聚
生物医药	李励	北京双鹭药业股份有限公司	研发部主任	千人、海聚
	乔明强	北京伟嘉人生物技术有限公司	创新研究院常务副院长	高聚
	吴以岭	北京以岭药业有限公司	首席科学家	高聚
新材料	黎志欣	北京京运通科技股份有限公司	总经理	海聚
新能源汽车	宣奇武	阿尔特(中国)汽车技术有限公司	董事长	千人、海聚、高聚
电子信息	吴仪	北京七星华创电子股份有限公司	资深专家	千人、海聚
	王文凌	北京中星微电子有限公司	资深技术专家	千人、海聚
	邓中翰	百度	董事长	千人、海聚
	范丽		执行总监	海聚、高聚
	李昕哲		首席财务官	海聚
	王海峰		高级科学家	高聚
	李彦宏		董事长兼首席执行官	千人、海聚
	王劲		副总裁	高聚
	郑子斌		执行总监	高聚
	李新功	北京超图软件有限公司	总经理	海聚
	赵海军	中芯国际集成电路制造(北京)有限公司	总经理	千人、海聚
	周梅生		副总裁	千人、海聚
	洪沨		营运副总经理	千人、海聚
	范成龙		董事长兼CTO	高聚
	冯鑫	北京傲天动联技术有限公司	总裁	高聚
	杨立东	北京暴风网际科技有限公司	CTO	高聚
	何宇	北京华胜天成科技股份有限公司	研发中心总工程师	高聚

续表

专业领域	姓名	工作单位	职务	入选类别
电子信息	黄立	软通动力信息技术(集团)有限公司	副总裁	高聚
	易爱民		副总裁	高聚
	刘强	北京君正集成电路有限公司	总经理	高聚
	糜万军	亿赞普(北京)科技有限公司	研发总裁	高聚
	齐向东	北京奇虎科技有限公司	总裁	高聚
	汝继刚	数码视讯科技发展股份有限公司	总经理	高聚
	尚进	北京麒麟网信息科技有限公司	CEO	高聚
	孙季川	新奥特(北京)视频技术有限公司	副总裁、首席技术官	高聚
	王峰	蓝港在线(北京)科技有限公司	董事长、首席执行官	高聚
现代农业	吕玉平	北京大北农科技集团股份有限公司	总经理	海聚
	张世平		技术中心总监	海聚、高聚
	鲍晓明		技术总监	海聚
现代服务业	王玮	凡客诚品(北京)科技有限公司	CEO	高聚

果产业化后将形成近千万元的收入规模；北京蛋白质组研究中心（2011年引进"海聚工程"4人）是国际人类肝脏蛋白质组计划（HLPP）的执行总部和数据中心，已在 Nature 系列刊物发表文章7篇、在 MCP 上发表文章10余篇，具备了领导国际重大科技合作计划、占领生命科学"战略制高点"的实力。

领导做大做强一批具有影响力的科技企业。一是促进"十百千"企业成长和发展，41名高端人才分布在中关村的25家"十百千"企业，如百度有包括李彦宏董事长在内的6名，他们在企业做强做大过程中发挥了重大作用。二是促进新兴企业快速成长，雷军2009年成立小米公司，其销售总量超过270万台，2012年全年的销售量有望超过500万台，整体销售额将超过100亿元。中关村2011年评选出的十大新锐品牌，其中有4家企业是"高聚工程"人才所创办的企业。

表7 中关村"高聚工程"人才2011年度代表性成就

姓名	成就
杜国楹	"2011中国互联网产业年会"上,"E人E本"获评"媒体眼中2012最看好产品",上市刚满两年的"E人E本"取得国内平板电脑销量第二的好成绩,销量已超40万台,纯利润接近销售额的10%
余平	2011年,公司研制的国内第一代动力分流式强混合动力电机使我国在混合动力汽车变速箱领域赶超美国福特和日本丰田,正在研发的国际上功率最高的并联混合动力电机、国际上转矩最大的电动大客车直驱电机等,均将填补国内多项空白
范振灿	2011年,在他的领导下,易美芯光完成两轮融资共5150万美金,打拼出电视行业LED产业链的一张闪亮的中国名片
郑众喜	2011年,他带领企业在全球率先实现PCB贴片的双面同时检测,打破了该领域高端设备被欧美企业长期垄断的局面

(二)人才集群实现发展,促进新兴产业竞争力提升

2011年,中关村各类高端领军人才不断聚集,优化了人才结构、极大提升了人才集群的竞争力,成为中关村产业集群和新兴产业发展的重要支撑力量。

电子信息产业人才集群是中关村最大的人才集群,集中了中关村约50%的从业人员、49%的"千人计划"人才、39%的"海聚工程"人才和约56%的"高聚工程"人才,很多细分新兴产业领域在全国乃至全球都具有很强的竞争力。如在互联网搜索领域,李彦宏("千人计划")带领百度成为中国市场收入最多的搜索引擎运营商,全年平均占据50%以上的市场份额(2011年数据),与搜狗以及垂直搜索领域的奇虎360等一起构成相对稳定搜索引擎业市场格局。在移动互联领域,从业人才达到40万人,2011年中关村吸引的436名海外人才,其中约30%为移动互联网企业家和投资人士。"千人计划"入选者张辉创办的创毅视讯,"千人计划"入选者陈锡源创办的播思通讯,"高聚工程"入选人糜万军(公司技术总监)所在的亿赞普(北京)科技有限公司等,都具有优异表现。

生物医药产业人才集群是中关村具有巨大潜力的人才集群,该领域聚集了中关村约30%的"千人计划"入选者、33%的"海聚工程"入选者和15%的"高聚工程"入选者,高端的人才队伍带领该领域在原始创新以及药品产业化

方面显示出很强的实力。如黎志良（同时入选"千人计划""海聚工程"和"高聚工程"）在 2011 年带领中美奥达生物技术（北京）有限公司完成 C 轮 2800 多万美金融资，成功将中国制造的高科技生物工程产品打向国际；"海聚工程"入选者吴洪流创办的凯悦宁公司、"高聚工程"入选者李文军和"海聚工程"韩永信创办的赛林泰公司在新药研发方面都具有很强的实力。

新能源和节能环保人才集群也是中关村高端人才较为集中的人才集群，目前拥有 5 位"千人计划"入选者、12 位"海聚工程"入选者和 6 位"高聚工程"入选者，袁国文（"海聚工程"）创办的德威华泰公司在工业废水处理方面具有很强的竞争优势，拥有两名入选"海聚工程"人才的碧水源公司在水环境污染方面是行业的领导者。

表8 中关村高端领军人才行业领域分布情况

单位：人

行业领域	千人计划	海聚工程	高聚工程
电子信息	48	84	71
生物医药	29	71	19
新能源与节能环保	5	12	6
先进制造	2	5	5
新材料	3	12	1
新能源汽车	2	3	4
光机电一体化	2	9	3
现代农业		5	1
现代服务业*	2	9	4
风险投资	5	5	11

注：*由于现代服务业范围较广，本类仅包括科技服务、现代物流、文化创意、电子商务等，信息服务等内容不包含在内。

B.7 中关村国家自主创新示范区核心区高端创新型科技人才状况调查报告

杨智慧[*]

摘 要：

本文以北京市中关村国家自主创新示范区核心区（即海淀区）——我国战略性新兴产业的策源地和科技人才最密集的地区为案例，在对高端创新型科技人才进行界定的基础上，通过深入调研，并对比国际发达地区的世界级科技园区，对高端创新型人才队伍的现状及存在的问题进行了深入剖析，围绕加快中关村人才特区建设的需求，从人才的评价、引进、培养、激励等方面提出了一系列有针对性的政策措施建议。

关键词：

海淀区 示范区核心区 创新 科技人才

人才是经济社会发展的第一资源，高端创新型科技人才作为先进生产力的代表和知识创新的关键主体，是新知识的创造者、新技术的发明者和新产业的引领者，是建设创新型国家的核心要素，对整个经济社会的发展具有重要作用，对于以知识和创新为支撑的高科技园区尤为重要。

2011年3月，中央组织部等15个中央和国家部委与北京市委市政府联合印发了《关于中关村国家自主创新示范区建设人才特区的若干意见》[①]，提出

---

[*] 杨智慧，哲学博士，高级政工师，现任中共北京市海淀区委常委、组织部部长、统战部部长，第十二届北京市政协委员。主要研究方向：人力资源开发与管理、干部人事制度改革等。

[①] 《若干意见》提出，到2012年，在中关村聚集3万名左右高层次人才，到2015年聚集5万名左右高层次人才。

以中关村国家自主创新示范区(以下简称"示范区")为试点,面向以海外高层次人才为代表的国家发展特需人才建设中国特色人才特区。

海淀区作为中关村国家自主创新示范区核心区(以下简称"中关村核心区"),是我国高科技园区的先进代表,聚集着一支代表我国最高水平的高科技产业人才队伍,具有建设"人才智力高度密集、体制机制真正创新、科技创新高度活跃、新兴产业高速发展"的中国特色人才特区的基础优势,理应在中关村人才特区建设中发挥示范带头作用。同时,建设一支强大的高端创新型科技人才队伍也是提升核心区自主创新能力,实现海淀建设具有全球影响力的科技创新中心目标的根本要求。

本课题通过全面梳理中关村核心区高端创新型科技人才现状,分析研究人才需求和成长规律,结合中关村人才特区建设的主要任务[①],提出高端创新型科技人才"选得准、引得进、留得住、用得好"的体制机制改革和政策创新建议。

一 中关村核心区高端创新型科技人才的界定

高端创新型科技人才概念是在近年来科技创新成为社会公认的经济发展主导因素、我国大力推进创新型国家建设的背景下兴起的热门概念,许多地区都对这一概念进行了界定,不少专家学者也对此进行了研究和探讨。

(一)既有的高端创新型科技人才概念

1. 国家层面

在国家层面,关于高端创新型科技人才最具权威的界定出自2010年6月经党中央、国务院批准发布的《国家中长期人才发展规划纲要(2010~2020年)》,该《规划纲要》在人才队伍建设的主要任务部分指出,高层次创新型科技人才主要是世界水平的科学家、科技领军人才、工程师、核心技术研发人

[①] 建设中关村人才特区主要任务:大力聚集拔尖领军人才与科技创新要素,搭建高层次人才的自主创新平台,建设高层次人才的创业支持体系,创建具有国际水平的产业环境,完善高层次人才发展的服务体系。

才、企业工程技术与管理人才等，并提出到2020年全国高层次创新型科技人才总量达到4万人左右（2010年1万人左右）。

另外，2008年国家科技部为配合《国家中长期人才发展规划纲要（2010~2020年）》的编制，专门设立了战略专题研究课题《高层次创新型科技人才队伍建设研究》，在该研究中对高层次创新型科技人才定义为：在某个领域具有科技领军能力或重大创新能力的人才，包括基础研究领域的一流科学家、从事重大研发项目的领军人才、重大技术发明人和从事高技术应用推广的创业人才。

2. 地区层面

为响应党和国家人才强国战略，促进区域经济发展和科技进步，北京市从人才的思维方式、知识结构、专业技能等层面出发，对高层次创新型科技人才进行了定性描述。他们认定的高层次创新型科技人才主要包括："创造重大科技成就的一流科学家；高水平科技创新团队的领军人物和核心骨干；催生具有强大竞争力产业的创业者等。"①

在江苏、湖南、甘肃、广西、安徽、河南等省份有关高层次创新型科技人才队伍的政策和调研文件②中，高层次创新型科技人才的界定大致可以分为两类：一是包括两院院士、长江学者、重点学科学术带头人等在内的高科技专家人才队伍；二是国家和省级创新型试点企业的企业家。

从以上内容可以看出，各地区关于高端创新型科技人才的界定，基本是从政府具体工作开展的角度，采取了列举的方法，对象大部分为世界一流或国内一流水平的科研人员、创业人才。

3. 专家学者层面

专家学者们大多从定性角度对高端创新型科技人才进行界定。中科院院士、浙江大学校长杨卫认为，高层次创新型人才是新知识的创造者、新技术的

---

① 北京市科委：《首都高层次创新型科技人才队伍建设研究报告》，2009年2月。
② 资料包括《江苏省高层次创新型科技人才队伍建设研究》《甘肃省高层次创新型科技人才调查表》《荆州市高层次创新型科技人才队伍建设研究调查问卷》《广西高层次创新型科技人才队伍建设调查问卷》《安徽高层次创新型科技人才综合调查问卷》《河南高层次创新型科技人才队伍建设研究调查问卷》等。

发明者和新产业的引领者,是建设创新型国家的核心要素[1]。高层次创新型人才一般具有高尚的价值追求、广博的知识结构、求是的科学精神和卓越的创新能力。中国人事科学研究院院长吴江认为,创新型科技人才指具有创新意识和创新能力、取得创新型成果,处于人才资源较高层次的人才。曹丽娟[2]认为,高层次创新人才指掌握关键技术、具有高层次研发能力,或具有较高社会知名度、有突出管理业绩、通晓国际先进管理知识、善于运作资本的人才。李巨光[3]认为,高层次科技创新人才指在一定时间和空间范围内,具有突出创新构想和创新能力,得到同行专家认同,在某领域取得突出贡献并处于领先地位,正在发挥引领和带头作用的科技创新人才。

很多美国学者认为,高层次科技人才指在大学任助理教授以上,在研究所或大公司研发部门任科学家或高级工程师职衔以上的人员。

(二)中关村核心区高端创新型科技人才概念

根据上述各地区和专家学者对高端创新型科技人才的界定,综合考虑海淀区作为国家自主创新示范区核心区的区位要求和创新对海淀区的特殊作用,本课题将中关村核心区创新型科技人才界定为海淀区域范围内,与科技创新和产业化紧密相关的各类人才,包括科技企业的运营管理人才、研发人才、营销管理人才,科技中介机构人才以及科技金融人才等。其中具有较高知识和技能,在人才队伍中发挥核心作用,有重大创新成果,做出突出贡献的人才即为中关村核心区高端创新型科技人才。

二 中关村核心区高端创新型科技人才基本情况

我们就中关村核心区高端创新型科技人才现状、企业需求和人才队伍存在问题等三方面情况,对相关企业进行了调研。其中,科技企业相关情况主要采

---

[1] 《高层次创新型人才的培养和使用》,《学习时报》2011年第7期。
[2] 河海大学商学院博士后,江苏省软科学研究计划项目"江苏省高层次创业创新人才评价指标体系研究"课题组成员。
[3] 科技人力资源研究专家,工作单位:中国农业科学院人事处。

取问卷调查①和现场访谈②方式获得，科技金融和科技中介机构相关情况主要通过现场调研和资料统计分析方式获得。

（一）现状分析

1. 科技企业高端创新型科技人才③队伍概况

形成了一定规模。被调研企业共有从业人员41189人，其中高端创新型科技人才1205人，占企业从业人员总量的2.93%。高端创新型科技人才中，高端运营管理人才279人，高端研发人才629人，高端市场营销人才297人。根据调研数据可推算，全区科技企业高端创新型科技人才总量在1万人左右，已具有一定规模④。

高端研发人才比重较高。根据调研数据，在科技企业高端创新型科技人才中，研发人才占比最高，达52.20%，市场营销人才和运营管理人才分别占比24.65%、23.15%。从各类人才内部结构看，高端市场营销人才占市场营销人才总量的6.08%、高端运营管理人才占运营管理人才总量的5.12%、高端研发人才占研发人才总量的4.47%。

集中分布于电子与信息产业领域。根据调研数据，高端创新型科技人才在电子与信息产业领域分布最多，占比达52.20%；其次为先进制造技术领域，占比达19.59%；新能源与节能环保、新材料与应用技术占比分别为17.93%、3.24%。

2. 科技金融和科技中介高端创新型科技人才⑤概况

科技金融高端人才集中分布在股权投资机构。截至2011年6月，中关村

---

① 共收回有效调查问卷130份，涵盖了电子信息、新能源与节能环保、先进制造技术等主要产业领域，包括了十多家"十百千"企业，以及人员规模在500人以下、500~1000人之间和1000人以上的企业。
② 现场访谈主要选取联想、百度、水晶石等代表性企业。
③ 本课题中核心区高层次创新性科技人才的具体指标：一是基础素质，品德素质好，沟通能力强，知识水平高，学历至少在大专以上；二是专业能力，即在行业内工作5年以上，工作能力获得同行认可，年薪在50万人民币以上；三是业绩贡献，主持过在行业里（至少在核心区范围内）有着重大影响的事件，获得海淀区以上层次的、与工作内容相关的奖励或表彰。
④ 通过被调研企业总收入占园区总收入比重等方法估算。
⑤ 本文所指科技中介人才主要是指在海淀区范围内注册或办公的知识产权代理机构、中介服务咨询机构、信用评级机构等各类中介服务机构中的高层次人才。

高端市场营销人才 24.65%
高端运营管理人才 23.15%
高端研发人才 52.20%

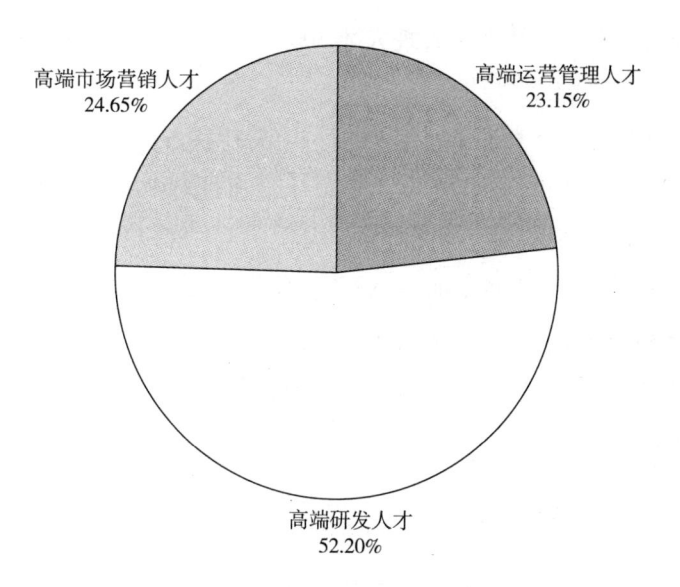

图1 调研科技企业高端创新型科技人才构成

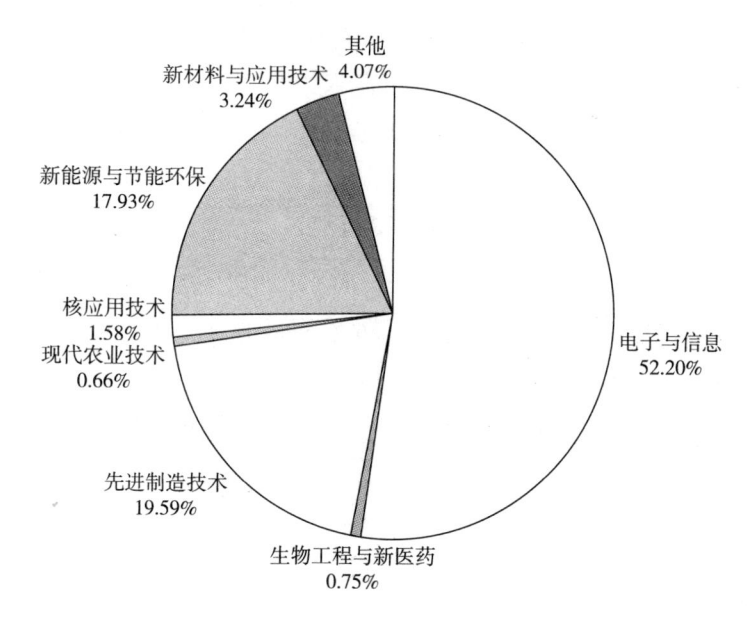

其他 4.07%
新材料与应用技术 3.24%
新能源与节能环保 17.93%
核应用技术 1.58%
现代农业技术 0.66%
先进制造技术 19.59%
生物工程与新医药 0.75%
电子与信息 52.20%

图2 调研科技企业高端创新型科技人才产业领域间分布

核心区股权投资机构324家，从业人员6000人；科技型中小企业专营机构10家，从业人员191人；小额担保和贷款机构3家，从业人员50余人。科技金融机构从业人员中专业技术和管理人才 3000 余人,其中高端核心人才 600 余人[①]。

科技中介高端人才数量较少。目前,中关村核心区信用评级、法律、财务、认证等专业服务机构达到 6 大类 320 家。通过对中关村西区 78 家科技中介机构[②]抽样调查[③]发现,这些机构共有从业人员 1780 人,具有执业资格的专业技术人员 620 余人,占总量的 34.83%,其中知识产权代理机构 70 余人、会计师事务所 350 余人、律师事务所 130 余人、行业协会 30 余人、咨询和人才服务机构 40 余人,但具有资深项目经验的高端人才偏少,主要集中在规模较大的科技中介机构。

(二)人才需求情况分析

1. 科技企业高端创新型科技人才需求情况

人才需求量大。根据调研数据,目前,中关村核心区企业对该类人才需求量较大,不少企业都将对他们的培养和招聘作为公司重点工作之一。2011 年,被调研企业对此类人才的总需求为 942 人,占 2011 年人才需求总量的 9.11%,远高于其在企业的现存比例(2.93%)。初步估计,2011 年中关村核心企业对该类人才的需求总量在 7000 人左右,占其存量的 70% 左右。

人才需求分布集中。根据调研数据,从需求的岗位类别来看,研发人才需求最大,为 491 人,占需求总量的 52.12%;运营管理人才 192 人,占需求总量的 20.81%;市场营销人才 255 人,占需求总量的 27.07%。从需求的产业领域来看,电子与信息产业领域占比最大,达到 65.18%,新能源与节能环保、先进制技术、生物工程与新医药领域占比分别达 9.77%、7.75%、5.2%。

---

① 数据来源:海淀区金融办。
② 含知识产权代理机构 5 家、会计师事务所 2 家、律师事务所 25 家、行业协会 8 家、咨询和人才服务机构 37 家、交易所 1 家。
③ 目前核心区尚没有关于科技中介人才的统计,本报告以科技中介机构聚集度较高的中关村西区为代表,进行调查分析,以展示核心区科技中介人才的基本状况。

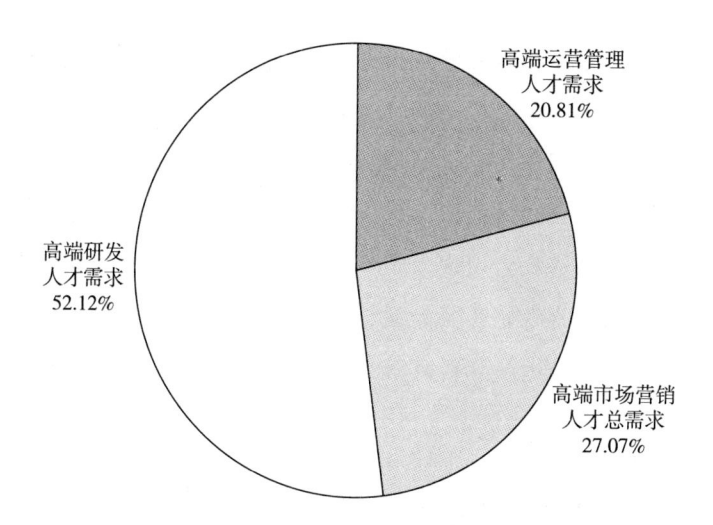

图3 调研科技企业高端创新型科技人才需求岗位构成（2011年）

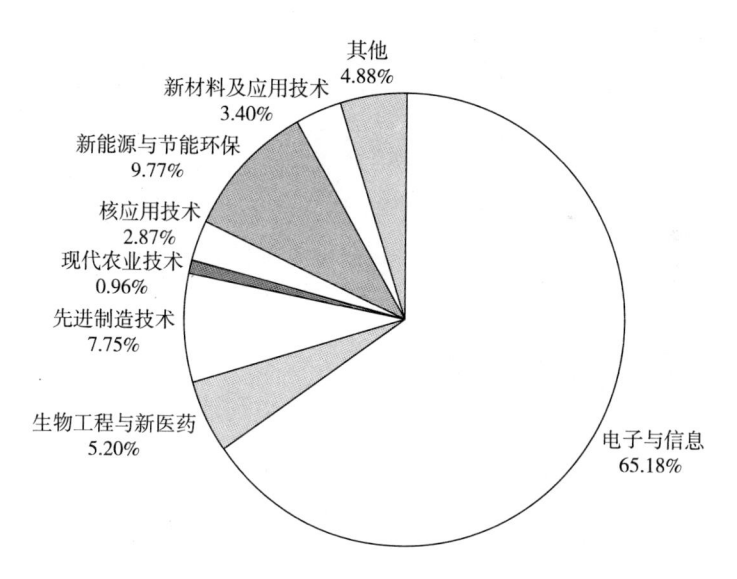

图4 调研科技企业高端创新型科技人才需求产业领域构成（2011年）

2. 科技金融和科技中介高端人才需求情况

有调查显示[①]，在硅谷有上千家风险投资机构服务于科技企业，仅"沙丘

---

① 吴德贵、刘艳良、李志更、陈建辉：《中关村创新创业人才队伍建设研究报告》，《北京人才发展报告（2010~2011）》，社会科学文献出版社，2011。

路（Sand Hill Road）"两三公里的长度上就聚集了红杉资本①等十几家大型风险投资公司，至少一半在纳斯达克上市的科技公司被他们投资过；2000多家中介服务机构更是让工作在硅谷的每10个工程师就能拥有1个律师、每5个工程师就能拥有1个会计师，70%的高级人才通过猎头公司调整工作，90%以上的知名大公司利用猎头公司获取人才。对比来看，中关村核心区风险投资机构管理的资本金额仅为百亿美元，区域内80%的企业在技术转移活动中没有利用过中介服务，科技金融和科技中介市场有待进一步繁荣。

三 中关村核心区高端创新型科技人才发展问题分析

（一）人才队伍问题分析

1. 人才数量相对不足

虽然中关村核心区从业人员总量规模很大，但是高端创新型科技人才数量相对不足，占比还不到区域从业人员总量的2%，距企业需求数量和人才特区建设目标还有较大差距。这一现状对企业做大做强和实施产业突破造成了一定的不良影响。

2. 人才结构有待优化

一是产业人才结构不均衡。目前中关村核心区的主导产业是电子信息、新能源与节能环保、新材料和生物医药产业，产业人才规模与产业规模基本保持一致，但在基因工程、生物芯片等主导产业领域内的关键领域缺乏具有国际水平的高端科技管理人才和掌握共性技术、核心技术的研发人才。二是产业发展关键支撑性人才不足。知识产权保护与技术转让服务、法律服务、财务服务、人力资源服务和融资服务等科技中介和科技金融领域缺乏高端创新型科技人才，不适应园区企业快速发展需求。

---

① 红杉资本创始于1972年，创始人唐·瓦伦丁（DonValentine）共有18支基金，超过40亿美元总资本，总共投资超过500家公司，200多家成功上市，100多个通过兼并收购成功退出的案例。

3. 人才国际化程度与区域国际化发展战略匹配度低

目前，中关村核心区的外籍人员和港澳台人员总量只有4000余人，不足区域从业人员总量的1%。与国际大都市从业人员中外国人占5%左右的比例相比还有很大差距，与硅谷外籍高级工程师和科技人员1/3以上的占比更是相差甚远，没有形成国际化发展的坚强后盾。

（二）人才发展环境问题分析

1. 高层次人才培训体系尚不完善

一是在培训内容和方式方面，没有形成针对不同成长阶段、不同产业领域、不同岗位人才的专门培训，方式过于单一，内容针对性不够强；二是在培训平台和载体方面，创新人才培训基地数量相对不足，专业培训机构较少，人才培训与重大项目的结合需要更加深入；三是在政府指导方面，对创新人才培训相关机构和组织的监管、支持力度有待加强，培训市场整体水平有待进一步提高。

2. 国际人才引进存在障碍

相比发达国家和地区，当前中关村核心区引进国际高端创新型科技人才主要面临四个方面的问题：一是支持政策缺少针对性，目前国家及北京市的人才引进政策主要围绕海外留学人才和外国华人，缺乏国际通行的技术移民和投资移民政策，且外国人居留限制较多；二是国际人才公共服务体系不健全，生活环境差异较大，语言不通、缺少生活圈子等问题，制约了国际人才的长效引进，国际一流人才来华工作多属短期行为；三是引进人才模式单一，大多采取员工招聘方式，没有开拓更多的国际人才柔性引进方法，如邀请国际知名院所研究员利用学术假期来企业工作、与国际人才合作开展项目研究等；四是引进渠道比较窄，缺少有力的第三方渠道，企业获取业内顶尖人才信息并成功引才的成本较高。

3. 优秀人才评价标准需进一步完善

虽然近年来，中关村核心区按照"企业为主，以用为本，需求出发，服务入手"的总体思路，开展人才引进试点工作，初步建立了以业绩、贡献、能力、潜力为核心的人才评价新机制。但是，学历、职称、资历等硬条件仍是

社会评价人才的主流标准,如何打破传统人才评价标准,不拘一格的选拔各类优秀创新创业人才需要进一步探索和实践。

4. 人才激励方式方法有待调整

在人才激励方面主要存在以下问题:一是资金投入方式单一,多采取金钱奖励的办法,且激励资金缺少与人才创新创业的关联,没有实现资金激励效果最大化;二是激励制度缺乏竞争力,国家政策层面存在如期权所得的个税起征点低、纳税额度大及抵扣规定不完善等情况,导致实际激励作用存在衰减效应。

5. 人才服务专业化水平有待提高

一是商务环境建设有待优化,目前中关村核心区会计师事务所、律师事务所等相关配套资源不足,对企业开展工作造成了不便。二是高端人才中介机构数量较少,为人才提供的专业服务项目数量不足、服务质量也有待提高。三是人才后顾之忧解决难度不断加大,包括子女教育问题、限车限房等政策、交通拥堵等现状,影响了人才创新创业的精力投入。

四 中关村核心区高端创新型科技人才开发措施建议

(一)建立人才评价体系

(1)构建人才评价指标,作为开展人才引进、激励等工作的总依据。人才评价体系涉及三类指标,一是人才基本素质,主要指品德、受教育程度、情商等;二是人才专业技能,主要指专业知识、工作经验等;三是人才业绩贡献,包括专利、获奖情况、地区财政贡献等。各项指标分别占一定权重,达到一定分值以上即可认定为高端创新型科技人才。

(2)成立人才评价委员会,全面负责人才评价工作。委员会成员主要涵盖"政、产、学、研"四类主体:一是政府人才管理部门;二是知名人才中介机构;三是知名企业家和人才专家;四是风险投资家等对创新型科技人才有密切关注和深入了解的群体。

(3)制定人才评价认定规则。一是动态调整,高端创新型科技人才有效期 5 年，期满可再次申请认定，同时评价委员会定期对评价体系各项指标和指标所占权重进行动态调整；二是评价委员人选任期制，人才评价委员会委员选任需有明确的标准和要求，经严格筛选和确认，采取任期制，如每届 2 年；三是规范评价流程，形成公开透明的评价操作流程，确保评价结果客观性。

（二）完善人才培养模式

（1）制定产业人才需求年度调查计划。由专门机构每年定期开展需求调研，发布区域产业人才需求白皮书。一是对中关村核心区企业进行人才需求的统计调查，明确需求种类、数量等基本情况；二是结合未来产业发展方向和区域战略性新兴产业发展需求，进行人才需求分析预测，统筹安排人才的引进和培养工作。

（2）统筹企业、高校和政府等各方力量，建立产业人才全面培养开发机制。一是支持第三方机构设立区域产业人才学院，针对创业者、即将毕业或刚毕业学生等初级产业人才进行系统化、专门化培训。进行工作场景实际演练，如按照企业实际运作模式，使学员经历从普通员工、技术骨干到项目经理等角色的实际演练，为企业培育合格的初级创新型科技人才；二是在区级层面的政府项目中，增加关于人才培养的验收指标，并安排相关预算，通过增加实践锻炼机会和提升工作平台的方式加强中级和高级创新型科技人才培养；三是支持中介机构和高校组织高端交流和专门培养活动，建立与国际一流企业、人才的交流平台，针对特殊需求进行针对性培养，开拓人才视野，提升素质能力。四是鼓励企业自主培养创新型科技人才，对人才培养成绩显著的，给予适当物质奖励。

（三）加大国际一流创新型科技人才引进力度

（1）以企业需求为导向，重点依托国际知名中介机构引进人才。一是完善科技中介机构发展支持办法，规范和提升人才中介服务，加快吸引国际知名高端人才中介机构入驻，并与之建立长期合作，对在中关村核心区创新型科技人才服务方面做出显著贡献的科技中介机构给予奖励；二是发挥政府自身作用，打造人才市场自主品牌，搭建人才引进平台渠道，引进国际一流人才；三是支持中关村核心区企业自主招聘国际优秀人才，对成功引入国际一流人才的，给予企业一定的费用补贴。

（2）创新人才引进方式，探索通过设立海外研发中心、并购国际知名企业等方式引进国际一流人才的新模式。除常规招聘方式之外，一是鼓励中关村核心区企业在国外设立研发中心吸引国际人才，政府给予相应资金支持；二是鼓励企业并购国外知名企业，整合国际一流人才，政府以股权投资的方式给予支持；三是鼓励企业吸引国外知名院校教授、研究机构研究员在学术假期来华工作，与国外知名院所进行项目合作，政府对引进人才来往费用予以补贴。

（3）完善国际人才创新创业服务体系，全面提升创新创业服务国际化水平。一是建立国际人才创新创业绿色通道，负责行政审批等相关事宜办理，并对其在创新创业给予政策信息的辅导和服务；二是给予国际一流人才创新创业活动资金支持，包括开办企业资金补贴、研发项目补贴等。

（四）优化人才激励方式方法

（1）以发挥高端人才的示范和标杆作用为激励目标，建立人才激励体系，包括四个方面的主要措施：一是人才成长激励，对符合评价标准的人才，政府在其创新创业活动上给予相应支持，包括提供资金和场所支持、申请政府项目在同等条件下给予优先考虑、所创办企业申请政府采购在同等条件下优先考虑、为人才定期提供国际交流机会等；二是团队激励，对获得高端创新型科技人才称号的人才所在核心团队，给予相应的荣誉和物质奖励；三是差别化激励，即不同级别的高端创新型科技人才享受差异化的人才政策，增强对人才提升发展的激励。四是示范性激励，根据中关村核心区产业发展重点，与国家和北京市人才奖进行差异化设计，强化硬性指标，参考专家评议，制定中关村核心区评选标准和方法，设立中关村核心区创新人才奖。

（2）创新支持方式，形成人才激励比较优势。具体建议如下：一是加大力度对典型人才及创新创业优越条件进行宣传，提升人才社会价值感，吸引一流人才在区域聚集。二是将人才贡献与所得进行挂钩，根据个税扣缴情况予以奖励，如每年奖励额度限额 30 万元[1]，连续 5 年给予奖励。三是进行科研经费管理体制改革，为人才创新发展提供更自由的空间，对列入中关村核心区高端创新型科技人才名单且评分较高的人才（课题主持人）成功申请区级科研项目的，项目（课题）直接费用扣除设备购置费和基本建设费后，按照一般不超过 30%[2] 的比例列支间接经费。

（3）引导企业完善高端创新型科技人才内部激励体系，通过专项资金引导企业建立内部人才激励体系，如鼓励企业对高端创新型科技人才实施股权激励等。

（五）全面提升人才服务水平

（1）重点解决人才团队组建、职称评定等关键问题。一是协助解决高端创新型科技人才核心团队人才组建工作，包括目标人才信息搜集、人才引进等相关问题，解决人才团队化成长问题；二是优化中关村核心区创新环境，聚集各类高端要素，如改善区域基础设施建设、吸引会计师事务所、知识产权代理机构等，为人才创新提供便利；三是为企业人才职称评定提供服务，按照《中关村国家自主创新示范区高端领军人才专业技术资格评价试行办法》，做好高端创新型科技人才职称评定相关服务工作；四是建立人才交流沟通平台，拓展区域高端创新型科技人才相互之间，以及与世界一流人才和科技企业之间的交流沟通渠道。

（2）妥善解决高端创新型科技人才后顾之忧。一是为在北京没有房产的人才提供低于市场价格的高级人才公寓，解决人才居住问题；二是与北医三院、人民医院等优质医疗机构建立长期合作关系，解决人才健康医疗问题；三是尝试建立国际化学校，解决人才子女教育问题；四是建议国家层面出台相关办法解决国际人才在京居留问题，为人才申请永久居留证，并简化相关手续；五是政府支持中介机构搭建交流平台，促进区域内国际人才之间的交流沟通，增强人才归属感。

---

[1] 此为根据各地政策实例提出的建议额。
[2] 美国高校科研项目的间接费用一般达到直接费用的 40%～70%。

（六）做好人才开发保障工作

（1）专门人员保障。将高端创新型科技人才开发作为一项常规工作，指定专门机构和人员负责工作推进。

（2）专项资金保障。在海淀区人才发展专项资金中，安排专门资金用于中关村核心区高端创新型科技人才的开发。

（3）基础信息保障。一是建立基于重点产业和重点需求的高端创新型科技人才数据库，对人才总供求、人才流动、人才结构等情况进行动态跟踪，为相关工作的推进提供基础支撑。二是全面整合人才开发相关资源，梳理和汇总国家及北京市层面高端创新型科技人才开发相关政策措施，对相关社会资源进行摸底调研，分门别类地纳入中关村核心区高端创新型科技人才开发体系之中，同时从区级政府层面对整个体系进行优化，完善薄弱环节，充实空白内容，形成完整开发体系。

（4）沟通平台支撑。一是实行高端创新型科技人才动态跟踪，将人才日常联系工作进行分解，由相关委办局安排专人联系，掌握人才需求与问题；二是建立政府与高端创新型科技人才之间的信息交流沟通平台，及时汇总整理人才需求，提供服务。

参考文献

[1] 张志伟主编《北京人才发展报告（2010~2011）》，社会科学文献出版社，2011。
[2] 赵刚、孙健：《自主创新的人才战略》，科学出版社，2007。
[3] 姚益龙：《创新与人才开发》，广东经济出版社，2010。
[4] 陈京辉、赵志升：《人才环境论》，上海交通大学出版社，2009。
[5] 夏颖奇主编《海归抢滩中关村》，中国发展出版社，2004。
[6] 张德：《人力资源开发与管理》，清华大学出版社，2007。
[7] 李应博：《科技创新资源配置——机制、模式与路径选择》，经济科学出版社，2009。
[8]《2010海淀区情手册》，北京市海淀区统计局，国家统计局海淀调查队，北京市海淀区经济社会调查队。

［9］《数据解读海淀 2010》，北京市海淀区统计局，国家统计局海淀调查队，北京市海淀区经济社会调查队。

［10］吴凤兵、刘媛：《江苏省高层次创新型科技人才队伍建设研究》，《江苏科技信息》2011 年第 11 期。

［11］吴江：《尽快形成我国创新型科技人才优先发展的战略布局》，《中国行政管理》2011 年第 3 期。

［12］杨卫：《高层次创新型人才的培养和使用》，《学习时报》2011 年第 7 期。

B.8
北京东城区文化人才队伍建设的实践探索与思考

吴松元[*]

摘　要：
　　文化发展繁荣要靠人才、靠队伍。近年来，北京市东城区在文化人才队伍建设方面取得了显著成效，但依然面临一些亟待解决的问题。本文系统分析了北京市东城区文化人才队伍建设的资源优势、取得成效和存在问题，提出了优化发展环境、搭建高端平台、创建评价发现机制、组织品牌活动、落实优惠政策等对策建议，特别是探索提出了文化人才的概念。
关键词：
　　文化人才　队伍建设　人才评价标准

　　文化人才是社会主义先进文化的生产者、传播者，是驱动区域文化发展的重要智力引擎。加快"首都文化中心区"建设，推动东城区文化大发展大繁荣，需要建设一支创新型、复合型、外向型、科技型的文化人才队伍。为深入了解全区文化人才队伍建设的现状和存在的问题，进一步加强文化人才队伍建设，作者采取实地调研、座谈交流、电话访谈、案例分析、参阅文献、发放调查问卷等形式，深入分析研究区域文化人才队伍建设情况，形成了进一步加强文化人才队伍建设的一些认识和思考。

一　区域文化人才队伍建设的资源环境和现状分析

　　北京市东城区文化资源丰富，各类文化人才会聚，文化创意产业蒸蒸日

---

[*] 吴松元，中共北京市东城区委常委、组织部部长，研究员，研究方向：公共部门人力资源管理。

上,文化事业蓬勃发展,充分整合各类资源,探索推动文化人才队伍建设意义重大。对于文化人才的概念,学术界和官方目前尚无统一的意见。为更好的探讨文化人才队伍建设问题,结合当前政府部门和调研过程中社会各界的观点,本文对文化人才的概念给出一个初步界定:文化人才是指在文化事业和文化产业中从事文化生产、创造、规划、传播、教育、保护等的文化艺术专业人才、文化运营管理人才、文化行政管理人才。从广义上说,包括文化领域工作有关的专业技术人才、文化宣传领域人才、文化企业管理人才、高技能专业人才等;从狭义上说,包括广播影视人才、广告会展人才、文化体育人才、戏剧演艺人才、高端软件人才、文化出版经营人才、版权交易人才、动漫游戏研发人才、非物质文化遗产传承人才等。基于此文化人才概念基础上,本文做出以下分析。

(一)丰富的文化资源为文化人才孕育成长提供优质环境

全区国家级、市级文物保护单位共106处,占北京市总数的1/3;历史文化保护区18.5片,占全市旧城内总数的一半以上;挂牌保护院落413处,占全市总数的62.7%,是全市历史文化遗存和胡同四合院保存最为完好和密集的地区。区内非物质文化遗产名录数量位居北京市第一,传统手工艺"四大名旦"(玉器、牙雕、景泰蓝、雕漆)和同仁堂、吴裕泰等众多知名"老字号"云集于此,被国家文化部命名为"中国民间文化艺术之乡"。

(二)聚合的人才资源为文化人才持续发展带来天然引力

文化人才在发展成长中体现出鲜明的集聚效应。东城区的文化艺术人才队伍门类齐全,书画、摄影、音乐、舞蹈、文学创作、书法、曲艺、民间花会、美术等领域凝聚了一批在国家及北京市有影响力的文化艺术人才。非物质文化遗产传承人才集聚,体现了历史文化资源丰富的比较优势。演艺、出版、传媒资源等专业人才已在区域形成较强的聚合效应。截至2011年年底,全区共有文化艺术人才八门类3000余人,非物质文化遗产传承人才7门类126人,文化管理人才416人。文化管理人才和专业技术人才大专以上学历366人,占总人数的88%,中高级职称64人,占专业技术人员的36%。这些优势都为文化人才的持续发展,打造富有生机活力的人才队伍奠定了基础。

（三）良好的发展趋势为文化人才队伍建设提供保障

在区域发展战略引领下，全区文化创意产业和文化事业均呈现出蓬勃发展的态势。一是文化创意产业快速发展。全区文化创意产业规模不断扩大，整体呈现出快速发展态势，广告会展业优势显著，保持较快发展；软件、网络及计算机服务业增幅显著；新闻出版业稳步发展；文化艺术业快速发展。文化创意产业已成为我区经济发展的重要增长点，文化产业的各项工作也有序推进。二是文化事业蓬勃发展。东城区把历史文化名城保护和发展作为第一任务，探索形成了"保护风貌、疏解人口、发展产业、改善民生"四位一体的总体思路和"四个百分之百"的经验，荣获"全国文明城区"等荣誉称号。扎实推进"一刻钟文化圈""奥林匹克·体育生活化社区"建设，公共文化服务体系基本实现全覆盖，非物质文化遗产保护传承工作走在全市前列。

（四）优越的发展环境为文化人才队伍建设奠定基础

东城区高度重视人才工作，围绕经济社会发展大局，坚持党管人才原则，积极探索人才工作新思路、新举措，多渠道、多层次、全方位引进、培养和使用人才，在人才开发、人才扶持、人才激励等方面进行了一系列改革创新，让各类人才拥有了广阔的创业平台、发展空间，形成了人才辈出、人尽其才、才尽其用的生动局面。一是突出人才工作的科学谋划，研究制定了《东城区人才发展战略规划（2011~2030年）》。根据规划内容，推动各领域研究制定了教育、卫生、社会领域的等8个具体的落实子规划，确保总体规划落地，为区域人才发展指明了方向。二是改革人才开发机制，探索"政、产、学、研"的人才开发模式。探索建立"东城国际人才金港"，行使人才公共服务职能，在政府、企业、人才之间建立合作关系，有针对性地为政府、企业提供人才引进、成长孵化、学历教育、职业培训、资格认证等各项服务，满足政府和企业对不同人才需求，并在人才集聚的基础上促进东城产业集群的发展。三是以"双实践基地"为平台，深度开发首都高校人才智力资源。加强"东城区博士后工作实践基地"和"东城——高校管理人才挂职实践基地"建设，推进博士后专项课题调研与成果转化，修订完善《东城区挂职干部管理办法（试行)》,加强对挂职干部选拔、引进等环节的管理,推进挂职工作的科学化、规范化发展。四是完善人才扶持机制,提供"园区+政策+资金"的创业保障服务。与中关村雍和航星科技园合作成立"中关村雍和航星留学人员创业园",主要以海外留学归国人员创办的高新技术和文化创意类企业为服务对象,重点吸引、发掘和培育一批创业团队完备、跨国能力出众、拥有自主知识产权的国际领先技术、产业化潜力巨大、从事国家重点支持领域项目的高质量留学人员创业企业。以建设"东城雍和文化人才管理改革试验区"为契机,积极争取和完善各类扶持政策。加大扶持资金投入,颁布实施《东城区人才发展专项资金管理使用办法》,每年安排5000万元,用于保障和扶持全区各类人才的发展,增加全区主导产业扶持资金额度达到3亿元左右,继续提供中小企业融资担保达到3000万元左右。五是健全完善人才政策体系,出台人才激励政策措施。制定下发了《东城区人才发展专项资金使用管理办法》《东城区杰出人才奖评选表彰办法》《东城区人才工作创新项目评选表彰办法》《东城区有突出贡献的优秀人才评选表彰办法》和《东城区优秀青年人才选拔管理办法》等5个政策性文件,进一步完善了人才培养、引进、使用、评价、激励、管理的人才政策体系,树立了吸引人才,重视人才的导向,营造人才发展的良好氛围。

二 区域文化人才队伍建设存在的问题

近年来,东城区在文化人才队伍建设方面取得了一些成绩,集聚了一大批优秀的文化人才,有效促进了区域文化产业和文化事业的发展繁荣。党的十七届六中全会做出的文化大发展大繁荣战略部署既为东城提供了机遇,也带来了新的挑战,国内外的人才竞争形势更加严峻,文化人才的"引、留、用、管"等问题更加凸显,发展亟待科学的人才队伍整体设计,这就需要认清形势,积极查找目前在文化人才队伍建设方面存在的差距,为今后发展找准定位。

(一)文化人才总量和结构难以满足需求

全区文化人才尤其是文化创意人才结构扁平化,供给总量不足,供需结构失衡,特别缺乏既懂文化又懂经营、既懂创意又懂市场、既懂专业知识又有实

践能力和经营意识、熟悉国际和国内两个市场的创新型、复合型和外向型高层次人才。从事文化艺术工作的人才缺乏企业战略眼光和规划能力，缺乏财务、营销和管理方面的技巧和投资及风险管理能力，特别是缺乏规模化集团经营管理的能力和经验。从事其他产业的经营者在进军文化产业时，由于对文化艺术独特性的认识、内容策划能力及创新设计能力不足，经营文化产业时也会遇到很多困难与挑战。

（二）创新驱动型文化人才欠缺

当前，全区文化创意人才和文化事业人才跟踪模仿较多，原创较少。由于长期处于以跟踪模仿为主的小课题、小成果的发展模式，撒芝麻、分蛋糕的平均主义思想的束缚及相关政策导向乏力，使得难以形成重大课题、重大成果的局面，原创性创新较少。掌握科学思维、科学方法和科学工具的创新驱动型人才队伍建设亟待加强，特别是高科技创新人才流失较为严重，掌握现代创新方法的发明创新团队尚不壮大。

（三）文化人才评估和使用制度不完善

人才评估制度还不完善，人才评价体系尚未构建，评估主体不中立，评估客体不全面，评估标准不科学，还没有真正形成靠市场机制、靠科学合理的分配政策来调动人才积极性和创造性的意识。普遍采用大平均、小差距的分配制度，高层次人才的劳动价值、贡献、效益与分配很不成比例，知识、技术、管理等要素参与分配的权利没有得到很好的体现。用人机制不活，择优使用、绩效考核等仍停留在理论和口头上，存在官本位和论资排辈等现象。此外，文化系统专业技术人才评聘矛盾也比较突出。

（四）文化人才发展存在机制和环境障碍

政府、市场、用人单位、社会中介组织在文化人才管理中的职能与作用边界不明晰；整合利用文化人才资源的机制不健全；符合科学发展观的文化人才分类考核评价体系尚未建立；文化人才教育培训与实际工作需求关联度不强，不能满足个性化培训的需要，参加国际培训和国际交流的机会较少等。

（五）文化人才公共服务基础建设相对薄弱

"东城文化人才管理改革试验区"正处于探索阶段，政策支持、人才公共服务网络和服务平台等有待完善，信息化建设需要加强。综合平台配套设施和办公条件不足，缺少足够资金支持，限制了人才服务效率，制约着文化创意人才吸引和人才发展工作的推进。

三 推进区域文化人才队伍建设的对策与建议

针对上述问题，结合区域发展实际，本文认为，应当从优化人才发展环境、搭建文化人才公共服务平台、打造精品工程、创新人才工作机制等方面入手，加强区域文化人才队伍建设。

（一）优化发展环境，以环境吸引人才

加快打造文化创意产业的旗舰型企业，通过重点建设歌华文化创意产业中心、国家网络游戏和动漫产业发展基地等一批重大项目，拓宽人才施展才华的舞台。依托文化产业集群，积极培育和发展文化人才集群，扶持一批文化人才产业联盟，增强人才结构与产业结构的适配度，更好地发挥人才引领产业发展的作用。充分利用雍和园区作为中关村"一区十园"组成部分所拥有的科技、文化资源融合优势与条件，鼓励和支持科技人才开展文化产品、技术的研发，促进知识产权转让和转化，支持文化企业加大研发投入和人才投入，以人才为根本，贯通科技文化协同创新、集成创新的渠道。

（二）搭建高端平台，以平台培养人才

重点在人才的引进、培养、服务和管理等方面搭建工作平台，着力健全各类工作中心、俱乐部、商学院、工作站和基地建设，让人才引得进来、留得住、用得好。一是成立高端文化人才引进中心。重点打造"东城国际人才金港"，作为引进人才重要基地。加快引进和培养文化领军人才、大师名家。依托中央"千人计划"、北京市"海聚工程"，大力引进海外高层次人才；依托

"人文北京名家大师培养工程"、宣传文化系统"四个一批"工程,大力培养高层次文化人才。二是成立文化人才孵化中心。构筑项目为核心的孵化体制,通过孵化人才标准、孵化项目引导目录、孵化载体企业扶植、孵化专项基金支持、孵化外部条件配套,并以项目业绩作为考核条件,建立竞争环境中的人才孵化和成长机制。三是成立文化人才培训中心。依托合作高校、研究机构、专业机构、区域内领域龙头企业和海外渠道资源,搭建理论与实践相结合、传统与现代相结合、本土与国际相结合的文化人才学习、培训和提升服务。四是成立文化人才综合服务中心。提供文化人才档案管理、职称评定、入学转学和社会保险接转、留学人员长期签证、外国人居留证和境外学历认证、人才本人及家属落户等一系列基础人力资源服务。该服务中心将对高端文化人才实行"一窗接件、专员办理"。五是成立文化人才俱乐部。成立若干专业人才俱乐部、国际人才俱乐部等,构建国际化人才交流和服务平台。通过不定期举办主题沙龙、专题研讨会、专业讲座、政策宣讲会、项目推介会、培训交流和参观访问等活动,吸引国内外企业高端人才加盟俱乐部,形成一个相对固定的多样化的国际化人才队伍。六是成立文化商学院。聘请部分知名高校教授,由园区企业提供高管作为共同师资力量,以前沿理论和实战案例为核心,打造国内首家园区型非营利性质文化商学院。组织各类学员完成学习任务,承担部分企业委托或专项资金支持的文化科技创新任务,实现学用结合。试点非物质文化遗产传承人和历史文化名城保护人才培养导师制,通过产业化发展带动技艺大师带徒传承制度。七是设立高端文化人才流动站。推动央地文化人才的一体化发展,充分利用驻区中央单位众多的文化资源和人才资源,支持央地文化人才资源的"柔性"流动,促进影视创作、动漫游戏、数字网络等关键性技术的落地转化。协调教育部和北京市相关部门,审批建立高端文化人才流动站,为高端人才进入文化人才特区提供窗口,为企业和高端人才提供磨合与对接的桥梁。八是建设高端创新孵化基地。凭借优势文化企业,与北京著名高校、研究机构合作,依托国际文化创意产业联盟的国际化专家渠道,挖掘空间资源,同时利用特区的人才优势、金融配套体系,建设国内一流水准的创新孵化基地。整合发展资源和创新要素,促进关联资源集聚发展,在东城区实施文化名家培养工程,特别是针对文化创意人才、非物质文化遗产传承人等群体出台一整套扶持措施。

（三）创建评价发现机制，以标准规范人才

立足文化产业特点，围绕区域文化产业规划和"十二五"人才发展战略规划，逐步建立和完善重在业内和社会认可的文化人才评价发现机制。组建文化产业优秀人才评估专家委员会，建立各类文化人才的能力素质标准，按照标准对不同人才量身定做不同的优惠政策，导向性地改善全区人力资源结构。挖掘东城区现有文化人才资源，发现并推出一批大师、大家。建立文化创业人才创业引导机制，建设文化企业孵化器和留学生创业园，实施青年文化人才发现计划，鼓励青年创业，发现和培育一批新的创意人才、团队，推出一批创新创业的典型。

（四）组织品牌活动，以活动锻炼人才

一是开展高端行业品牌活动。开展创新大家谈、知识产权东城行、娱乐大典、设计论坛、东城杰出人才表彰大会等各类高端行业活动，通过媒体的广泛宣传报道，吸引更多的国际人才关注东城，发掘投资机会，吸引更多的海外企业进驻和落户东城，进一步提升东城的品牌价值和品牌形象。二是开展创意设计大赛。依托区域文化核心产业，开展创意设计大赛活动，通过大赛挖掘文化新人、促进行业交流、丰富原创作品、促进成果转化、创建活跃的产业氛围，为更广泛的文化创意人才建立发展通道和展示舞台。三是进行优秀文化人才评选。在"突贡优青"和"东城杰出人才"评选的基础上，设立文化领军人物、文化管理人才、文化专业人才等表彰奖项，通过评奖树立文化人才榜样、提高文化人才知名度、激励区内人才发展，同时促进文化人才标准和评价体系的建设与反馈。

（五）落实优惠政策，以政策留住人才

落实优惠政策解决高端文化人才的后顾之忧，保证高端人才引到并留在东城。一是设立"东城区文化产业人才"的专项基金，鼓励和支持文化创意人才的交流、引进、配置，以及对突出贡献的个体和团队的奖励。二是完善海外文化人才服务机构优惠政策。对于从事海外文化人才引进的人力资源服务机

构，按照其区级财力贡献给予奖励。同时，对海外文化人才服务优秀机构进行奖励。三是完善相关服务保障政策。探索完善优秀文化人才居留和出入境、医疗、住房、配偶安置和子女教育、特殊政治生活待遇、股权激励等方面的优惠政策。完善人才股权激励机制等，加强知识产权行政与司法保护。

参考文献

[1] 中共中央组织部：《科学人才观理论读本》，2012年8月。
[2] 中共中央宣传部：《论文化建设重要论述摘编》，2012年2月。
[3] 中共北京市东城区委：《北京市东城区人才发展战略规划（2011~2030年）》，2011年3月。
[4] 中共北京市东城区委：《关于坚持"文化强区"战略加快"首都文化中心区"建设的实施意见》，2012年4月。
[5]《2011年东城区文化产业发展情况报告》，2012年1月。

B.9
首都地区人才效能差异化实证研究

——基于产业层面数据

吴 江 王选华[*]

摘 要：

效能是度量人才资源配置效率的标志性指标。文章考察了首都地区人才效能的总体发展态势，并按照学历层次、宏观产业、新兴产业的标准研究了人才效能的差异化特征。结论表明，该地区人才资源效能水平在逐年提高，说明人才资源配置结构在不断优化；从学历层次看，效能的高低与学历成正相关关系；而人才效能的宏观产业差异化特征明显，第二产业的收入型效能高于第三产业，第三产业的利润型效能高于第二产业；在新兴产业领域，金融、文化创意以及物流会展等人才效能显著，这为首都地区未来重点产业选择提供了直接证据。

关键词：

人才效能　差异化特征　人才层次　新兴产业

人才资本衍生于人力资本，是人力资本中的高级部分。新古典经济增长理论将人力资本视为经济增长的独立要素，并通过外溢性原理证明了人力资本具有规模报酬递增的属性（Lucas，1988）。因此，耗费在人力资本上的知识投资在一定程度上将决定人类的未来（Schultz，1960）。同时，经济发展方式的转变主要依靠人力资本的积累和作用发挥来实现，这种积累的主要通过教育来完

---

[*] 吴江，中国人事科学院院长、研究员，研究方向为人才理论、人才特区；王选华，经济学博士，北京市人力资源研究中心科研主管、中国人事科学研究院博士后工作站研究人员，研究方向为人才计量。

成。人力资本积累的主要目的在于增加其对经济增长的贡献份额。国外学者在这方面早就做过实证研究，如 Schultz（1961）将人力资本投资与其他要素进行比较，发现前者的回报率要高于后者。E. F. Denison（1985）使用不同于 Schultz 的计算方法得出了类似结论，而 Robert J. Barro（1991）通过对比 1960～1985 年间 98 个国家的人均 GDP 增长率数据，发现经济增长的主要动力源于人力资本。国外学者研究证明，人力资本投资主要靠教育来完成。从长期看，教育投资同经济增长之间存在稳定的相关关系，从短期来看，又存在相互协调的动力机制。

近年来，国内部分学者借鉴国外研究成果，并结合实际国情，对人才资本作用的发挥开展了较为广泛的研究。总体看，这些研究主要沿两条线索展开：一是注重从量的视角来考察人才资本作用的发挥，尤其是在人才效能度量方法上取得的研究成果相对较多。他们的总体思路是，使用经济活动中人才资本的投入与产出规模比例变化来度量和比较其作用发挥的程度。这种方法的假设前提是，将影响经济产出的要素抽象化，仅仅考虑人才资本对经济产出的影响，忽略其他非人才资本要素，如物质资本、科学技术以及制度要素等。从产出的度量来看，较多地使用 GDP、总收入、总利润等指标。对于人才资本规模的确定，方法的差异性较为明显，如潘晨光等（2004）、陈安明（2007）及李群等（2006）均使用人才数量来表示；桂昭明（2009）、王小鲁等（2010）及王选华等（2010，2011a，2011b，2012）使用受教育年限来计量人才资本；李海峥等（2010）使用终生收入法来度量人才资本存量。从研究结果看，对同一样本的研究，不同学者采用差异化方法得到的结论趋同，说明人才效能的计量方法具有一定的可靠性。二是重在研究区域人才效能的比较，如人才资本效能呈现区域的非均衡特征，东部地区普遍高于西部地区，其原因在于西部地区的人才资本存量不足，作用发挥欠佳（陈安明，2007）；同时，由于区域之间的产业存在趋同现象，从而导致人才资源的短缺，制约了人才作用的发挥；另外一些原因还可能是，区域人才结构矛盾制约技术进步，从而削弱了人才资本的经济贡献。在研究同一地区的人才效能方面，一些学者认为，由于内部产业结构不合理，从而导致人才作用发挥不足（王选华等，2011a），且同一区域内部各地区之间，人才效能差异化特征明显，总体效能水平与经济发展水平呈现正相关趋势,而高层次人才则恰好相反,经济发展水平较低的地区则相对较高(吴建宁、王选华,2012)。同时,人才经济效能与区域收入水平存在相关关系(杨宗锦、卢明芳,2011)。

2012年6月底,北京市第十一次党代会期间所发布的数据表明,截至2011年年底,首都地区人才资源总量已经达到532万人,人才贡献率达到40.6%,从总体上反映了首都地区的人才资源宏观态势及利用状况。但是,如此多的人才资源,通过选择不同的维度来度量其人才资源,有无差异。因此,文章选择首都地区作进一步考察,以期发现人才效能的差异化特征,其目的在于考察该地区人才资源的使用质量,并为重点产业选择提供证据。

一 研究方法

人才效能的计量,就是在经济活动中投入一定量的人才资源,这些资源通过与其他生产要素融合,测算出最终所带来的经济产出成果有多少;对于科技人才资源来讲,与一般生产领域人才资源在使用上具有其特殊规定性,即表现为专用性特征,这类人才资源的产出主要使用科研成果来表示,如专利、一定级别的科研论文。因此,人才资源效能服从投入—产出法则(Input-Output Rule),一般计量模型如下:

$$e_i = f_i/y_i$$

在人才效能模型中,e_i 表示在 i 范围内的人才效能,f_i 表示在生产活动中投入的人才要素规模,y_i 表示在投入要素规模为 f_i 时所带来的产出成果。从模型可以看出,人才效能涉及三条约束边界:一是产出范围。在模型中用 i 表示,i 既可以表示一个国家、地区、区域等宏观范畴,也可以表示产业、行业等中观范畴,还可以表示企业、家庭等微观范畴。二是人才资源投入规模。模型中使用 f_i 表示,这是在 i 范围内的人才成本。人才成本可以用人才数量(数量型指标)、受教育年限(质量型指标)、人才资本预期收入(价值型指标),甚至还可以使用工资总额来代表。三是产出成果。模型中用 y_i 表示,y_i 既可以用GDP、总收入、利润等经济产出来表示,也可以用专利授权量、科研论文数量等变量来测度。在三条边界约束下，可以得到一个基本结论：即人才效能数值e_i越小，说明i范围较少的人才投入（成本）可以带来较多的人才产出成果，反之亦然。

二 研究设计

文章拟从三个维度来设计首都地区人才效能的差异化指标。一是采用人才效能总体水平指标，以反映所有领域的人才作用的发挥程度，并比较1978~2011年人才效能的变化趋势；二是反映第二产业、第三产业人才效能状况，将人才受教育程度、职称和技术等级作为变量纳入效能范围，反映人才效能的宏观产业差异化特征；三是以新兴产业为标准，反映该领域人才作用的发挥及其差异化态势。

（一）人才效能总体水平变化趋势

文章以1978~2011年不变价GDP作为人才总体产出，而以从业人员数据作为生产GDP的人才成本，以人才计量模型为基础，从而可以计算出自改革开放以来首都地区的人才经济效能总体水平，分年度人才经济效能如图1所示。结果表明，在1978年，首都地区每生产1亿元GDP需要耗费的人才数量超过4万人，而到2011年，每生产1亿元GDP所耗费的人才维持在0.35万人左右。2010年人才经济效能指数为0.384，2011年降低到0.358，可以看出2011年比2010年的人才经济效能提高了接近7%，是自2008年以来人才效能改进幅度较大的年份。

从结果看，首都地区人才资源使用总体趋势为，人才效能指数基本呈现连年下降趋势，说明生产率总体水平逐年提高，人才资源在经济活动中的配置效率一直在不断改善。此外，人才效能指数下降也呈现分阶段特征，即1981~1990年、1991~2000年、2001~2011年，三个阶段效能曲线图的斜率绝对值依次递减，说明在20世纪80年代人才效能提高更快，90年代有所减弱，2000年以后人才效能改进的速度进一步放缓。

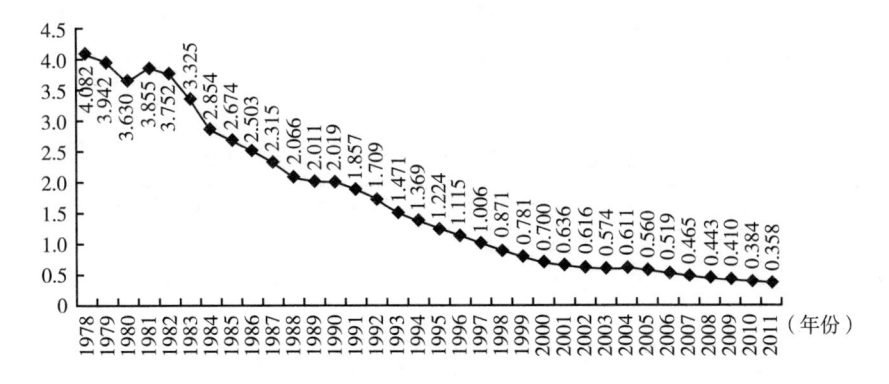

图1 首都地区人才经济效能总体水平（1978～2011年）

（二）人才效能层次差异

由于要单独计量不同学历层次人才的经济效能，这就需要将人才产出成果使用恰当的方法来向各类学历人才分配。到目前为止，还没有发现分配产出成果的有效方法。从理论上讲，可以依据各类人才的生产效率为标准来分配产出成果，但是分类效率如何计算至今还没有较为科学的研究结论。如果按照人均标准来分配成果，无法体现不同层次的人才之间效率的差异性。文章认为，不同层次的人才其生产效率是有差异的，而影响效率差异的因素有很多，如受教育程度、所在行业的属性、从事的不同工作岗位等因素，这些因素最为关键的是受教育程度。因此，文章以受教育程度为标准来对首都地区的人才产出成果（以GDP来代表）分配给各类人才。

而受教育程度的度量，我们使用受教育年限来计算。其计算方法按照不同层次的学历年限和人才当量两个变量来设计，具体标准参照桂昭明（2009）。未上过学、小学、初中、高中、大专、本科和研究生的学历年限分别为1.5年、6年、9年、12年、15年、16年和19.6年，而人才当量的计算，未上过学、小学毕业的人才当量被视为基础当量，系数令为1，初中为1.4，高中以上为2。

为了更直观地反映人才的经济效能，我们将七类学历人才概括为两大类：一是高中及其以下学历的人才视为基础性人才；将大专及以上学历人才称为专业性人才，并使用受教育年限法则来确定这两类人才的规模，再根据各类人才所生产的GDP计算出相应的人才经济效能①，如表1所示：

表1 首都地区基础性人才、专业性人才经济效能

	1978	1979	1980	1981	1982	1983	1984	1985	1986
基础性人才（万年/亿元）	4.55	4.40	4.06	4.32	4.21	3.73	3.21	3.02	2.83
专业性人才（万年/亿元）	2.33	2.26	2.09	2.23	2.18	1.94	1.67	1.57	1.48
	1987	1988	1989	1990	1991	1992	1993	1994	1995
基础性人才（万年/亿元）	2.62	2.35	2.29	2.31	2.13	1.96	1.70	1.59	1.43
专业性人才（万年/亿元）	1.37	1.23	1.20	1.21	1.12	1.03	0.89	0.83	0.75
	1996	1997	1998	1999	2000	2001	2002	2003	2004
基础性人才（万年/亿元）	1.30	1.17	1.03	0.95	0.81	0.75	0.75	0.71	0.78
专业性人才（万年/亿元）	0.69	0.61	0.53	0.49	0.42	0.39	0.38	0.37	0.39
	2005	2006	2007	2008	2009	2010	2011		
基础性人才（万年/亿元）	0.73	0.70	0.62	0.59	0.56	0.53	0.52		
专业性人才（万年/亿元）	0.37	0.35	0.31	0.30	0.28	0.26	0.20		

数据来源：1978~1995年从业人员学历层次按照1982年、1990年北京市人口普查数据和各年份《北京统计年鉴》推算而来，1996~2011年从业人员数据以各年份《中国劳动统计年鉴》中分地区从业人员受教育程度数据为准。GDP数据以《北京统计年鉴2011》中公布的各年份数据为准，其中2011年的GDP数据以北京市统计公报为准。

为了更为直观地观察基础性人才和专业人才的经济效能变化，将这两类人才的经济效能作示意图如下。

图2表明，1978~2011年，这两类人才资本的经济效能指数逐渐下降，表明首都地区的人才经济效能一直处于改善状态，说明该地区人才资源的优化配置工作成绩不错。其中，2011年专业性人才资本的经济效能比1978年提高了近10倍，基础性人才资本的效能提高了8.9倍；就2010年和2011年来讲，专业性人才资本提高了8.5%，而基础性人才资本提高了4.98%；就两类人才的比较来看，专业性人才资本的经济效能大约是基础性人才资本的2倍。

---

① 各类人才经济产出成果（GDP）的分配方法，就是将所有从业人员的受教育程度全部转化为单位年，从而计算出1978~2011年各年份从业人员的受教育年限，并分别计算出每一年份中单位受教育年限所分配的GDP，再乘以各类人才的受教育年限，从而得出各类人才所分配到的GDP。采用这种分配GDP的方法，是文章的一大创新。

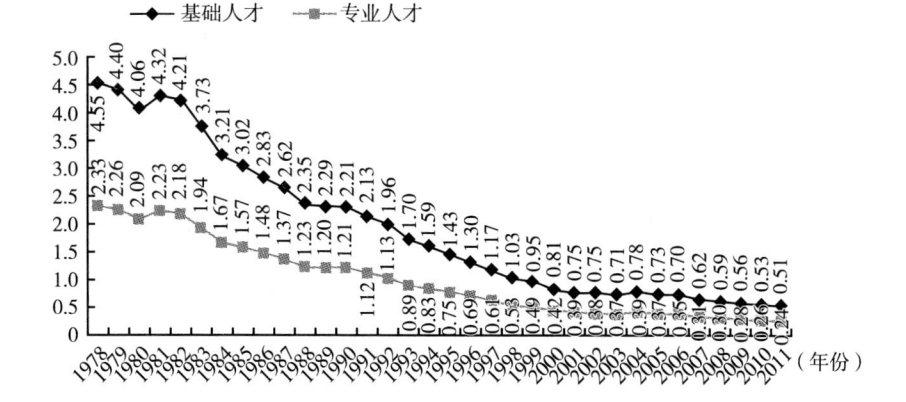

图 2　首都地区基础性和专业性人才经济效能比较示意图

（三）人才效能宏观产业结构差异

为了更清楚地解释首都地区人才经济效能的宏观产业差异，现将第二、第三产业的人才经济效能分别展开研究，其主要原因在于，首都地区第一产业无论是人才集聚程度，还是 GDP 的创造能力，都远低于其他两个产业领域。另外，2004 年和 2008 年专门以第二、第三产业为对象进行了两次经济普查，能够提供较为详尽的人才和经济数据。在测算第二、第三产业的人才效能时，我们将人才受教育程度、专业职称和技术等级作为结构变量来检验人才作用的发挥程度。

我们以企业营业收入、企业利润总额为人才产出，并将学历划分为五个层次：研究生、本科、大专、高中、初中及以下。

表 2　首都地区第二产业按学历分类人才经济效能

	研究生	本科	大专	高中	初中及以下
人员规模(万人)	3.85	27.50	32.74	64.40	72.77
受教育年限(万年)	151.10	880.09	982.07	1545.59	407.53
产生的企业收入(亿元)	609.87	3552.31	3963.92	6238.46	1644.92
产生的企业利润(亿元)	23.89	139.14	155.26	244.35	64.43
人才效能(收入角度)(万人/亿元)	0.0063	0.0077	0.0083	0.0103	0.0442
人才效能(利润角度)(万人/亿元)	0.1614	0.1977	0.2108	0.2636	1.1295

数据来源：《北京经济普查年鉴 2008》，中国统计出版社，2008。

从表2可以看出，首都地区第二产业按照学历分布的从业人员经济效能中，其分布的基本规律为，学历越高，人才效能指数越小，说明人才效能越高。其中，研究生的经济效能最高，每投入63个研究生，分配到该群体的企业收入将达到1亿元；如果使用初中及以下学历的基础性人才，企业收入要实现1亿元收入需要投入接近442人。因此，最高学历专业性人才的经济效能是最低学历基础性人才的近7倍。

从企业利润生产的角度来看，要实现利润1亿元，研究生学历人才需要1600余人，而如果使用初中及以下学历的基础性人才，则需要11300余人，前者的经济效能同样是后者的7倍左右。

表3 首都地区第三产业学历分类人才经济效能测算

	研究生	本科	大专	高中	初中及以下
人员规模（万人）	40.89	162.34	131.97	167.48	112.91
受教育年限（万年）	1602.94	5194.92	3959.23	4019.51	632.28
产生的企业收入（亿元）	4803.64	15567.97	11864.89	12045.53	1894.81
产生的企业利润（亿元）	505.68	1638.84	1249.01	1268.03	199.47
人才效能（收入角度）（万人/亿元）	0.0085	0.0104	0.0111	0.0139	0.0596
人才效能（利润角度）（万人/亿元）	0.0809	0.0991	0.1057	0.1321	0.5661

数据来源：《北京经济普查年鉴2008》，中国统计出版社，2010。

从第三产业来看，企业要实现1亿元的收入，假如全部使用高层次人才，如研究生，则需要85人；使用基础性人才，比如初中及以下人才需要近600人。从企业利润角度考虑，实现1亿元需要研究生人才近800人，而采用初中及以下学历人才来实现1亿元的利润目标，则需要5600多人。

通过对第二、第三产业人才效能的比较发现，第二产业实现1亿元收入需要的人才数量比第三产业要少，也就是说第二产业实现同样的收入所耗费的人才成本要低于第三产业。但是，第三产业实现同样的利润所耗费的人才成本要低于第二产业。出现这种现象的主要原因在于，首都地区第三产业的整体利润率要高于第二产业，而整体生产效率要低于第二产业，说明生产效率较高的产业并不等于利润率就一定高。

下面，依据表4来比较分析第二、第三产业内部基础性人才和专业性人才的经济效能。从收入角度看，第二产业专业性人才的经济效能约为基础性人才的 2.2 倍，第三产业专业性人才经济效能约为基础性人才的 1.93 倍；从利润视角来看，第二、三产业专业性人才经济效能和基础性人才的倍数与收入效能的倍数一样，分别为 2.2 倍和 1.93 倍。

从产业之间来看，第二产业基础性和专业性人才的收入型经济效能都要高于第三产业，前者分别是后者的 1.16 倍和 1.32 倍；而利润型经济效能恰好相反，第二产业比第三产业要低。其中，第三产业基础性人才的利润型经济效能是第二产业的 2.32 倍，专业性人才利润型经济效能是第二产业的 2.04 倍。

表 4　首都地区第二、第三产业人才经济效能综合比较

	从收入视角		从利润视角	
	基础性人才效能	专业性人才效能	基础性人才	专业性人才效能
第二产业	0.0174	0.0079	0.4442	0.2014
第三产业	0.0201	0.0104	0.1911	0.0988

数据来源：《北京经济普查年鉴2008》，中国统计出版社，2010。

（四）人才效能新兴产业结构差异

在《北京统计年鉴2011》中，对新兴产业并没有进行明确界定。在统计指标中，共设置了 8 大类产业指标，分别是文化创意、信息、高技术、现代制造、现代服务、生产性服务、信息服务以及物流业等，这些产业之间涉及包含与被包含关系。基于数据的可获得性，我们主要分析生产性服务业、文化创意产业、会展业以及物流业等四类新兴产业的人才经济效能。

1. 生产性服务业人才经济效能差异

在生产性服务业中，有流通、信息、金融、商务以及科技服务等五类行业，各类行业的相关数据如表 5 所示。

从表 5 看，首都地区生产性服务业收入型效能为 0.0074，说明要实现 1 亿元收入，需要 74 名从业人员；在细分行业中，收入型经济效能最高的是流通服务业，每实现 1 亿元的收入仅需从业人员 33 人，与其较为接近的是金融服务业，需要 37 人，而商务服务业的效能最差，要实现 1 亿元收入需要 262 人。

表5 首都地区生产性服务业人才经济效能比较

项　目	从业人员（万人）	收入总额（亿元）	利润总额（亿元）	收入型效能（万人/亿元）	利润型效能（万人/亿元）
流通服务	72.7705	22102.18	798.29	0.0033	0.0912
信息服务	45.5187	2953.26	651.39	0.0154	0.0699
金融服务	22.8341	6198.95	1356.56	0.0037	0.0168
商务服务	93.5444	3575.72	1484.92	0.0262	0.0630
科技服务	52.2873	3785.85	280.03	0.0138	0.1867
综　合	286.955	38615.95	4571.18	0.0074	0.0628

数据来源：《北京经济普查年鉴2008》，中国统计出版社，2010。

从利润型人才效能来看，生产性服务业要实现1亿元收入需要628人，而金融服务业效能最高，实现1亿元利润仅需从业人员168人，科技服务业最差，需要1867名从业人员，这充分说明首都地区科技成果转化所需的人才成本较高，从而降低了科技成果转化的效率。

2. 文化创意产业人才效能差异

近年来，首都地区一直重视文化创意产业的发展，从2004年开始，北京市统计部门将文化创意产业纳入统计范畴，并设置了文化艺术、新闻出版、广播电视与电影、软件网络及计算机服务、广告会展、艺术品交易、设计服务、旅游休闲及娱乐、其他辅助服务等9个子行业。近3年来产业的人才经济效能总体情况如图3所示。

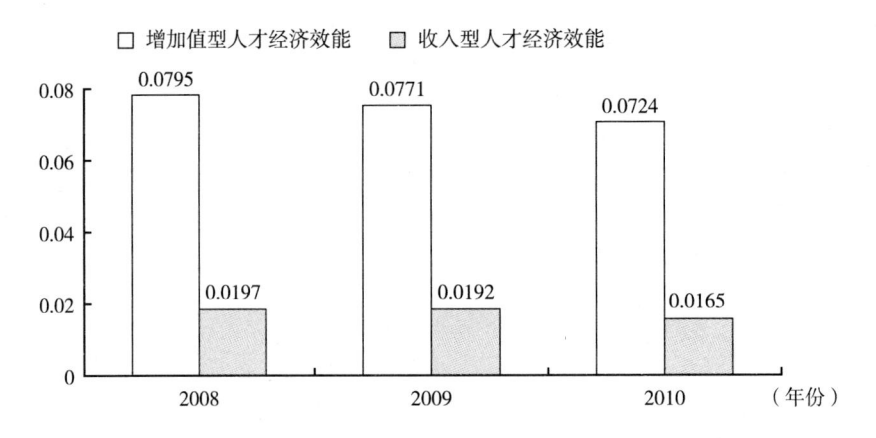

图3 首都地区文化创意产业人才效能

图3表明，2008~2010年，首都地区文化创意产业人才效能，无论是从收入视角考察，还是从增加值角度看都一直处于上升状态。其中，人才增加值效能2010年比2009年增加了6.5%，而人才收入型效能增加了16.2%，说明近几年首都地区文化创意产业的人才经济效能改善成效显著。

为了对文化创意产业进行更深入的分析，我们按照九个细分行业来进一步比较分析人才经济效能状况，详见图4。

从图4来看，广播、电视、电影的人才增加值经济效能指数为0.0317，在九个细分行业中指数值最小，说明该领域的人才增加值经济效能最高，其次是艺术品交易，人才增加值效能指数为0.0512；而人才增加值效能指数最大的是旅游、休闲娱乐业，说明该行业创造1亿元新增加值所耗费的人才最多，需要接近1500人。从人才收入型效能指数来看，最小的是艺术品交易，其效能指数值为0.0062，其次是广播、电视和电影行业，收入型人才效能指数为0.0090，指数最高的是文化艺术类行业，指数为0.0381。因此，首都地区文化创意人才经济效能指数表明，文化艺术品交易、广播电视及电影是人才耗费成本最低的行业，投入较少的人才可以带来较高的收益。

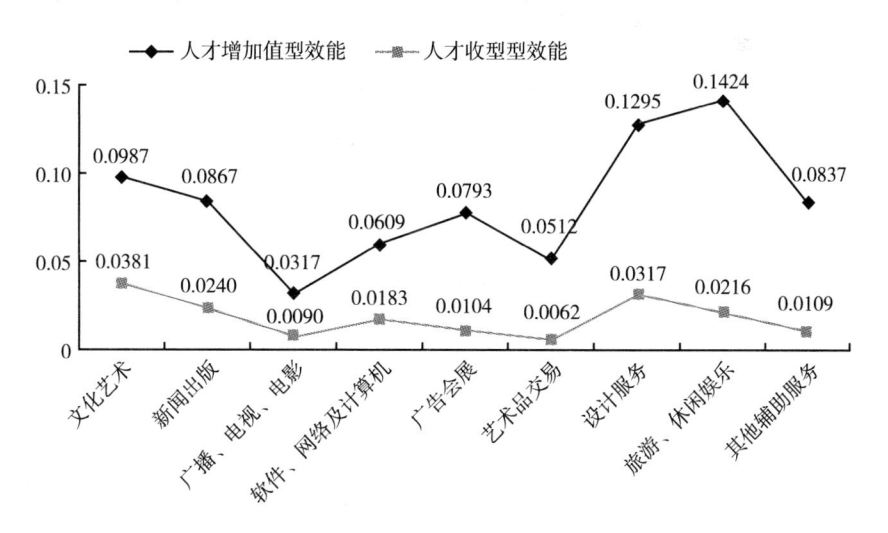

图4 首都地区文化创意产业行业人才经济效能细分

3. 物流及会展业人才效能差异

物流及会展业是首都地区近年发展较快的新兴产业。但是，由于数据的限制，我们只能从收入的角度来考察人才效能，无法使用增加值或利润来进一步分析这两个行业的赢利能力。在分析时，我们使用柱状图将这两个行业的人才收入型经济效能表示出来，如图5所示。

在图5中，与2009年相比较，2010年首都地区物流业和会展业的人才收入效能都大幅度提高。其中，2010年物流业的人才收入效能指数为0.028，相比2009年的0.0365提高了26.8%，而2010年会展业的人才收入效能指数为0.1239，相比2009年的0.1584提高了27.7%。这两个行业的人才收入效能改善主要说明了首都地区在新兴产业发展的初期重视投入，从而推动了产业收入的大幅度增加，同时在人才使用方面，可以依靠产业的规模效应来降低人才成本。

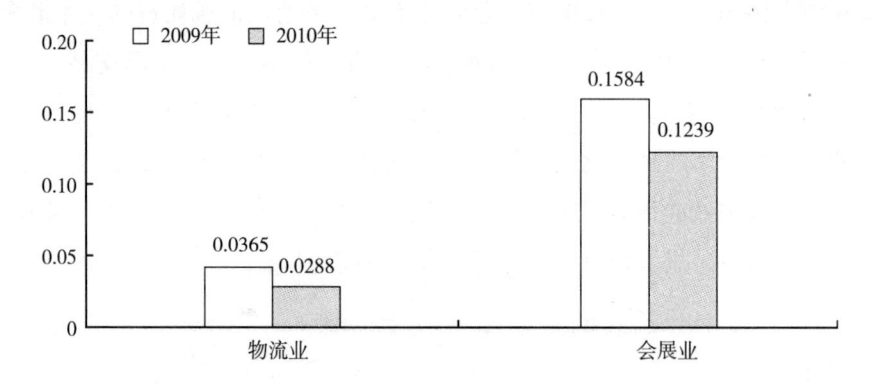

图5　首都地区物流业、会展业人才经济效能比较

三　结论与启示

文章通过首都地区的实证数据，考察了人才效能的总体态势、层次结构、宏观产业及新兴产业的差异性。其结论表明，随着经济的发展，首都地区的人才资源配置状况总体上在不断优化。人才效能的高低与学历层次呈正相关关系。从宏观产业来看，第二产业的生产率水平要高于第三产业，而利润型人才效能则是第三产业高于第二产业。因此，如果以利润率的高低来界定发展质量，则第三产业人才的效能要高于第二产业，从而可以推动以同样的人才资本投入带来更多的价值增值，这正是产业发生梯度转移的秘密所在。从新兴产业

来看，生产性服务业中金融行业的人才效能最高，文化创意产业中艺术品交易、电视电影业的人才效能相对较高，物流业和会展业在最近几年的人才效能业提高较快。因此，我们可以这样认为，首都地区加快发展的产业在第三产业，而第三产业发展的重点又在于优化其内部结构，尤其是要充分发展金融业、文化创意产业及物流业等新兴产业，这正是未来产业发展的重点方向。

参考文献

[1] Lucas, R. E, "On the Mechanics of Economic Development", *Journal of Monetary Economics*, 1988 (22): 3–42.

[2] Schultz, T. W., "Capital Formation by Education", *Journal of Political Economy*, 1960 (68): 571–583.

[3] Schultz, T. W., "Investment in Human Capital", *American Economic Review*, 1961 (3): 1–17.

[4] Edward F. Denison, *Trends in American Economic Growth: 1929–1982*, The Brookings Institution, Washington D. C., 1985: 37–60.

[5] Robert J. Barro, "Economic Growth in a Cross Section of Countries", *The Quarterly Journal of Economics*, Vol. 106, No. 2, 1991 (3): 407–443.

[6] 张兴茂、赵志亮：《1990年代以来中国教育生产力发展和经济增长的关系——基于ECM模型的实证研究》，《吉首大学学报（社会科学版）》2012年第33 (4) 期，第141~144页。

[7] 周欣、王选华：《北京地区国际化人才：现实差距与开发路径——基于纽约、伦敦和东京的比较视角》，《中国人力资源开发》2012年第4期，第65~70页。

[8] 吴建宁、王选华：《北京地区产业人才效能研究——基于二、三产业企业层面数据》，《技术经济》2012年第10期。

[9] 李海峥等：《中国人力资本测度与指数构建》，《经济研究》2010年第8期，第42~54页。

[10] 蔡涛、刘金山：《区域产业结构相似与劳动力短缺的关系》，《技术经济》2012年第5期，第60~65页。

[11] 姜磊、季民河：《我国技术进步对能源效率的影响——空间异质性视角》，《技术经济》2011年第11期，第73~78页。

[12] 杨宗锦、卢明芳：《农村劳动力转移与收入差距关系的实证研究》，《吉首大学学报（社会科学版）》2011年第32 (4) 期，第95~97页。

人才政策创新

Human Resource Policy Innovation

B.10
中关村人才特区政策创新研究报告

"中关村人才特区政策创新研究"课题组*

摘　要：

　　人才政策创新是建设中关村人才特区的主线。进一步推动政策创新，对于全面促进人才发展、增强人才特区竞争优势、更好地服务于国家战略具有重要意义。本报告通过系统梳理人才特区各项政策的落实进展与成效，对比研究发达国家与其他省市的先进人才政策，分析了人才特区现有政策体系存在的问题，并结合人才特区工作实际，在聚集人才、科技创新、扶持创业、促进产业发展等方面，提出了对策建议及相关政策条款。

关键词：

　　中关村　人才特区　政策　创新

在中关村建设国家级人才特区，是中组部、中央人才工作协调小组着眼于

---

* 课题组组长：闫成；课题组成员：于淼、程岳、马剑、饶小龙、王选华、赵凝、夏雨。

深入实施人才强国战略作出的重大决策部署，对于推动人才工作体制机制改革创新，加快形成人才优先发展战略布局和创新驱动发展格局，具有重大意义。自2011年3月中组部、国家发改委等15个中央单位和北京市联合印发《关于中关村国家自主创新示范区建设人才特区的若干意见》（京发〔2011〕5号）（以下简称《若干意见》）以来，北京市以贯彻落实13项特殊政策为重点，综合集成示范区的各项先行先试政策，逐步形成有利于人才创新创业的政策体系，带动相关领域体制机制改革，激发了人才活力，为全国人才工作改革创新进行了先行探索，积累了有益经验。

为认真评估人才特区政策落实的进展与成效，进一步推动政策创新，增强中关村的竞争优势和可持续发展能力，更好地服务国家战略，2012年6月至12月，人才特区建设指导委员会办公室、北京市人才工作领导小组办公室、北京市委组织部会同北京市发展改革委、市科委、市经济信息化委、市人力社保局、市民政局、市金融工作局以及东城区、西城区、朝阳区、经济技术开发区等10家单位，统筹开展了大调研，形成了本研究报告。

一 中关村人才特区政策体系初步形成

近5年来，国家、北京市和中关村出台的有关人才发展的政策共54项，其中，国家出台10项政策、市级层面出台22项政策、中关村示范区制定实施22项政策。以《若干意见》印发实施为标志，中关村人才特区逐步形成以13项特殊政策为主体，综合涵盖人才引进、培养、创新创业、管理服务等政策在内的政策体系，打造了全方位的人才发展政策支撑平台。

（一）人才引进政策体系

依托中央"千人计划"、北京"海聚工程"、中关村"高聚工程"等重点人才工程，形成引才政策体系，大力吸引和聚集以海外高层次人才为重点的各类特需人才。

一是落实"海聚工程"政策。根据2009年6月北京市委、市政府印发的《关于实施"北京海外人才聚集工程"的意见》（京办发〔2009〕11号）、《北

京市鼓励海外高层次人才来京创业和工作暂行办法》《北京市促进留学人员来京创业和工作暂行办法》（京政发〔2009〕14号）（通常简称"一个意见、两个办法"），对入选"海聚工程"的高层次人才提供100万元的一次性奖励，对创新、创业两类人才提供有针对性的支持措施。目前，人才特区已经引进604名入选"千人计划"、303名入选"海聚工程"的海外高层次人才，占北京地区入选总数的70%以上。

二是落实"高聚工程"政策。2010年，中关村管委会出台《中关村高端领军人才聚集工程实施细则》（中科园发〔2010〕7号）文件，提出对入选"高聚工程"的战略科学家、科技创新人才、创业未来之星等高层次人才及其团队，提供100万元的一次性奖励，同时，设立服务绿色通道，优先为领军人才创办的研究所和企业办理引进人才相关手续。目前，"高聚工程"分6批引进了137名高端人才及其团队，在推动科技创新和战略性新兴产业发展方面发挥了重要作用。

三是制定实施"雏鹰人才工程"政策。2012年年底，中关村管委会研究制定了《关于实施海内外优秀人才创业扶持工程的工作方案》（又名"雏鹰人才工程"），并配套出台专项扶持资金管理办法，对符合条件的人才，提供30万元人民币的创业启动资金；对于成功引入1000万元人民币以上创投资金的人才创业企业，优先纳入全市重大项目转化和产业化统筹资金进行支持；同时，推动一批人才创业基地建设，为人才创业企业优先提供不超过100平方米、3年免收房租的办公用房。目前，已经在石景山园启动建设了首个"雏鹰人才创业基地"。

（二）人才培养政策体系

遵循人才成长规律，从教学育人、实践培训、终身学习等多方面入手，形成相对完善的人才培养政策体系和工作项目，促进人才资源可持续开发。

一是深化校企人才联合培养。根据《若干意见》中提出的人才培养与兼职政策，北京市教委、市人力社保局、中关村管委会等单位制定实施了《关于加强北京高校与中关村国家自主创新示范区企业人才互动工作的意见》（京教研〔2011〕3号），支持高校、科研院所、企业联合培养研究生，并推动有条件的科研机构和企业加快建设博士后科研工作站。目前，已经推动清华大学、北京大学等高校与百度、中国普天等企业，开展了27个人才互动项目，支持30余家企业建设校企实践实训基地，遴选50余名高科技企业负责人、科研领军人才到市属高校担任兼职教授或研究生导师。同时，在海淀园、丰台园等4个园区的17家企业首批设立博士后（青年英才）创新实践基地工作站，吸引34名博士进站工作。

二是健全完善培训工作体系。2012年，中关村管委会印发《人才培训支持资金管理办法（试行）》（中科园发〔2012〕30号）文件，支持人才培训机构、行业协会、高校、科研院所等单位，开展人才培训活动、建设人才培训基地；经认定的中关村人才培训基地，可优先承担中关村管委会安排的人才培训项目；经认定的北京高校青年教师社会实践基地，每年可获2万元经费资助。通过认定一批培训基地，强化了培训工作的阵地建设，搭建了创新创业人才终身学习的公共服务平台。依托培训基地，举办了中关村企业家党校培训班、（海归）人才高级培训班、大学生创业培训等品牌活动，提升了人才的能力素质。

三是支持企业培养高端人才。2011年，北京市人力社保局制定实施《中关村高端领军人才专业技术资格评价试行办法》（京人社专技发〔2011〕113号），坚持以能力、业绩为主要评价标准，试点开展企业高端人才的职称评审工作，允许符合条件的"高聚工程"入选者直接申报教授级高级工程师专业技术资格。目前，首批54名高端人才取得了高级职称。

（三）人才创新政策体系

按照科研工作规律，结合科技人才实际需要，形成贯穿于科技经费管理、知识产权保护、科技成果转化、成果收益分配、创新环境优化全过程的人才政策体系。

一是落实科技经费使用政策。根据《若干意见》中提出的科技经费使用政策，人才特区中承担国家民口科技重大专项的高校、科研院所、企业等单位可在项目（课题）直接费用扣除设备购置费和基本建设费后，按照一般不超过13%的比例列支间接经费。中关村管委会配套制定实施了《科技重大专项目（课题）经费间接费用列支管理办法（试行）》（中示区组发〔2010〕15号）和《科技重大专项资金试点管理办法》（中示区组发〔2010〕16号），健全了政策落实的工作流程。目前，全市已有1238个科研项目纳入试点范围，包括723个北京市科技项目（课题）、303个重大科技成果转化和产业化统筹项目以及212个部市会商项目。2011年，人才特区列支科技间接经费4560万元，同比增长72.8%；2012年前三季度列支2950万元，同步在国家科技重大专项和北京市科委部分科技项目中实行后补助或分段拨付科技经费的方式，调动了科研人员促进成果转化和产业化的积极性。

二是落实知识产权保护政策。北京市知识产权局、中关村管委会等单位，先后制定实施了商标促进专项资金、技术标准资助资金和专利促进资金的管理办法，支持企业培育知名商标品牌、创制技术标准、加强专利管理。2011年，中关村新增商标申请量7277件，新增商标有效注册量1165件，商标有效注册总量达3.8万件；新创制技术标准211项，其中国际标准2项，国家标准189项，技术标准总量达2500余项；专利申请量和授权量分别为1.9万件、1.2万件，同比增长30%。

三是落实科技成果处置和收益政策。在示范区"1+6"先行先试政策中，有专项政策支持央属单位灵活、自主地推动科技成果处置和增加收益。2011年，国家财政部先后印发了在中关村进行中央级事业单位科技成果处置权、科技成果收益权管理改革试点的意见（财教〔2011〕18号、财教〔2011〕127号），允许央属事业单位自主处置800万元以下的科技成果，且全部收益留归单位所属，调动了央属单位交易和转化科技成果的积极性。2011年，中央级事业单位处置科技成果200项，收入5.1亿元。2012年前三季度，处置科技成果204项，收入5.93亿元。

四是落实促进科技成果转化的政策。2011年，北京市政府印发《关于进一步促进科技成果转化和产业化的指导意见》（京政发〔2011〕12号）文件，市科委制定实施《中关村重大科技成果转化和产业化股权投资的暂行办法》（京科发〔2009〕574号），全市连续5年每年统筹100亿元用于支持重大科技项目转化和产业化，以政府股权投资带动社会投资，支持人才转化成果。依托中关村创新平台，北京市发展改革委等6个有关部门组建联席会议，建立

"一张单子审项目"的工作机制，提高了审批效率。2011年，全市共有303个重大项目纳入统筹资金的支持范围；2012年，分4批支持了243个项目，其中包括国家重大科技专项地方配套项目、战略性新兴产业领域重大成果转化及产业化项目、基础设施建设配套项目和资本金注入项目等。

五是落实股权激励政策。在相关中央单位的支持下，股权激励和分红激励等人才激励机制在人才特区日益成熟。国家财政部等单位先后出台《中关村企业股权和分红激励实施办法》（财企〔2010〕8号）、《关于在部分中央企业开展分红权激励试点工作的通知》（国资发改革〔2010〕148号）和《关于支持科技成果出资入股确认股权的指导意见》（证监发〔2012〕87号）等政策文件，北京市配套制定实施了《中关村市属单位股权激励改革试点工作实施意见》（中示区组发〔2010〕17号）、《关于进一步推进股权激励试点工作的通知》（中示区组发〔2010〕24号）、《关于加强科研机构、高等学校科技成果转化有关个人所得税备案管理工作的公告》（2012年7号）等相关文件，明确了股权奖励、股票期权、科技成果入股等7种科技创新人才激励方式，对科研机构和高校科技人员的股权奖励，执行暂不征收个人所得税的备案管理。截至2012年10月，中关村共有494家单位实施股权和分红激励，其中，北京市属单位81家，中央单位42家，民营企业287家，上市公司84家。

六是落实促进科技服务业发展的政策。为进一步优化科技成果转化的环境，北京市科委、中关村管委会等单位先后制定实施《北京市促进科技中介机构发展的若干意见》（京科高发〔2007〕9号）、《中关村企业购买中介服务支持资金管理办法》（中科园发〔2010〕46号），大力培育和发展科技中介，对企业购买中介服务每年提供不超过10万元的资助。目前，人才特区已经形成以首都科技中介大厦、中关村知识产权大厦为支撑的科技中介服务区，汇集了中国技术交易所等100多家中介机构。

（四）人才创业政策体系

着眼于激发人才创业活力，中关村人才特区在创业服务、企业扶持、上市培育、产业促进等方面，健全完善扶持政策，促进了创新要素的高效流动和优化配置。

一是建设人才创业基地。2012年,中关村管委会制定实施《高端人才创业基地支持资金管理办法》(中科园发〔2012〕29号),对入驻人才创业基地的企业提供每天每平方米2元的房租补贴。目前,第一个高端人才创业基地在北京科技大学的天工大厦挂牌成立,为企业提供人才团队组建、市场咨询、投融资、科技项目申报等服务,吸引了一大批高端人才进入。

二是培育创业服务业态。重点推动科技孵化器、留学人员创业园发展,着力推动一批新型创业孵化载体建设。2012年,中关村管委会制定实施《中关村大学科技园及科技企业孵化器发展支持资金管理办法》(中科园发〔2012〕55号),目前推动成立了26家大学科技园和91家科技企业孵化器,组建了33个留学人员创业园,数量位居全国前列。切实加大创业投资机构的引进和支持力度,制定实施《中关村创业投资风险补贴资金管理办法》(中科园发〔2011〕10号),对创投机构提供占实际投资额10%、单笔不超过100万元的补贴资金,不断调动创业投资者的积极性。2011年,中关村促成创业投资案例349个,投资金额378亿元,约占全国创投总额的1/3;2012年前三季度,促成创业投资案例197个,投资金额92.2亿元。同时,培育和扶持了创新工场、车库咖啡、联想之星、创客空间等8家创新型孵化器,探索和构建了"人才+项目+创投"的创业支持体系。

三是推动实体经济发展。按照分层分类的办法,支持人才做大做强企业。深入实施"十百千工程",按照《中关村"十百千工程"工作方案》(中示区组发〔2010〕7号),设立专项资金,支持收入规模在十亿元、百亿元、千亿元以上的企业引进人才、开拓市场、提升自主创新能力。2012年前三季度,306家入选"十百千工程"的企业实现总收入5737亿元,占中关村企业总收入的37%。实施"瞪羚计划",制定印发《关于支持瞪羚重点培育企业的若干金融措施》(中科园发〔2012〕58号),为发展速度快、创新能力强的中小企业提供低成本担保贷款。目前,中关村共遴选896家重点培育企业,推动北京银行等26家商业银行出台专项金融服务方案,10年来累计为"瞪羚企业"提供了近400亿元担保融资。实施"金种子工程",为初创企业提供创业指导和融资支持。目前,认定100家企业为"金种子企业",选聘李开复、薛蛮子等50名知名天使投资人和企业家担任创业导师。实施"生物医药产业跨越发展工程"（简称"G20工程"），按照北京市科委《关于印发推动北京生物医药产业跨越发展的金融激励试点方案及工作管理办法的通知》（京科发〔2010〕169号），在生物医药企业人才引进、贷款融资等方面，提供政策支持。截至目前，全市重大项目转化和产业化统筹资金共安排12亿元支持"G20工程"，带动社会投资超过180亿元，为北京市生物医药产业的跨越式发展提供了有力支撑。

四是支持企业融资上市。运用财税金融等政策杠杆，支持企业加快发展。在融资方面，制定和落实有关信贷支持、融资租赁、知识产权质押贷款、设立银行业专营机构等10余项工作意见和措施，针对企业融资担保、技术创新、信贷支持、创业投资风险补贴、股权质押贷款等设立了近20项专项资金或扶持资金，积极满足企业投融资需求。目前，有18家银行在中关村设立信贷专营机构或特色支行，累计为385家企业发放160亿元信用贷款，为60多家企业提供近200亿元信用保险和10亿元贸易融资贷款，发放近100亿元知识产权质押贷款，为39家企业发放6.7亿元股权质押贷款，有效缓解了中小企业融资难的问题。同时，完善企业代办股份转让和上市培育体系，实施了《中关村科技园区非上市股份有限公司股份报价转让试点办法（暂行）》，设立"中关村支持企业改制上市资助资金"。目前，中关村代办股份转让试点企业共有246家；上市公司总数达到224家，其中境外上市公司79家。

五是扶持产业技术联盟发展。为加快形成人才协同创新、集成创新的优势，2009年国家科技部印发《关于推动产业技术创新战略联盟构建与发展的实施办法（试行）》（国科发政〔2009〕648号），2011年北京市科委制定实施《关于促进产业技术创新战略联盟加快发展的意见》（京科发〔2011〕303号），中关村管委会配套出台《中关村产业技术联盟专项资金管理办法》（中科园发〔2012〕39号），支持人才领军产业技术联盟建设，促进产学研合作。近3年来，在相关政策激励下，中关村人才特区组建了物联网联盟等70余家产业技术联盟，并成立了中关村产业技术联盟联席会。目前，有10家产业技术联盟建立了共性技术研发和测试等服务平台，中关村数字电视产业联盟等6家联盟牵头组建了国家工程研究中心、国家重点实验室，组织开展了270余个应用示范项目，对于整合创新资源、创制技术标准、不断提升中关村的科技辐

射力发挥了重要作用。

六是强化政府采购。北京市财政局等单位先后出台了《关于在中关村科技园区开展政府采购自主创新产品试点工作的意见》（京政发〔2008〕46号）以及《北京市自主创新产品政府首购和订购实施细则（试行）》（京财采购〔2009〕370号）等文件，设立新技术新产品（服务）应用推广专项资金，建立政府采购、军队采购两条渠道，目前累计在全市1000多个采购项目中应用了中关村企业的新技术、新产品，采购金额达226亿元。

（五）人才服务政策体系

根据人才的实际需求，针对签证办理、落户、医疗、住房、配偶安置等问题，发挥北京海外学人中心、人才特区建设促进中心等服务机构的作用，为各类人才特别是高端人才提供有针对性的服务。

一是落实居留与出入境政策。根据《若干意见》的规定，为外籍高层次人才及随迁外籍配偶和未满18周岁未婚子女办理《外国人永久居留证》；对于尚未获得《外国人永久居留证》、需多次临时出入境的，为其办理2~5年有效期的外国人居留许可或多次往返签证。北京市公安局等相关部门设立绿色通道，专门受理高层次人才居留许可及签证的申请。目前，已为149位人才及其配偶和子女办理了2~5年有效期的居留许可或多次往返签证，为16名人才办理了《外国人永久居留证》。

二是落实落户政策。符合条件的高层次人才，可不受户籍所在地的限制，直接落户北京。北京市人力社保局等单位制定实施《中关村人才特区人才引进办理范围和工作程序的有关办法》（京人社调发〔2011〕221号），加大人才引进政策倾斜力度，建立联席审批机制，提高引才效率。2010年下半年至今，先后为中关村引进了741名高层管理和骨干技术人才，其中，35岁及以下的人才126人，引进人才拥有各类专利278项。

三是落实医疗政策。人才特区的高层次人才享受医疗照顾人员待遇，由北京市卫生行政部门为其发放医疗证，到指定的医疗机构就医。目前，安贞医院、宣武医院、同仁医院、积水潭医院、小汤山医院5所三级甲等医院开通了绿色就诊通道，为270名高层次人才就医提供了便利服务。

四是落实住房政策。北京市政府采取建设人才公寓等措施,力争用 3 年时间建成不少于 1 万套人才公共租赁住房。中关村管委会、市住房和城乡建设委等单位,制定实施《关于中关村人才公共租赁住房建设的若干意见》(中科园发〔2010〕50 号),配套出台《中关村人才公共租赁住房专项资金管理办法》(中科园发〔2012〕35 号),将人才公租房纳入全市公租房建设体系,对人才公租房建设项目,给予不超过项目年度贷款利息 20% 的贷款贴息以及不高于实际租金 40% 的租金补贴。目前,建成和启用 8625 套人才公寓;2012 年完成配租 5978 套,人才公租房专项资金为海淀园、石景山园等 5 个园区完成配租的项目提供租金补贴 1902 万元,为马坊新村项目等 4 个在建项目提供贷款贴息 1098 万元。

五是落实配偶安置政策。根据高层次人才随迁配偶的职业需求,将其纳入全市公共就业服务体系,发挥北京人才市场和人才服务中心的作用,优先推荐就业岗位。

(六)促进人才发展的财税金融政策体系

结合中关村加快建设国家科技金融创新中心的目标,相关中央单位和北京市出台了以《关于中关村国家自主创新示范区建设国家科技金融创新中心的意见》(京政发〔2012〕23 号)为代表的 30 余项相关政策,不断完善支持人才创新创业和发展的财税金融政策体系。

一是落实相关税收优惠政策。相关中央单位先后印发有关研究开发费用加计扣除、职工教育经费税前扣除、股权奖励个人所得税 3 项试点政策的通知(财税〔2010〕81 号、财税〔2010〕82 号、财税〔2010〕83 号),对于研发人员缴纳的"五险一金"、医药企业临床试验经费等纳入研发费用加计扣除范围;将职工教育经费税前扣除比例由 2.5% 提高到 8%;允许获得股权奖励的技术人员在 5 年内分期缴纳个人所得税。为贯彻落实相关政策,北京市财政局等单位印发《关于贯彻落实国家支持中关村科技园区建设国家自主创新示范区试点税收政策的通知》(京财税〔2010〕2948 号),明确了具体管理办法和工作要求。2011 年,中关村有 831 家企业享受研发费用加计扣除试点政策,新增归集项目加计扣除额 9.74 亿元,所得税优惠达 1.46 亿元;有 92 家企业享受职工教育经费税前扣除试点政策，超过工资总额2.5%的税前扣除金额达2502万元。

二是落实境外股权和返程投资政策。根据《若干意见》的政策规定，推动投资便利化，简化人才特区企业员工直接持有境外关联公司股权，以及离岸公司在人才特区进行返程投资的有关审批手续。根据2012年3月国家外汇管理局印发的《关于境内个人参与境外上市公司股权激励计划外汇管理有关问题的通知》（汇发〔2012〕7号），个人可以其个人外汇储蓄账户中自有外汇或人民币等境内合法资金参与股权激励计划，中关村人才特区将运用该项政策先行先试。同时，北京市商务委等单位研究制定了《关于中关村特殊人才返程并购审批管理的试行办法》，对高层次人才申请返程并购，提出了简化相关审批手续的实施办法，经征求中国证监会、国家外汇管理局意见，已报国家商务部审批。

三是落实结汇政策。根据《若干意见》的政策规定，改进人才特区外商投资企业管理，简化外汇资本金结汇手续。2011年2月，北京市政府办公厅印发《关于本市开展股权投资基金及其管理企业做好利用外资工作试点的暂行办法》（京政办函〔2011〕16号），并配套出台实施细则，允许试点股权投资基金和企业在外汇投资行为真实发生的基础上办理结汇，并将结汇后的资金全部投入所发起的股权投资基金中，结汇金额上限为股权投资基金实际到账金额的5%。2012年1月，中粮农业产业基金和北京股权投资发展基金首批获得了试点资格，并分别与中国工商银行北京分行和北京银行签署了托管协议。

四是落实进口税收优惠政策。根据《若干意见》政策规定，人才特区内符合现行政策规定的企业与科研机构，在合理数量范围内，进口境内不能生产或性能不能满足需要的科研、教学物品，免征进口关税和进口环节增值税、消费税。在国家海关总署的支持下，中关村管委会、中关村海关等单位制定落实政策的办理流程，已为2名"千人计划"入选者和3名"海聚工程"入选者办理了相关免税手续。

二 人才特区政策创新需要学习借鉴的国内外先进经验

着眼于推动中关村人才特区不断增强吸引人才、竞争人才的优势，提高国际化发展水平，经系统汇总和认真分析，提出以下值得学习借鉴的工作经验：

第一方面，关于发达国家引进人才、吸引风险投资、推动科技孵化和促进产学研用一体化的经验。

（1）美国人才引进的政策与措施。美国政府通过调整和完善移民政策，吸引了大量高端人才。主要特点为：一是强化技术移民和投资移民，允许高科技人才、作家、艺术家等精英人才以及投资者，不受国籍、资历和年龄限制，优先移民美国。二是特设硅谷短期签证制度。20世纪90年代初，为解决硅谷科技公司专业人才短缺的问题，美国移民局专门对受雇于硅谷科技公司、担任专业职务的人才签发期限为6年的H1－B签证，目前全美的H1－B签证每年约为20万个。三是重视留学人才的战略储备。设立政府奖励基金吸引和支持各国优秀留学生、学者赴美学习；支持高校与国外高校建立交换留学生制度；为优秀留学生发放"绿卡"。四是"柔性"引进外国高端智力。通过面向全球招聘博士后、吸引外国专家到美国做访问学者等方式，引进高层次智力资源。

（2）美国吸引风险投资的政策与措施。美国的风险投资体系相对完善、运行机制较为健全、资本市场比较成熟。主要特点为：一是法律法规健全。先后出台了小企业投资公司法、收入法案、鼓励小企业投资法案等，明确了风险投资者的法律地位，降低风险投资企业所得税率，鼓励退休的基金经理进行风险投资。二是投资模式完善。投资资金一般由风险投资企业通过私募或公募方式筹集，投资企业由普通合伙人和有限合伙人按契约组成。普通合伙人作为资金专业管理人员，统管投资机构业务，提供约1%的投资，分享约20%的投资收益和相当于风险资本总额2%左右的管理费，并承担无限责任；有限合伙人提供约99%的投资，分享约80%的投资收益，不负责具体经营，只承担有限责任。三是退出机制健全。风险投资的退出有股票公开上市、企业兼并收购、股权回购、清算4种方式，为风险资本提供高收益的退出渠道，也为企业融资创造了有利条件。其中，上市是最为理想的退出方式，美国约有30%的风险资本通过从纳斯达克市场上市交易，转让股权得以退出。

（3）以色列推动科技孵化的政策与措施。以色列通过设立科技孵化器，在企业初创期与风险资本投资期之间建立纽带，以政府股权投资带动风险投资，在为期2年的孵化期内，实现项目与资本有效对接。主要特点为：一是健全管理机构。设立"首席科学家办公室",对科技孵化项目进行宏观指导;成立孵化器计划执行委员会,负责政策的制定、项目的评估与审批;组建非营利性孵化器管理公司,负责推荐、筛选、申报项目。二是股权分配明确。其孵化企业股权的50%由发明人或创业者持有,20%由提供配套资金的社会投资者持有,20%由所在科技孵化器持有,10%为将来企业的重要雇员持股作准备;政府进行股权投资,不占企业股份。这种股权分配方式,最大限度地保护了创业者和发明人的积极性。三是支持方式完善。政府为每一个孵化项目最高提供项目预算85%的资金支持,孵化成功的企业需每年从其产品销售额中提取一定比例偿还政府本金,而孵化失败的企业无须向政府支付任何费用;同时,创业者或其他风险投资者可以在创业企业成功5年内的任何时间,无条件回购孵化器持有的股权。

(4) 日本促进产学研用一体化的政策与措施。日本筑波科技园与筑波大学建立产学联盟,逐步形成了产学研用一体化的发展格局。筑波大学教师和园区企业的科研人员,基于契约关系共同开展课题研究;研究经费按契约规定分配,筑波大学负担设备和设施维护、管理等费用,企业负担直接研究经费,研究成果以专利形式确定为大学和企业共同所有。通过技术转移中介组织,将具有市场前景、可以直接被企业利用的专利化成果进行转让,直接用于企业生产。部分超出企业现有利用能力或开发风险较大的成果,通过孵化器进行孵化,待成熟后再作推广。在此过程中,日本政府提供有力政策保障。比如,在校企合作研究期间,研发费用超过企业可负担的上限部分,由政府支持;对共同实验研究经费,按比例从税收中扣除。

第二方面,关于南京"科技9条"、武汉"黄金10条"、重庆"创新10条"、深圳"1+10"文件以及温州金融改革政策。

(1) 南京"科技9条"。2012年2月,作为国家科技体制综合改革试点城市,江苏省南京市提出打造中国人才与创业创新名城的若干政策措施,简称为"科技9条"。主要做法为:一是支持人才创业。允许体制内科技人员离岗创业、在职创业、全日制高校大学生休学创业并提供具体保障措施,突破了知识产权等无形资产作价入股的比例,可按至少50%、最多70%的比例折算为技术股份。二是激励成果转化。突破了职务发明成果所得收益的比例,可按至少

60%、最多95%的比例划归参与研发的科技人员及其团队拥有；国有股份3年内的分红以及退出时的超出部分，用于奖励科技领军型人才和团队；落实股权激励和分红激励政策；对职务科技成果以股份或出资比例等股权形式给予科技人员个人奖励，暂不征收个人所得税。三是支持企业创新。对符合条件的企业，3年内返还企业所得税用于支持研发；新创办科技创业型企业所缴纳企业所得税新增部分的地方留成部分，3年内返还企业用于支持研发；强化政府采购，首购首用相关科技创业型企业的新产品。可以说，南京"科技9条"的主要特点是以促进人才流动为重点，以打破人才创业体制壁垒为关键，运用财税政策杠杆，促进科技创业和成果转化。

（2）武汉"黄金10条"。2012年9月，湖北省武汉市为促进东湖开发区科技成果转化体制机制创新，出台10条具体支持措施，简称"黄金10条"。主要做法为：一是支持人才创业。对科研人员离岗创业、在校大学生休学创业，以及科研人员在企业与高校、科研院所之间双向兼职，提出保障措施；加大人才奖励力度，落实股权激励政策，并将企业国有股份3年内分红以及退出时超出部分，用于奖励科技领军型人才和团队。二是促进科技成果转化。允许创新成果完成人或团队自主实施成果转化，并可获得至少70%的成果转化收益；对于促成专利技术在东湖开发区落地的科技推广转化机构，给予最高50万元的资金奖励。三是加强企业扶持。面向部分科技型内资企业，探索注册资本"零首付"等做法；对企业在财政资金、政府采购、企业融资等方面给予支持。四是推动产学研合作发展。支持高校、科研院所建设新型产业技术研究院，分阶段给予经费支持；对于经认定的国家级企业研发机构，最高提供200万元的一次性奖励；支持产业技术创新联盟登记为法人。五是支持风险投资发展。对于风险投资机构和个人，按照相应标准给予一定税收奖励；对于为企业提供科技信贷服务的银行和担保机构，提供单笔不超过500万元的风险补偿。武汉"黄金10条"的主要特点是，集成了中关村人才特区13项特殊政策和南京"科技9条"相关政策，运用财税政策杠杆，更加鲜明地支持产学研合作与风险投资发展。

（3）重庆"创新10条"。2011年10月，重庆市推出"创新10条"，原则性地提出"十二五"时期科技创新部分领域的发展目标和主要措施。主要做法为：一是加强人才引进和培养工作。面向重点行业和产业，引进100个国内外杰出科技团队，建立100个创新人才毕业实习工作基地和研发基地，开展科研人员人力资源成本费用补助试点。二是支持开展科技攻关。以企业为主体，构建政产学研金紧密结合的创新体系，推动企业研发投入占项目总投入的80%以上；依托科研院所，建设科技研发和中试孵化平台；建立科研设施、设备开放共享服务中心，盘活现有科技资产，提高科研设备使用率。三是推动科技成果转化。建立科技成果转化与孵化基地，打造科技成果交易市场，开展职务成果转化及收益权改革试点，对于在关键技术攻关和产业转型升级方面做出重大贡献的企业和个人予以奖励。四是开展国际科技合作。在引进境外顶级研发机构和技术、与境外研发机构开展深度合作、境外技术输出等方面提出发展目标。

（4）深圳"1+10"文件。2012年，广东省深圳市出台了以《关于努力建设国家自主创新示范区 实现创新驱动发展的决定》为主体的"1+10"政策体系。主要做法为：一是推动科研机构体制机制创新。支持企业与高校、科研院所联合组建研发平台和科技创新战略联盟，参与国家科技重大专项；支持企业单独或联合高校、科研院所在境外设立研发机构、技术转移机构或兼并优质企业；对于境外机构在深圳设立具有独立法人资格、符合战略性新兴产业发展方向的研发机构，由市科技研发资金予以最高1000万元的研发资助；依托市政府创业投资引导基金，支持科学家以及高层次人才创新团队领衔组建新兴产业领域的新型科研机构。二是完善科技经费管理制度。确保财政科技投入增幅高于财政经常性收入增幅；创新投资引导、梯级贴息、风险补偿等财政科技投入方式；将劳务费纳入直接费用的范畴，在扣除仪器设备软件购置或开发费后，按照不超过20%的比例列支间接经费。三是完善人才激励机制。对主要利用财政资金形成的科技成果在5年内取得的经济收益，可将不超过60%的收益奖励给科技成果完成人；对于在深圳转化成果的技术转移机构，予以每年最高100万元资助。四是促进科技和金融紧密结合。市政府创业投资引导基金参股设立天使基金，政府基金退出时可将50%净收益让渡给天使基金其他发起人；创业投资企业采取股权投资方式投资于未上市的中小高新技术企业2年以上，可按照其对中小高新技术企业投资额的 70%，依法抵扣企业的应纳税额；探索合格境外有限合伙人的试点，尝试境外资金投资国内市场。

（5）温州金融改革政策。2012 年，国务院批准浙江省温州市设立金融综合改革试验区。浙江省印发了《浙江省温州市金融综合改革试验区实施方案》，提出规范发展民间融资、加快发展新型金融组织、发展专业资产管理机构、开展个人境外直投试点、深化地方金融机构改革、创新发展金融产品与服务、培育发展地方资本市场、积极发展各类债券产品、拓宽保险服务领域、加强社会信用体系建设、强化地方金融管理机制、建立金融综合改革风险防范机制等 12 个方面的具体改革任务，在金融领域进行了先行先试探索。

三　中关村人才特区政策创新的努力方向

（1）政策突破力度有待加大。在涉及人才引进、培养、创新创业、服务以及相关财税金融等方面支持政策中，大部分政策内容在现行国家和地方相关政策的框架内。以《若干意见》13 项特殊政策为代表的创新性政策，在新的形势下已经不具备超前特点，与人才发展的实际需求存在一定差距。比如，科技间接经费列支比例一般不超过 13%，而深圳可达到 20%、武汉东湖则可达到 30%；境外股权和返程投资、结汇等有利于人才投资兴业的政策还没有实质性突破，而温州市建设金融综合改革试验区已经允许个人开展境外直接投资；中关村对于符合条件的高新技术企业实行减免按 15% 的税率征收所得税，而南京对符合条件的企业，实行 3 年内返还企业所得税。相比之下，中关村迫切需要大胆突破制约人才发展的政策和体制机制。

（2）政策资源有待集成。尽管中关村人才特区初步形成了包括人才引进、培养、使用、管理服务在内的配套政策支撑，但各项政策散见于各类文件中，且由相关部门分别执行，难以形成集成效应，需要进一步强化政策资源整合。特别是在顶尖人才及其团队引进、科技孵化机构建设模式创新、天使投资人队伍建设与培养、中小企业及其人才发展等方面，需要进一步集成相关领域的科技政策、产业政策、金融政策等资源，加快形成科技、产业、人才协同发展的工作局面。

（3）政策覆盖面有待拓宽。中关村人才政策体系中超过90%的专项政策面向企业高端人才，对区域内央属高校、科研院所、国有企业的人才覆盖不足。特别是《若干意见》提出的13项特殊政策，主要面向北京市入选"千人计划""海聚工程""高聚工程"的人才，央属单位人才参与和推动人才特区建设的积极性还没有充分发挥出来。由于受落实政策的行政资源和服务资源所限，大部分政策主要扶持高端人才创新创业，目前，享受《若干意见》政策的总人数不超过900人，与中关村企业138万名人才的基数相比，不足万分之七。因此，迫切需要提炼和推广普适性政策，进一步扩大政策覆盖面，做到高端带动、全局活跃。

（4）政策执行力度有待强化。在推进人才特区建设中，中组部等15个中央单位和北京市共同组建的人才特区建设指导委员会有待进一步发挥好职能作用；建设指导委员会办公室对市相关部门落实政策的刚性约束和硬性监督需要进一步强化。尽管中关村创新平台集成了央地创新资源，但其只有业务受理权限，而无行政审批权限，需要通过联席会议、会商等机制来推动政策落实，在一定程度上影响了工作效能。

四　推动人才特区政策创新的对策建议

综合考虑人才与经济社会发展关联度高、互动性强的特点，建议从人才聚集、科技创新、创业扶持、产业促进四方面入手，打造和完善政策支撑平台，深化人才特区的各项建设工作。

（一）打造聚集人才的政策支持平台

一是推动人才引进。借鉴发达国家的经验，创新人才引进机制，在人才特区探索技术移民和投资移民制度，吸引和延揽海外顶尖人才和技术精英。借鉴广东实施"创新科研团队专项计划"的经验，依托北京"海聚工程"、中关村"高聚工程"，健全高端人才及其团队遴选机制，确保选拔出来的人才在创新创业领域处于前沿地位、最具发展潜力。进一步加大对海外留学人员的引进力度，依托"雏鹰人才工程"和留学人员创业园，着力培养年富力强的创业人才。妥善处理好控制人口规模与引进优秀人才的关系，依托人才市场，积极引进和聚集一批战略性新兴产业、现代服务业领域的急需紧缺人才。

二是深化人才培养。持续推进校企人才互动，支持高校、科研院所、企业共建人才联合培养基地，强化人才培养与使用的衔接。落实和完善各项培训政策，进一步形成包括海外留学人才培训、初创企业培训、企业家培训、境外培训、军民融合培训等在内的人才培训体系。

三是强化人才服务。着眼于发挥好市场机制对人才资源的基础性配置作用，引进一批国际知名人才中介机构，繁荣各类人才服务组织。从便于人才享受政策的角度，优化相关政策的落实流程，加大政策宣传力度。抓住中关村成为国家现代服务业试点单位的契机，借鉴上海人力资源服务产业园的建设经验，大力发展人才服务业。

（二）打造科技创新的政策支持平台

一是创新科研管理体制。借鉴北京生命科学研究所的建设经验，率先在一批前沿科技研发机构、新型产业技术研究院，推动建立以学术与创新绩效为主导的科技资源配置机制，构建科技人才分类评价体系，推行以同行评价为载体的考核机制，实行股权激励和分红激励。

二是完善科技经费使用制度。探索和完善以科学家为本的经费使用方式，支持高层次科技领军人才自主选择科研方向、自主使用科技经费。继续深化科技经费后补助或分段拨付的试点，适时推广。进一步提高科技间接经费列支比例，根据项目特点，推行差异化的列支比例，强化结余经费管理。

三是提高企业创新能力。落实研发费用加计扣除、职工教育经费税前列支等先行先试政策，运用贷款贴息、股权投资、后补助等财政性资金支持方式，鼓励企业加大研发投入。支持企业建立高水平研发中心、工程实验室、中试基地。支持企业、高校、科研院所与跨国公司研发中心和国际知名研究机构合作建立世界顶级的实验室或创新中心，开展国际科技重大项目的合作，承接国际技术转移和促进自主技术海外推广。

四是保障知识产权权益。完善知识产权服务和运营体系，推进商标专利商用化，开展专利保险、集群管理和质押等试点，提升知识产权运用和保护能力。

（三）打造扶持创业的政策支持平台

一是创新孵化载体。鼓励和支持民间资本和国际资本投资兴办孵化器，推广创新工场、车库咖啡、联想之星等新型孵化模式，引导各类孵化机构建立市场化运作体系，完善创业项目孵化机制和优秀初创企业发掘机制。全面建设好高端人才创业基地和留学人员创业园，扶持海内外优秀人才特别是青年人才创新创业。

二是发育风险投资。壮大创业投资群体，促进天使投资人、创业导师和创投机构发展，建立健全以政府股权投资为引导、社会资本为主体的创业投资筹集机制。

三是强化金融支持。加速聚集信贷专营机构和融资租赁、小额贷款公司等金融机构，完善技术和资本对接的服务机制，积极开展符合科技企业特点的金融产品和服务创新。

（四）打造促进产业发展的政策支持平台

一是完善企业扶持体系。深入实施"十百千工程""瞪羚计划""金种子工程"和"G20工程"，根据处于不同发展阶段企业的实际需求，有针对性地支持各类企业做优做强。进一步完善企业境内外上市、兼并重组的支持体系，提升中关村板块的影响力和辐射力。推动政府采购模式创新，围绕城市运行、节能环保、改善民生等全市重大需求，组织实施新技术新产品（服务）应用示范项目。

二是建设高端产业集群。深入实施中关村战略性新兴产业集群创新引领工程，围绕加快培育2~3个有技术主导权的产业集群，启动实施"产业集群人才聚集计划"，依托产业集群建设人才集群，依靠人才集群促进产业发展，形成人才集成创新、协同创新的发展格局。

三是支持产业技术联盟。支持高端人才以产业链为纽带，创立产业技术联盟，研究和创制技术标准，探索关键技术快速转化的新机制。分专业领域，探索和形成对不同产业技术联盟提供有效支持的工作措施。

B.11 北京建设世界高端人才聚集之都政策体系研究

曾湘泉 袁罡 胡奇*

摘　要：

北京市建设世界高端人才聚集之都虽然已取得重大进展，但聚集工作的外围环境和内在体系还存在问题。报告针对性地提出9项改进建议：出台促进高端人才聚集与产业发展相结合的政策；完善有利于高端人才聚集的法制保障；出台高端人才聚集工作专项扶持政策；出台促进高端人才聚集政策实施主体多样化的政策；出台拓展高端人才聚集范围的政策；出台建立完善高端人才科学评价机制的政策；继续补充和完善引进高端人才的政策体系，加强宣传和落实；出台促进提高高端人才使用效率的政策；建立全市统一、动态调整的高端人才信息库。

关键词：

高端人才　聚集　外围环境　内在体系

一　绪论

2010年8月23日，习近平同志在北京市调研时指出，要努力把北京打造成"国际活动聚集之都、世界高端企业总部聚集之都、世界高端人才聚集之都、中国特色社会主义先进文化之都、和谐宜居之都"。"五都"战略的提出，

---

* 曾湘泉，中国人民大学劳动人事学院院长、教授、博士生导师，主要研究方向为劳动经济学、人力资源开发与管理、收入分配及薪酬管理；袁罡，博士生，中国人民大学劳动人事学院讲师，主要研究方向为劳动力市场就业政策；胡奇，博士生，中国人民大学劳动人事学院，主要研究方向为劳动力市场就业政策。

明确了北京建设世界城市的五个重要着力点，指明了北京未来的前进方向。建设世界高端人才聚集之都是建设世界城市的先决条件。世界城市的一个重要标志就是高端人才大量聚集。纽约、伦敦、东京的发展实践表明，世界城市通常是在国际上具有很强的人才竞争力和影响力的世界高端人才聚集之都。同时，北京正处于产业结构调整升级的关键阶段，聚集大量高端人才是推动产业升级的必然选择。发挥好高端人才群体在突破关键技术、发展高新产业、带动新兴学科方面的优势，对于北京突破产业升级瓶颈、发展高端产业具有决定性的作用。

为更好地落实北京建设世界高端人才聚集之都的战略，有必要对现有世界城市产业结构和人才政策，特别是聚集高端人才的成功经验进行系统总结和分析，探索适应北京产业结构和城市发展要求的高端人才发展战略，从而为北京建设世界高端人才聚集之都提供政策体系支持。本报告通过搜集整理纽约、伦敦、东京等世界城市在吸纳、维系和激励高端人才方面的有效做法，结合对北京市产业特征、发展目标以及高端人才聚集政策实践效果的调研，评价北京当前的高端人才聚集政策体系，并提出进一步完善的政策建议。

二 北京建设世界高端人才聚集之都进展情况

（一）高端人才聚集政策相继出台，人才聚集制度体系趋于完善

《首都中长期人才发展规划纲要（2010~2020年）》奠定了高端人才聚集政策体系建设的战略基础。"一个意见，两个办法"[①] 规定了聚集不同类型高端人才来京创新、创业的具体实践措施。中关村人才特区建设将进一步推动高端人才聚集制度创新。《关于中关村国家自主创新示范区建设人才特区的若干意见》为北京市在高端人才聚集制度改革方面大胆试验提供了有力支持。

北京市高端人才聚集政策体系为人才聚集工作的开展构建了相对完善的制度基础，将对首都未来高端人才聚集产生重大而深远的影响。

---

① "一个意见，两个办法"即《关于实施北京海外人才聚集工程的意见》《北京市鼓励海外高层次人才来京创业和工作的暂行办法》和《北京市促进留学人员来京创业和工作的暂行办法》。

（二）高端人才聚集的重点工程稳步推进，人才队伍建设成效显著

"千人计划""海聚工程"聚集高端人才效果显著。截至2011年年底，北京地区已经完成了第五批海外高层次人才评选工作，北京地区已有467人入选国家"千人计划"，其中北京市属单位有84人，有227人入选北京"海聚工程"，这些高层次人才分布在北京电子信息、生物医药、能源保护、文化教育、卫生医疗等各个重点领域。

相关部门、重点领域内的高端人才培养工程取得较大成效。例如，北京市人力资源与社会保障局实施了"五年五万"新技师培养计划，2010年技师社会化培训3550人；市卫生局实施了首都高层次人才队伍建设"215"工程，已有超百名专家入选；市教委实施了"人才强教深化计划""职业院校教师素质提升工程"等；市科委实施了"科技北京百名领军人才培养工程"等。这些措施致力于培养本土高端人才，取得了良好效果。

重大工程项目作为推进高端人才聚集工作的重要抓手，实施以来收效显著，极大地推动了高端人才聚集工作的进展。

（三）高端人才聚集的环境不断改善，人才发展的服务水平进一步提升

高端人才创新、创业的工作环境不断优化。北京市结合中关村人才特区和未来科技城建设，出台了包括布局国家重大科技专项、重大科技基础设施建设等多项创业支持政策，通过全新的创业孵化机制，健全与国际接轨的创业金融服务体系等措施，不断优化高端人才的创新、创业环境。

高端人才在京的生活环境逐步改善。成立了海外学人中心，建成全市统一的为海外高层次人才和留学人员提供专业化、信息化和国际化服务的平台；中关村示范区将利用3年时间筹集建设1万套人才公寓，解决高层次人才来京工作的中转住房问题；对全市各行业取得杰出成绩的优秀高端人才进行大力表彰，营造尊重人才的良好社会氛围。

（四）高端人才事业平台持续拓宽，人才效能的积极作用日益显现

高端人才发展的事业平台持续拓宽。以未来科技城和中关村科学城为核

心，北京市积极搭建高端人才聚集平台。为推动未来科技城建设，北京市积极协调建设规划、项目用地和建设资金等问题，为央属科技、产业、智力资源在京落地做好各项服务工作，未来科技城将建成具有世界一流水准、引领中国应用科技发展方向、代表中国相关产业应用研究技术最高水平的人才创新创业基地。为进一步整合央地资源，提高审批效率，促进科技成果转化，成立了中关村科技创新和产业化促进中心（中关村创新资源平台），构建了有利于政策先行先试的工作机制，形成高效运转、充满活力的科技创新和产业化服务体系。

高端人才聚集对北京经济社会发展发挥了重要的推动作用，中关村地区尤为突出。目前，中关村已成为中国经济规模最大的高技术产业基地，2011年中关村企业预计全年总收入接近2万亿元，上市公司总数达202家，新增上市公司24家，形成了"中关村板块"。

三 当前和未来建设世界高端人才聚集之都面临的突出问题

北京市在建设世界高端人才聚集之都进程中还面临两方面的突出问题：一是聚集工作的外围环境亟须进一步改善，突出体现在产业发展与高端人才聚集工作相结合方面有待加强；高端人才聚集工作的法制化程度有待进一步提高；政府与社会各界主体对高端人才聚集工作的投入有待大幅度的增加等；二是聚集工作的内在体系需要继续完善，主要表现为引进、培养、评价、使用高端人才的政策体系需要进一步科学化、规范化、精细化，政策之间的契合度有待进一步提高。具体来讲，主要有以下几点：

1. 聚集政策与产业发展结合度偏低

集中表现为两点：针对不同产业的高端人才聚集政策体系成熟度差异过大以及各产业内部对高端人才需求不清。

（1）针对不同产业的聚集政策体系成熟度差异过大。北京市在发展过程中逐渐形成了"两城两带六高四新"的产业格局以及大力发展八大战略新兴产业，在高端人才聚集工作的政策制定过程中，出现了不同区域、不同产业之间的政策成熟度差异过大的现象。比如在中关村高科技产业区，高端人才聚集政策体系相对完善，除建设人才特区相关纲领性指导意见外，该园区还拟定并实施了"中关村国家自主创新示范区高端领军人才专业技术资格评价量化标准"等一批政策并已经取得了实效；但是，其他区域相较与中关村高端人才政策，还有一定差距，还需要进一步研究区域高端人才政策需求并加以完善。

高端人才聚集政策体系成熟度差异过大已经对人才聚集效果产生了显著差异。课题组针对引进的海外高端人才调研数据显示，已引进的海外高端人才集中分布在三大领域：高校和科研院所、电子信息产业以及生物医药产业，合计占比达76.8%，反映出行业间高端人才聚集严重不均衡。

（2）产业内部对高端人才需求不清。课题组针对部分产业主管部门领导以及大型骨干企业高层管理者的访谈结果显示，其对产业高端人才的总体数量、分布结构、需求缺口还不是十分清晰，缺乏针对高端人才的战略眼光；针对海外高端人才的调查中，41.3%的高端人才自身也不太清楚行业发展对高端人才总体需求情况。

2. 法制化程度需要加强

良好的法制环境是人才聚集与发展的重要保证，是各项人才政策有效实施的法制基础，建立健全相关法制体系对促进高端人才聚集战略长期、稳定开展具有重要意义。当前北京市缺少一部综合性地方人才法规，在知识产权保护、人才服务、人力资源市场管理等方面有较大提升空间。

3. 政府与社会各界对高端人才聚集的投入有待大幅度加强

这种投入包括财力、人力等多个方面。总体来讲财力投入仍显不足，目前，主要是对高端人才个人的激励投入。对整体工作如首都人才发展规划纲要明确的12项重点人才发展工程，在资金投入方面还需要进一步加强。市委、市政府应该从财政投入的角度尽快出台强制比例政策；要广泛动员社会各界力量，激发其对该项工作的热情。关于人力投入，当前北京市专门从事人才工作的人员很少，比如市委组织部人才工作处编制为9人，但要承担全市人才工作的统筹协调工作、指导工作和大量专项工作，市人才工作领导小组其他成员单位基本没有专门的人才工作部门，大部分将人才工作职责放在组织人事处室，缺少专职干部，面对全市人才发展的任务，人力配备上明显不足。

4. 政策的宣传和落实还不够

据课题组调查，一部分高端人才不了解《关于中关村国家自主创新示范区建设人才特区的若干意见》和《中关村高端领军人才聚集工程实施细则》这两个新近颁布文件的具体内容。近50%的受访高端人才认为已出台政策的个别方面有待加强落实，关注焦点集中在子女入学、住房、个人健康（医疗保险、医疗服务）、科研或创业的资金支持、户口（解决家属户口、员工户口）、项目申请和政策扶持等方面，都反映出了政策的落实还需要加强。

5. 高端人才评价机制的科学性还需进一步提高

部分海外归国人才反映，目前对高端人才的评价存在"外行人评价内行人"问题。课题组调查显示，有46.7%的高端人才不认可"本行业对高端人才有清晰的评价体系"，反映出当前的评价机制需要进一步提高其科学性。

6. 以市场化手段引进高端人才力度不足

目前北京市的高端人才引进主要以政府为主，对高端猎头等中介机构的作用重视不够，没有充分发挥高端猎头公司等市场主体在掌握高端人才分布、发展需求等方面的信息优势。

7. 高端人才效能发挥不够充分

尽管北京已经具备了高端人才聚集的产业基础和事业平台，但部分已引进高端人才认为工作绩效很少能达到其在国外工作时的80%。首先，由于长居海外，回国后大多需要调整适应，尤其受困于复杂的人际关系和繁杂的办事手续等。其次，高端人才普遍认为科研或项目经费不足且管理过于僵化和繁琐，使用不便且脱离实际；政府相关部门与高端人才之间以及高端人才群体内部的沟通渠道较少，沟通有效性不足；引进后的跟踪服务、反馈和绩效评价机制缺失。这些问题不同程度地降低了高端人才的绩效，影响了其效能的提升。

8. 对高端人才的服务质量需进一步提高

根据调查显示，北京市已引进的海外高端人才中57%为外籍人士，中国国籍且非北京户口的仅占9%，因此他们更关注员工或家属的户口问题和子女教育问题；高端人才年收入42%集中在20万～50万元区间，住房问题仍然突出；与中国香港、新加坡等国际城市相比，国内个人所得税征收税率过高。上述共性问题虽然已经出台相关政策，但座谈反映落实情况并不理想。另外，购车受限和社会认知度低也是他们关注的问题。

9. 准高端人才的聚集效果与需求存在较大差距

与纽约、伦敦和东京等世界城市相比，北京在聚集准高端人才，吸引世界范围的优秀留学人员来京工作的影响力方面相对较低。部分已引进的高端人才认为北京培养的本土准高端人才水平距离国际理想标准还有一定差距，符合构建工作团队要求的准高端人才在质量和数量方面储备均不足，人才梯队断档明显。北京市应高度重视准高端人才工作，将高端人才聚集工作"端口前移"。

四 建设世界高端人才聚集之都的政策框架

建设世界高端人才聚集之都是一项系统工程，产业环境、法制建设、投入保障和政策的落实与完善构成了高端人才聚集工作的外围环境，而高端人才的引进、培养、评价、使用以及信息化建设，构成了聚集工作的内在体系（框架体系见图1）。

其中：

（1）核心目标：将北京建设成为世界高端人才聚集之都，成为全世界高端人才及准高端人才向往、热爱的世界城市，工作、生活的美好家园。

（2）高端人才的引进：从扩大引进范围和加大引进力度两方面入手，延伸外籍高端人才队伍、非科技类人才队伍、高技能人才队伍及准高端人才队伍等人才类别，团队引进、中介引进等引进手段和方式，加大激励力度，加强激励精度，提升引进的效率。

（3）高端人才的培养：培养要覆盖北京发展需要的各个领域，培养政策要衔接配套，要进一步研究制定加大人才培养投入的相关政策。

（4）高端人才的评价：引入"点数法"体系、同行评价等方法，解决高端人才评价问题，依据全市发展需要，制定科学的评价要素，设置合理的权重，形成完备的评价政策。

（5）高端人才的使用：聚焦"创新"与"创业"两类使用模式，通过制定新政策促进北京市开创世界高端人才科研体制创新、项目设立机制创新、团队支持模式创新、成果转化方式创新、创业支持渠道创新新局面。

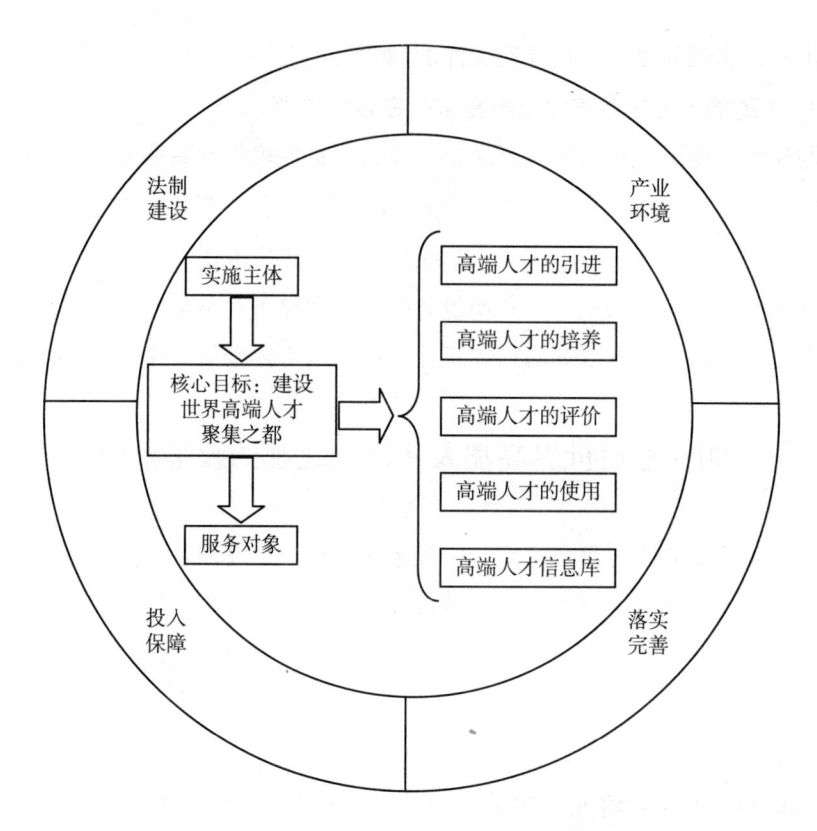

图1 建设世界高端人才聚集之都的政策框架

（6）高端人才信息库：建立全市统一的海外高层次人才信息库，重点关注信息的及时性和有效性，实现动态管理。

（7）产业环境：从明晰产业部门领导者的责任入手，努力推动产业发展从"产业优先"到"产业与人才并重"直至实现"人才优先"。

（8）法制建设：推进人才工作的立法进程，重点解决人才权益保护、人才市场管理、人才服务等问题，努力实现法制化。

（9）投入保障：制定政策确保财政对高端人才聚集工作的支持力度，力争实现财政投入比例固化；提高人、财、物配置水平；引导社会主体加大投入；重视准高端人才聚集工作的投入；注意投入的节奏和重点。

（10）完善落实：重视政策实施细则的制定及实施效果的跟踪评估，动态调整，不断完善。

五 建设世界高端人才聚集之都政策体系的建议

（一）北京建设世界高端人才聚集之都的战略愿景

北京建设世界高端人才聚集之都，就是要以服务、支撑和引领产业发展为导向，在未来的5~10年时间里，聚集一大批海外高层次创新创业人才和团队，鼓励和吸引具有真才实学和发展潜力的优秀人员来京创新创业，使北京成为全球创新创业最为活跃、高层次人才最为向往并主动汇聚的"人才之都"，为北京建设世界城市提供人才资源方面的有力保障。

（二）北京建设世界高端人才聚集之都的指导原则

借鉴纽约、伦敦、东京等世界城市的经验，结合对北京市建设世界高端人才聚集之都现状的分析，提出"协同、特办、持续"的指导原则。具体来说，即指"服务产业，协同发展""特事特办，重在使用""搭建梯队，持续提升"。

服务产业，协同发展。把高端人才与产业特别是文化、金融和科技等世界城市标志性产业的协调发展作为高端人才聚集工作的出发点和落脚点，以服务产业为宗旨，实现高端人才与产业的无缝对接、相互促进、共同发展。

特事特办，重在使用。高端人才群体特征明显，作用巨大。在"知寻引用"方面，要以促进高端人才群体最大程度发挥价值为根本，针对性出台特殊政策，科学界定、广泛搜寻、大力引进、大胆使用。

搭建梯队，持续提升。重视准高端人才的聚集和培养，搭建高端人才梯队，创造高端人才不断供给的格局，实现高端人才队伍长期性、稳定性、可持续性提升。

（三）完善北京建设世界高端人才聚集之都政策体系的路径

构建满足北京建设世界高端人才聚集之都政策体系的路径如图2所示。

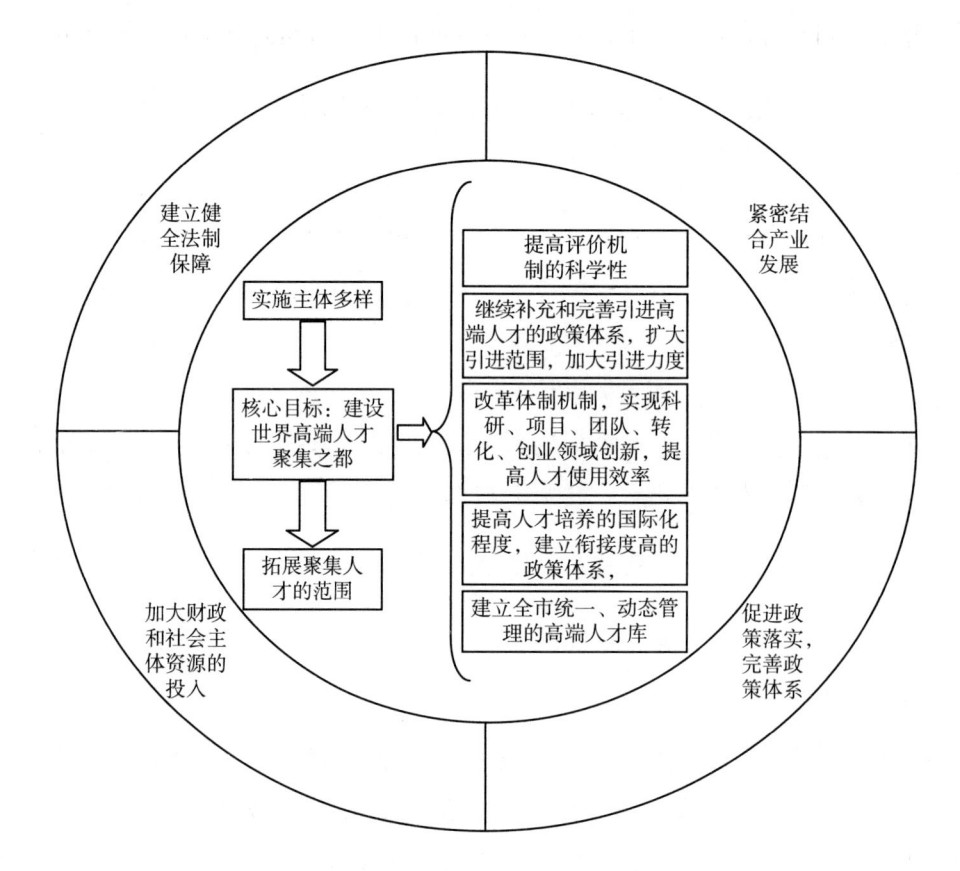

图2 完善北京建设世界高端人才聚集之都政策体系的路径

（四）完善北京建设世界高端人才聚集之都政策体系的具体政策

完善北京建设世界高端人才聚集之都政策体系的具体政策包含9个方面。

1. 出台促进高端人才聚集与产业发展相结合的政策

产业发展与高端人才聚集相结合，首先要明确产业部门在聚集高端人才方面的责任，并摸清产业内高端人才的需求状况，在此基础上需要重点做好金融、高技术、文化创意三大重点发展产业的高端人才聚集工作，并以三大产业为标杆，开展其他产业的高端人才聚集工作。

一是以高端人才聚集为原则，指导和完善产业发展规划的制定和修订工作。在各级各类政府部门制定和修订产业发展规划时，应将制定相应的高端人才聚集规划作为必要任务予以明确,从战略高度对高端人才聚集工作给予关注,从政策制定的源头实现产业政策和高端人才聚集政策的结合。在条件成熟的产业或区域,突破"产业优先"传统理念,率先尝试"人才优先"原则,根据引进的高端人才特点和优势,搭建事业平台,促进产业发展。

二是推动产业内高端人才需求状况调研。启动北京市重点产业功能区高端人才需求状况调研,摸底人才结构,结合产业和人才发展规划,列出高端人才需求清单,提高人才聚集工作的针对性和有效性。具体内容和实施步骤包括:统计当前北京市重点产业功能区内各类人才的分布情况;根据区域发展、产业发展的规划目标,测算未来所需高端人才的类型、质量和数量;对比现状和未来的发展趋势,制定高端人才的需求清单等。

三是打造世界级金融产业人才集群。紧密围绕首都金融产业定位和建设具有国际影响力的金融中心发展目标,以高端人才和紧缺专业人才为重点,加大引进和培养力度,打造专业化的金融人才服务体系,着力完善金融全产业人才链条。

四是打造世界级高技术产业人才集群。围绕首都高技术产业布局,以搭建国际一流的高技术产业人才集群平台载体和优化人才集群发展环境为切入点,大力实施世界级高技术产业人才集群的引进培养工程;稳步推进世界级高技术产业人才集群发展的公共平台建设;以中关村人才特区建设为重点,打造世界级高技术产业人才集群地。

五是打造世界级文化创意产业人才集群。以创新创意型、领军型、复合型高端人才为重点,实施"文创人才集群发展工程",大力推动文化创意产业国际交流,积极培育和建设新型行业协会中介组织,全面推进文化创意产业发展。

2. 完善有利于高端人才聚集的法制保障

制定地方性人才法规,进一步优化人才发展的法制环境,通过大力推进人才发展法制化进程,进一步营建有利于各类人才创新创业的整体环境。具体内容包括:制定和出台北京市人才发展促进条例和人才市场管理条例等,明确各类主体间的权责关系,为人才发展提供有效的法制保障。

3. 出台高端人才聚集工作专项扶持政策

要进一步提高对高端人才工作的支持力度，提高人、财、物配置水平。加大政府财政支持，力争实现财政总额按一定比例固定用于此项工作；通过税收优惠等措施引导社会主体加大投入；重视准高端人才聚集工作的专项投入；注意投入的节奏和重点，向起步阶段的人才或项目倾斜，完善退出机制。为保证高端人才引进、培养、评价、使用和信息化建设等方面工作的质量，增加相应的工作编制。

4. 出台促进高端人才聚集政策实施主体多样化的政策

纽约、伦敦、东京等地方政府及所在国政府经常委托国际高端猎头公司寻访重点人物和关键人才，提高政府人才寻访工作的效率和质量。北京市有必要重视调动多种社会力量与政府一同开展高端人才的聚集及其他相关工作。具体内容和实施步骤包括：

在借助中介机构引进高端人才方面，应制定、出台高端人才猎头行业法律法规，建立猎头行业反馈监督机构，规范高端人才中介市场；打造政府猎头，创设国有猎头公司，以引进战略性高端人才为目标，获取政府行政资源和资金支持，定点聚集核心高端人才；与世界著名猎头公司建立长期战略关系，以合作形式引进高端人才。

在高端人才的评价、奖励、使用、管理、服务、培养方面，应提高用人单位参与频率和权重，并通过政策文件将其固化，定期评估，及时调整，逐步提高用人单位特别是中央部委和在京单位的参与度，实现政策实施主体的多样化。

5. 出台拓展高端人才聚集范围的政策

一是重视准高端人才的聚集工作。北京市应从战略高度重视准高端人才的聚集工作，将其作为高端人才聚集政策体系的重要补充部分。首先，应大力解决现有政策衔接不紧的问题，打造立体化的培养体系。比如科技类人才培养计划，共设有"雏鹰计划"（中小学）、"翱翔计划"（高中）、"科技新星计划"（35岁以下青年科技人才）、"科技北京百名领军人才培养工程"（领军骨干）等培养计划，但是政策间的衔接不够，高中与大学间缺少相应衔接计划，可以出台高中科技实验班整体保送大学制度或大幅度增加高潜质高中科技人才的高考分数等；出台针对大学生的准高端科技人才培养计划等，努力做到"端口前移"。其次，应大力提高本土准高端人才培养的国际化程度，应拓宽国际交流机制，推动在京高校、高中的教师、学生与世界一流大学和美国、英国、法国等顶尖科研机构之间的人才交流互动，构建"常春藤青年联盟"等常设交流机构，对准高端人才的培养发挥持续影响。同时，应制定准高端人才评价体系；建立相关数据库，对准高端人才的成长路径、知识结构、性格特点、发展状况以及人脉资源进行动态跟踪；出台优惠政策，吸引世界各地优秀人才赴京高校留学，吸收国际准高端人才等。

二是要加大对外籍高端人才、非科技类人才、高技能人才等人才类别的聚集力度，综合运用团队引进、中介引进等手段和方式，引得来，用得好。

6. 出台建立完善高端人才科学评价机制的政策

尽快建立并完善高端人才科学评价体系，引入"点数法"评价体系，运用同行评价方法，重视动态跟踪考核，提高评价工作的科学性、规范性和精细度。"点数法"在伦敦、纽约、东京等世界城市的人才评价特别是移民审核工作中普遍使用。实施主体根据自身对人才所具备的素质结构的偏好，确定认知水平、专业素养、特殊技能、语言能力、信用评级等要素及结构；再将各类要素投射到可以考察的客观指标如学历、证书、奖项、认证、信用评价分数等；最后根据产业需求和劳动力市场的需要确定对人才素质结构的偏好，制定各项素质的评价标准并赋予每项素质特定分数，根据实施效果和发展要求进行动态调整。

7. 继续补充和完善引进高端人才的政策体系，加强宣传和落实

一是加大激励力度，细化激励细则。对于高端人才特别关注的多次往返签证、家属和员工户口、住房限购、买车限购、养老保险、个人健康（医疗保险及医疗服务）、家属安置、子女教育、团队建设、科研或创业的资金支持、项目申请和政策扶持等方面问题，坚持"特事特办"原则，解决高端人才后顾之忧。继续完善激励措施，尤其注重精神激励，设立权威性的荣誉称号，并向社会广为宣传，提高社会对高端人才的认知程度。

二是出台高端人才的辅导政策，重视引进后的跟踪服务，建立1~2年的辅导期，帮助人才本土化，缩短适应过程，提高工作效率。

三是完善高端人才与组织部门以及高端人才之间的沟通机制。设立周期固定的意见征求会、专业研讨会，成立高端人才俱乐部和沙龙，搭建交流平台。关注意见的反馈和落实。

8. 出台促进提高高端人才使用效率的政策

针对"创新"和"创业"两类高端人才，需要分别出台针对性强的政策，提高人才使用效率。

提高"创新"类高端人才的使用效率，重在科研体制创新、项目设立机制创新、团队支持模式创新、成果转化方式创新。项目设立和科研管理体制改革是"创新"类高端人才最关注的问题。今后的重大项目设立中，要真正将站在世界科技最前沿的高端人才纳入决策体系中，避免在立项开始阶段出现立项水平滞后等问题。在针对高端人才项目支持方面，可以考虑在市级重大项目中，单独为引进的高端人才设立部分项目。关于科研管理体制的改革，一方面是进一步加大科研方向的自主权，对于引进的高端人才，可以享有较高的科研自主权；另一方面是科研机构的管理体制，应在具备条件的高校和科研院所建立理事会领导下的院长（所长）负责制，理事会是决策机构，负责聘任国内外著名专家组建学术咨询机构——科学指导委员会，由科学指导委员会对受聘院长（所长）进行评估，实现行政为科研服务。

团队支持模式的创新重点在于引进和使用的不再是高端人才个人，而是以其为核心的团队。团队支持模式可以是针对国外某个成熟的团队，也可以通过给予高端人才专项资金供其组建团队使用的方式得以实现。团队支持模式可以解决国内人才梯队断档的问题，也可以减少人际磨合造成的管理内耗，提高工作效率。成果转化方式的创新重点在于确权，首先要做好知识产权保护，让其放心创造，而聚集工作法制化是核心保障；其次是在成果产业化过程中，公平公正地给予其应得的股份。

针对"创业"类高端人才的使用，要出台政策从公司运营和产品销售两方面对其进行扶持。在公司运营方面，综合运用税收优惠、租金减免等手段，降低其运营成本。在产品销售方面，应从鼓励自主创新的角度，从北京市每年的政府采购资金中划拨出一定比例专项资金，专门用于购买高端人才创业类公司的拥有自主知识产权的产品。

9. 建立全市统一、动态调整的高端人才信息库

借助于现代技术手段，整合北京市已有的多个不同产业、不同群体的高端人才相关信息库，建立统一的数据库，实现资源共享。同时，利用驻外机构搭建广泛的人才信息网络，收集海外高端人才和准高端人才的信息，对信息进行分类分级和动态跟踪，重点关注信息的及时性和有效性，实现动态管理。

参考文献

[1] 北京市人民政府办公厅转发市人事局、市财政局关于《北京市吸引高级人才奖励管理规定》的通知，京政办发〔2005〕18号，2005年4月22日。

[2] 中共北京市委组织部：《首都人才发展战略研究报告》，http://theory.people.com.cn/GB/40536/3242222.html，2005年3月14日。

[3] 《首都中长期人才发展规划纲要（2010~2020年）》，http://zhengwu.beijing.gov.cn/ghxx/qtgh/t1123036.htm。

[4] 孙强、朱亚杰：《北京高技术产业集聚现状及分析》，《中国高新技术企业》2009年第14期。

[5] 欧美同学会中国留学人员联谊会：《海外留学人员座谈会论文集》，2009。

[6] 陶冶：《北京发展国际金融中心战略分析》，《中国流通经济》2006年第3期。

[7] 刘玉芳：《北京与国际城市的比较研究》，国务院发展研究中心信息网，2008年5月29日。

[8] 连玉明：《北京建设世界城市的问题与对策》，首都大讲堂，http://www.xj71.com/2010/0505/584278.shtml，2010年5月5日。

[9] 田丽凤：《北京迈向世界城市的发展要点》，《城市问题》2010年第9期。

[10] 《北京市国民经济和社会发展第十二个五年规划纲要》，http://zhengwu.beijing.gov.cn/ghxx/sewgh/t1176552.htm。

[11] 张欣庆：《打造高技能人才聚集之都》，《前线》，2010年10月。

[12] 王阳、幽向丽：《第一资源服务平台的探索与实践——访北京双高人才发展中心、北京海外学人中心主任袁方》，《中国人力资源开发》2010年第12期。

[13] 刘淇：《加快经济发展方式转变，推进世界城市建设》，《求是》2010年第10期。

[14] 刘淇：《建设"人文北京、科技北京、绿色北京"》，《求是》2008年第23期。

[15] 连玉明：《世界城市的本质与北京建设世界城市的战略走向》，http://blog.caijing.com.cn/expert_article-151296-7217.shtml，2010年6月8日。

[16] 鲁勇：《以新型城市化助推北京迈向"世界城市"》，《北京日报》2010年6月12日。

B.12
科技人才评价机制研究

北京市科委课题组[*]

摘　要：

人才评价是指评价主体基于特定评价目的，按照一定的评价标准，采用有针对性的评价方法，对评价对象做出评价性结论的过程。科技人才评价是以科技人才为对象的人才评价活动，是选拔、使用和培养科技人才的重要手段。目前，我国的科技人才评价机制还存在对评价对象缺乏有针对性的分类、评价指标不能真正反映评价对象的能力素质、评价方法过于单一等问题，不能适应创新型国家战略目标和北京市科技发展目标的要求。本研究在人才评价的"胜任力模型"和"个体创新行为理论"的指导下，在总结国内外科技人才评价存在的问题和取得的经验的基础上，分别以基础研究人才、应用开发研究人才、科技创业人才和领军人才（及创新团队）为对象，发展出一套以创新为导向、以能力素质为核心的分类科技人才评价机制。在此基础上，针对北京市对科技人才的具体需求和北京市科技人才评价实践存在的具体问题，本研究提出了改进北京市科技人才评价机制的具体建议。

关键词：

科技人才　评价指标　评价机制　政策建议

---

[*] 课题组组长：杨伟光，北京市科委党组书记、副主任。课题组成员：曾立坚，北京市科委人事教育处处长；何光喜，中国科学技术发展战略研究院科技与社会发展研究所副所长，副研究员；陈宝龙，北京市科委人事教育处副处长；樊立宏，中国科学技术发展战略研究院研究员；张文霞，中国科学技术发展战略研究院副研究员，社会学博士。

一　研究的背景、目标与方法

（一）研究的背景

1. 我国的科技人才评价机制存在比较突出的问题

目前，我国的科技人才评价机制还存在着比较突出的问题。主要表现为：评价活动缺乏针对性，对各类评价对象采用"一刀切"的评价标准（重视学术贡献却轻视对社会经济的支撑作用）；评价指标过于强调学历、资历、论文、项目等"外显性"指标，且简单化为定量指标，对科技人员内在的"胜任力"及科技活动的实际创新水平缺乏定性评价；评价方式上"行政主导"色彩过重，同行评议贯彻尚不充分；此外，评价活动过于频繁、评价周期过短的问题也比较突出。

近年来，中央和各级地方政府，针对不同层次科技人才的引进、培养和使用，投入大量资金，分别设立了多项科技人才专项计划。但许多人才计划对资助对象的考核评价方法也没有相应的创新和改进，仍囿于唯学历、职称、资历或单纯依靠发表论文数、承担课题数等已经取得的科研成就的传统评价方法，对不同层次、不同类型科技人才的考核评价标准也没有表现出有效的区分。这在很大程度上限制了这些人才计划的实施效果，也成为科研企事业单位在发掘、培养和使用科技人才过程中的重要制约因素。

这种状况既不利于引导科技人才潜心创新，又制约了科技人才服务社会经济、协同创新的积极性，不能适应建设创新型国家的战略目标和北京市面向"创新"、促进科技与经济相结合的科技发展目标要求。

2. 各级政府高度重视科技人才评价机制创新工作

各级政府对改进科技人才评价工作高度重视。中共中央、国务院颁布《关于深化科技体制改革加快国家创新体系建设的意见》明确提出改进科技人才评价方式。针对当前我国科技评价与科技人才评价的突出问题，提出建立以科研能力和创新成果等为导向的科技人才评价标准，改变片面地将论文数量、项目和经费数量、专利数量等与科研人员评价和晋升直接挂钩的做法。

2011年前后，中央人才工作协调小组、中组部和北京市决定在中关村自主创新示范区建设有中国特色的人才特区，率先在经济社会发展全局中确立人才优先发展战略布局，构建与国际接轨、与社会主义市场经济体制相适应、有利于科学发展的人才体制机制。在规划之初，中关村人才特区建设就注意到传统科技人才评价机制的不足，在《加快建设中关村人才特区行动计划（2011～2015年）》中明确提出要"推动科研管理体制改革，创新科技人才评价体系"。

（二）研究的目的

本研究的首要目的是建立一套以创新为导向的、适应不同类型科技人才评价规律的分类人才评价机制。这个机制具有以下特点：针对不同的评价对象进行分类评价；评价指标体现"创新"导向；除评价指标外，还将探索评价方式的创新。

在此基础上，本研究还将探讨与科技人才评价相关的政策创新问题，具体分析北京市对科技人才的具体要求和北京市科技人才评价的现状与问题，有针对性地提出发挥科技人才评价机制的导向性作用，在北京市选拔、培养、使用好科技人才的相关建议。

（三）研究的方法

本研究的技术路线可概括为"以理论为指导""以问题为导向""以经验为借鉴"。在人才评价的"胜任力模型"理论和"个体创新行为理论"的指导下，我们将形成对科技人才评价的一级指标（即对一个科技人才而言，应主要从哪几个方面进行评价）。通过对政府、科研机构、科技人才计划中各类科技人才评价实践现状的分析，我们将发现现行评价机制存在的各种问题及取得的有益经验，以应对问题为导向，在借鉴有效的评价机制的基础上，开发出针对各类科技人才的评价指标体系和有针对性的评价方法。具体研究方法有文献分析和实地调研等。

二 科技人才评价的理论与方法

（一）科技人才评价机制的基本要素

人才评价是指评价主体基于特定评价目的，按照一定的评价标准，采用有针对性的评价方法，对评价对象做出评价性结论的过程。评价主体、评价对象、评价目的、评价标准（指标）和评价方法是人才评价机制的五个基本要素。

1. 评价主体

评价主体指评价结果的使用方，不同评价主体的评价目的存在一定差异性，评价内容和指标的侧重也有所不同。明确评价主体是进行人才评价的重要前提。一般而言，人才评价的主体主要有政府部门、人才所在单位、资助机构和人才中介机构等。

2. 评价对象

评价对象指被评价的人。科技人才评价就是以科技人才为对象的人才评价活动，是选拔、使用和培养科技人才的重要手段。根据科技人才从事的科技活动的性质不同，科技人才评价的对象可以区分为基础研究人才、应用开发人才、科技成果转化与推广人才、科技管理人才、科技中介人才、研究辅助人才、科技创业人才等。

3. 评价目的

评价目的指评价的结果主要用来做什么，起什么作用，是人才评价的首要环节，决定着评价内容的侧重、评价指标和具体评价方法的选择。一般而言，根据评价目的不同人才评价可分为三种主要类型：一是选拔性评价，主要目标是选出相对优秀的人才，进行有重点的支持、培养或赋予其合适的岗位和职位；二是考核性评价，主要目的是工作单位或资助机构基于日常管理需要，对人才个体的工作状况和业绩进行评价，以发现问题、引导和激励人才更好地工作与发展，提高组织绩效；三是发展性评价，即通过一系列科学的手段和方法对个人的基本素质及绩效进行测量、评定和诊断，以发现个人的职业兴趣与职业适应性，为组织的人力资源管理决策以及个人正确选择职业发展方向提供参考和依据。

4. 评价指标

评价指标也就是评价的内容和标准，即按照什么对人才做出评价，它是人才评价操作层次上的关键部分。科技人才评价理论和管理实践的基本假定之一是科技人才的可测性，即科技人才的基本素质、能力水平、成果和社会贡献都是可以测量和评价的。因此，科技人才评价理论研究和管理实践中探索的重要内容是如何确定相对科学、客观的若干标准，使之能够相对准确地反映具体的科技人才的素质、能力和业绩贡献。一般来说，科技人才的评价指标应是一个多维多层的综合性体系，包含多个重要方面的信息并且其每个方面的核心信息都能够得到定量化的测量。其每个具体指标都应该有清晰的指标定义、权重、赋值方法和评定标准，各指标之间应相互联系又相对独立，构成一个相对完整的整体。总的来看，希望依靠单一评价指标对人才做出准确的判断往往是不现实的。

5. 评价方法

评价指标数据的获取需要依据科学、系统的方法，这就是所谓的评价方法。科技人才评价的方法有定性评价、定量评价和综合性评价三大类。对科研人员最常用的定性评价方法是同行评议法，定量评价方法主要是科学引文分析法。其中，同行评价被广泛应用于论文和项目评审，在我国也被广泛用于政府的人才遴选和大学、科研机构的人才考核。同行评价由于是依靠专家的主观定性评价，容易受评价专家的主观因素影响，但至今科学界比较一致的看法是，同行评议仍是一种尚不可取代的基础科学项目和基础科学人才评价的方法。

科学引文分析法得益于科学计量学和文献计量学的发展。经过多年发展，科学引文分析法形成了完整的引证检索系统，包括《科学引文索引》（SCI）、《社会科学引文索引》（SSCI）、《工程索引》（EI）、《科学技术会议录索引》（ISTP）等，它在某种程度上能弥补主观评价的缺陷，被广泛应用于科技人才的成果评价。自20世纪80年代引入国内科技人才评价体系以来，科学引文分析法在我国的使用日益普遍，其弊端也日益突出，受到越来越多的批评。2002年，科技部和教育部联合出台了《关于发挥高等学校科技创新作用的若干意见》，提出要合理利用SCI在科研评价方面的作用，从重视论文的数量向重视论文质量转变，从重视论文向论文与专利并重转变，取消政府导向的SCI排名。但至今，各学术机构和科研人员对SCI的热衷仍不见减弱，其在基础研究人才评价中的作用仍无其他定量方法可以取代。

此外,在人力资源管理活动中的人才测评领域,也发展出了一系列的测评方法和工具,比较常用的方法有履历分析、心理测试、面试、情景压力测验、模拟情景测验、角色扮演测验、工作模拟情景等,专门的测评工具有"SHL岗位匹配度测试"、"AOP职场个性测试"、评价中心技术等。需要说明的是,每类人才评价方法都有自己的优点和局限性,单一的评价方法往往不能完整地实现评价目标。特别是在进行人才选拔时,应将定性和定量评价相结合,做出综合性的评定。

(二)科技人才评价的基本理论

科技人才评价需要依据一定的理论观点,作为评价指标和方法选择的理论基础。在心理学、社会学和管理学中,有许多理论对科技人才评价都有明确的指导或启发借鉴意义。根据本研究的目的,我们主要选择了胜任力模型理论和个体创新行为理论来指导科技人才评价指标和方法的选择。

1. 胜任力模型理论

"胜任力"(competency,也有人译作"能力素质")概念最早由戴维·麦克利兰(David McClelland)于1973年提出,经过30多年的发展,形成了一套较为完善的理论,基于胜任力模型的人才测评方法被广泛应用于人员选聘、培养以及绩效评估、薪酬分配等方面。"胜任力"也称胜任特征,是指个体所具有的、能够导致优异工作绩效和成就的、可测量的内在稳定性特征和行为方式,包括个人的知识、技能、自我形象、成就动机、个人特质、思维模式、心理定势、价值观以及思考、感知和行动的方式等。这些个人特征造成了在某一工作中优秀者与表现平平者之间的差异。

根据这一理论,学者们提出了诸多所谓的"胜任力模型"。例如,"冰山模型"认为,可以把个人的胜任特征描述为在水中漂浮的一座冰山,其水上部分代表着个人所拥有的表层特征,如知识,技能等;水下部分代表深层的胜任特征,如价值观、自我形象、个性、内驱力、成就动机等,后者是内隐的、模糊不易测量的,但它是决定人们的行为表现及成功机会的关键因素。"胜任力通用模型"则提出胜任力是"能够使管理者完成杰出业绩的那些行为",涵盖了21种特征，如判断力、团队管理、记忆力、自信、主动性、责任感、毅力等。

科技人才不同于一般岗位人力资源的重要特征是要具有系统的专业知识、专业技能，同时具备一定的创造力和较强的成就动机，以保证其所从事的科技活动具有新颖性和独创性。就科技人才评价而言，可以基于"胜任力理论"和科技活动的自身特点，构建针对某一类型科技人才的胜任力模式。

2. 个体创新行为理论

创新是科技工作的基本要求，也是科技人才应具有的基本特质。创新主体包括个体、团队和组织三个层面。Kanter最早提出，个体的创新过程开始于新思想和新问题的产生，包括三个阶段：第一阶段由个体产生新问题或提出新思想，即对问题的认知阶段；第二阶段是个体为了实现其新思想或解决新问题而寻求资金资助或其他支持；第三阶段是个体实现其新思想，解决了新问题，并将实现后的创新加以量化生产，成为创新的原型或标准，最终推出可供商业化的服务或产品。Scott和Bruce将个体创新行为描述为类似的三个阶段，并根据这三个阶段创立了个人创新行为量表（Individual Innovative Behavior Scale），包括"寻找新技术、新程序、新工艺或者提出新方法、产生创新性思想"等6个指标。Kleysen和Street将个体创新行为归纳为产生新思想、衡量新思想、寻求实现、技术实施和产品应用等5个方面。Zhou和George在Scott和Bruce量表的基础上，将个体的创新能力定义为"个体成员在创新想法是产生、推广和制定创新思想实施方案过程中行为表现的创新程度"，开发了包括13个指标的个体创新量表（Individual Creativity Scale）。Anderson等学者根据主体参与不同层面的创新行为特征，对个体层面的创新特征归纳为性格、创新动机、认知能力、工作行为特征和情绪特征等几个方面；他们同时发现，个体、团队和组织三个层面的创新行为有一定的相互影响作用，个体的创新行为可以影响和带动团队和组织的创新行为。[1]

这些研究对我们选择科技人才评价指标具有指导意义：在对科技人才的"胜任力"进行评价时，需要重点关注其创新能力的评价，并根据不同类型科

---

[1] 中国科学技术信息所：《创新型科技人才分类及评价指标体系研究报告》，2012，第24~25页。

技人才所处创新链的位置不同,有侧重地选取不同的创新能力评价指标。例如,对于基础研究类人员的评价,需要更为关注 Kanter 所说的第一阶段的创新能力;对于创业型科技人才,需要关注第二阶段的创新能力;对于应用开发类人才,需要关注第三阶段的创新能力;对于领军人才,更应关注其对组织和团队创新行为的影响和带动作用。

三 以创新为导向、以能力素质为核心的分类科技人才评价机制

(一)基本框架

本研究认为,一个合理、适用的科技人才评价机制应具备以下特点:以对评价对象的分类为基础,评价指标以创新为导向、以能力素质为核心,并采用有针对性、适用性的评价方法获取评价数据。我们用"以创新为导向、以能力素质为核心的分类科技人才评价机制"来概括这一评价机制。具体如下:

1. 评价对象

按照创新链条上的分工不同,科技人才可分为基础研究人才、应用开发研究人才和科技创业人才三大类(科技人才中还包括科技管理人才、科技辅助人才等,本研究重点关注高层次科研人才,对这些人才的评价问题不在研究范围之中)。不同类型的科技人才从事的创新活动存在着巨大的差异,不存在一套"普适性"的评价机制,需要分别开发不同的评价机制。

此外,在现代"大科学"时代,领军人才和创新团队在各个领域和创新环节都发挥着关键性作用,也需要建立专门的评价机制。

2. 评价指标

科技人才评价的目的是促进"创新",评价指标的选取也应以"创新"为导向。我们综合了人才评价"胜任力(能力素质)模型"理论和"个体创新行为理论",根据"胜任力"(能力素质)的"外显性"/"内隐性"特征和个体在创新过程中所处位置及所需要的相应能力素质,建立了科技人才评价的

5个一级指标：①专业知识与创新技能；②创新精神与动力；③创新行为与能力；④组织领导与社会交往能力；⑤创新绩效及其社会效益。这5个一级指标既考虑了科技人才在创新上外显的"胜任力"（结果/绩效），又考虑了其内隐的"胜任力"（潜力），同时兼顾了创新活动的各个环节，构成了一个比较全面的指标体系（见表1）。

表1 科技人才评价一级指标

创新要素	一级评价指标	指标定义	指标测量	指标性质
创新的基础条件	专业知识与创新技能	与创新有关的、能够满足创新需要的专业知识与技能	学历、技能证书、个人工作经历、职位经历等	外显性 较易测量
创新的基础条件	创新精神与动力	潜在的与创新有关的心理素质和人格特征	对科研兴趣、高成就动机、学习能力、喜欢探索的个人性格特征、求真求实的学术道德、前瞻性眼光等	内隐性 与个体创新活动相关的心理性特征 不易测量
创新过程	创新行为与能力	在科技创新创业活动中发现创新机会与完成创新的能力	个人的创新经历、创新行为表现、目前承担的创新创业项目的创新性与价值前景、工作绩效等	外显性 较易测量
创新过程	组织领导与社会交往能力	能够对他人、团队及工作组织带来积极影响的能力特征	在团队合作、项目组织和社会活动中表现出来的合作能力、项目组织管理能力、领导与战略管理能力、人际沟通能力、社会交往能力、资源动员能力，以及社会责任感、社会参与性等	内隐性 与组织创新有关的社会性特征 不易测量
创新成果及其应用	创新绩效及其社会效益	科技创新成果产出、经济社会效益和学术影响，以及对提高组织创新绩效的贡献	科技成果（如论文、专著、专利等）、学术影响力与经济社会效益（如获奖、引用、经济效益、社会影响等）、组织效能改善等	外显性 较易测量

3. 评价方法

在具体评价活动中，对于不同的评价指标要选择适用的、有针对性的评价方式收集相应的数据资料。传统的评价指标由于主要关注外显性指标（绩效/成果），常常把科研水平简化为项目、论文以及其他科研成果的数量，因而一般采用定量计量的评价方式。本研究提出的评价指标认为,除了外显性指标外,被评价对象隐含的能力素质(如动机、性格、组织领导能力、科研水平和创新性等)更加重要,这些指标通过简单的定量计量方法难以获得。因此,合理的评价方式必然需要综合定量计量和定性判断的方法。

例如,对于评价对象的科研水平和创新性,除传统的文献计量法外,同行评议(由本领域内同行专家对其代表性成果或其研究计划的创新性和学术水平进行定性判断,对创业人才的同行评价还应引入创投专家)更加重要。对于评价对象的动机、人格、组织领导能力等内隐性指标,既可采用人力资源专家测评的方式,也可采用同行(或单位)推荐、同事(或其他知情人)函调或座谈调研等方式。

在利用同行评议方法时,需要考虑到中国特有的"关系文化"对评价公正性的影响,尽可能通过建立随机挑选专家、匿名评价、专家信誉档案等制度设计加以避免。

(二)分类科技人才评价体系

尽管对各类科技人才均可从上述5个方面评价,考虑到不同类型科技人才创新活动的特征不同,具体评价时选取指标的侧重点却应有所不同。

1. 基础研究人才

基础研究人才主要是从事基础科学研究工作的人才,其基本使命是认识自然现象、揭示自然规律、发现科学原理,获取新知识、创造新方法和指导、培养高素质人才。其"创新"性主要表现在解决本领域的科学前沿问题,取得原创性、唯一性和系统性的科学成果,同时又具有产出成果周期长、创新目标不确定等特点。目前国内对基础研究人才的评价主要存在以下问题:一是评价指标过于强调论文和项目的数量,对科研成果的质量和创新性关注不足;二是评价方法上对同行评议贯彻不足;三是各类评价过于频繁、评价过度。

针对基础科研人才的上述特点及面临的评价问题,我们认为对其评价应最看重科研成果和研究思路的创新性和学术水平,论文、论著等成果形式可作为最重要指标,但不宜过度定量化。具体评价指标及方法见表2。

表2 基础研究人才评价指标及方法

人才类别	指标类别	评价指标	指标解释及说明	数据来源/获取方式
基础研究人才	专业知识与创新技能	教育背景	教育经历，最高学位，专业吻合度	学历学位
		研究经历	知名研究机构、实验室博士后经历，研究工作经历	工作履历
		学术职称	基础研究系列高级专业技术职称，例如研究员、教授职称	资格证书
	创新精神与动力	科研道德	是否存在伪造数据、剽窃成果、履历造假等行为	诚信调查
		成就动机	成就动机强度、对科研的兴趣、专注性、毅力与韧性、学习能力等个人性格特征	专家推荐
	创新行为与能力	创新能力	提出新创意、研究新方向及解决问题新方案的能力	专家推荐 同事函评
		创新经历	个人的创新经历、在创新中发挥的作用等	业绩报告 同行评议
		创新前景	目前承担的创新项目（或从事的研究）的研究方向及可能的创新点	同行评议
	组织领导与社会交往能力	学术领导职务	担任各级各类机构的学术领导职务的经历	相关证明材料
		组织研究的经历	主持承担大型科研项目的经历	相关证明材料
		领导、组织能力	领导能力，组织能力，人际沟通能力	专家推荐 同事匿名函评
		团队建设	是否有稳定的团队，在团队中的角色	专家推荐 同事匿名函评
	创新绩效及其社会效益	研究成果	学术论文数量及他引率，学术专著、合著数量	成果载体 文献计量
			代表性研究成果的学术水平	同行评议
		学术影响力	参加国际学术组织及任职职务；两院院士、国外科学院院士、国际学术组织会员及任职；国家各类人才计划（杰出青年基金、千人计划、长江学者、百人计划）入选情况；国内外重要学术期刊主编、副主编、编委；学术奖励；重要国际学术会议的大会报告或邀请报告	相关证明 同行评议

2. 应用开发研究人才

应用开发研究人才的"创新"是将本领域的基础科学理论发展成为实际运用的形式，目标是解决实际问题。目前国内对应用开发研究人才的评价主要存在以下问题：一是忽视对事业心、责任心以及市场意识、经济意识等"内隐性"指标的考量；二是对成果应用及取得的实际效益（如经济效益和社会效益等）评价不足。

针对应用开发研究人才的上述特点及面临的问题，我们认为对其评价应注意学术水平和成果应用并重，除论文、论著外，专利、软件、模型、标准以及成果应用等也应作为重要指标。具体评价指标及方法见表3。

表3 应用开发研究人才评价指标及方法

人才类别	指标类别	评价指标	指标解释及说明	数据来源/获取方式
应用开发研究人才	专业知识与创新技能	教育背景	教育经历，最高学位，专业吻合度	学历学位
		职位经历	大学、研究机构、实验室、科技型企业等的任职经历	工作履历
		学术职称	应用开发研究系列高级专业技术职称	资格证书
	创新精神与动力	科研道德	是否存在伪造数据、剽窃成果、履历造假等行为	诚信调查
		成就动机	成就动机强度，对研究开发的兴趣、专注性、毅力与韧性、学习能力等个人性格特征	专家推荐
	创新行为与能力	创新能力	提出新创意、研究新方向及解决问题新方案的能力	专家推荐 同事函评
		创新经历	个人的创新经历、在创新中发挥的作用等	业绩报告 同行评议
		创新前景	目前从事的研究方向及可能产生的成果，对成果转化为社会经济效益的预见性，市场预见力	同行评议
	组织领导与社会交往能力	学术领导职务	担任各级各类机构的学术领导职务的经历	相关证明材料
		组织研究的经历	主持承担各级各类应用研究、技术开发科研项目的经历；主持产学研合作研究的经历	相关证明材料
		领导、组织能力	领导能力，组织能力，人际沟通能力，筹集市场资源的能力	专家推荐 同事匿名函评
		团队建设	是否有稳定的团队，在团队中的角色	专家推荐 同事匿名函评

续表

人才类别	指标类别	评价指标	指标解释及说明	数据来源/获取方式
应用开发研究人才	创新绩效及其社会效益	研究成果	论文发表、学术专著及教材工具书编著 专利、软件著作权、重大新技术产品证书、行业标准、行业规范的获得情况	成果载体文献计量
			研究成果的应用情况，技术交易收入、成果转化收益等	工作业绩统计信息
			代表性研究成果的学术水平 代表性研究成果的社会经济效益	同行评议
		学术影响力	参加国际学术组织及任职职务； 两院院士、国外科学院院士、国际学术组织会员及任职 国家各类人才计划（杰出青年基金、千人计划、长江学者、百人计划）入选情况 国内外重要学术期刊主编、副主编、编委 学术奖励 重要国际学术会议的大会报告或邀请报告	相关证明同行评议

3. 科技创业人才

科技创业人才又叫创新型科技企业家，也有学者将称其为科技企业家，即通过拥有的自主发明专利和科研成果，创办高科技企业，把科研成果直接转化成现实生产力的人。科技创业人才结合了创新活动和创业活动的双重特征。他们不仅要具有创新精神和创新能力，产生创新成果，而且还通过创建企业来转化创新成果、创造价值。其"创新"就是体现在利用拥有的自主科研成果创办高科技企业，把科研成果直接转化成现实生产力。

目前国内对科技创业人才的评价主要存在以下问题：一是过于重视资历、学历等可操作性指标，容易排除掉那些具有创业激情和潜质的年轻创业者；二是带有很强的行政色彩，如把是否承担过政府科技计划或获得过政府科技奖励或是否入选过科技人才计划作为衡量创业者技术专长和企业创新能力的重要因素，选择和评价范围也往往限于政府管理的高新技术园区，这容易造成对其他重要评价指标的干扰。

针对科技创业人才的上述特点及面临的问题，我们认为对其评价时科研成果的学术水平只是一个方面，成果的市场潜力、创业人才的管理能力、所创企业的成长潜力及创新潜力均应作为更加重要的指标。具体见表4。

表4 科技创业人才评价指标与方法

人才类别	一级评价指标	二级指标	指标解释	数据来源/获取方式
科技创业人才	专业知识与创新技能	教育背景	教育学历、学历	证书
		技术（职业）资格	职称、职（执）业资格	证书
		创业相关知识	产业政策、经营管理等方面的知识	专家评审
		技术专长	发明专利、技术成果	相关证明
		创业经历	创业经历和业绩	专家评审
	创新精神与动力	创业的动机	对创业的兴趣、事业心	专家评审
		创业机会识别能力	市场敏感度、风险评估能力	专家评审
		创业者个人品质	诚信、合作等品德	专家评审
	创新行为与创新能力	技术研发投入	研发投入比重	财务证明
		技术研发活动	承担项目来源和数量	合同证明
		技术成果	拥有专利、制定的技术标准、其他技术成果；核心技术的先进性和独创性	证书结合专家评审
		技术优势	在行业技术水平、产品开发周期	专家评审
		商业模式	客户目标、进入门槛、增值服务	专家评审
	组织领导与社会交往能力	企业战略规划	策略规划、管理和实施程序	专家评审
		管理团队	管理团队的构成与互补性	专家评审
		研发团队	研发团队规模、核心团队的稳定性	专家评审
		技术研发策略	创新组织方式、研发合作等	专家评审
		创新激励机制	激励模式	专家评审
	创新绩效及社会效益	产品和服务	目标客户与分布	专家评审
		经营业绩	产品销售增长率、市场占有率	专家评审

4. 领军人才和创新团队

科技领军人才一般具备两个方面的本质特征：一方面是本行业、本领域公认的杰出人物，不仅能够紧跟国际学科和技术发展趋势，也能及时有效地在国内加以应用推广，研究成果达到国际先进水平并得到业内广泛认可与好评；另一方面，必须具备优秀的团队领导与协调能力，能够成为一个团队的核心和灵魂，带出富有创造力的人才团队。概括来说，就是杰出性（"科技业务属性"）和引领性（"社会属性"）的统一。需要说明的是，科技领军人才是多类型、多层次。基础研究、应用开发研究和科技创业等各个科技创新环节和领域，都有各自的领军人才。一个国家、一个地区乃至一个单位，也都有自己层次的科技领军人才。

创新团队一般被界定为以科技研究与开发为内容的特殊工作群体，由为数不多的技能互补、愿意为共同的科研目的、科研目标和工作方法而相互承担责任的科研人员组成的群体。创新团队通过其成员的共同努力能够产生积极的协同作用，使团队绩效水平远高于几个成员绩效的总和。因此，对创新团队的评价并不等同于对各个团队成员评价的简单加总。

从上述定义来看，科技领军人才与创新团队是相辅相成的关系。领军人才除自己的科技水平要达到优异和领先的高水平外，还要指引并带领创新团队的发展，共同取得科技创新的进展。一流的创新团队离不开领军人才的领导和指引，领军人才在创新团队建设中发挥核心性的作用；领军人才的成就又离不开创新团队的支撑。因此，对领军人才和创新团队的评价也经常是相互联系的。

目前，国内对领军人才的评价存在的主要问题是虽然在理念上认识到了要兼顾人才的"科技业务属性"与"社会属性"，但在实践上仍存在只强调科技业务水平的杰出性，而忽视可领导力和引领性等"社会属性"的倾向，对领军人才的管理能力、团队领导和建设能力缺乏系统性的评价，对其团队基础更缺乏直接评价。这可能导致选拔出的科技人才只是业务水平很高的"专"业人才，却并不一定能够发挥领域和团队的引领作用。对创新团队的评价则还没有形成以"胜任力"为核心的系统性的评价指标，在评价实践中，多以对团队带头人的评价代替对团队的评价，对于团队自身的结构、绩效等都缺乏系统性的评价。

基于上述界定，我们认为对科技领军人才的评价既要把其自身的科研水平和创新性作为重要指标，又要兼顾其对行业团队发展的引领作用（战略眼光、组织管理能力及对行业团队发展的贡献）；对创新团队的评价则既要考虑对团队领军人物和团队成员的评价指标，还要考虑团队结构、团队精神、团队战略规划等团队层面的指标（具体见表5、表6）。

表5 科技领军人才评价指标与方法

人才类别	指标类别	评价指标	指标解释及说明	数据来源/获取方式
科技领军人才	社会属性	科技业务属性*		
		战略规划的战略性、前瞻性	科研规划	研究方向与国际趋势、国家发展战略及所在单位发展需求的相关性；科研任务的科学性、前沿性和创新性；预期成果的作用与影响，对本领域发展的引领性	同行评议
		团队规划	团队制度建设规划；团队发展的方向，具体阶段性规划，预期目标；团队人才发展规划	同行、管理专家评议
	条件保障	团队基础	团队水平、团队结构、团队氛围等	参见"创新团队指标"
		科研条件	现有科研基础条件及使用情况；所在单位承诺提供的人、财、物等条件保障；对条件保障的需求	同行、管理专家评议

注：*科技领军人才的"科技业务属性"评价，可根据其所属类型（基础研究、应用开发研究或科技创业），采用对应的科技人才评价指标体系。

表6 创新团队评价指标与方法**

人才类别	指标类别	评价指标	指标解释及说明	数据来源/获取方式
创新团队	团队知识、技能结构	教育背景结构	团队成员的学历和专业结构	提交材料
		年龄结构	团队成员的年龄构成	提交材料
		职称结构	团队成员的学术职称构成	提交材料
		制度建设	团队在管理、薪酬、评价等方面的制度建设	提交材料
	团队精神	协作氛围	团队成员之间的信任合作程度，对领军人才的信任与配合程度，对团队发展前景的判断	团队成员座谈；匿名测评
	发展规划	团队发展规划	团队制度建设规划；团队发展的方向，具体阶段性规划，预期目标；团队人才发展规划	管理专家同行评议
		科研规划	研究方向与国际趋势、国家发展战略及所在单位发展需求的相关性；科研任务的科学性、前沿性和创新性；预期成果的作用与影响，对本领域发展的引领性	同行评议

续表

人才类别	指标类别	评价指标	指标解释及说明	数据来源/获取方式
创新团队	团队创新绩效及社会效益	研究成果	团队成员生产的科研成果总量（论文、专著、专利、转化等等）	成果载体文献计量
			团队成员科研成果人均产出量	成果载体文献计量
		科研条件	现有科研基础条件及使用情况；所在单位承诺提供的人财物等条件保障；对条件保障的需求	同行、管理专家评议

注：** 本评价指标应与领军人才评价指标结合使用。

四 北京市科技人才评价的现状与问题

（一）北京市对科技人才的需求和导向

"科技北京"的战略目标是建成具有全球影响力的国家创新中心，推动首都率先形成创新驱动的发展格局。引领、支撑首都经济社会和民生事业发展，是北京市科技工作的首要定位；同时，超前部署应用基础和前沿技术研究，强化北京在全国的科技创新中心地位，也是"科技北京"的规划目标。可见，应用开发研究、科技创业和前沿基础研究都是北京市科技工作的重点目标。

为实现这一目标，北京市确立了"以人才引领发展"的战略思路，尤其强调高端人才的引领带动作用。在人才流动导向上，北京市强调支持和推动科技人才向科研生产一线和企业等创新主体流动，提出引导科技人才向高端产业集群、战略性新兴产业、产学研相结合的经济实体流动。这为北京市发挥科技人才评价机制的基础性和导向性作用指明了方向。

（二）北京市科技人才评价的现状及问题

按评价主体不同，北京市科技人才评价可分为两大类别：一是政府主导的人才评价，包括各类科技人才计划实施中的人才评价、专业技术职称的社会化评审等；二是各类用人单位开展的人才考核评价。近年来，各个层面的人才评价工作都进行了有益的探索和实践。

1. 政府主导的科技人才评价

近年来北京市组织实施了多项面向高层次科技人才的引进、培养计划，逐步形成了各具特点的人才评价机制；对主要涉及企业科技人才的工程技术专业职称，由政府部门负责组织实施社会化评审。

与传统的评价机制相比，这些人才评价实践在以下方面表现出创新性：一是开展重视分类评价，对基础研究、应用开发研究和科技创业等不同类型的人才采用了侧重度不同的评价指标体系；二是除科研成果等外显性指标外，也开始重视组织领导能力、社会交往能力等内隐性指标；三是除学术水平外，也开始重视科技成果的应用、对社会经济发展的支撑作用等指标；四是部分人才评价工作打破传统程序，为企业科技人才成长提供便利条件（如中关村示范区对高端领军人才参与工程技术专业职称评审开通"直通车"）。

但也要看到，这些政府主导的人才评价仍存在以下突出问题：一是评价方式比较单一，仍以标准化的定量打分方法为主，缺乏定性化评价方法；二是政府过于主导评价过程，过于标准化的评价程序和定量评价方式使得同行评议作用难以充分发挥；三是多数情况下仍把学历、职称、资历等作为关键性指标；四是与用人单位的人才评价工作衔接不足，没有充分发挥引导导向性的作用；五是尚未彻底打破传统专业技术职称评审机制，职称作为"通用粮票"的作用过于突出，企业科技人员职称评审由政府主导，对企业科技人才成长不利。

2. 用人单位的科技人才评价

高校、科研院所、企业等用人单位对于科技人才的评价主要体现在工作绩效考核、职称评审等工作环节。

我们对北京工业大学、北京农林科学院和北京生命科学研究所等机构的人才评价机制进行了调研梳理，发现这些单位在创新人才评价机制方面都进行了大量探索，取得了一些有益的经验：一是评价指标分为基本指标和选择性指标，选择性指标体现出分类评价的倾向；二是开始重视成果应用和转化指标，对应用开发研究人才的评价科研应用价与学术价值并重（北京农林科学院还设置了专门的成果推广教授、副教授岗位）；三是北京生命科学研究所尝试打破"唯职称、唯论文、唯出身"的评价传统，把个人能力和潜力作为主要评价内容;四是评价方式多样化,除定量指标外,还引入了定性评价指标,普遍引入同行评议(北京生命科学研究所还引入了国际同行评议);五是尝试减少评价次数,拉长评价周期,如北京生命科学所把考核评价周期延长至5年一次,以学术汇报替代年度考核,北京农林科学院对高级研究员不再进行年度考核。

但各用人单位的考核评价仍存在不足之处,主要有:一是部分单位对成果应用和转化指标的重视程度仍然不足;二是多数单位评价指标仍以定量指标为核心要素,定性评价仅起到辅助性作用;三是以"能力—素质"为核心的评价实践仅在少数单位进行探索,多数单位仍过于看重学历、资历、产出等外显性指标;四是许多单位人才评价周期过短,评价过于频繁,不利于科研人员潜心研究。

五 政策建议

本部分首先就建立以创新为导向的科技人才评价机制提出一般性的建议,然后根据北京市科技人才工作的特殊需求和定位,就如何完善北京市科技人才评价机制,发挥科技人才评价机制的导向性作用提出有针对性的建议。最后,我们还专门就完善北京市高端科技人才计划的管理办法提出了相应的建议。

(一)关于完善科技人才评价机制的一般性建议

在建立和健全各类科技人才评价机制的基础上,针对长期以来我国人才评价体系中存在的以发表论文数量决定成败、用文凭、学历论水平高低、设置门槛等科技人才评价的弊端,为贯彻《关于深化科技体制改革、加快国家创新体系建设的意见》提出的关于改进科技人才评价方式的要求,政府在完善科技人才评价机制方面还要做好以下几个方面的工作。

(1)建立以创新为导向的分类科技人才评价机制。为鼓励科技人才创新创业,政府在科技人才计划、科技计划项目实施过程中,应根据经济和社会发展的战略目标,注重促进科技与经济结合,逐步建立健全人才评价体系,改进人才评价方式。对拔尖基础研究人才与基础研究领军人才评价,要逐步实行国际同行评议的方式,评价学术成果的前沿性和学术贡献,并实行长周期评价,鼓励基础研究人才潜心研究。对应用型科技人才的评价,应逐步改变过度注重论文、项目等量化指标的评价方式,突出强调评价对象已有科研工作的社会和经济效益。对企业技术研发人才与创业人才的评价,要改变以学历、职称等作为主要评价标准的方式,使真正具有创新实力的青年科技人才能够入选科技人才计划和承担政府科技计划,鼓励和支持他们在创新实践中脱颖而出。

(2) 充分发挥用人主体和同行评议在评价中的主导作用。要坚持"谁用人、谁评价"的原则,减少政府对科技人才评价的干预。在实施政府科技人才计划的过程中,要逐步建立同行专家推荐制度,如实行基础研究人才的科学家推荐制、创业人才的同行评议制度(由行业领域的企业家评定评价对象的行业地位等)。特别是在高等院校、科研院所的高层次人才评价中,要充分发挥用人主体在人才评价中的主导作用,政府有关部门可通过建立绩效评估制度,以机构的核心职能为依据,加强对机构创新绩效、研发活动产生的社会经济效益的评估,引导用人主体注重以学术水平、科技贡献评价和激励科技人才。

(3) 建立对优秀科技人才稳定支持的机制。在建立健全科技人才评价机制的基础上,建立政府科技人才计划对优秀拔尖人才和优秀团队实行后续支持的方式。加强对计划实施效果的评估,以评估结果为依据,择优实行滚动性、相对长周期的支持方式。建立政府科技人才计划和科技计划项目的衔接和协调机制,政府科技计划项目,对入选政府科技人才计划的优秀科技人才实行优先支持,或支持部分优秀拔尖科技人才自主选择研究方向、开展研究,使政府科技计划项目发挥更大的人才培养功能。

(4) 建立同行评议专家信誉制度和专家推荐制度。在政府科技人才计划实施过程中,要逐步建立同行评议专家的信誉档案,加强制度建设,明确政府科技人才计划的评议专家的责任和权力,建立评审专家不端行为问责机制和查处机制,加大惩治评价工作中不端行为的力度,增强政府科技人才计划的实施效果和公信力。在建立同行评议专家信誉制度的基础上,充分发挥同行评议专家在科技人才实施过程中的作用,可实行专家推荐制度,推荐具有较大发展潜力的优秀青年科技人才入选政府科技人才计划,试行战略科学家由国内外同行专家推荐的遴选办法。

（二）关于创新北京市科技人才评价机制的建议

"科技北京"建设的战略目标，要求更好地发挥科技人才评价的基础性和导向性作用，以评价为手段，选拔、培养和使用好科技人才。为更好地适应这一要求，建议从以下几个方面进一步创新北京市的科技人才评价机制：

（1）完善评价指标，改进评价方式，进一步强化对能力素质的评价。一是在评价指标上要避免过分注重学历、职称及项目和奖励等"资历"要素并以此设置"门槛"的做法，把评价的重点放在科技人才的动机、能力以及科研活动的水平和创新性等"能力素质"要素上来。

二是在评价方式上要避免过度依赖定量评价方法，而更多依靠同行和专家评议等定性方法，把定量指标只作为定性判断的参考因素。

（2）明确评价主体，改变政府部门直接参与科技人才评价、对科技人才评价管的过多的现状。面对大量评价工作时，政府部门由于自身精力和专业知识上的局限性，往往倾向于以简单的、定量化、标准化评价方式替代同行评议、定性化、差异性的评价方式。因此，要真正贯彻以"能力素质"为核心的评价机制，政府部门应尽可能退出各种直接的科技人才评价活动，转由用人单位和科技共同体在科技人才评价活动中发挥主导性、基础性的作用。

一是应把政府直接参与科技人才评价的范围收缩至少数高端科技人才计划上。在评价活动集中收缩、评价任务量大幅减少的情况下，才有可能严格执行同行评议，实现对创新能力和质量而非数量的评价，真正贯彻落实以能力素质为核心的评价机制。

二是在政府主导的科技人才评价活动中，也应发挥科技共同体同行和用人单位的基础性作用。在评价的初期阶段，可由科技共同体同行和用人单位推荐候选人选，充分利用科技共同体和用人单位评价的成果；在评价阶段，充分发挥同行定性评价的作用。

三是进一步改革专业技术职称评审制度，把职称评审权力真正下放至学术共同体和用人单位。逐步实现职称评审与岗位聘任结合，改变职称的"全国通用粮票"性质，削减其附加的各种政府和社会福利色彩；政府逐步退出企业人才专业技术职称的评审活动，使之真正实现由用人单位评审或学术共同体承担的"社会化评审"。

（3）政府部门主要通过人才计划、科技项目、机构评价等方式，引导用人单位完善以创新为导向的科技人才评价机制。一是在政府的各类人才计划、科技项目中，加强对成果应用、成果转化、科技创业人才的支持力度，把成果转化、应用和产业化作为人才与项目评价的重要内容，从而引导用人单位改进评价机制，鼓励科技人才服务企业和实施科技成果的转化。

二是在各类人才计划中，强化用人单位推荐环节的作用，引导、推动用人单位逐步建立起以能力素质为核心的评价机制。

三是在各类人才计划、科技计划中，通过延长资助周期、以发展性评价替代中期的考核性评价、拉长考核评价周期等措施，引导用人单位逐步拉长评价周期、以发展性评价替代考核性评价，减少评价活动过多对科研人员的干扰，鼓励其潜心研究和攻坚克难。

四是改革对大学、科研院所等用人单位的绩效评价机制，以创新机构评价方式推动人才评价方式的创新。依据机构的功能定位，明确机构的绩效考核目标和考核方式，在机构评价层面上建立以创新为导向、弱化定量评价、拉长评价周期的评价机制，进而引导用人单位逐步建立起以创新为导向、以能力素质为核心的人才评价机制。

（三）关于健全北京市高端科技人才引进计划评价机制的建议

坚持高端引领原则，有目的、有计划地引进高层次创新创业人才和团队，促进区域经济和社会发展，是地方实施科技人才计划的重要内容。为真正发现、识别和遴选出能够取得技术领域突破、引领产业发展的科技人才和团队，必须进一步健全高端科技人才和团队评价机制，完善相关支持政策。目前，北京市政府拟实施《中关村高端产业集群创新团队支持计划》，引进和支持具有世界一流水平的科研团队在京创新创业，对于如何发现和遴选这类顶尖创新创业团队，本研究提出以下建议：

（1）明确遴选与评价的目标导向。政府科技人才计划特别是地方科技人才计划，产业需求导向的目标定位非常明确和具体，相关人才的遴选与评审机

制一定要与人才计划目标的定位相契合。《中关村高端产业集群创新团队支持计划》的引进对象主要是世界一流的顶尖科技创新创业团队。该计划要求所引进团队所拥有的技术或研发项目的技术水平具有前沿性，并且其技术或研发项目能够形成相当规模的产业。因此，为实现这一人才引进的目标，要在综合考虑北京市产业发展环境、确定重点产业领域的基础上，对常规性的、已有的高端人才评价与遴选机制进行创新，将以申报为主的"被动引进"方式，转为以发现、识别颠覆性技术与相关研发人才为主的"主动引进"方式。

（2）建立和健全组织机构。在顶尖人才引进和项目筛选的过程中，至少应建立两个机构：一是专项管理办公室，其主要职能是负责人才与相关研发项目遴选，人才的引进与管理等工作；二是战略指导委员会。由重点产业领域相关的科学家、高水平产业技术专家和企业家组成，其主要职责是凝练和提出具有产业化前景或已经产业化的前沿性研发项目或颠覆性新技术。

（3）建立前沿性研发项目和研发团队遴选的程序。首先是进行重点领域的选择。根据北京市科技发展战略和相关产业的发展环境，确定重点产业领域。其次围绕重点产业领域进行项目和创新团队的遴选。专项管理办公室可定期组织战略委员会推荐前沿性或颠覆性新技术研发项目与团队，并形成项目和团队名录。在确定上述名录基础上，由专项管理办公室负责与相关团队进行联络，并确定部分进入初审的团队名录。除上述程序之外，仍可按照高端人才引进的通常做法，在专项管理办公室发布重点领域人才引进的公告之后，由高端创新团队自荐、行业（领域）专家或科学家推荐、引进单位推荐等多种渠道进入专项办的初审名录。

（4）建立高端创新团队评审管理体系与评审流程。借鉴广东、江苏两省创新团队评审管理体系建设的经验，开发和建立评审专家管理系统和评审指标体系。评审专家人员组成必须包括国内外顶尖应用技术研发领域专家、管理专家、创业投资专家（包括知名企业企业家）、技术经纪人等。评审指标包括团队人员的经历和背景等、研发项目的独创性和国际领先水平、研发项目的市场前景及潜在（现有）市场规模、财务计划和投资回报评估等几个方面的内容。评审程序由初审、网络评审、现场评审和实地考察等几个阶段。初审阶段主要由专项办进行资格审查。函审阶段主要由国内外应用技术研发领域专家对研发项目的技术水平和产业化前景进行评判,并提出评审意见。现场评审阶段主要由相关产业领域的应用技术研发领域专家、管理专家、创业投资专家、技术经纪人共同组成专家组进行综合评审。实地考察主要是对拟支持的已创办企业的高端创新团队进行的考察,考察内容可包括所在企业的资产数据、开发项目应有的设备、企业现阶段的管理状况,并且可联络创业者以前的业务伙伴和投资者,了解他们对拟引进团队的评价。

(5) 创新经费管理和相关支持模式。对颠覆性创新项目及其研发团队的资助经费一般数额较大,因此一定要完善管理制度和强化监督。但更重要的是,要遵循创新和人才发展规律,完善经费管理制度,使高端创新团队经费根据研发的实际需求并在合理的支出范围内,享有经费使用自主权。同时,在人才项目支持的基础上,政府科技计划项目、重大仪器装备专项等都应对高端产业集群创新团队提供后续支持。同时,应针对《中关村高端产业集群创新团队支持计划》的实施,进一步探索和改进政府科技计划管理方式,在规范、合理的范围内,人员费比例可提高到经费总额的40%,并允许列支项目承担人员的工资、津贴等。继续完善股权激励方面的税收优惠政策,加大对中关村高端产业集群创新团队的激励。

(6) 构建高端创新团队的市场化的支持与发展机制。在引入知名创业投资机构负责人或资深投资专家参与评审的基础上,进一步制定鼓励创业投资机构投资参与的措施,引导和鼓励社会支持中关村高端产业集群创新团队的建设与发展,构建有利于中关村高端产业集群创新团队持续发展的市场机制和环境。同时,可探索实行高端猎头公司、技术经纪人推荐高端创新创业团队的做法,进行高端创新创业团队遴选,逐步建立市场化的高端创新创业人才发现与评价机制。

参考文献

[1] 蔡秀萍:《揭秘领军人才素质》,《中国人才》2007年第7期。
[2] 曹茂兴、王端旭:《企业研发人员胜任特征研究》,《技术经济与管理研究》2006

年第 2 期。

［3］程萍、刘涛：《卢曼理论视角下的我国科技人才评价指标体系解析》，国家行政学院出版社，2011。

［4］冯华、杜红：《创业胜任力特征与创业绩效的关系分析》，《技术经济与管理研究》2005 年第 6 期。

［5］龚劲峰、王益宝：《胜任力研究综述与展望》，《经济论坛》2009 年第 8 期。

［6］桂乐政：《领军人才在科技创新团队建设中的核心作用》，《武汉工程大学学报》2010 年第 4 期。

［7］胡章萍：《建立领军人才辈出的环境和机制》，《人才开发》2005 年第 9 期。

［8］科学技术部发展计划司、中国科学技术指标研究会编《科技统计实用手册》，科学技术文献出版社，2008。

［9］李思宏、罗瑾琏、张波：《科技人才评价维度与方法进展》，《科学管理研究》2007 年第 2 期。

［10］李孝明、蔡兵、顾新：《高校创新型团队的绩效评价》，《科技管理研究》2009 年第 2 期。

［11］倪海江、杨鹏鹏、万迪：《新创科技企业绩效评价及影响因素分析》，《情报方法》2005 年第 11 期。

［12］饶惠霞：《研发人员胜任力模型构建的实证研究——以中药研发人员为例》，《企业经济》2012 年第 6 期。

［13］宋成一、进华、赵永乐：《领军人才的成长特点、规律与途径》，《科技与经济》2011 年第 6 期。

［14］孙芬、曹杰：《高层次创业人才素质评价研究》，《山东社会科学》2010 年第 12 期。

［15］王小琴：《高科技企业科技人才评价指标体系》，《科研管理》，2007 年第 28 卷增刊。

［16］吴阿林：《应用型人才的层次结构及其指标体系的研究》，《黑龙江高教研究》2006 年第 11 期。

［17］伍薇、莫柳娟：《构建胜任力模型》，《合作经济与科技》2007 年第 22 期。

［18］席与亨、张丹、司徒唯尔：《大学教师科研业绩评价体系研究综述》，《科技管理研究》2011 年第 10 期。

［19］向兴华、杜娟：《建设一流创新团队》，《加快提升我国研究型大学学科水平》，《学位与研究生教育》2011 年第 7 期。

［20］杨冰、滕祥东：《高校学术创新团队建设标准的指标权重分析》，《黑龙江高教研究》2011 年第 7 期。

［21］张艳、张科儒：《科技型创业企业成长性评价概要》，《经济研究》2002 年第 1 期。

［22］赵伟等：《创新型科技人才评价理论模型的构建》，《科技管理研究》2012 年第

24 期。
[23] 中国科学技术信息研究所:《创新型科技人才分类及评价指标体系研究报告》,2012。
[24] 中国科学技术信息研究所:《全球科技人才工作要览》2011 年第 12 期。
[25] 《中小高技术企业创业知识资本与成长绩效关系研究》,http://www.docin.com/p-130608772.html。
[26] 钟灿涛、李君:《刍议我国研究型大学"终身"教授的科研绩效评价》,《科研管理》,2009 年 3 月增刊。
[27] 周霞、景保峰、欧凌峰:《创新人才胜任力模型实证研究》,《管理学报》2012 年第 7 期。
[28] 朱翠翠、李成标、张璐:《模糊层次分析法在企业研发人员绩效评价中的应用》,《科技管理研究》2010 年第 2 期。
[29] 朱云鹃:《共识性创新型企业核心评价指标统计分析》,《公共管理》2009 年第 3 期。
[30] Zhou, George; Stanik Mary, "A Novel Crystallization Methodology to Ensure Isolation of the Most Stable Crystal Form", *Organic Process Research & Development*, 2002 (2).

ⓑ.13
社会组织在人才工作中发挥作用情况调研报告

卢 建 杨沛龙*

摘 要：

> 北京市社会组织在人才工作中发挥了开展人员培训、搭建交流平台、进行人才研究、制定行业标准、提供人才信息、建设人才信用、促进人才就业、引进特殊人才、完善人才保障、开展评比表彰等重要作用，但同时也存在作用发挥不充分、不平衡，自身人才缺乏，政策环境缺失等问题。今后，需要将社会组织参与人才工作纳入党和政府人才工作总体安排，进一步完善政策机制，营造良好的社会氛围，加大人才工作投入，培育社会组织专职人才工作者队伍。

关键词：

> 人才工作 社会组织 非政府组织

近年来，伴随首都经济社会各项事业的快速发展，北京市社会组织数量显著增加，不仅在提供服务、反映诉求、协调利益、规范行为、化解矛盾等方面发挥了积极作用，而且成为吸纳、培养各类人才的重要阵地。深入了解社会组织在人才工作中发挥作用的情况，研究进一步改进工作的对策措施，对于形成党委统一领导、组织部门牵头抓总、有关部门各司其职、社会各界广泛参与的人才工作新格局，具有重要意义。

---

* 卢建，经济学硕士，北京市委社会工委社会组织工作处处长，主要研究方向为管理学、社会建设、社会组织管理体制改革；杨沛龙，管理学博士，北京市委社会工委社会组织工作处工作人员，主要研究方向为行政学、行政改革。

一 北京市社会组织在人才工作中发挥作用的基本情况

据统计，截至2011年8月，全市在民政部门登记注册的社会组织共有7413家，其中，社会团体3289家、民办非企业单位3949家、基金会175家。加上社区社会组织、高校学生社团、"草根"社会组织以及在京境外非政府组织等其他类型的社会组织，目前全市各级各类社会组织总数约3万家，总资产达300亿元，工作人员达到12.56万人，初步形成了覆盖城乡、门类齐全、层次丰富、布局完整的社会组织体系。这些社会组织在人才工作中所起的作用主要表现在以下方面[①]：

（一）开展人员培训

进行人员培训是北京市社会组织开展人才工作的主要途径之一，在问卷调查中，有97%以上的社会组织开展了行业人才联合培养培训工作，培训内容以行业政策与标准、专业技术、经营管理、职业资格认定等内容为主，发挥了重要作用。例如，北京技术市场协会将培训技术市场管理人才和专业人才作为工作重点，根据会员企业的不同需求，采取灵活多样的办班方式，几年来共培训经营管理和技术人员1万余人次；市科协及所属学会几年来累计举办科普讲座1000余场次，听众超过50万人次，举办科普展览200余场次，观众超过300万人次，举办各级各类科技培训班近2000个，受益人次超过30万；北京中关村自主品牌创新发展协会长期坚持实施品牌专业化培训，自2006年至今，每年不断坚持开展有关品牌建设、推广、管理相关的培训、沙龙活动，极大地推动了企业内品牌从业人员的专业素质。

（二）搭建交流平台

问卷调查显示，北京市有90%以上的社会组织通过举办论坛、沙龙、俱

[①] 由于社会组织中包含作为民办非企业单位的民办学校，而其广泛分布于学前教育、基础教育和高等教育各个教育阶段，在人才工作中发挥着不同于一般社会组织的作用。因此，本研究报告的研究对象不过多涉及此类单位，主要以其他专业性、行业性社会组织为主。

乐部等形式,积极搭建人才工作交流平台,促进本领域和本行业的人才交流与合作,实现共同发展。例如,市科协、市社科联所属的很多学术性社团把举行学术交流、编印学术期刊、评价学术成果作为基本工作内容,促进高水平人才的建设和提升;市软件行业协会以"北京软件沙龙"为主线,搭建以中层管理人员和技术开发人员为主的技术交流活动,为广大软件人员提供经常性交流平台;中关村IT专业人士协会连续举办六届"中关村人才论坛",邀请专家、学者进行主题演讲,组织参会人员开展广泛深入的直接交流,为与会者提供了一个激发创新思维、互相启迪、合作发展的平台,使参会者得到专业上的提升;北京嵌入式系统技术行业协会与日本嵌入式系统技术行业协会开展了一系列合作交流,促进所属会员开展人才交流合作,借鉴成熟经验服务于北京产业发展。

(三)进行人才研究

北京市部分社会组织在人力资源的专业化研究方面具有较高水平,问卷调查显示,有75%以上的社会组织通过承担政府委托课题、联合开展专题研究等形式,在人才工作的专门研究中发挥了重要作用。例如,中关村人力资源经理协会积极承担管委会委托的《中关村科技园区产业发展人才支撑体系"十一五"规划》、中关村白领健康指数调研以及中关村人力资本指数调研等项目,以突出的专业优势,对这些问题进行了深入的研究并提出了政策建议;北京电子制造装备行业协会积极研究如何通过院地合作搭建重大项目推进平台,推动科研人才的重大科研成果在京落地,并已经在实践中取得实效。

(四)制定行业标准

问卷调查显示,作为本领域、本行业的代表,北京市社会组织在行业标准(含人才相关标准)制定过程中发挥了积极作用,有52%以上的社会组织以不同形式参与了行业标准的制定以及行业职称评审和资格认证等工作。例如,市律师协会、市注册会计师协会等在行业人才标准制订、资格认证等方面长期发挥了权威性、广泛性的作用;北京汽车用品行业协会根据行业发展需求和态势,研究拟定了相关工作岗位标准;市汽车工程学会、北京制冷学会均参与了行业相关标准的制定或修订工作，并进一步承担了行业中、初级职称评审工作；中关村品牌协会长期坚持建立品牌从业人员职业标准，并进行多次实验和修订完善；中关村国际孵化软件协会通过对大学毕业生进行岗位实训和技能考核，以颁发"中关村软件行业职业资格证书"形式对其实习经历和工作能力予以证明，促进企业和人才的双向选择。

（五）提供人才信息

主要表现为积极发挥信息平台作用，为所在领域和行业提供人才信息，促进行业发展。例如，中关村人力资源经理协会近年来一直及时了解企业人才资讯，整理汇总人才资源状况、人才需求动态等相关信息，并对相关产业和行业的人才状况发展趋势进行预测分析和发布；中关村IT专业人士协会坚持开展每年一次的IT业人力资源状况调查，通过问卷调查、数据回收、分析对比，形成人力资源状况调查报告，免费发送给企业参考；海淀创投私募协会为全体会员制作"名片"并在协会网站上发布，每月及时更新信息，并以电子版的形式提供给全体会员，加强会员之间的合作；朝阳区高新技术企业协会多年来免费为会员企业提供国家、北京市、中关村科技园区的有关人才政策信息，提供信息咨询服务。

（六）建设人才信用

在对企业进行的调查结果中显示，北京市许多企业都不同程度地遇到了人才信用问题，均希望社会组织能够在行业人才信用建设上发挥作用，促进行业人才信用水平的提升。在实际工作中，北京市也确有一些社会组织非常重视行业人才信用建设，并发挥了重要作用。例如，中关村IT专业人士协会通过开展企业人才信用调查，努力为用人企业选拔、使用人才提供保证；中关村人力资源经理协会开展了首都流动人员诚信体系建设课题研究，探索建立人才信用的具体途径和办法；中关村国际孵化软件协会长期开展"中关村国家自主创新示范区人才信用体系建设"工作，通过进行人才信用培训、签署人才信用允诺书、颁发人才信用证、建立行业人才信用库等方式提高软件行业人才遵纪守法、诚信从业的意识，形成人才使用和流动过程中的稳定机制。

（七）促进人才就业

社会组织本身是吸纳人才就业的重要领域，目前北京市正式登记注册的社会组织共为社会提供了10万多个就业岗位。在此基础上，近年来，北京市一些社会组织在促成校企合作、疏通就业渠道、提供就业岗位等方面发挥了独特作用，效果明显。例如，中关村国际孵化软件协会通过人才预定机制，收集企业的人才需求，将分散的企业人才需求按照工作岗位进行分类聚合，将企业需求集成为行业需求，并由协会出面协调与高等院校建立平等对话合作关系，搭建了全国50余所高校和中关村近千家软件企业间联合培养人才的平台，既能够有效解决单个企业的人才需求问题，又能够较好地帮助高校解决毕业生就业问题，取得了突出实效；北京高校毕业生就业促进会和北京高校毕业生就业指导中心坚持联合举办"大学生就业论坛"，促进大中院校毕业生全面了解就业市场状况和需求并实现就业。

（八）引进特殊人才

近年来，北京市社会组织在人才引进工作中发挥了越来越重要的作用，在增添行业新鲜血液、提高人才整体水平等方面做了大量工作。例如，北京生物医药协会不断建设、完善海外高端人才数据库，协助海外学人中心、中关村管委会等进行"千人计划""海聚工程""高聚工程"等人才评选工作，并为海外留学人员归国创业提供政策解读、项目落地等全方位服务；中关村数字内容产业协会坚持从国际高端人才市场引进技术创新、艺术创意领域的优秀人才，发挥其示范引领效应，带动这一新兴行业实现较快提升。

（九）完善人才保障

北京市部分社会组织通过开展劳动争议调解、法律义务援助等工作坚持为本领域、本行业从业人员提供多种保障性服务，促进社会和谐稳定。例如，中关村宽带无线专网应用产业联盟为业内人员提供完善的人事档案管理、社保工资标准核定等相关管理服务；中关村高新技术企业协会坚持进行劳动争议调解，维护企业和员工双方的合法权益；北京民营科技实业家协会通过建立中关村商事特邀调解制度，协助当地人民法院对诉讼答辩期间的商事案件进行调解，有效化解了诸多商事纠纷；中关村人力资源经理协会实施人才特区劳动法律援助工程，通过开展免费培训、建立义务法律咨询平台、集中探讨疑难问题、健全和梳理企业规章制度等方式，为园区众多企业人才提供完善、全面、便捷的劳动法律保障服务。

（十）开展评比表彰

近年来，北京市部分社会组织通过举办赛事、组团参加国内外高水平大赛等形式，促进本领域、本行业人才整体水平，造就高技术、高水平人才。例如，市软件行业协会积极参与软件高级管理和技术人员奖励评比工作，为3000多位优秀人才搭建竞技舞台，并对近千人进行了表彰；北京美容美发协会多年来共举办全市性技术比赛16次，并组团参加全国发型化妆大赛13次，参加亚洲、世界大赛12次，为行业人才脱颖而出、不断提高技能水平创造了条件；中关村人力资源经理协会坚持开展"中关村十佳人力资源经理"评选活动，总结和推广具有示范区企业特色、符合现代HR管理发展理念的成功做法和经验，不断加快园区人力资源管理体系建设，推动人力资源工作健康发展。

二　北京市社会组织在人才工作中进一步发挥作用面临的主要问题

虽然北京市社会组织在人才工作中发挥了一定作用，但是，从总体上看，还存在作用发挥不很明显和充分、参与社会人才培养能力相对较弱、工作渠道尚未完全畅通等问题，在人才工作中进一步发挥作用还面临一些困难。这些困难和问题主要表现在社会组织自身和政策环境两大方面：

（一）社会组织方面

（1）社会组织开展人才工作规模相对较小，作用发挥尚不充分。根据问卷调查显示，虽然北京市社会组织"经常"和"有时"开展人才工作的比例高达97%以上，但是开展人才工作的范围仅限在自身工作人员和部分或全部所属会员之内，工作对象相对有限、工作规模相对较小。同时，全市近40万社会工作者绝大部分在政府体系内就业，由政府承担人才培养任务，社会组织在这一领域的作用发挥处于几近空白的状态。此外，行业协会、学术社团等行业性、技术性、专业性较高的社会组织在本领域高层次人才培养中发挥的作用也较为有限。

（2）社会组织开展人才工作很不平衡、差别很大。调查显示，北京市社会组织在人才工作中作用发挥参差不齐，不同组织之间差异较大，一定程度上呈现出两极发展态势。有的社会组织长期坚持开展人才工作，已经形成较为固定的工作模式、工作品牌并逐渐形成工作体系，在本领域和本行业人才工作中发挥了重要作用；有些社会组织却仍未开展有效的人才工作，该项工作处于空白状态。

（3）社会组织自身人才缺乏，工作力量不足。目前，在社会组织发展过程中，普遍遇到其自身工作人员年龄结构老化、数量素质有限等人才不足问题，而且这一问题长期得不到解决，成为一种较为常态、普遍的现象。这一问题也制约了社会组织在人才工作中的作用发挥，有的缺乏足够的工作力量无暇顾及人才工作，有的缺乏高层次人才推动人才工作提升，这些问题一直是制约社会组织在人才工作中发挥作用的重要因素。

（4）社会组织人才工作投入不足，工作方式单一。社会组织开展人才工作，缺乏较为充足和稳定的资金投入。很多社会组织的日常工作经费主要来源于会费或部分非营利性收入，社会筹资渠道狭窄，从中能够投入人才工作的更是极为有限。例如，有些学术团体没有运营资金，自身维持较为困难，连续数年未开展学术交流活动。囿于生存压力和资金困难，社会组织开展人才工作方式比较单一，主要采取举办论坛、沙龙，邀请专家学者提供讲座、咨询活动等形式开展工作，人才工作缺乏深度、层次及创新活力。

（二）政策环境方面

（1）政府部门对社会组织在人才工作中的作用认识不足。受传统观念和工作习惯影响，目前很多政府部门对新形势下社会组织发展的重大意义、发展的客观趋势以及应发挥的重要作用认识不足，对社会组织在人才工作中可以发挥的重要作用认识不够，人才工作仍然主要依靠行政部门和有关事业单位来开展，还没有很好地把指导、支持社会组织开展人才工作完全纳入党和政府的工作范围统筹考虑、整体推进。

（2）有关社会组织在人才工作中发挥作用的政策法规不健全。目前，在我国现行法律法规体系中，关于社会组织的一般性和专门性法律尚未制定，党的方针政策和政府行政法规事实上构成了现阶段社会组织制度环境的主体内容。《社会团体登记管理条例》《民办非企业单位登记管理暂行条例》以及《基金会管理条例》等行政法规虽然明确了社会组织的登记管理等有关问题，但缺乏对于社会组织开展人才工作的相关规定，社会组织开展人才工作缺乏法律保障和制度环境。

（3）推动社会组织在人才工作中发挥作用的体制机制不完善。目前，政社不分现象仍然存在、事业单位改革进程缓慢，抑制了社会组织在人才工作中发挥作用的积极性；在行业人才培养、人才资格认证、职称评定等方面，政府和事业单位仍然代行了许多可由社会组织承担的职能，也进一步挤压了社会组织发挥作用的空间；人才培养的投入机制单一，财政投入往往在体制内循环，仅限于行政和事业单位，体制外的社会组织难以得到支持；人才培养的多元化参与机制不健全，社会组织难以公平地参与人才培养工作。

（4）社会组织缺乏进一步参与人才工作的渠道，发展空间有限。在问卷调查中，许多社会组织反映开展人才工作遇到的主要困难体现在"受现有人才管理体制机制束缚""缺乏政策支持或相关政策不明朗"等方面，这些问题成为制约社会组织在人才工作中发挥作用的重要方面。由于没有明确的支持社会组织在人才工作中发挥作用的政策、政府职能转变尚不到位、政府向社会组织委托事项有限、事业单位分类改革步伐滞后等原因，社会组织进一步参与人才工作的渠道极其有限，限制了在人才工作中发挥更大的作用。

三 促进社会组织在人才工作中进一步发挥作用的对策

（一）进一步提高认识，将社会组织参与人才工作纳入党和政府人才工作总体安排

（1）提高对社会组织在人才工作中重要性的认识。准确把握社会组织在

首都经济社会发展中的重要地位和社会组织在首都人才工作中的重要作用，充分认识新形势下社会组织是"党管人才"的新途径之一，将社会组织开展人才工作纳入党和政府人才工作总体框架进行设计，为充分发挥社会组织在人才工作中的作用创造条件。

（2）把社会组织参与人才工作纳入党和政府的具体工作范畴。发挥党委组织部门的牵头抓总作用，完善政府人力资源部门管理服务职能，明确各有关职能部门在社会组织人才工作中的职责，充分调动广大社会组织的积极性，形成进一步促进社会组织在人才工作中发挥作用的整体合力。

（3）继续深入开展社会组织在人才工作中发挥作用的研究。建立健全社会组织人才工作的统计分析机制，深入开展相关理论、实践研究和政策研究，为进一步提高认识、了解情况、完善政策服务。同时，对北京市不同类型社会组织的职能作用等作进一步分析，探索社会组织在人才工作中的规律和特点，加强对社会组织开展人才工作的指导。尤其是注重研究如何按照不同社会组织在人才工作中发挥作用的不同特点和程度，分情况、按阶段、有步骤地进行分类指导和工作推进。

（二）进一步完善政策机制，为社会组织开展人才工作提供切实保障

（1）制定并完善相关政策，形成有利于社会组织开展人才工作的政策体系。建立健全涵盖人才培养、吸引、使用、保障等人才资源开发管理各个环节的政策规定，鼓励社会组织参与社会人才培养工作，推进社会组织开展人才工作的科学化、制度化、规范化水平。

（2）发挥社会组织"枢纽型"工作体系作用，推动社会组织开展人才工作。社会组织"枢纽型"工作体系的构建为加强北京市社会组织人才培养工作提供了重要抓手，应将社会组织人才工作明确纳入"枢纽型"社会组织的职责范畴，发挥其对同领域、同性质、同类别社会组织的联系、服务和管理职能，形成开展人才工作的广泛覆盖面和影响力。

（3）转移政府职能，提供社会组织在人才工作中发挥作用的广阔空间。进一步促进政府职能转移和政社分开，将部分人才工作交由社会组织承担，支

持和鼓励社会组织参与人才培养。加大社会组织参与职业资格和职称评定工作的改革力度，加快推进社会组织参与职业资格和职称评定工作改革的试点，完善行业评价体系，促进高层次创新型人才的成长。

（三）进一步改善发展环境，为社会组织开展人才工作营造良好的社会氛围

（1）营造良好的管理环境。通过多种渠道和方式，为社会组织公平参与人才工作创造条件；在有关人才工作的政策设计上统筹考虑，将社会组织和政府部门、企事业单位等其他人才工作主体一并考虑并统一安排；在有关人才工作的公共资源运用上平等开放，逐渐放松和消除社会组织参与人才工作的政府规制等体制、政策障碍，为社会组织参与人才工作提供更加良好的管理环境。

（2）营造积极的服务环境。从社会对各类人才的需求出发，指导、帮助社会组织建立本领域、本行业人才库和信息发布机制；积极为社会组织参与人才工作提供政策咨询和信息咨询等服务，帮助其明晰工作职能、消除工作顾虑、切实发挥作用；建立完善支持社会组织参与人才工作的服务体系，重点培育若干专业性的人才工作类社会组织，带动、提升社会组织开展人才工作的整体能力和水平。

（3）营造良好的舆论环境。充分发挥各类媒体的舆论导向作用，广泛宣传加强社会组织在人才工作中发挥作用的重要意义，宣传社会组织在人才工作中的积极作用，报道社会组织在人才工作中的先进经验和典型事迹，营造全社会关注、重视、支持社会组织参与人才工作的舆论氛围。

（四）进一步拓宽渠道，加大社会组织人才工作投入

（1）加大政府投入力度。确定社会组织开展人才工作专项经费，或通过政府购买服务等形式，资助社会组织开展人才引进、培养等工作；以奖励等形式，鼓励行业协会、职业团体和学术社团等社会组织参与行业人才培养。

（2）加大人才工作支持力度。鼓励社会组织参与人才工作的项目申请、课题招标、成果申报，使社会组织有钱做事、以业育人；加大对学术团体开展

高层次学术交流活动的支持力度，提高学术团体开展人才工作的能力和水平；增强民办科研机构对国际、国内高层研究人才的吸引力，积极引进行业优秀人才，促进行业水平较快提升。

(3) 建立企业社会责任制度。探索建立全市范围内的企业社会责任标准体系，鼓励企业在创造利润、对股东承担法律责任的同时，积极承担社会责任；积极鼓励企业及社会各方面为社会组织开展人才工作提供资金、场地和人力支持，形成一体化发展格局，为社会组织人才培养扩宽资源和渠道。

（五）推进职业化建设，培育一支稳定的社会组织专职人才工作者队伍

(1) 提高社会组织专职人才工作者队伍的专业化和职业化水平。加大对社会组织专职人才工作者的培养力度，探索适合北京市实际情况的社会组织专职人才工作者的专门化培养途径；制定并完善社会组织专职人才工作者引进、流动、职称、户籍、薪酬、保险、培养、激励等一系列政策，扩大人才吸纳渠道，吸引和接受海内外具有专门社会组织人才工作知识和经验的高层次人才来京工作。

(2) 支持建立社会组织专职人才工作者定期培训制度。建立与不同学历层次教育协调配套、专业培训和知识普及有机结合的社会组织专职人才工作者培养体系，加强专业培训体系建设；委托党校、行政学院、社会主义学院等单位，加强社会组织专职人才工作者从业知识培训，并探索建立对其工作的评价制度；通过加强对社会组织专职人才工作者的培训，提高其职业意识和专业水平。

(3) 建设社会组织专职人才工作者培训基地。发挥首都高校资源丰富的优势，由政府或相关社会组织与对人才建设和社会组织工作素有研究的大专院校建立合作关系，利用其教育教学资源和专业特长，联合培养社会组织专职人才工作者；鼓励社会组织专职人才工作者进入高校深造，将其学历学位教育纳入公共管理学科的培养体系；探索建立社会组织专职人才工作者的职业化认证体系，可参照企业职业经理人资格认证制度，建立社会组织专职人才工作者资格认证制度。

参考文献

［1］王名：《社会组织概论》，中国社会出版社，2010。
［2］《北京社会建设年鉴：2010》，北京出版社，2010。
［3］《北京社会建设年鉴：2011》，北京出版社，2011。
［4］王名：《中国民间组织30年：走向公民社会（1978～2008）》，社会科学文献出版社，2008。
［5］国家民间组织管理局编《2010年中国社会组织理论研究文集》，时事出版社，2011。
［6］马庆钰：《社会组织能力建设》，中国社会出版社，2011。

B.14
北京市开展人才立法相关问题的研究

北京市人力资源和社会保障局课题组

摘　要：

　　改革开放 30 多年以来，特别两次全国人才工作会召开以来，随着北京市人才事业的不断发展，人才工作逐步走向规范化和法治化，人才立法诉求越来越紧迫。一方面，党管人才原则的落实、政府行为的规范、人才投入的保障等问题亟待立法规范；另一方面，立法的社会政治条件也逐渐成熟，大量政策的出台也为立法提供了不竭源泉。参考国内外立法实践，北京人才立法的时机已经到来。本文在分析相关必要性和可行性的前提下，对下一阶段北京市人才立法的核心内容进行了较为系统的梳理。

关键词：

　　人才立法　必要性　可行性

一　课题提出的背景

　　人才是经济社会发展的第一资源。2007 年以来，北京市通过深入实施首都人才发展战略，加快构建现代人才资源开发与管理体制，奠定了全市人才发展的基本格局。2009 年，北京市深入研究和实施了首都人才优先发展战略，为首都经济社会发展提供了有力的人才支撑和智力保障。突出体现在以下三个方面：一是坚持以促进人才全面发展为目标，加快构建现代化人才资源开发、管理体制，市人才工作领导小组统筹规划、协调指导全市人才工作，市属相关部门和区县人才工作得到普遍加强，有力地推动了各项重大任务、重点工程的落实。二是坚持以政策、机制、体制创新为重点，不断完善聚才、育才、选才、用才的政策体系，首都人才发展环境进一步优化，截至 2011 年年底，北京地区人才总量达到532万人，近10万名海外留学人员在京工作，由两院院士、杰出人才、"千人计划"专家、突出贡献专家、享受政府特殊津贴人员、"百千万人才工程"、"海聚工程"和"高聚工程"人选等组成的高层次人才5400余人会聚首都。三是坚持以制度建设为根本，不断推动人才工作的标准化、规范化、制度化建设，2010年发布的《首都中长期人才发展规划纲要》确立了人才发展在首都经济社会发展中的基础性、战略性和决定性地位，明确了首都人才发展的战略布局和未来10年全市人才发展的总体目标。在首都建设世界城市目标的指引下，以建设人才特区为抓手，全市人才工作站在了新的起点上，推动首都向着建设"世界一流的人才之都"的目标前进。

当前国际政治经济环境和国内经济运行都面临着新的变化和挑战，人才竞争已成为国家、地区、企业间竞争的焦点。进一步加大人才培养和引进的力度，抢占人才发展的战略制高点，保持并不断增强首都人才资源优势，是推动首都经济社会又好又快发展的基础。为促进人才优先发展，国内不少地区陆续制定了一些关于人才发展的地方法规。为适应人才发展新形势的需要，中央组织部提出要开展人才立法专项课题研究，标志着人才立法已提升到国家人才发展战略高度。加快人才工作法制化，用法制规范、促进和保障人才发展，为首都人才发展创造一个良好的法律环境，已成为推动首都人才工作科学化发展的根本保障。

二 北京市开展人才立法的必要性

（一）"党管人才"的原则需要通过立法加以落实

党管人才是人才工作的重要原则。近年来，各地落实党管人才原则形成了很多成熟的做法，具体体现在：一是健全党管人才领导体制，完善人才工作领导小组；二是构建在党委统一领导下，组织部门牵头抓总，有关部门各司其职、密切配合，社会力量广泛参与的党管人才工作格局；三是各级党委、组织部门履行"管宏观、管政策、管协调、管服务"的牵头抓总职能，落实"抓战略思想研究、总体规划制定、重要政策统筹、创新工程策划、重点人才培

养、典型案例宣传"的党管人才工作职责；四是建立和规范党管人才的领导决策机制、工作协调机制、督促考核机制和信息沟通机制。这些做法体现了加强和改进党对人才工作领导的基本要求，保证了人才工作的正确方向，需要通过立法形式加以固化，以确保"党管人才"的原则始终得到贯彻落实。

（二）通过立法有利于规范政府及职能部门在人才管理工作中的行为

目前各级政府及职能部门充分认识到了人才在首都经济社会发展中的作用，但是仍存在一些影响人才发展的问题：一是有的政府职能部门对首都人才优先发展战略的认识只停留在口头上，存在着重工程项目投入，轻人才发展投入的现象；二是有的职能部门在审批设立、引进项目时，不考虑人力资源现状，造成项目建成后由于缺少相应技术、管理人才，使项目无法正常实施；三是一些职能部门存在管理权限、职责不清的现象，在一些地区、一些行业存在着有的政策交叉重叠、多头管理，有的政策空白、无人管理。针对以上现象，有必要通过立法使各级政府及职能部门树立科学的人才发展观，明确在促进人才发展中的职责范围，从制度上规范各级政府及职能部门在人才管理工作中的行政行为。

（三）通过立法提升政策的法律层次、填补空白，为人才队伍建设提供法制保障

近几年，为加强首都人才培养、吸引海外人才，市委、市政府及相关职能部门出台了一系列支持鼓励政策，建立了一套较为完善的保障措施，使首都人才规模不断壮大、人才结构逐渐优化、人才素质能力不断提高，形成了以党政人才、企业经营管理人才、专业技术人才、社会工作人才、高技能人才和农村实用人才为主的6支人才队伍。但是，从目前北京市在人才发展方面的政策法律实践看，急需加强人才立法。一是目前按照6支人才队伍制定的法律法规中，除党政人才（公务员）法律法规较为全面外，其他各支人才队伍的法律法规欠缺、内容不全、层次不高，特别是缺乏一部具有统领地位的综合性人才法律；二是目前北京市在人才发展方面的政策大部分是职能部门的规范性文

件，为使各项政策措施长期、稳定地发挥促进人才发展的作用，保障各支人才队伍的持续、健康地发展，需要通过立法提升相关政策的法律层次、完善内容、提高执行力度；三是以中关村人才特区为代表的吸引高端人才的重点项目、工作机制和较成熟的做法也需要通过法规予以确认；四是在发挥用人单位、社会组织的力量共同推进人才发展的工作机制和管理体制等方面，也需要通过立法来填补空白。

（四）通过立法有利于解决目前在人才资金投入中存在的问题

近年来，各级财政和用人单位在人才培养、引进、使用、激励、保障等方面的专项投入实现了较快增长。但是，也存在以下四个方面的问题：一是地区、部门间投入不均衡，对人才工作较重视的地区、部门投入力度大，工作开展比较顺利，而较低的人才投入，将会影响地区、行业经济社会发展的持续性；二是缺乏市级层面的统筹，存在投入分散，结构不合理的问题，一些重点项目、专业和学科的高层次、紧缺人才队伍建设投入不足，市属单位中的高端专业技术人才缺乏，一些经济相对落后的远郊区县缺乏有效的人才专项资金扶持；三是用人单位重人才使用，轻人才培养的现象普遍存在，鼓励、引导社会组织参与人才培养、评价的机制尚未形成；四是科研人员使用科研经费的自主性较差，直接用于人才自身发展的经费比例偏低。以上这些问题有必要通过立法予以解决。

三　北京市开展人才立法的可行性

（一）促进人才发展的立法社会政治条件日臻成熟

一是北京市已具备人才立法的政治环境。2003年12月《中共中央国务院关于进一步加强人才工作的决定》从全局和战略的高度提出实施人才强国战略的重要性和紧迫性，明确了我国实施人才战略的指导思想、根本任务和总体要求。近10年来，市委、市政府始终将人才发展作为关系首都经济社会发展全局的重点工作加以推进。《北京市国民经济和社会发展第十二个五年规划纲

要》将人才队伍建设摆在至关重要的位置，提出要努力推动世界高端人才聚集之都的建设。《首都中长期人才发展规划纲要（2010~2020年）》对未来十年北京市人才发展的目标、任务等提出了明确的要求，并将人才工作法制化列为2010~2015年近中期重点工作任务。市人才工作领导小组在协调组织相关部门建设中关村人才特区、实施重点人才项目、推动人才发展等工作中的作用得到充分发挥，各系统和区县人才工作得到了全面推进和提升。

二是北京市已具备了人才立法的经济基础。2011年全年地区生产总值超过1.6万亿，人均超过8万元，地方财政收入超过3000亿元，各级政府对人才、教育、科技的投入不断加大。全市研究和实验发展（R&D）经费支出不断增加，参与活动人数、专利申请量与授权量持续增长。结合中关村人才特区建设，吸引海外高端人才来京创新创业的金融、税收、教育、社会保障等政策不断完善。鼓励本市各类人才成长的政策支持力度不断加大，为人才发展奠定了坚实的经济基础。

三是北京市已具备了人才立法的社会环境。随着首都经济快速发展，社会文明程度的不断提升，尊重劳动、尊重知识、尊重人才、尊重创造的社会氛围已经形成，各类人才在经济发展、社会建设中的地位和作用得到充分体现。各类人才在发展过程对人文环境、学术环境、政策环境和法制环境的需求呈现多样化。维护各类人才和用人主体权益，有效推进人才工作制度化、规范化、程序化，保障人才安全，规范人才市场，加强人才培养、引进、评价、激励、使用等涉及人才发展的各个环节，也成了广大人才和社会各界的共识。

（二）近十年的工作成果为人才立法奠定了良好基础

一是由党委、政府相关部门组成的市、区两级人才工作领导组织架构已成功运行，各成员单位根据职能定位，在促进人才发展中发挥了各自的作用，为人才立法确立了组织、实施的责任主体，提供了工作机制和管理体制的实践基础。

二是《首都中长期人才发展纲要》明确了到2020年以前首都人才发展的指导思想、方针、战略目标、人才发展预期指标和6支人才队伍的建设目标；确立了人才发展4个方面的战略格局；提出了人才工作的9项重大任务、12项重点工程和保障措施，为北京市人才发展法制化在指导思想、基本思路和主要内容上提供了坚实的立法基础。

三是中关村人才特区建设的初步成果为人才立法提供了经验借鉴。在中关村通过实施特殊政策、特殊机制，健全人才的发现选拔、教育培养、流动配置、服务管理、激励保障等各项措施，构建了与国际接轨的科技研发、成果转化和创新创业运行机制，充分激发人才活力，有效地促进了各类人才的健康成长。人才特区整体环境不断优化，辐射带动作用更加明显，高端人才大量聚集，人才发展质量和水平都有新的提升，高端人才的创新创业能力不断加强，高端引领作用得到充分发挥。

（三）不断完善的人才政策成为人才立法的不竭源泉

2002年以来，北京市委、市政府、市人才工作领导小组以及相关职能部门围绕各类人才队伍建设、人才发展和人才工作等多个方面先后制定完善了一等系列政策性文件，解决了北京市在人才培养、引进、评价、激励、选拔、使用等方面遇到的问题，多年实践为人才立法积累了较为成熟的政策基础。初步形成了覆盖广泛、内容丰富、针对性较强的人才政策体系。这些政策基本反映了北京市各类人才队伍建设的客观要求和发展规律，经过多年的实践，部分政策已经成熟稳定，具备了上升为法律规范的可行性。

另外，北京市在专项人才法制建设上进行了积极有效的探索。早在1998年，市人大常委会颁布的《北京市人才市场管理条例》，对加强人才市场管理，保护人才、用人单位以及人才市场中介服务机构的合法权益，维护人才市场秩序，促进人力资源配置和人才市场的健康发展发挥了积极的作用。2011年，市人大常委会颁布的《中关村国家自主创新示范区条例》对促进示范区创新创业人才发展，建立健全人才培养、引进、使用、流动、评价、表彰、奖励等制度提供了法律依据，为示范区人才发展提供了法律保障。北京市在人才政策、法规等方面的实践为全市范围内的人才立法奠定了基础。

（四）国内外人才立法实践

美国、德国、日本、韩国、新加坡、俄罗斯等国家通过人才立法为培养、吸引优秀人才，提升国家综合竞争力发挥了重要作用。为吸引国外优秀人才，美国1990年颁布的新移民法规定移民重点向投资移民和技术移民倾斜,鼓励各类专才移居美国;2001年《加强21世纪美国竞争立法》的核心是吸引世界各国的优秀科技人才,计划在3年内,每年从国外吸引19万名技术人员。奥巴马政府力推新移民改革法案,呼吁要把那些有天赋、负责任的青年才俊留在美国,让他们充实美国的实验室,建立新的企业。德国健全的制度和法律对高技能人才培养过程中各个社会实体的职责作了详细规定。德国《职业教育法》《职业培训条例》《职业教育促进法》《实训教师资格条例》等与高技能人才培养相关的法律,形成了一整套较为完备的法律体系,保证了高技能人才在德国制造中的决定性作用。20世纪90年代,日本政府逐步用法律法规的形式规范科技发展政策,把人才培养科学研究列入《科学技术基本法》,1996～2010年实施的三期《科技基本计划》提出:"重视人性化与个性化的人才培养、改变科学技术政策与投资理念、将硬件优先理念转变为培养优质人才"的三大方针。通过实施科技人才战略、实行科技基本计划,为日本培养了一大批科技人才。韩国经济的迅速发展与韩国通过人力资源立法在国家战略层面持续推进人力资源开发密切相关。2002年8月韩国《人力资源开发基本法》提出每五年制订一个新的人力资源开发计划,已经实施了两个五年期的《人力资源开发基本计划》,为韩国高层次人才培养、聚集人才发挥了重要作用。新加坡将人才立法放入移民法框架内,既注重吸引实用型人才,也着眼于未来发展,每年有计划地从中国等国家吸引优秀学生,资助其在新加坡留学,并签订合同,要求其毕业后至少在新加坡工作6年。2003年俄罗斯为了创造良好的科研条件和生活氛围、挽留人才,颁布了《国家保护科技综合人才潜力的措施构想》联邦纲要,提出建成统一的科研人才管理系统、减少人才外流等具体措施。

近年来,国内不少地区相继出台了促进人力资源开发和人才发展的法律法规,2007年云南省颁布《云南省人才资源开发促进条例》,2009年宁夏回族自治区颁布《宁夏回族自治区人才资源开发条例》,这些立法实践为北京市促进人才发展立法提供了有益借鉴。以人才立法的形式将党和政府促进人才发展的政策措施上升为地方法规,对推进人才发展程序化、规范化和法制化将起到有力的促进作用。

四 北京人才立法主要内容建议

（一）指导思想、基本思路

指导思想： 深入贯彻落实科学发展观，坚持党管人才原则，遵循人才发展规律，实施首都人才优先发展和人才强市战略，全面落实《首都中长期人才发展规划纲要（2010~2020年）》，通过加强人才发展法制化建设，提高人才工作科学化、制度化、规范化水平，为人才成长营造良好的环境，为首都经济社会又好又快发展提供人才保障和智力支持。

基本思路： 一是以促进人才发展为立法宗旨，总结促进人才发展实践中的成功做法和经验，将行之有效的政策措施通过立法固定下来，形成长效机制；二是通过立法突破影响本市人才发展的体制机制障碍，解决人才工作实践中遇到的普遍性、迫切性问题；三是强化党管人才的原则，规范政府及职能部门的行政行为，明确统筹规划、协调指导的职能，强化市场配置资源的能力；四是加强促进人才发展的资金投入，规范财政性投入，鼓励用人单位加大投入，引导社会资金广泛参与；五是规范人才自身、用人单位等市场主体的行为，明确相应的法律责任，鼓励支持他们为促进北京市人才发展作贡献；六是加大对人才发现、评价、培训、推荐、咨询服务等社会组织的培育发展力度，提高人力资源服务机构的服务能力，建立和完善统一的人力资源市场。

（二）主要内容

1. 关于人才立法的范畴及促进人才发展的原则

人才是指具有一定的专业知识或专门技能，进行创造性劳动并对社会作出贡献的人，是人力资源中能力和素质较高的劳动者。人才是经济社会发展的第一资源。人才在经济社会中具有基础性、战略性和决定性的作用。人才竞争已成为国家、地区、企业间竞争的焦点，北京市作为首都，通过人才立法加快人才发展不仅是提高地区核心竞争力的需要，是建设"人文北京、科技北京、绿色北京"的关键，同时关系到全国人才强国战略和建

设创新型国家的大局。

人才发展应坚持以用为本、创新机制的原则，强化市场配置与宏观调控相结合，促进人才队伍建设与经济社会协调发展；人才发展应该遵循公开、公正、公平的原则，并将之贯穿于人才发展相关活动的始终；人才发展应该遵循高端引领、整体推进的原则，形成以点带面、整体推进的良好局面。立法中涉及的人才包含在党政人才、企业经营管理人才、专业技术人才、高技能人才、农村实用人才和社会工作人才等六支人才队伍之中。根据各支人才队伍的专业特点和各类人才的成长规律，人才工作的重点应突出具有创新创业能力强、对经济社会发展贡献大、专业知识或技能水平高的高层次人才和后备人才。应加大对创新型科技人才和青年英才的培养。

2. 关于党管人才的原则及人才工作格局

一是在立法内容中明确党管人才的原则，明确市人才工作领导小组负责全市人才发展的总体规划、组织、协调和监督工作，形成党委统一领导，组织部门牵头抓总，政府有关部门各司其职、密切配合，社会力量广泛参与的人才工作格局。市、区两级人才工作部门负责全局性问题调研、综合性政策论证、跨部门工作统筹，形成统分结合、各方联动的人才工作协调机制。

二是规范政府在促进人才发展中的行政行为。明确市、区县政府应将人才发展规划纳入政府国民经济和社会发展规划中；明确市里应支持远郊区县人才工作，促进人才均衡发展；明确人才工作部门和政府综合职能部门应按照职能分工制定各支人才队伍建设的发展规划，完善政策和保障措施；人才相对集中的政府职能管理部门应按照职责，积极发挥职能作用，制定行业人才发展规划，完善促进行业人才发展的保障措施，加强本行业人才队伍的建设工作。

三是明确社会力量在促进人才发展中的作用。明确工会、共青团、妇联、科协等人民团体应当协助党委、政府及其有关部门做好促进人才发展工作。培育、发展社会中介组织，增强其参与人才培养、引进、评价等方面的专业支持能力，为人才提供个性化和多样化服务。

四是明确各类用人单位是人才培养、引进、使用、激励、保障的主体。明确非公有制经济组织和新社会组织在落实人才发展规划中的作用，保障其灵活机制做好人才服务和管理工作。

3. 关于政府促进人才发展的投入机制

一是明确建立市、区两级政府促进人才发展的财政投入增长机制，两级财政部门应建立促进人才发展专项资金，并逐年有所增长。明确提高财政性科研投入中直接用于人才培养和激励经费的比例。二是规范促进人才发展财政资金的使用范围，提高资金使用的效益，明确人才工作部门与财政部门应制定资金使用管理办法。三是应加强对促进人才发展财政投入的统筹力度。市、区两级人才工作部门应当与同级财政部门依据不同发展时期人才工作的重点任务，制定财政资金投入指导意见，确定年度资金投入重点。四是兼顾平衡、协调发展。针对区县经济发展的不均衡性，明确市政府有责任通过人才专项资金转移支付的手段，扶持远郊区县的人才发展。五是明确建立首都人才发展基金，用于国家级、市级重点产业发展、学科建设中对高端、紧缺人才的引进和培养。

4. 关于各类人才的教育培养体系

明确市、区（县）政府应根据各类人才的不同特点，制订教育、培养计划，整合各类教育培训资源，有针对性地通过职业教育、继续教育、职业培训、学术交流、高级研修等形式提升各类人才的专业能力和职业道德水平。完善各类人才培养资助制度，提高资助经费的使用效率。明确市属高等学校、职业院校、科学技术研究机构应创新人才培养模式，鼓励各类用人单位加大对职工教育培训的投入。

明确创新型人才教育培养体系的内容。主要包括：建立以能力为导向的职业教育体系，实现职业教育与产业发展的对接，满足首都高端产业和新兴支柱产业对创新人才的需求；明确实施专业技术人才知识更新工程，提高继续教育的针对性和有效性；加强高等教育体制中创新人才的培养，强化高等教育的实践性，搭建产学研用一体化的平台；搭建社区教育平台，完善培训市场，引导社会组织进入创新、创业人才的培养领域等。

5. 关于促进人才发展的政策环境、市场环境

在人才引进方面，重点规范紧缺性、高层次人才引进政策渠道。人才流动方面，明确各级人才工作部门、各级政府职能部门应完善市场配置人力资源的实现形式，社会团体、企事业单位和其他组织应当为各类人才合

理流动提供便利和服务，鼓励引导人才中介服务机构发展。明确通过建立人才分类信息数据库和人才供求信息发布制度，为用人单位和各类人才提供信息化服务，引导人才向社会需要并能发挥作用的地方流动。明确实施以高端领军人才主导的人才发展战略，引导人才向重点产业、学科、领域聚集，构建人才与产业协同发展的格局。整合政府、企业、高校、科研机构的优势资源，相互协作形成发展合力，推进人才集群和产业集群的发展。

在人才评价方面，明确各类人才的评价重点，建立科学的人才评价标准；明确发展和规范人才评价组织，鼓励和扶持专业性强、社会认可度高的人才评价机构。人才使用方面，明确公开、公平、竞争、择优的原则，禁止设置与岗位本身要求无关的歧视性条款；明确强调用好用活各类人才，保证人才用当适任、用当其时、用当尽才。在人才表彰奖励方面，明确人才表彰奖励体系的框架，实施主体、表彰奖励对象和运行机制，加强人才表彰奖励的经费保障和待遇管理。人才保障方面，完善促进人才发展的保障措施，不断提高各类人才保障水平。明确根据人才业绩、贡献给予合理报酬，充分体现人才价值；完善对高端人才的户籍、住房、医疗、子女教育、社会保险等方面的政策措施。规范海外高层次人才的社会保障措施。

B.15 合作与共赢：京津冀区域人才一体化研究

马 宁 饶小龙 王选华*

摘 要：
 本文在对京津冀区域人才合作基础、现状和问题进行分析的基础上，提出了构建统筹协调的区域人才发展布局、建立优势互补的区域人才开发模式、建立政策互通的区域人才服务体系、建立成果互惠的区域人才合作机制等区域人才一体化的实施路径。

关键词：
 京津冀 区域合作 人才合作 人才一体化

当今世界，经济全球化深入发展，区域经济一体化成为世界各国经济发展的必然趋势。以京津冀为核心的环渤海地区，成为继长三角、珠三角之后我国经济加速发展的第三增长极。2010年6月，国务院审议通过《全国主体功能区规划》，将环渤海地区列为国家层面的优先开发区域，明确了京津冀地区的功能定位。国家"十二五"规划纲要中明确提出，要推进京津冀区域经济一体化发展，打造首都经济圈。北京建设中国特色的世界城市，也要求我们以更宽阔的视角审视城市自身发展和区域发展，更加注重区域协同和整体竞争力的提升。人才是支撑经济社会发展的第一资源，区域人才一体化是区域经济

---

* 马宁，北京市人力资源研究中心副主任，主要研究方向为人才政策、公共部门人力资源管理等；饶小龙，管理学博士，北京市人力资源研究中心科研主管，研究方向为公共部门人力资源开发与管理；王选华，经济学博士，北京市人力资源研究中心科研主管，研究方向为人才经济。

社会一体化的内在要求和重要推动力量。尽管近年来京津冀区域人才合作取得了新进展，但与首都经济圈建设对人才的客观要求相比较，与长三角、珠三角地区的人才一体化程度相比较，区域人才合作还存在较大差距。为此，研究探索加快推进京津冀区域人才一体化的路径措施具有重要的理论和现实意义。研究过程中，课题组对相关文献资料进行了阅读整理，组织到市规划委进行了专题调研，访谈了北京大学杨开忠教授、国务院发展研究中心侯永志研究员，邀请吴江、桂昭明、叶忠海等7位专家围绕区域人才合作问题展开研讨。此外，课题组还通过市委组织部征求了天津、河北两地人才工作部门对区域人才合作的意见和建议。在此基础上，课题组经过反复讨论修改，形成本研究报告。

一 京津冀区域人才合作的基础

京津冀所处不同的发展阶段决定了三地不同的产业结构和人才分布，形成了三地间的产业人才互补优势，为区域人才合作奠定了良好的现实基础。此外，与长三角、珠三角的人才资源状况比较，京津冀地区具有许多的人才比较优势，为进一步推进区域人才合作提供了广阔的空间。

（一）京津冀地区产业人才的互补优势

2011年北京地区GDP三次产业构成中，第三产业占据绝大部分，达到76.1%，而天津和河北的第二产业居于主导地位，其比重分别达到了52.4%和53.5%。由此，京津冀三个地区的发展可以概括为：北京是以"消费主导—服务业推动"组合为新的增长动力，处于服务业主导的经济发展阶段；天津和河北是以"投资主导—工业推动"组合为经济增长动力，按照钱纳里的工业化阶段标准，天津正处于工业化的高级阶段，河北处于工业化初级阶段末期，即将迈入工业化的中期阶段。京津冀三地不同的经济社会发展阶段，决定了三地不同的产业结构和产业发展重点，聚集了不同领域的重点产业人才。

表1 京津冀三地重点产业人才分布

地区	重点产业	2011年人才数(万人)	2010年人才数(万人)	增长率(%)
北京	文化创意产业	140.9	122.9	14.65
	信息产业	86.4	78	10.77
	高技术产业	25.6	25	2.40
	现代制造业	59.87	57.94	3.33
	现代服务业	337.02	322.32	4.56
天津	航空航天产业	1.90	1.81	4.97
	石油化工产业	16.02	15.20	5.39
	装备制造业	52.96	50.26	5.37
	电子信息产业	21.82	20.71	5.36
	生物医药产业	4.94	4.68	5.56
	新能源新材料	4.45	4.23	5.20
	轻纺工业	38.59	36.62	5.38
河北	装备制造业	71.91	69.7	3.17
	钢铁产业	71.34	71.76	-0.59
	石化产业	34.7	35.89	-3.32

注：本表从北京、天津、河北三个地区2012年统计年鉴中获取原始数据，并对其加以整理得到相应数据。

北京地区优势产业人才主要集聚在第三产业，尤其是现代服务业人才集聚程度较高，且近两年增长速度较快，而该地区现代制造业人才近期出现递减的趋势。天津、河北地区的优势产业人才主要分布在制造行业，并且天津地区主要集中在现代制造业部门，如航空航天产业、装备制造业、电子信息产业、生物医药产业、新能源新材料产业等，而河北地区主要集中在传统制造业行业，如钢铁产业、石油化工产业以及轻纺工业等。因此，在京津冀区域内，北京地区的高端制造业具有比较优势，天津地区中高端制造业、河北地区传统制造业具有比较优势，三个地区的制造业恰好形成互补优势；同样，北京地区的文化创意行业整体优势比较明显，从整个区域发展来看，这在一定程度上弥补了天津、河北服务业的劣势。因此，基于京津冀三地的产业发展需要，三地可以在服务业人才、制造业人才、文化创意人才方面积极寻求合作。

（二）京津冀与长三角、珠三角的人才比较优势

长三角、珠三角作为我国两大重要发展区域，其区域发展合作的经验对京津冀地区具有一定的参考借鉴意义。通过比较研究发现，在推进区域人才一体化合作方面，长三角、珠三角的发展步伐要比京津冀地区快，为当地经济社会的发展提供了很好的人才支撑和保障。因此，进一步比较三大区域的人才发展状况，分析彼此间的优势和劣势，对于加快推进京津冀区域人才合作具有重要意义。从人才规模和结构看，京津冀从业人员规模仅次于长三角地区，第一产业和第三产业从业人员比重高于其他两个地区，而第二产业从业人员比重相对较小。

表2　京津冀、长三角、珠三角从业人员及人才产业结构比较（2011年）

地区	从业人员（万人）	人才产业分布				
		第一产业		第二产业		第三产业	
		规模（万人）	结构（%）	规模（万人）	结构（%）	规模（万人）	结构（%）
京津冀	5795.3	1571.9	27.1	1855.0	32.0	2368.4	40.9
长三角	9536.7	1597.0	16.7	4332.7	45.4	3607.0	37.8
珠三角	3630.2	357.8	9.9	1893.2	52.2	1379.3	38.0

注：京津冀数据来自北京、天津、河北每个地区2012年的统计年鉴，长三角数据来自2012年《长三角年鉴》；珠三角地区数据来自《广东统计年鉴2012》分市数据。

京津冀地区的人才优势：一是人才发展空间较大。京津冀地区幅员辽阔，地理空间较大，以首都为中心，集聚了众多的中央单位、行业主管部门、科研院所和高校，在科技、教育、文化、卫生等方面具有明显的区位优势。二是人才资源基础雄厚。例如，北京地区拥有全国1/4的重点高校、1/3的国家重点学科和重点实验室、1/2的院士，这些都为京津冀地区的人才合作奠定了现实基础。三是政府重视人力资本投资。2011年，京津冀地区的人力资本投资总规模达到2369.7亿元，占GDP的比重最高，达到了4.6%，而长三角和珠三角分别只占3.8%和2.8%。四是服务业人才优势显著。京津冀地区三次产业中服务业人才占比为40.9%，而长三角、珠三角地区该指标分别为37.8%和38%。

表3 京津冀、长三角、珠三角地区人力资本投资比较（2011年）

地区	公共财政人力资本投资项目(亿元)				人力资本投资占GDP比重(%)	人均人力资本投资额度(元/人)
	教育	科技	医疗	小计		
京津冀	1474.5	276.5	618.8	2369.7	4.6	2232.7
长三角	2393.9	596.9	818.9	3809.6	3.8	2535.1
珠三角	813.1	135.0	287.2	1235.4	2.8	2187.8

注：本表京津冀数据来源同表2，长三角数据来自上海、江苏、浙江三个地区的2012年统计年鉴，珠三角地区数据来自《广东统计年鉴2012》分市数据。

京津冀地区的人才劣势：一是人才经济基础相对落后。三个区域的综合实力比较结果表明，虽然京津冀地区地理空间较大，人口总量比珠三角地区多，但经济总量不高，人均GDP较低，人才发展的经济基础相对较弱。二是第一产业人才比重过大。京津冀地区第三产业人才比重在三个区域中最高，但第一产业人才的比重也最大，因此，京津冀地区需要及时调整产业结构，尤其是从业人员从第一产业向第二产业转移的速度需要加快。三是相对长三角地区，人均人力资本较低。虽然京津冀地区人力资本投入占GDP的比重较高，但是人均所获得的投资额相对较低，这对人才的培养同样会产生约束。

二 京津冀区域人才合作的现状

京津冀地区的人才合作始于20世纪80年代，按照合作的内容和形式大致可以将其归纳为三个不同的发展阶段：即萌芽探索阶段、稳步推进阶段和全面发展阶段。

（一）萌芽探索阶段

从20世纪80年代中期至2003年，京津冀地区人才合作可概括为萌芽探索阶段。在这一阶段，区域人才合作组织机构尚未建立，合作大多为各单位自发进行，合作形式较为简单，合作内容比较单一，合作范围相对狭窄，主要是河北省内环京津相连地区与京津地区开展人才合作，而且大都为部门之间、单位之间的合作。总体而言，京津冀地区人才合作萌芽探索阶段主要以临时性、局部地区合作为主。

（二）稳步推进阶段

2004~2010年，随着第一次全国人才工作会议的召开，京津冀区域人才合作进一步巩固和加强，开始进入稳步推进阶段。在这一阶段，三地政府职能部门发挥了重要推动作用，区域人才合作逐步走向制度化，主要以签署协议文件的形式，重点推进区域人才市场的建设，合作内容与合作形式较第一阶段有很大的发展。2004年2月，国家发改委召集京津冀发改委在廊坊召开了京津冀地区经济发展战略研讨会，决定建立京津冀省市长高层定期联席会议制度（简称"廊坊共识"），拉开了京津冀区域合作的序幕。2005年6月，京津冀人事部门签署《京津冀人才开发一体化合作协议》，京津冀区域人才开发一体化合作正式启动。此后，京津冀三地先后在人才交流、人事代理、人才派遣等方面签署合作协议，并初步建立区域人才开发一体化联席会议制度。

（三）全面发展阶段

2011年初，国家"十二五"规划提出打造首都经济圈，京津冀区域发展进入一个新阶段，区域人才合作也随之进入全面发展阶段。在这一阶段，人才合作领域进一步拓宽，由人才市场发展到人才载体建设、人才培养、高端人才引进等各个领域；与此同时，京津冀三地人才工作领导小组在更高层次、更大程度上介入，区域人才合作的统筹协调力度不断加大。2011年5月，京津冀三地人力社保部门启动区域人才合作推进工程，签署了《京津冀区域人才合作框架协议书》，提出从贯通人才市场与人才服务、共享高层次人才智力资源、共建人才创新创业载体、实现人才政策互通共融等六个方面全面推进区域人才合作。6月，京津冀三地人才工作领导小组在北京召开京津冀人才工作联席会议，审议并发布《京津冀人才一体化发展宣言》，就加快推进京津冀区域人才一体化达成共识。

表4 京津冀区域人才合作发展阶段

阶段	时间	参与单位	合作形式	合作成果
萌芽探索阶段	20世纪80年代中期至90年代中期	民间团体	临时性合作	小规模临时性合作
	20世纪90年代中期至2003年	北京、天津、廊坊、唐山和秦皇岛	正式人才合作	局部地区合作

续表

阶段	时间	参与单位	合作形式	合作成果
稳步推进阶段	2005年6月8日	京津冀人事厅（局）	京津冀人才开发一体化研讨会	签订《京津冀人才开发一体化合作协议》，确立了区域内人才开发一体化联席会议制度，建立工作协调机构
	2005年9月	京津冀人事厅（局）	签署文件	签订《京津冀人才开发一体化联席会议章程》，联席会议制度正式建立
	2006年12月6日	京津冀人事厅（局）	京津冀人才开发一体化联席会议	签订《京津冀人才交流合作协议》《京津冀人事代理、人才派遣合作协议》《京津冀人才网站合作协议》
	2007年7月	北京人才网、北方人才网、河北人才网、唐山人才网及沧州人才网	环渤海人才网站联盟	一网注册、多网发布，实现人才信息共享
	2007年9月	北京人才网、北方人才网、河北人才网、唐山人才网及沧州人才网	首届环渤海网上人才招聘大会	数百家各类企事业单位参会，发布招聘职位数万余条，各类人才万余人发布求职信息
	2007~2010年	京津冀各企事业单位	历年京津冀招才引智大会	提供数百家企事业单位的招聘职位
	2008年11月16日	天津、大连、青岛、呼和浩特等37个城市	环渤海区域人才协作联盟	制定了联盟章程和网站互联、人才派遣、中高级人才寻访等专项协议
	2009年4月17日	河北省、北京市人力资源与社会保障局	首届河北-北京人力资源洽谈会	展示京冀人才发展的基本状况
	2010年2月26日	京津冀畜牧业领域相关单位	2010北方畜牧业人才交流会暨就业论坛	涉及招聘单位120家、2400个岗位和200个见习岗位
	2010年4月	北京、天津、山西、内蒙古、吉林、山东、河南、河北等8省市人才服务机构	京津冀等北方八省市签署跨区域人才合作协议	在人才招聘、人事代理、人才派遣等领域开展跨区域人才合作
全面发展阶段	2011年4月26日	京津冀人力社保厅（局）	京津冀区域人才合作框架协议书	商定从人才市场与人才服务、共享高层次人才智力资源、共建人才创新创业载体等6个方面开展合作
	2011年5月7日	京津冀人力社保厅（局）	2011年首届京津冀人才交流大会	邀请近千余家大中型企事业单位参会，提供各类人才需求岗位2万多个
	2011年5月20日	京津冀人力社保厅（局）	2011京津冀大学生人才招聘会	集高新技术企业、外企、三资、国有、民营企业等众多招聘企业参与
	2011年6月16日	京津冀三地人才工作领导小组	京津冀人才工作联席会议	审议并发布《京津冀人才一体化发展宣言》，就推进京津冀区域人才一体化达成共识

通过对京津冀区域人才合作发展历程的回顾，本文归纳出近年来区域人才合作的几个主要特点：一是合作内容以区域人才市场建设为重点，如人才招聘、人事代理、人才派遣、人才服务等；二是合作部门以三地人力社保部门为主，主要通过签署合作协议的方式来推进区域人才合作；三是政府主导推动色彩浓厚，市场在人才合作中作用未充分发挥。

三 京津冀区域人才合作存在的问题

近年来京津冀区域人才合作取得了很多新进展、新成果，为推进京津冀区域人才一体化奠定了很好的基础，但与此同时，还存在一些问题需要进一步改进和加强。

（一）合作部门层次不高，统筹协调力度不够

虽然目前三地人才合作协议是由省级政府的人力资源主管部门主导制定的，但实际开展区域人才合作的主要部门均是各地人才交流、服务中心等具体业务部门。业务部门的职责定位决定了他们只能在人力资源开发的具体业务工作层面推动三地合作，难以在全局和宏观层面有所作为。而且从现实情况看，区域人才合作涉及经济社会发展规划、户籍管理、社会保障等多项政府职能，即使是省级政府的人力资源主管部门亲自主导，很多工作也难以协调、推动。因此，未来需要更高层次的部门合作和顶层设计。

（二）合作领域较为局限，有待进一步拓宽

区域人才一体化开发是一项系统工程，涉及人才培养、引进、流动、使用、激励等各个环节，涉及人才资源市场、人才载体平台、人才政策制度等各个方面，因此，区域人才合作也需要从多领域、全方位推进。从近几年区域人才合作的内容来看，主要还是围绕人才招聘信息共享、人事代理和人才派遣业务互助、人才网站互联等人才市场建设相关领域，合作领域范围较为局限，已经无法满足人才全面发展的多元化需求。与此同时，面对首都经济圈建设对人

才发展的新要求，京津冀区域人才合作的领域需要进一步拓宽，合作内容和合作方式需要进一步创新。

（三）政策衔接不通畅，人才市场相对分割

长期以来，出于地方利益和部门利益的考虑，京津冀三地的人才政策、资源和服务，如教育、医疗、社会保障等优质资源，大多只针对本地户籍人口，无形中为区域间的人才流动造成障碍，再加上人才评价标准不统一、职业资格和技术等级还没有实现互认，最终导致三地人才市场的相对独立分割状态。由此，区域间人才的自由流动配置受到很大影响，区域间人才比较优势无法实现互补，区域人才整体实力也无法得到提升。

（四）合作动力机制缺乏，合作积极性不高

虽然京津冀三地签署了一系列的合作协议文件，但从实际工作中落实情况来看，效果并不尽如人意，相关部门在推动区域人才合作中缺乏主动性和积极性，其中一个重要原因是缺乏合作动力机制。一方面，出于地方利益考虑，京津冀三地均存在因合作引发本区域人才"流失"的担忧，特别是发达程度相对较低的河北，这种担忧更为严重；另一方面，对于具体的用人单位，区域间的人才交流合作也容易给单位带来短期的人才短缺，同时还存在人才流失的担忧。对于这两种担忧，目前还没有建立相应的机制来解决，因此，相关部门和单位参与区域人才合作的积极主动性受到影响。

四　推进京津冀区域人才一体化的实施路径

在前面研究分析的基础上，推进京津冀区域人才一体化发展的目标，就是要探索建立统筹协调、优势互补、政策互通、成果互惠的区域人才一体化发展格局，逐步实现区域内人才资源均衡发展、人才效能充分发挥、人才优势整体提升，使京津冀地区成为引领环渤海、辐射全中国、具有国际影响力的人才发展示范区，为京津冀区域一体化发展和首都经济圈建设提供强大动力，为实施人才强国战略发挥先导示范作用。

（一）确立统筹协调的区域人才发展战略布局

区域人才资源的规划统筹，是推进京津冀区域人才一体化的基础前提。为更好地推进京津冀区域人才一体化发展，更好地服务区域整体发展战略，需要从国家层面研究部署区域人才发展，结合三地产业统筹布局三地人才。

1. 研究制定区域性人才资源战略规划

随着国家区域发展总体战略和主体功能区战略的实施，国务院先后发布了10多个区域规划或指导性意见，区域经济社会一体化发展全面推进。国家"十二五"规划中提出"打造首都经济圈"，目前国家发改委正组织相关部门研究起草相应指导文件。因此，为了更好地服务于首都经济圈建设，发挥人才对区域经济社会的引领带动作用，研究制定区域性人才战略规划已势在必行。通过区域人才战略规划的制定，从国家战略高度统筹考虑区域人才发展，明确区域人才发展的总体目标和方向，确立京津冀三地各自的人才重点领域，加强三地间人才发展的分工协作。

2. 加快建立区域人才合作协调机构

为加强京津冀三地的沟通协调，实现区域人才合作各项工作的常态化运作，确保各项人才合作协议的执行落实，需要通过建立区域人才合作协调机构为其提供组织保障。一是三地联合成立"京津冀区域人才工作联席会议"，负责协商决定重大问题，组织实施重大项目，监督合作项目执行情况，评估工作质量和效果。二是建立区域人才工作联席会议制度，定期交流人才工作进展情况，研究部署区域人才合作事宜。三是建立区域人才工作信息互通制度，定期编辑《京津冀人才发展简报》，互相通报人才工作的最新政策、重要举措、重大活动等信息。

（二）建立优势互补的区域人才资源开发模式

区域间各种优势资源的整合互补，是推进区域人才一体化的重要出发点。京津冀三地在人才资源开发过程中，应整合三地的这些资源优势，共同为区域人才的培养、引进服务。

1. 合作建设人才发展载体和平台

重大项目的合作共建是加强区域人才合作的一个重要途径，要积极为区域间的项目合作创造条件。一是建立开发区（园区）人才合作联盟，推进京津冀三地开发区（园区）间的项目合作与对接，建立三地开发区（园区）之间常态化的人才合作交流机制，加速形成京津冀互通互联的人才集群网络。二是定期举办"京津冀项目合作洽谈会"，为三地人才合作搭建平台。三是研究制定面向京津冀三地合作项目的特殊优惠政策和措施，对区域内符合总体发展要求的合作项目，在资金、税收、用地等方面给予一定的支持和鼓励。

2. 合作开发重点领域人才资源

有效整合区域人才开发资源，强化区域间高层次人才、重点领域人才的合作培养，在交流互动中成长锻炼人才。一是建设"京津冀人才合作培养基地"，共同建设一批相互开放的大学毕业生实习基地、技能人才实训基地、党政人才培训基地，实现三地优质教育培训资源的共享。二是启动实施"京津冀人才行"计划，每年分别选派一定数量的科技、教育、卫生等领域的优秀人才到其他两地的相关部门进行挂职锻炼，加强区域间重点领域的人才交流。三是建立高端人才"智慧联盟"，发挥三地高层次人才在知识创新、成果转化、产业培育、政策咨询等方面的作用。四是建立中青年党政干部异地互派制度，采用挂职锻炼、交流学习、项目课题共同研究等多种形式，加强三地党政人才的交流培养。五是启动"京津冀高校人才直通车"，支持和鼓励高校教师从事跨区域的咨询、讲学活动，高校科研人员跨区域的科研合作、科研成果的异地转化，以及高校博士、硕士研究生的异地挂职。

3. 合作引进海外高层次人才

海外高层次人才作为一种稀缺资源，其人才引进工作都是京津冀三地人才工作的重中之重。充分整合三地地理、资源、信息优势，对于提升整个区域对海外高层次人才的竞争力具有重要意义。一是共享海外人才联络站，搭建起海外引才引智的合作平台，降低海外高层次人才引进工作成本。二是举办"京津冀国际人才交流洽谈会"，共同打造京津冀高端人才引进的整体品牌形象。三是联合组团赴海外招聘，邀请海外高层次人才到京津冀三地进行

考察，组织海外高层次人才和三地用人单位进行对接交流。四是共享海外高层次人才信息资源，加快推进京津冀三地海外高层次人才信息库的对接共享。

（三）建立政策互通的区域人才公共服务体系

建立相互衔接的区域人才大市场，是推进区域人才一体化的关键。推进区域人才一体化发展，实现区域间人才的自由流动，必须破除制约区域间人才流动的各种制度障碍，探索建立相互衔接、协调一致、通畅便捷的人才流动、人才吸引、人才评价、薪酬、教育、医疗、社会保障等有关政策制度，形成一体化的区域人才公共服务体系。

1. 合作推进区域人才大市场建设

建设一体化的区域人才市场，是推进区域人才一体化的首要任务。为此，应积极推进京津冀地区在人才资源信息、市场准入标准、职业资格互认、人事人才服务、人事争议仲裁等方面的对接。一是建设人才资源信息共享平台，开通京津冀网上人才市场，联合发布区域人才供求信息，实现人才信息资源共享。二是联合举办人才招聘会，以京津冀统一的社会形象、品牌形象，组织招聘应届高校毕业生和各类专业技术人才。三是加强专业技术资格、职业资格评审的交流与合作，深化培训、师资、考试、市场等方面的资源共享，逐步实现三地专业技术资格和职业资格互认。四是通过异地人事代理、人才租赁等人才服务项目，搭建区域内共通的人才服务体系。五是加强人事争议仲裁合作，制定和完善人事争议仲裁政策规定，逐步形成统一的人事争议仲裁制度框架。

2. 合作推进人才公共服务政策创新

为消除三地不同教育、医疗、社会保障等社会公共服务对区域间人才流动的限制，必须按照分层分类的原则，逐步推进三地基本社会公共服务的对接。一是探索建立京津冀"联合绿卡"制度。对符合一定条件的优秀人才，经三地共同审定后发放"联合绿卡"，享受工作地在教育、医疗、社会保障、住房等方面的一定政策优惠，有效解决因户籍而无法享受当地基本社会服务的问题。二是探索实施京津冀高端人才关爱行动。京津冀地区的"两院"院士、国家"千人计划"入选者等高端人才,可以根据个人意愿申请享受三地中任何一地同等人才的有关待遇。通过这项措施的实施,让河北的高端顶尖人才也享受北京、天津的优质服务资源,这将在很大程度上提升河北对海内外高层次人才的吸引。

(四)建立成果互惠的区域人才合作机制

合作成果的互惠共享是推进京津冀区域人才一体化的内在动力。要深入研究并准确把握京津冀区域一体化发展的利益结合点,围绕区域人才合作共享利益的形成、实现和保障,探索建立开放、互惠、高效的区域人才合作工作机制,确保区域人才合作的持续推进。

1. 探索建立区域人才合作成果共享机制

合作成果共享是充分调动各地区、各部门积极参与区域人才合作的关键,是区域人才合作的动力之源。一是探索建立区域人才合作项目利益分享机制。研究制定科学合理的人才合作价值评估体系,对三地在项目合作中投入的人才、技术、土地、资本等要素进行价值评估,根据要素贡献大小确定项目收益的分配比例,并通过税收分成的形式实现三地对成果的共享。二是探索建立"京津冀区域人才合作基金",对于区域人才合作共建项目和科研成果的异地转化项目,从其税收收入中提取一定比例作为区域人才合作基金,用于三地人才的合作开发培养、高端人才引进、支持人才创新创业等。

2. 探索建立区域人才合作利益补偿机制

虽然从京津冀区域发展大局出发,加强区域人才合作将有利于提升整个区域的人才竞争优势,有利于推进京津冀区域长远发展,但是从短期发展和具体部门利益出发,区域人才合作也可能对部门和单位利益造成一定损害,从而影响利益部门和相关单位在区域人才合作中的积极性。就拿区域间优秀人才的交流挂职来说,虽然对于人才自身的成长具有很大的帮助,但对于具体的用人单位而言,因人才交流或兼职带来的人才输出对原单位造成直接影响,造成短期内的人才资源短缺,因此许多用人单位在人才交流上往往保持谨慎态度,有时甚至设置人为障碍。为了充分调动用人单位在区域人才合作交流中的积极性和主动性，除了树立大局意识，更重要的是建立相应的利益补偿机制。三地政府部门应统筹考虑，对积极参与区域间人才合作交流的单位给予支持和鼓励，在人员配置、职称评定、经费保障等方面给予照顾，为用人单位提供适当的利益补偿。

参考文献

［1］ Chenery H. , Robinson S. and Syrquin M. , *Industrialization and Growth*：*A Comparative Study*, New York：Oxford University Press, 1986.

［2］ Clark, Colin, *Conditions of Economic Progress*, London：Macmillan, 1940.

［3］ Hoffmann, Walter G. , *Stadien and Typen der Industrialisterung*：*Ein Beitrag zur Quantitaticen Analyse Historischer Wirtschaftsprozesse*, 1931.

［4］ Kuznets, Simon, *Economic Growth of Nations*：*Total Output and Production Structure*, Cambridge, Mass.：Harvard University Press, 1971.

［5］艾娟、张晓春：《京津冀合作需要什么样的协调机制?》，《中国改革》2004年第7期。

［6］丁向阳：《探索区域人才开发合作新模式》，《中国人才》2007年第1期。

［7］李金辉、王亮、张冰：《京津冀人才开发合作的研究与探索》，《中国人才》2009年第8期。

［8］马宁、王选华、饶小龙：《京津冀地区产业分布、产业人才合作及其路径设计研究——基于区域产业人才资源实证数据的考察》，《新视野》2011年第5期。

［9］宁本荣：《国际视野中的长三角人才资源共享——以伦敦、纽约与东京大都市圈人才资源共享为例》，《上海行政学院学报》2007年第7期。

［10］汪伟全：《利益共享：区域合作的永恒主题》，《2010国际都市圈发展论坛会议论文集》，2010。

［11］王惠霞、高红真：《京津冀人才开发一体化与河北省人才战略新思维》，《河北学刊》2006年第7期。

［12］王建强、王元瑞、刘玉芝：《京津冀人才开发一体化与河北省人才发展策略》，《河北学刊》2006年第3期。

［13］王通讯：《区域经济与人才开发》，《中国人才》2008年第9期。

［14］肖鸣政、金志峰：《当前区域人才开发合作的成果、问题与对策》，《中国人才》2009年第8期。

［15］叶忠海：《长三角人才开发一体化的若干问题》，《中国人才》2006年第2期。

B.16
世界城市聚集高端人才经验研究

曾湘泉 袁罡 胡奇*

摘　要：

金融和文化创意产业在纽约、伦敦、东京等世界城市占据重要的经济地位。美国、英国、日本从人才战略规划、签证和移民相关的法案和政策、国家猎头、创业和科研支持等方面给世界城市聚集高端人才创造了适宜的国内环境。三大世界城市在营造良好人才发展环境、鼓励和支持创业、促进交流、加大奖励，人才培养等方面实践着各具特色的措施。建议北京市从三个方面借鉴国际先进经验：运用点数法，使人才认定与评价体系科学化、规范化、精细化；打造高端人才中介体系，发挥高级猎头人才寻访作用；建设事业发展平台作为"知、寻、引、用"高端人才的根本。

关键词：

点数法　国家猎头　事业发展平台

纽约、伦敦、东京是得到广泛认可的顶级世界城市，本研究将在简要介绍纽约、伦敦、东京三个顶级世界城市的基本特征和主导产业人才现状的基础上，重点探讨其在吸纳、维系和激励高端人才实践中的有效政策与措施，为北京构建具有首都特色的世界高端人才聚集之都的政策体系提供参考借鉴。

---

* 曾湘泉，博士，中国人民大学劳动人事学院院长、教授、博士生导师，主要研究方向为劳动经济学、人力资源开发与管理、收入分配及薪酬管理；袁罡，博士生，中国人民大学劳动人事学院讲师，主要研究方向为劳动力市场就业政策；胡奇，博士生，中国人民大学劳动人事学院，主要研究方向为劳动力市场就业政策。

一 纽约、伦敦、东京主导产业人才现状

(一) 纽约

1. 金融产业

从 GDP 构成来看,纽约 15% 的 GDP 来自于金融业的贡献,是纽约市增长最快的产业。从就业来看,每 19 个就业岗位中就有 1 个是由金融业创造。纽约在金融业中处于领先地位有三个重要因素:丰富的高端人才、健全的法律环境以及监管平衡。

2. 文化创意产业

近年,"创意核心产业部门"成为纽约经济最为依赖的增长领域之一。根据《2009 创意纽约》报告,纽约市"创意核心产业部门"包括 11671 家企业和非营利机构,占全市雇主的 5.7%。1998~2002 年间,纽约市"创意核心产业部门"就业人数增长了 13.1%,远超 6.5% 的纽约平均职位增长率。全美 8.3% 的创意产业部门员工在纽约工作。

(二) 伦敦

金融业是伦敦最重要的经济支柱,金融业领衔的生产服务业产值比重为 48.8%。伦敦城市的区域规划中,将金融业列为首位,国际商务产业也居于重要位置。伦敦形成了金融城和西敏寺商务活动区两大产业区域。

伦敦聚集了大量的金融人才,金融行业从业人员约 32.5 万人。银行、证券与保险、销售、酒店与餐饮及公共管理占所有新就业人员的 70%。普华永道公司的一项金融商机比较中,以高端人才为分析的主要对象,选用智能资本和技术创新两项作为评价城市现有人力资源状况的指标,伦敦分列世界第一位与第二位。

(三) 东京

作为世界金融中心之一,东京的金融业非常发达。设立在东京的金融、保险公司约1万家,生产总值占全国的36.4%。2010年,东京金融从业人员为26.5万人。

金融产业的发达,直接支持了其他产业的发展。例如软件业,从IT投资比率来看,金融业投资达29%位列第一,软件开发对金融、保险业的依存度相当高。再如高科技产业,东京的金融产业为聚集在筑波科学城的高科技人才提供了一流的待遇和软硬件水平,吸引了大批海内外人才。据统计,2001年,在筑波市各科研机构停留2周以上的外国人研究者为3352人,来自世界138个国家。

二 纽约、伦敦、东京高端人才政策分析

(一)纽约

1. 美国国家政策对纽约聚集高端人才的强力支持

纽约充分享有美国联邦政府的政策支持,在聚集高端人才过程中尤其如此。美国联邦政府的国家人才战略法案、签证和移民政策、国家猎头制度都发挥了重要作用。

(1)重视科技和人才的国家战略——《美国竞争力法案》。《美国竞争力法案》(ACI)是美国联邦政府面对全球激烈竞争而提出的一项旨在以科技与创新促进美国经济发展、培养和使用人才、提升国家竞争力的综合性战略计划。

• 支持最富有创新的人才进行研究。ACI重点支持纳米技术、超级计算技术和可替代能源等未来大有可为的领域人才。2007财年是ACI执行的第一年,总经费投入59亿美元。

• 在人才和创新中引领世界。教育方面,政府加大教育培训力度、聘用高质量教师;更加重视以研究为基础的教学材料和方法;及时评估政府投资对数学和科学教育的影响;鼓励学生主修STEM①领域。在吸引人才方面,全面改进移民政策,保证移民政策能够继续吸引世界上最优秀的科技人才到美国与本土科技人才一起工作。

---

① 科学、技术、工程和数学的简称。

(2) 向高端人才倾斜的签证和移民政策。

• 高端人才移民政策。出台和完善移民法，规定美国急需的、有突出才能和高学历的高层次人才及其家属将在申请移民美国时被优先考虑。美国移民体系把职业移民偏好分为五大类，其中第一优先类别和第二优先类别均针对高端人才而设。

符合美国移民第一优先类别的人才被称为"杰出人才"，在申请美国"绿卡"与其他类型的移民相比拥有许多优势：周期短，费用低，不用找雇主，不用办理劳工证，全家（包括本人、配偶和21周岁以下子女）均可以一同获"绿卡"。

第二优先类别为拥有较高学位者，在科学、艺术和商业领域具有优秀才能或对美国经济、文化、教育或美国利益有益者。

• 高端人才的工作签证。美国联邦政府专门为杰出人才设立了工作签证，它为在科学、艺术、教育、商业以及运动等方面有突出能力的外国人提供O-1签证。该签证有效期为一年，可以无限期延长。

美国在2009年颁布了名为"Stopping Trained in America Ph. D. s From Leaving the Economy Act of 2009"的法案，宣布消除对取得科学、技术、工程和数学（STEM）博士学位并且获得工作的外籍人员申请绿卡和H-1B签证的数额限制。

(3) 国家猎头体系。美国拥有5家全球最具实力的人才中介公司，分别是Korn/Ferry International，Heidrick & Struggle，Spencer Stuart Consultants，Russell Reynolds Associates和Ray&Berndtson。美国政府将重点人物和关键人才的寻访委托给这些专业的猎头公司，化政府行为为商业行为。

2002年，美国国会通过《国土安全法》，要求各联邦政府机构均须设立首席人力资本官职位（CHCOs），负责战略性人才资本管理，为聚集、开发、培训和管理高素质、富有生产效率的劳动力提供建议和帮助。首席人力资本官帮助政府机构招募高级人才，实现人才资本最大化并不断改善绩效的最终目标；设置首席人力资本官，是美国政府应对人力资本挑战所采取的几项重要"猎头"措施之一。

2. 纽约政策

我们重点介绍纽约市政府在金融、文化创意和研发三个产业的相关政策情况。

(1) 金融产业：营造良好人才发展环境。纽约主要通过营造良好的环境吸引人才，其在人才争夺中领先主要取决于三个因素：相对低成本下的高质量生活、开放的移民潮流、创意激励环境。

纽约在为金融人才提供高质量的生活环境、便捷条件的同时，生活成本更为合理，这是吸引和留住人才的重要原因。

纽约市还注重人才圈的打造，通过人才的聚集效应，引进人才，用活人才。纽约良好的人才环境形成了人才引进和流动良性循环。

（2）文化创意产业：鼓励和支持创业。纽约鼓励文化创意产业的最有力措施是资金投入，特别是对中小企业和个人创业群体，重点倾斜。该项事业主要是通过纽约市文化事业部推进，其2011年的财政预算为1.41亿美元，未来五年还将投入6.13亿美元。NYCEDC的"New York City Capital Access"项目让不满足借贷资格的中小企业获得贷款。纽约市政府还建立多项奖励计划，用来奖励在文化创意领域中获得突出成就的艺术家，例如纽约市长文化艺术奖和纽约Handel奖章。

（3）科技研发产业。

● 吸引最优秀的研究人员——The Faculty Development Program是纽约州科技研究办公室设立的项目，通过提供过渡性的援助资金，吸引和留住全世界最优秀的研究人员。项目奖金的最终获得者应符合以下要求：具有强烈的商业经济潜能；能够开发、领导国家和国际认可的研究项目；在组织中，能够作为多学科研究小组的联络人；能够吸引外部资金；所参与的创业活动能够使纽约州获益。

● 促进研发成果的转化。在支持人才进行科技成果转化上，纽约有如下经验：

第一，理论支持中心（proof-of-concept centers）。一些大学和机构开始建立优于传统的技术孵化机构的新型组织来促进实验室重大突破成果转化，即理论支持中心（proof of concept center）。理论支持中心为新技术提供种子基金并致力于新技术研究的教师和学生与商业顾问、经验丰富的企业家、天使投资及其他支撑服务联系到一起，会一直为学者提供资助和咨询，直到学者能够证明所研究的技术的可行性。理论支持中心没有核心的研究场所，研究者在自己的实验室进行工作，管理团队和顾问为其提供帮助。理论支持中心的突出代表就是纽约大学的Applied Research Support Fund（ARSF），麻省理工学院的Deshpande Center和加州大学圣迭戈雅可布工程学院的von Liebig Center。

第二，Technology Transfer Incentive Program（TTIP）。TTIP项目通过为高等教育部门提供奖励，将领先的科技研究投入市场，使得纽约的公司与高等院校在高科技成功的商业化上达成合作关系。

第三，纽约创新指数（New York City's First-ever Innovation Index）。指数衡量纽约现有科技实力及利用科技创造商业价值的水平。创新指数的指标体系给予人力资本以足够的权重，体现了对人才的重视，拓展了评价人才的思路（见表1）。

表1 纽约创新指数

单位：%

群组		
研发	16.7	27.1
金融	16.7	18.6
人力资本	16.7	20.7
知识产权	16.7	10.7
高科技控制	16.7	5.7
企业家精神和招聘动态	16.7	17.1
变量		
金融		
风险投资	90.0	60.8
小企业创新研究/小企业技术转化情况	10.0	39.2
人力资本		
维修与设备方面的就业	50.0	52.5
维修与设备方面的研究生和博士后数量	50.0	47.5
知识产权		
公开专利	25.0	27.5
专利技术或企业集中度	25.0	24.2
专利的原创性和推广性	25.0	26.7
大学执照	25.0	21.7
企业家精神和招聘动态		
在高技术行业的创造性破坏	33.3	25.0
在高技术行业的新兴公司流动	16.7	21.7
初始投资后获取创投资金的机会	22.5	24.2
获取小企业创新研究/小企业技术转化二阶段补助的机会	2.5%	17.5
纳斯达克上市公司的市场份额	25.0	11.7

3. 微观主体措施的有效补充——以纽约科学学会为例

纽约科学学会（The New York Academy of Sciences）拥有140个国家的

24000多名会员。学会的管理委员会由26位诺贝尔奖获得者与其他学术和产业领域的杰出领袖组成，为纽约高层次人才提供一系列项目和服务，支持高层次人才的研究和发展。包括：

（1）举办国际性的科学会议。"科学前沿"是学会的核心项目，负责召开生命科学、物理科学、绿色科学和可持续发展科学领域内的前沿课题会议或专题研讨会，为参会者提供中立的交流信息平台。

（2）为科学家的职业发展提供支持。通过"Science Alliance"项目支持年轻科学家的发展，大学、教学医院和独立研究机构联手，致力于推进科学、技术、工程和数学领域内的本、硕、博和博士后的职业生涯发展。学会组织各种活动为青年科学家提供职业咨询，帮助其拓展社会网络，创造向专业人士学习及其他机构和学科的年轻研究者进行互动的机会。

（3）奖励措施。每年组织两次年度评奖活动，以奖励纽约区域内的青年学者取得的成就。设置了"Blavatnik Awards for Young Scientists""Innovation and Industry Awards"等奖项。

（二）伦敦

1. 英国国家政策是伦敦聚集高端人才的政策体系的重要组成部分

（1）英国的移民及签证政策。2002年1月，英国内政部出台技术移民与工作签证实施细则，在高新技术、公共医疗、制造加工、餐饮零售和季节性农工等特定领域，针对亟须的技术人才，不断拓宽合法工作渠道。

在移民的具体政策方面，英国建立了"访问型"移民管理模式。通过增加颁发工作许可证和其他中短期签证，扩大和鼓励中短期（1~4年）合法来英人员数量，特别是工作和留学人员，在减少非法来英人数的基础上灵活调节和控制来英人员总数，既满足了劳动力紧缺行业的需求，又相应增加了国民财政税收收入。

针对高端人才的政策方面，英国政府积极鼓励专业人士和技术人员移民英国，效仿美国"绿卡"政策，向拥有相当专业技能的外国人颁发"许可证"，以便他们进入英国工作。2011年8月9日，英国最新开通了突出人才签证。此签证类别将鼓励在科学、人文、工程以及艺术等领域的杰出人才前往英国发展，不仅包括在以上领域已经被认知的杰出代表，也包括有潜力成为行业领袖的优质人才。成功申请此类签证的人才可以在英国居住3年4个月。此后可申请2年延长停留时间；在英连续居住满5年后可申请无限期居住。

(2) 英国特色猎头系统。英国政府设立了以研究机构为核心的猎头系统，最著名的是英国政府与沃尔夫森基金会以及皇家学会合作，共同发起通过研究机构来聘请世界顶尖级科研人才的高级人才招聘的人才猎头计划，英国政府每年出资400万英镑作为启动资金，实施多年，效果显著。

(3) 小企业贷款担保（SFLG）计划。SFLG计划有三个突出特点：一是贷款条件比较宽松；二是英国政府不干预贷款方和借款方之间的任何商业性行为，只负责为不能提供足够抵押品的小企业提供贷款担保；三是SFLG下的金融机构都是经过英国贸工部核准的，并不是所有的金融机构都有资格向小企业提供SFLG贷款。同时，女性企业家、高科技企业、大学毕业生创办的企业以及其他社区性企业可以优先从SFLG中获得贷款。

2. 伦敦政策

伦敦非常重视巩固世界著名金融公司、服务供应商、高端金融专业人才在本地的聚集，这种聚集为人才提供了事业平台，构成了吸引、维系和激励高端人才的基础。

根据伦敦金融城发布的研究报告《金融聚集及其对伦敦的深远意义》，四点动力促进了伦敦金融产业的聚集。

(1) 伦敦的劳动力市场是其最大的资本。除总报酬具有很强吸引力外，人才的报酬与企业业绩以及个人职业发展也紧密结合在一起。伦敦建立了伦敦额外津贴制度和健全的福利体系，内伦敦区的伦敦津贴中值为每年3145英镑，金融服务业的津贴为3535英镑。

(2) 人际关系。金融批发服务的供需双方、支持服务的供应商、专业机构、政府和金融监管部门，这些机构人员的持续接触，是维持伦敦作为金融中心的关键，对于建立信任、获取信息和知识以及完成交易都是必需的。各方之间良好互动和密切的联系使伦敦的金融服务更具活力。

(3) 金融人才、顾客以及服务供应商的聚集促进了创新。聚集带来的竞争促使企业去开发新的市场并运作得更有效率。尤其对于银行业，立足于伦敦金融城被视为帮助企业赢得产品创新竞争的关键因素。

（4）金融企业选择伦敦的四点益处：伦敦金融城无论在英国还是国际上都是他们共同的无价品牌；接近客户、技术人才和监管机构；便捷获得知识和信息；伦敦作为世界城市的广泛的吸引力。

为了更好地维护世界金融中心地位，伦敦还专门成立了伦敦金融企业的自治组织——伦敦金融城政府。伦敦金融城政府由市长、市府参事议政厅（the Aldermanic Court）、政府议事厅（the Court of Common Council）、选举产生的官员，如市政委员会委员、各部门的主管等组成，中心工作是会见任何有助于提高伦敦金融城作为卓越的全球金融中心地位的人或机构。通过渠道沟通和出行访问，伦敦金融城政府将伦敦金融城的信息传递到世界各地。

3. 渣打银行——注重内部培养高端人才的伦敦代表性用人主体

渣打银行十分重视高端人才的内部培养工作，力求成体系培育出忠诚度高的高端人才，为此创立了独特的管理培训生计划。

管理培训生借助渣打银行的全球网络，迅速获得不同市场的国际化经验，他们被派往诸如新加坡、中国香港等国家和地区，参加定期培训和银行内部的轮岗，深入了解银行业务。每个管理培训生配备了一名指定的公司高层管理人员作为导师关注其成长和发展，一个上届培训生也将作为其伙伴解答他们在日常工作中碰到的问题。

渣打银行引进了一批有经验的国际化人才担任管理层。在担任领导岗位之外，他们还担负着培养本土继任者的目标。随着公司规模的扩大，渣打银行在人力资源培训的投入上也不断增加。如果员工参加公司规定外的培训和进修获得正式证书，公司承认并且报销部分学费。

渣打银行采用了"盖洛普 Q12 员工满意度调查"和渣打银行"长项管理"等工具。这些工具能够帮助公司了解员工的需求，创造良好的工作氛围。

（三）东京

1. 日本的政府主导模式为东京聚集高端人才提供了高质量保证

（1）高度重视人才和科研的国家战略。2006 年，日本制定了《第三次科学技术基本计划》，确立了"创新者日本"的科技发展战略目标。计划提出：

构筑公正与透明的人才录用与管理体系,大学及公立研发机构的用人制度要以广泛、公开招募为原则,在待遇上须按能力与业绩评价给予相应报酬;搭建青年学者自立、施展才华的舞台,从研究环境和启动资金上予以重点资助;促进女性研究者的研究活力,研究组织应设定并公布女研究者的人数比例,切实保障女研究者研究与生育的兼顾发展;促进外国学者的研究活力,建立具有吸引力的引入体制,为外国研究者提供良好的研发环境和生活环境;充分发挥优质的高龄研究者作用,支持其继续从事研究;改善大学教育,实现创新性与实用性人才的双重培养。

(2)灵活的移民政策——点数法。为落实"新成长战略",吸引优秀海外高端人才,日本出入国管理局即将出台"针对优秀海外高端人才点数法"的新政策。政策规定,今后国外高端人才及其配偶等亲属和家务佣人可以一同来日,并解除了对配偶的工作限制。根据"针对国外高端人才点数法的优惠制度基本框架方案",现行的出入国管理法认可的在留资格,如人文知识、国际业务、投资、经营、法律、会计业务、医疗、研究等专业领域的外国人,凡学历、工作经历、年薪等条件达到点数法标准的,将按照"国外高端人才"来对待,并给予优惠待遇。即使超出在留资格的活动也给予准许,并将现行在留资格由3年延长至5年。

• 年薪。目前在日本就职的外国人高级人才的年薪,大多在300万~400万日元,而《日本劳动基准法》第14条规定的高级人才的年薪基准是1075万日元。

• 学历。建立与日本的劳动需求紧密结合的博士、硕士和学士的"积分制"分配制度。

• 工作经历。工作3年以上是点数法最基本的要求;有关高级专门技术、经营管理活动的外国人,必须要有相应的工作经历。

• 研究成果。达到积分制标准的外国人,将放宽入国、在留的条件标准。

政策还明确规定外国高端人才最长在留时间延至5年。日本原规定申请永住权的外国居留者原则上必须已在日生活10年,这次修正为5年。

"点数法"不只限于入境时,在留期间更新、在留资格变更时也都赋予外国人才"积分"。按照"点数法",留学生等中青年人才经过自身努力,也可以在留学期间获得日本的永住权资格。

点数法还明确了战略性引进国外高端人才的范围，即研究人员、科学家、大学教授等"学术研究领域"的人才；医师、护士、信息通信领域的技术人员等；拥有高级资格、专业知识与技术的"高端专门技术领域"的人才；企业的经营者、高层干部等"经营管理领域"的人才。另外，日本出入境管理局不断简化高级技术人员、留学生等人才的在留资格认定证明书交付申请及其他申请材料，方便国外人才顺利入境。

（3）为高端人才提供高额科研资金支持。作为日本具有代表性的基金机构，日本学术振兴会（简称 JSPS）出台了一系列卓有成效的资助措施和人才培养机制。

• 科学研究费补助金。该基金致力于振兴日本学术，支持能够极大地发展人文社会科学和自然科学的独创性、先驱性研究。

• 特别研究员制度。日本从 1985 年开始推行特别研究员制度，一方面培养高水平青年人才，另一方面也为富有才华的年轻人提供了一个必要的时间来等待在高等院校或科研机构从事研究的机会。日本从 1982 年开始推行海外特别研究人员制度，给予优秀青年研究员一定资金支持，派遣其到海外特定的大学等学术研究机构从事研究。日本学术振兴会奖设立于 2004 年，表彰、奖励优秀青年学者，奖励对象涉及所有学科。

• 青年研究员 ABS 资助项目。ABS 项目分为 AB 项目和 S 项目两大类。青年研究（AB）资助经费分为 A、B 两个层次，A 等资助 500 万日元以上 3000 万日元以下，B 等资助 500 万日元以下，资助研究期限在 2~4 年；青年研究（S）资助项目是国内外已经获得卓越研究成果的青年研究人员进一步推进研究项目而设立的，经费用于基于已有成果的进一步研究工作，经费总额大约在 3000 万日元至 1 亿日元之间，研究期限为 5 年。

2. 东京政策

（1）改善城市环境，建设魅力城市。政府联合相关各部门，开展了一系列对国外高端人才在内的外国人生活环境支援。例如，不断增加共享国际性养老金等社会保障协定的缔结国，扩大国外医师两国间相互引进；为了方便外国人就医，解决语言不通的问题，设立了通用英语的医疗机构，并配备医疗翻译；改善高端人才子女教育，增加国际学校，促进更多的国外高端人才长期留日工作。

（2）依托筑波科学城，聚集高端科技人才。"筑波科学城"，不仅是举世闻名的科学城，更是汇聚"世界头脑"的人才基地。

● 产、学、研紧密结合，为人才提供学习平台、事业平台。筑波的研究机构向全世界的高端人才开放，研究基金在世界范围内共享。筑波科学城也是大学生实习的好去处。筑波良好的科研条件、尖端的科研设施，吸引了大批海外研究人员。统计数据显示，2009年3月，有4728名外国研究人员在筑波工作。

● 营造良好的生活环境。筑波配备健全的生活设施、服务设施、公共设施以及绿化区、公园等，宽阔的街道如同棋盘般整齐。在市中心和居住区，除干线道路之外，还有总长达48公里的步行专用道。

● 重视国外研究人员的生活品质。筑波的各个研究机构都设有专门照顾研究人员生活的部门，协助外籍科研人员的家属访日、孩子就学、开设银行账户、女性研究人员生育孩子等。

● 举办大型的国际会议，发现和吸引高端人才。以"筑波研究支援中心""茨城沙龙""筑波大学尖端跨学科领域研究中心"等机构为主体的超过100家非正式研究交流组织频繁开展学术交流活动，共享最新的学术信息和成果。

三 通用方法和共性经验

通过总结提炼纽约、伦敦、东京在高端人才聚集方面的通用方法和共性经验，建议北京市迅速启动"基于点数法的人才认定和评价工程"和"高端人才中介体系建设工程"。具体内容如下。

（一）重视人才认定与评价体系的科学化、规范化与精细化——点数法的内涵与外延

点数法多应用于移民签证的发放认定。1967年，加拿大政府对移民政策实施计分制，标志着点数法正式走上国别人才认定的舞台。随后，英国、澳大利亚、日本相继根据本国国情，效法加拿大建立了各自的点数法移民准入体系。

各国的点数法认定体系各有特色，但在设计流程和执行方式上有很多相通

之处，即实施主体在制定点数法体系时，先分解人才的素质要素，如认知水平、专业素养、特殊技能、语言能力等，再将各类要素投射到可以考察的客观指标上，如学历、证书、奖项、认证，并根据自身产业需求和劳动力市场的需要确定对人才素质结构的偏好，制定各项素质的评价标准并赋予每项素质特定分数。执行点数法时，将申请者的各项素质的水平与公布的标准对照，计算分值即可，操作简便，公平公正。

其中，英国的点数法非常典型。英国政府公布评价体系并根据实际需求对其进行动态修订，申请者可以根据最新标准，在递交申请前自行计算点数，作出合理评估。英国目前使用的点数法评价体系修订于2008年6月29日，在该体系下，申请者只需一步申请，获批即可进入英国。

英国政府制定了五级计分体制，高技术移民位于第1类别（Tier 1），其他4个类别的签证依次是：Tier 2（持有雇主邀请来填补英国劳动力空缺的技术工人）、Tier 3（低技术工人填补英国临时劳动力短缺市场）、Tier 4（学生签证）和Tier 5（青年交流人士和临时工）。

新的Tier 1签证是以前赴英高技术移民、投资、自雇律师、商业人士、作家、作曲家和艺术家、国际学生毕业生计划、发明创造、苏格兰英才计划签证等合并后制定的新高技术移民签证类别，由新的计分标准组成。

高技术移民签证的申请人总分要达到75分，并且要在经济能力方面至少获得10分以及英语水平的10分（投资移民除外）。持有此类签证的移民不能享受国家福利。

申请高技术移民签证成功的人士可以获得3年4个月的居留时间，还可再申请2年的延签，连续在英国居住5年后可以申请永久居留。而高技术类别中毕业生签证将只能得到2年的不可续签的签证，而且这2年不算在5年可以拿永久居留的时间内。

综上，点数法可以在引进高端人才时，解决如下问题：

（1）引人用人科学、规范、精细；

（2）长时间跨度的跟踪考察；

（3）动态微调评价标准；

（4）公平公正的向全世界人才宣示自身对人才的取向和标准以赢得人心；

(5) 解决"能进不能出"的问题。

我们建议北京市实施"建设基于点数法的人才认定和评价工程",更好地为建设世界高端人才聚集之都贡献力量。

(二)打造高端人才中介体系,发挥高级猎头人才寻访作用

纽约、伦敦、东京地方政府及所在国政府经常将重点人物和关键人才的寻访委托给专业的猎头公司,化政府行为为商业行为,使得"国家猎头"更具隐蔽性、灵活性。世界知名猎头公司的全球网络,也使得政府的寻访工作更为高效。美国专门成立针对猎头公司的反馈监督机构——美国猎头顾问协会(Association of Executive Search Consultants,AESC)的做法也值得借鉴,猎头公司的发展需要国家专业部门的监管与引导。美国各级政府设立首席人力资本官职位(CHCOs)的做法也值得肯定,该行为使得人才工作在政府中得到进一步提升。

建议北京市立即启动"北京市高端人才中介体系建设工程",以"知、寻、引、用"高端人才与准高端人才为目标,出台高端人才猎头行业法律法规,建立猎头行业反馈监督机构,创设政府猎头公司,吸纳国际著名猎头公司和本土知名猎头公司,加强组织、人事和产业系统驻外联络部门力量,打造全方位、高强度、专业化、职业化的人才中介体系,力争形成国际一流的人才嗅觉和吸引手段。

(三)事业发展平台是"知、寻、引、用"高端人才的根本

以事业和机遇来吸引人才是世界顶级城市的通用方式。高成就动机是高端人才重要特征,取得事业成功与发展对高端人才具有巨大吸引力。为人才营造充满机遇的环境,搭建事业发展平台是聚集人才的根本支撑。

1. 促进高端产业发展

促进金融、IT、生物医药以及文化创意等高端产业发展,既能引进先进的科学技术、带动新兴学科发展,也能为高端人才搭建事业的平台。促进新兴产业发展,吸引创业团队,有利于优化产业结构、保持经济可持续发展,进而增强城市的核心竞争力。

2. 引进具有核心竞争力的大型跨国公司和研发中心

具有核心竞争力的大型跨国公司和研发中心的引进，带来了先进的管理理念和高端人才。同时，这些机构本身就是一流的事业发展之平台，对高端人才具有很强的吸引力。应鼓励大型跨国公司和研发中心与本地的产学研相结合，并将创新成果转化为经济价值，进而促进高等教育、研发和产业的一体化。

3. 为人才创业提供支持

高端人才在创业初期，公司规模较小，融资困难。我们应当重点借鉴英国的小企业贷款担保（SFLG）计划等政策，采取政府提供贷款担保、政府低息提供贷款及政府作为投资方为企业注资等方式对创业个人或团队给予资金上的扶持。

附 录
Appendix

B.17
关于中关村国家自主创新示范区建设人才特区的若干意见

为贯彻落实《国家中长期人才发展规划纲要（2010~2020年）》和全国人才工作会议精神，创新人才发展体制机制，加快建设人才强国，中央人才工作协调小组、北京市决定在中关村国家自主创新示范区（下称"中关村示范区"）全面建设人才特区，现提出以下意见。

一 深刻认识建设人才特区的重大战略意义

人才资源是第一资源。在我国改革发展的关键阶段，大力推动人才发展体制机制改革与政策创新，提高人才资源的开发利用水平，对于深入贯彻落实科学发展观、促进经济社会又好又快发展，具有重大而深远的意义。借鉴改革开放初期建设经济特区的经验，探索建设人才特区，是构筑我国人才发展战略高地、形成我国人才竞争比较优势、加快建设人才强国的战略选择。

建设人才特区，就是要在特定区域实行特殊政策、特殊机制、特事特办，率先在经济社会发展全局中确立人才优先发展战略布局，构建与国际接轨、与社会主义市场经济体制相适应、有利于科学发展的人才体制机制。要通过建设人才特区，大量聚集拔尖领军人才，促进各类人才的全面发展，依靠人才智力优势，提升自主创新能力，促进新兴产业发展，不断形成新的科学发展优势。

中关村示范区具有建设人才特区的坚实基础和独特优势。经过二十多年的发展建设，中关村示范区在海内外具有一定影响力，聚集了大量高层次人才创新创业，人才发展的辐射效应强。国务院批复中关村示范区实施一系列先行先试的政策，为进一步促进人才发展创造了有利条件。中关村示范区位处高校、科研院所和高科技企业密集地区，科研资源十分丰富，高新技术产业发达，人才开拓事业的空间大、平台宽广。要抓住机遇、解放思想、借助优势、开拓创新，加快把中关村示范区建设成为具有全球影响力、体现中国特色的人才特区。

二　建设人才特区的总体目标

从 2011 年到 2015 年，面向以海外高层次人才为代表的国家发展所特需的各类人才，建设"人才智力高度密集、体制机制真正创新、科技创新高度活跃、新兴产业高速发展"的中国特色人才特区。

（一）人才智力高度密集。海外高层次人才及团队大量聚集，涌现出一大批达到国际领先水平、由"海归"人才领衔的科研和创业团队，区域人力资本和科技创新对经济增长的贡献率达到世界领先水平。

（二）体制机制真正创新。率先确立人才优先发展战略布局，实施一系列特殊的科研、创业、产业发展、财税金融、人才管理与服务政策，创建与具有全球影响力的科技创新中心相适应的创新创业机制。

（三）科技创新高度活跃。构建能充分发挥高层次人才业务专长，有利于抢占国际前沿技术阵地的自主创新体系，加强原始创新、集成创新和引进消化吸收再创新，引领世界一流水平、替代进口技术的科技创新成果大量涌现，区域专利授权总量特别是发明专利授权量大幅度增加。

（四）新兴产业高速发展。在关键核心技术领域实现重点突破，在若干重要领域掌握一批核心技术，造就一批具有国际竞争力的企业，成为国家战略性新兴产业策源地，引领产业结构的调整，显著提升经济发展效益。

三　建设人才特区的主要任务

（一）大力聚集拔尖领军人才与科技创新要素

引进高层次人才与高端智力。深入实施"千人计划""北京海外人才聚集工程"（下称"海聚工程"）和"中关村高端领军人才聚集工程"（下称"高聚工程"），加快引进站在国际科技与产业发展前沿的"海归"人才，促进各类高层次人才的高密度聚集。推行人才实名制推荐制度，在全球范围内引进和聚集拔尖领军人才，优先支持高层次人才领衔国家和北京市科技重大专项。坚持引才与引智并举，聘请国际一流的科学家、工程技术专家和企业家，指导或参与科技学术研究、重大项目建设。

引入国际科技创新要素。全面活跃人才特区的创新创业氛围，支持高校、科研院所、企业跨国跨地区开展学术交流和项目共建，设立联合研发基地，推动境内外人才联合培养。加强国际技术转移，鼓励海外高层次人才带尖端技术、项目入区，在中关村示范区开展深化研究或成果转化。吸引创新型跨国企业总部进驻人才特区，支持各类国际学术文化交流活动在人才特区举办。力争通过引进一批优秀人才，带回一批高科技专利，造就一批高端项目，带动产业的跨越式发展。

（二）搭建高层次人才的自主创新平台

建设国际一流的科研平台。总结北京生命科学研究所的建设经验，推动低碳技术、信息技术、生物医药、新材料等领域的研究机构不断提高学术水平，力争达到国际一流标准。统筹在京中央单位、非公有制经济组织的科技资源，加快"未来科技城"人才创新创业基地、中国机械工业集团中央研究院、联想集团研究院、中关村航天科技创新园、中关村航空科技园等一批重点研发和转化机构建设。在相关基础研究领域和重大应用技术领域，以需求为导向，以项目为载体，推动前沿实验室、科学家工作室和高科技企业建设，大力开展前沿技术研究和自主创新活动。支持企业与高校、科研院所联合协作，共建共享，推动相关工程研究中心、重点实验室、工程实验室、企业技术中心建设。

创建具有发展活力的科研学术环境。建立现代科研院所制度，扩大科研机构的用人自主权和科研经费使用自主权，建立以学术和创新绩效为主导的资源配置和学术发展模式，健全科研成果质量、人才队伍建设以及管理运行机制等方面的综合评价体系。推行聘用制度和岗位管理制度，支持科研人员自主选题、自主聘任科研团队、按照规定自主使用研究经费。鼓励高层次人才根据科研工作需要，在企业、高校、科研院所之间合理流动，支持其在科研成果转化中取得合法收益。选择若干个处于前沿科技领域、科研人才资源丰富的高校、科研院所，试点实行新的科研机制。发挥中关村开放实验室、国家工程实验室、大学科技园等产业技术转移平台的支撑作用，鼓励高校、央属院所的科研团队带项目整体转化。

（三）建设高层次人才的创业支持体系

建设全新的创业孵化机制。改革现有大学科技园、留学人员创业园、科技企业孵化器的运行机制，建立从创业项目植入转化发展的全过程服务体系，安排专门区域，为"海归"人才创业和推广新产品提供空间。新建若干海外学人科学园，探索多种形式的科研成果孵化模式。统筹考虑现有科研布局和科技资源情况，推动创意实验室建设，配设科研设备、实验助手等，为国内外各类尖端项目的深化研究提供服务平台。高层次人才创办的企业在京建设总部、研发中心和产业化基地，可根据项目研发生产的需求，代建实验室、生产厂房等基础设施，以租赁方式供企业使用，北京市给予一定的租金补贴，企业可适时回购。

健全与国际接轨的创业金融服务体系。大力引进和聚集各类投资机构，推动天使投资者、股权投资机构和股权投资管理公司在人才特区发展。健全完善吸引境内外风险投资的工作体系，着力加强对各类国际资本的开发利用。建立健全以股权投资为核心，投保贷联动、分阶段连续支持的新机制，形成政府资金与社会资金、股权融资与债权融资、直接融资与间接融资有机结合的科技金融合作体系。建立创业企业改制、代办股份转让、在境内外上市的扶持体系。完善中关村示范区非上市公司股份报价转让试点制度，稳步推进国家高新区非上市股份公司公开转让工作，构建企业改制上市培育工作体系。推动银行信贷专营机构和小额信贷机构的设立和发展，加快金融产品和服务的创新。

（四）创建具有国际水平的产业环境

建设"中关村科学城"高端研发技术服务创新聚集区。优化中关村示范区的规划布局，将中关村大街、知春路、学院路区域作为人才特区发展的重点区域，激活创新资源，加速科技成果的研发转化。在总结推广清华科技园成功经验的基础上，以企业为主体，推动高校、科研机构、企业联合协作，开展产业技术研究。突出重点产业领域，以节能环保、新一代信息技术、生物、高端装备制造、新能源、新材料和新能源汽车等战略性新兴产业领域为重点，打造若干产学研用相结合的创新产业平台。全面推进"中关村科学城"建设，以中关村大街为核心打造"中关村生命科学与新材料高端要素聚集发展区"，以知春路为核心打造"中关村航空航天技术聚集发展区"，以学院路为核心打造"中关村信息网络技术聚集发展区"，力争到2015年推动区域形成万亿元以上的产值规模。

促进新兴产业高速发展。统筹中关村示范区产业定位和发展空间，加快南北高端产业聚集区的发展，形成一批具有自主创新能力、国际影响力的产业集群。依托中关村示范区各分园区的特色产业，大力加强生物医药、高端装备制造、新材料、信息与软件服务、国防科技、文化创意等产业基地建设。坚持"需求拉动、军民融合"，创新理念与工作模式，在战略性新兴产业领域，布局一批新的重大产业项目。

以人才引领产业发展。全面增强产业发展对高层次人才的吸附效应，促进高层次人才集群式发展。鼓励海外高层次人才领军产业技术联盟建设，创制技术标准、攻关共性关键技术，抢占产业价值链条的高端。北京市政府设立"高层次人才创新创业基金"，以政府直接投资、出资入股、人才奖励等方式，吸纳社会资金投入，支持高层次人才科研成果的产业化。深入实施"十百千工程"，按照"一企一策"的扶持办法，加速培育一批上规模、能带动新兴产业发展的企业。

（五）完善高层次人才发展的服务体系

创新人才发展体制机制。集成"千人计划""海聚工程"和"高聚工程"的政策资源，加大对高层次人才发展的扶持力度。建立健全以品德、能力、贡献、业绩为导向的人才评价体系，完善人才评价机制。完善股权激励机制，进一步形成有利于人才创新创业的分配制度和激励机制。健全完善人才培养、吸引、使用、流动和激励机制，发展人才的公共服务体系。加快建设中关村知识产权制度示范园区，加强知识产权行政与司法保护，支持企业开展品牌培育和自律活动。吸引聚集一批国内外知名的人才中介机构，健全专业化、国际化的人才市场服务体系。

优化海归人才的发展环境。成立专门的服务机构，研究制定特殊办法，在担任领导职务、承担科技重大项目、申请科技扶持资金、参与国家标准制订、参加院士评选、申报政府奖励等方面，为"海归"人才提供良好条件。建立海外高层次人才的档案制度，制定日常联系服务办法，建立跟踪服务和沟通反馈机制，解决他们工作和生活中的困难。在企业注册、创业融资等方面，为"海归"人才提供有针对性的服务。配套建设双语幼儿园和国际学校，提供便利的公共配套服务设施，营造和谐宜居、环境优美的人才创业、工作和生活环境。

四　支持人才特区建设的政策

为支持人才特区建设，实行以下13项特殊政策。入选"千人计划""海聚工程"和"高聚工程"的中关村高层次人才，可享受相应待遇。

（一）重大项目布局

根据《国家中长期科学和技术发展规划纲要（2006~2020年)》和《国民

经济与社会发展第十二个五年规划纲要》，在人才特区布局和优先支持一批国家科技重大专项、重大科技基础设施、战略性新兴产业重大工程和项目。

（二）境外股权和返程投资

推动投资便利化，简化人才特区企业员工直接持有境外关联公司股权以及离岸公司在人才特区进行返程投资的有关审批手续，研究相关支持措施。

（三）结汇

进一步改进人才特区外商投资企业管理，简化外汇资本金结汇手续。

（四）科技经费使用

承担国家民口科技重大专项的高校、科研院所、企业等单位，可在项目（课题）直接费用扣除设备购置费和基本建设费后，按照一般不超过13%的比例列支间接经费。

（五）进口税收

人才特区内符合现行政策规定的企业与科研机构，在合理数量范围内进口境内不能生产或性能不能满足需要的科研、教学物品，免征进口关税和进口环节增值税、消费税。高层次留学人员和海外科技专家来华工作，进境合理数量的生活自用物品，按照引进海外高层次人才的现行政策执行。

（六）人才培养

支持人才特区内具有博士和硕士学位授予权的高校、科研机构，聘任其他企业或科研机构具备条件和水平的高层次人才担任研究生兼职导师，联合培养研究生。对人才特区内与企业、科研机构开展联合培养工作的招生单位，在招生计划方面予以适当的支持和倾斜。鼓励研究生到兼职导师所在的企业和科研机构实践、实习。支持人才特区内由高层次人才创办的或与高校、科研机构联办的企业及科研机构，在重点领域设置博士后科研工作站。

（七）兼职

人才特区内高校教师、科研院所研究人员可以创办企业或到企业兼职，开展科研项目转化的研究攻关，享受股权激励政策，在项目转化周期内，个人身份和职称保持不变。企业专业技术人员可以到高校兼职，从事专业教学或开展科研课题研究。

（八）居留和出入境

按照国家有关规定和程序，可为符合条件的外籍高层次人才及其随迁外籍配偶和未满18周岁未婚子女办理《外国人永久居留证》。对于尚未获得《外国人永久居留证》的高层次人才及其配偶和未满18周岁子女，需多次临时出入境的，为其办理2～5年有效期的外国人居留许可或多次往返签证。

（九）落户

具有中国国籍的高层次人才，可不受户籍所在地的限制，直接落户北京。对于愿意放弃外国国籍、申请加入或恢复中国国籍的高层次人才，由公安机关根据《中华人民共和国国籍法》的有关规定优先办理入籍手续。

（十）资助

为入选"千人计划""海聚工程"等高层次人才提供100万元人民币的一次性奖励。为高层次人才创办的企业优先提供融资担保、贷款贴息等支持政策。对承担国家科技重大专项和北京市重大科技成果产业化项目的高层次人才，由北京市政府科技重大专项及产业化项目统筹资金给予支持。

（十一）医疗

人才特区的高层次人才享受医疗照顾人员待遇，由北京市卫生行政部门为其发放医疗证，到指定的医疗机构就医。所需医疗资金通过现行医疗保障制度解决，不足部分由用人单位按照有关规定予以解决。

（十二）住房

北京市政府采取建设"人才公寓"等措施，为高层次人才提供一万套定向租赁住房。

（十三）配偶安置

高层次人才配偶随迁并愿意在北京市就业的，由北京市相关部门协调推荐就业岗位。

五 建设人才特区的实施步骤

采取"两步走"的方针，将中关村示范区率先建成国家级人才特区。

（一）第一步：2011~2012年

——初步形成机制新、活力大、成果显著的人才特区政策体系。

——在节能环保、新一代信息技术、生物、高端装备制造、新能源、新材料和新能源汽车七大战略性新兴产业领域，在人才特区布局和优先支持一批国家科技重大专项、重大科技基础设施、战略性新兴产业重大工程和项目。

——支持一批高端人才领衔创办一批高科技企业及其研发机构。支持高端人才与高校、研究机构共建研发中心和高科技企业，突破一批关键核心技术。

——高端要素聚集的态势基本形成，天使投资、创业投资和战略机构等股权投资机构集聚发展。

——聚集包括"海归"人才在内的3万名左右高层次人才。

（二）第二步：2013~2015年

——人才优先发展战略布局全面形成，国家级人才特区全面建成，成功探索出具有全国示范意义和推广价值的人才政策体系，初步形成具有全球影响力的人才战略高地。

——自主创新能力、产业竞争力全面提升，初步建成具有全球影响力的中国特色人才特区。

——在节能环保、新一代信息技术、生物、高端装备制造、新能源、新材料和新能源汽车等领域，形成引领自主创新和应用技术发展的支撑体系。

——聚集包括"海归"人才在内的 5 万名左右高层次人才。

——具有自主知识产权的新技术、新标准和新产品不断涌现，自主创新能力和示范作用不断增强。

——人才特区建设经验得到充分总结和全面推广。

六　建立健全领导体制

在中央人才工作协调小组的指导下，由中央组织部牵头，国家发展改革委、教育部、科技部、工业和信息化部、公安部、财政部、人力资源社会保障部、商务部、中国人民银行、海关总署、国家税务总局、中国证监会、国家外国专家局、国家外汇管理局和北京市等参加，共同组成人才特区建设指导委员会，负责人才特区建设的组织领导和统筹协调。北京市具体负责人才特区的建设工作。

B.18
加快建设中关村人才特区行动计划
（2011～2015年）

为贯彻落实《关于中关村国家自主创新示范区建设人才特区的若干意见》（以下简称《若干意见》），加快建设中关村人才特区，结合本市实际，现制定本行动计划。

一 深刻认识贯彻落实《若干意见》的重大意义

《若干意见》是北京市委、市政府会同15个中央和国家部委联合印发的建设中关村人才特区的纲领性文件，充分体现了党中央、国务院对人才发展和中关村建设的高度重视。《若干意见》对"什么是人才特区、怎样建设人才特区"的重大问题作出了深刻解答。建设人才特区，就是要在特定区域实行特殊政策、特殊机制、特事特办，率先在经济社会发展全局中确立人才优先发展战略布局，构建与国际接轨、与社会主义市场经济体制相适应、有利于科学发展的人才体制机制，推动人才、科技、产业的协同发展，促进经济发展方式转变，走出一条中国特色科学发展之路。

紧密围绕实施"科技北京、人文北京、绿色北京"战略，依托中关村区位优势、资源优势、先行先试政策优势，北京市集各方之力，在中关村加快建设"人才智力高度密集、体制机制真正创新、科技创新高度活跃、新兴产业高速发展"的国家级人才特区，使其成为优质人才资源的集散地、科技自主创新的新高地、新兴产业发展的策源地，具有全球影响、体现中国特色。

各级党委、政府要把思想与行动统一到中央的决策部署和市委、市政府的工作要求上来，深刻认识到建设人才特区是构筑我国人才发展高地、形成我国人才竞争比较优势、加快建设人才强国的战略举措，立足首都"四个服务"

的特点，推动人才特区建设服务于党和国家的工作全局；深刻认识到建设人才特区是推动首都率先形成创新驱动发展格局、建设中国特色世界城市的强大动力，切实增强责任感、紧迫感，全面落实好各项建设任务；深刻认识到建设人才特区是各类人才自身发展的内在需求，进一步解放思想、锐意进取，在实践中探索改革创新，完善政策机制，为人才发展提供强有力的支持和保障。

二 贯彻落实《若干意见》的总体目标与工作布局

要坚持以中国特色社会主义理论为指导，深入贯彻落实科学发展观，坚持"党管人才"原则，在建设中国特色世界城市的总体进程中，加快推动中关村人才特区建设。

（一）努力把中关村人才特区建设成为"创新特区""高端特区"和"国际特区"。建设"创新特区"，就是要统筹创新资源和发展要素，构建相对完善的自主创新体系，建设具有强大发展活力的创新平台、创新机制、创新环境，涌现一批达到世界一流水平的创新成果。建设"高端特区"，就是要聚集高端人才、配置高端资源、突破高端技术、落地高端项目，发挥人才的创新创业优势，走一条高端高效高辐射的产业发展之路。建设"国际特区"，就是要全面参与和融入国际竞争，打开世界城市对外交往的人才窗口、科研与产业合作窗口、学术文化交流窗口，提高首都的国际化发展水平，增强全球影响力。

（二）优化人才特区的建设布局。要率先确立人才优先发展战略布局，以人才引领科技创新，以科技推动产业发展，以产业聚集人才资源，形成人才、科技、产业协同发展格局。举全市之力，加快中关村科学城、未来科技城建设，打造人才特区的两大"发展极"。启动实施拔尖领军人才开发工程、自主创新平台搭建工程、高端成果转化扶持工程、新兴产业发展带动工程、科研学术环境创建工程、北京人才公寓建设工程6项重大工程，全面落实人才特区的建设任务。用足用好中关村先行先试系列政策、国家支持人才特区建设的重大政策，推行10项具体支持政策，大力优化人才发展的宏观环境。

（三）把握人才特区的建设进度。采取"两步走"方针，率先建成国家级人才特区。到2012年，初步形成机制新、活力大、成果显著的人才特区政策体系；在战略性新兴产业领域布局和优先支持一批国家科技重大专项、重大科技基础设施、重大产业工程和项目；扶持一批高层次人才领衔创办的企业及其研发机构，涌现一批高端科技创新成果，突破一批核心关键技术；聚集包括海外留学人员在内的3万名左右高层次人才。到2015年，率先确立人才优先发展战略布局，国家级人才特区全面建成；自主创新能力、产业竞争力显著提升，形成引领自主创新和应用技术发展的支撑体系；聚集包括海外留学人员在内的5万名左右高层次人才；建立具有全国示范意义的人才政策体系，打造具有全球影响力的人才战略高地。

三 整体推进人才特区的各项建设工程

2011~2015年，本市将启动实施6大建设工程，全面建设人才特区。

（一）拔尖领军人才开发工程

引进海外高端人才。贯彻落实中央"千人计划"，加快实施"北京海外人才聚集工程""中关村高端领军人才聚集工程"，用5年时间引进1000名左右海外高层次人才，聚集3万~5万名海外留学人员。围绕全市近中期科技与产业发展的项目需求，按年度制定发布引进海外高层次人才专项计划，着力增强引才工作的针对性和实效。坚持引才与引智并重，根据全市发展需要，聘请一批国际一流的科学家、工程技术专家和企业家来京工作。（主责单位：市委组织部、市人力社保局、中关村管委会）

健全海外联络机制。依托统战、外事、侨务等工作渠道，加强与驻外使领馆、华侨华人社团组织的联络，宣传北京市发展成就与人才引进政策，扩大海外影响。创建北京市人才工作领导小组驻香港人才联络处、中关村管委会驻德国人才联络处，深化中关村管委会驻硅谷、华盛顿、伦敦、东京、多伦多5个对外联络处建设，形成定向寻访和引进海外拔尖领军人才的工作机制。（主责单位：市委组织部、市委统战部、市政府外办、市政府侨办、中关村管委会）

强化高端人才培养。根据人才特点，探索建立拔尖领军人才、复合型人才、专家、科研骨干等分类培养体系，搭建不同层次的人才发展平台。围绕实施"科技北京"行动计划，依托科技重大专项平台，扶持一批由高层次人才领衔的科研团队。深入实施"科技北京百名领军人才培养工程"，深化"北京科技新星计划"等重点项目，抓实人才培养工作载体。借鉴和推广北京生命科学研究所的建设经验，推动科研管理体制改革，创新科技人才评价体系。进一步深化素质教育，提高教育质量，加大拔尖创新人才的培养力度。（主责单位：市教委、市科委）

聚集急需紧缺人才。针对人才特区内高校、科研院所、企业的发展需求，广开选才用才视野，支持央属单位人才资源采取项目合作、联合攻关等形式向市属单位"柔性流动"，面向全国吸引一批高层次、高技能人才。围绕打造"首都经济圈"，重点推动京津冀地区人才的一体化发展，提升区域人才竞争比较优势。出台急需紧缺人才引进工作的实施办法，健全以品德、能力、业绩、贡献为导向的人才评价体系，简化审批手续，提高引才效率。（主责单位：市委组织部、市人力社保局）

（二）自主创新平台搭建工程

打造人才特区两大"发展极"。举全市之力，加快推进中关村科学城、未来科技城建设。以中关村大街、知春路、学院路为核心区域，在生命科学、航天航空、网络技术、新材料等领域，打造高端研发技术服务区，集聚创新要素，转化创新成果，推动区域形成万亿元以上的产值规模。全面加快未来科技城建设，承担属地规划、建设和服务保障任务，努力建设高品质、现代化的市政基础设施和公共服务设施，支持入驻中央企业在京落地优质科技资源，建设新型研发机构，聚集高端人才，攻关核心技术，推动成果转化，打造国际一流的人才创新创业基地。（主责单位：首都创新资源平台、北京市支持中央企业人才创新创业基地建设工作小组）

拓展科技重大专项平台。联系相关国家部委，在新一代信息技术、极大规模集成电路、生物医药、新材料等领域，加快布局和优先支持一批国家科技重大专项、重大科技基础设施。整合全市优质科技资源，在新能源汽车、云计算、高端装备制造等领域，布局和优先支持一批北京市科技重大专项，逐步形成覆盖国民经济重点领域的科技专项体系以及与之相配套的科研人才团队。

(主责单位：市发展改革委、市科委、市经济信息化委、中关村管委会）

形成自主创新的"多支撑"格局。加大对北京生命科学研究所、系统作物设计前沿实验室的扶持力度，与中国科学院合作创建新材料领域的新型研究机构，引领前沿科技自主创新活动。协调推动中国机械工业集团中央研究院、联想集团研究院、中关村航天科技创新园、中关村航空科技园等一批研发机构和基地建设。整合相关高校、科研院所、企业的科技资源，推动3~5个创意实验室、科学家工作室、前沿实验室建设，配设一定科研条件，强化基础研究与应用技术研究的对接转换，支持国内外高端人才把科技设想变为科技成果。支持企业与高校、科研院所及用户单位的联合协作，推动一批工程研究中心、企业技术中心、企业实验室的建设。（主责单位：首都创新资源平台、市发展改革委、市科委、市经济信息化委、市财政局、中关村管委会）

（三）高端成果转化扶持工程

建立扶持资金投入机制。统筹全市科技重大专项及产业化项目扶持经费，依托首都创新资源平台，整合财政支持资金，设立"北京市高层次人才创新创业基金"，以政府资助、股权投资等方式，吸纳社会资金投入，扶持一批高端成果的转化。面向市场需求、政府重大需求，在政策、资金等方面向重点科研项目倾斜，逐步建立科学的投入机制、评估机制。（主责单位：首都创新资源平台、市发展改革委、市科委、市经济信息化委、市财政局、市金融局、中关村管委会、中关村发展集团）

完善创业项目孵化机制。加快建设中关村高端人才创业大厦，打造重点项目的集成孵化平台。依托现有29个留学人员创业园、科技企业孵化器，建立从创业项目植入到市场评估、法律咨询、政府资助、投融资服务等全过程服务体系。依托重点园区，开辟若干海外学人科学园，安排专门区域，为海外来京人才创业和推广新产品提供空间。（主责单位：首都创新资源平台、市科委、市人力社保局、中关村管委会、北京海外学人中心）

健全企业融资服务机制。不断完善创业投资、天使投资、境内外上市、代办股份转让等投融资服务模式，培育和发展风险投资机构，建立健全以股权投资为核心，投保贷联动、分阶段连续支持的新机制，形成政府资金与社会资金、股权融资与债权融资、直接融资与间接融资有机结合的科技金融合作体系。注重引进和培养高端金融人才，推动金融产品与服务的创新，促进创业服务机构发展，为完善科技金融体系提供支撑。（主责单位：市金融局、北京银监局、北京保监局、北京证监局、中关村管委会）

优化高端人才创业环境。发挥中关村开放实验室、国家工程实验室、大学科技园等产业技术转移平台的支撑作用，支持央属高校、科研院所、国有企业的科研团队带项目整体转化，创办高科技企业。以企业为主体，推动中关村人才特区高校、科研机构、企业及用户单位的联合协作，开展产业技术研究。深入推进股权激励改革试点工作，形成有利于人才创新创业的分配制度和激励机制。强化知识产权的行政与司法保护，加快建设中关村知识产权制度示范园区。（主责单位：首都创新资源平台、市教委、市科委、市国资委、市知识产权局、中关村管委会）

（四）新兴产业发展带动工程

扶持新兴产业重大项目。联系相关国家部委，在战略性新兴产业领域，布局和优先支持一批国家重大工程和项目。围绕全市重点发展的战略性新兴产业，在新一代信息技术、节能环保、新能源、新材料、新能源汽车、生物医药、高端装备制造和航空航天等领域，协调落地一批北京市重大产业工程和项目。以工程和项目带动创建符合人才发展需求的产业环境。（主责单位：市发展改革委、市科委、市经济信息化委）

促进企业产业化、规模化发展。高层次人才创办的企业在京建设总部、研发中心和产业化基地，可根据项目研发生产的需求，代建实验室、生产厂房等基础设施，以租赁方式供企业使用，提供一定额度的租金补贴，企业可适时回购。深入实施中关村"十百千工程"，按照"一企一策"的扶持办法，扶持一批产值上规模、能带动新兴产业发展的企业。（主责单位：首都创新资源平台、市发展改革委、中关村管委会）

培育和发展产业技术联盟。支持高端人才领军产业技术联盟建设，创制技术标准、攻关科研难题，抢占产业价值链条的高端。依托发展态势好、潜力大的分园区、产业基地和产业集群，沿产业链开发和配置人才资源，重点在生物

医药、新材料、装备制造等领域，形成一批人才集群。（主责单位：市发展改革委、市科委、市经济信息化委、中关村管委会）

（五）科研学术环境创建工程

推动科研管理体制改革。在北京生命科学研究所等一批有条件的高校、科研机构、企业研发机构，推行与国际接轨的科研管理制度，建立以学术和创新绩效为主导的资源配置和学术发展模式，扩大科研机构用人自主权和科研经费使用自主权，健全科研成果质量、人才队伍建设、管理运行机制等方面的综合评价体系，简化对科研人员的考核考评工作。及时总结有益经验，适时推广应用。（主责单位：市科委、市财政局、市人力社保局）

创建具有发展活力的科研学术环境。依托人才特区内的重点高校、科研院所，积极引进国际优质的教育资源，繁荣国内外学术文化交流，推动境内外人才联合培养。注重加强"软环境"建设，大力倡导"鼓励创新、宽容失败"的科研环境。探索设立分层次、多领域的引才用才平台，通过聘请学术顾问、设立特聘岗位、推行政府雇员制等方式，支持各类高层次人才放手干事业。（主责单位：首都创新资源平台、市教委、市科委、中关村管委会）

进一步提高行政效能。深化行政审批制度改革，简化和规范审批程序，建立多部门协同工作机制，完善"一站式"办公模式，创新人才服务机制。组建人才特区建设促进中心，设立"人才接待日"，认真听取和研究各类人才反映的意见建议，对重要事项"特事特办"，提高服务人才的质量和效率。逐步打通人才体制机制壁垒，激活高校、科研院所、企业的人才资源，健全区域人才市场体系。面向高层次人才建立跟踪服务和沟通反馈机制，加强日常联系，协助解决其实际困难。（主责单位：首都创新资源平台、市人力社保局、中关村管委会）

（六）北京人才公寓建设工程

加快推动人才公寓建设，力争用3年时间，建成不少于1万套人才定向租赁住房。鼓励用人单位自行建设人才公寓、动员各产业园区开发建设人才公寓，提供一定的政策支持。市、区县两级政府统筹布局，协调落实房源和建设项目，定向建设一批人才公寓。注重加强对人才公寓的监督管理，规范申报审批程序，健全服务保障机制，切实为人才提供安居条件。（主责单位：市住房城乡建设委、市规划委、市国土局、中关村管委会、相关区县）

四 全面落实人才特区的各项支持政策

面向入选中央"千人计划""北京海外人才聚集工程""中关村高端领军人才聚集工程"以及其他中关村的高层次人才，全市相关部门整体联动，落实10项具体支持政策。

（一）资金奖励及财政扶持政策

对入选"千人计划""北京海外人才聚集工程"的高层次人才给予100万元人民币的一次性奖励。为高层次人才创办企业优先提供融资担保等金融服务。对于承担国家科技重大专项和北京市重大科技成果产业化项目的高层次人才，由全市重大科技成果转化和产业项目统筹资金给予支持。

（二）股权激励政策

市科委、市财政局、市地税局、中关村管委会落实有关股权奖励个人所得税试点政策。对于科技创新创业企业转化科技成果，以股份或出资比例等股权形式给予本企业相关技术人员的奖励，技术人员一次性缴纳税款有困难的，经主管税务机关审核，可在5年内分期缴纳个人所得税。

（三）人才培养政策

市科委、市教委、市人力社保局支持具有博士和硕士学位授予权的高校、科研机构聘任其他企业或科研机构具备条件和水平的高层次人才担任研究生兼职导师，联合培养研究生；支持由高层次人才创办的或与高校、科研机构联办的企业及科研机构在重点领域设置博士后科研工作站。

（四）人才兼职政策

市科委、市教委会同中关村管委会，面向北京地区各高校、科研院所，协调推动教师、研究人员到人才特区创办企业或到相关企业兼职，允许其在项目转化周期内，个人身份和职称保持不变，享受股权激励政策；支持人才特区企业专业技术人员到高校兼职从事教学科研工作。

（五）居留与出入境政策

市公安局会同市人力社保局，为符合条件的外籍高层次人才及随迁外籍配偶和未满18周岁未婚子女办理《外国人永久居留证》；对尚未获得《外国人永久居留证》的高层次人才及配偶和未满18周岁子女，需多次临时出入境的，为其办理2～5年有效期的外国人居留许可或多次往返签证。

（六）落户政策

市公安局、市人力社保局会同中关村管委会，面向人才特区具有中国国籍、愿意落户北京的海外高层次人才，不受其户籍所在地的限制，直接办理落户手续；如海外高层次人才愿意放弃外国国籍、申请加入或恢复中国国籍，根据有关法律规定，为其优先办理入籍手续。

（七）进口税收相关政策

中关村管委会协调北京海关，对符合现行政策规定的企业与科研机构，在合理数量范围内进口境内不能生产或性能不能满足需要的科研、教学物品，免征进口关税和进口环节增值税、消费税。

（八）医疗政策

人才特区的高层次人才享受医疗照顾人员待遇，由市卫生局为其发放医疗证，到指定的医疗机构就医。所需医疗资金通过现行医疗保障制度解决，不足部分由用人单位按照有关规定予以解决。

（九）住房政策

根据《关于中关村国家自主创新示范区人才公共租赁住房建设的若干意见》，中关村管委会会同市住房城乡建设委，协调各有关区县，为符合条件的高层次人才提供定向租赁住房。

（十）配偶安置政策

市人力社保局将愿意在本市就业的高层次人才随迁配偶，纳入全市公共就业服务体系，优先推荐就业岗位，积极提供就业服务。

根据《若干意见》，北京市联系相关国家部委，进一步研究细化重大项目布局、境外股权和返程投资、结汇、科技经费使用、人才联合培养等相关支持政策。

五　加强人才特区建设的组织领导

在人才特区建设指导委员会的领导下，充分发挥中关村国家自主创新示范区领导小组的作用，协调落实人才特区建设的重大任务、支持政策；充分发挥市人才工作领导小组的作用，建立工作责任制，健全信息沟通机制、督促检查机制、绩效考核机制，确保人才特区建设任务落到实处；依托首都创新资源平台，整合央属、市属的科技人才资源，构建政产学研用相结合的体制机制，形成有关方面的工作合力。中关村管委会具体承担人才特区的建设任务。

B.19
关于实施首都青年人才开发工程的意见

为深入贯彻落实《首都中长期人才发展规划纲要（2010～2020年）》和《关于加强新形势下全市党建带团建工作的意见》精神，进一步加强青年人才开发工作，促进青年全面成长成才，服务首都经济社会科学发展，提出如下意见。

一 充分认识青年人才开发工作的战略意义

推动科学发展、加快转变经济发展方式，根本靠创新，关键是人才。青年人才开发决定着整个人才队伍的前景。新形势下，大力推动青年人才资源开发利用，把培养造就青年人才作为人才队伍建设的一项重要战略任务，采取及早选苗、重点扶持、跟踪培养等特殊措施，使大批青年人才持续不断涌现出来，对于加快实施"人文北京、科技北京、绿色北京"和中国特色世界城市建设具有重大而深远的意义。

共青团组织是党联系青年的桥梁和纽带，党团的特殊政治关系决定了共青团必须积极协助党做好青年人才工作。共青团组织要紧紧抓住为党培养青年人才这个着力点，充分发挥组织优势，大力实施青年人才开发工程，充分调动青年主动成才的内在动力，为青年人才健康成长创造条件，促使具有一定潜力的优秀青年和学生骨干成为青年人才，促使各领域青年人才成为拔尖人才，最广泛地团结、凝聚优秀青年人才，为党的事业提供坚强的人才保证。

二 青年人才开发工作的总体目标

以邓小平理论和"三个代表"重要思想为指导，深入贯彻落实科学发展观,坚持党管人才原则,落实首都人才优先发展战略,按照分类管理原则,遵循青年人才成长规律,以搭建发展平台为基础,以创新服务方式为保障,以用好用活青年人才为目标,构建涵盖发现储备、培养锻炼、吸纳凝聚、推荐使用为一体的青年人才资源开发体系;优化全市青年人才结构和布局,加快形成优秀青年人才脱颖而出的社会环境,突出抓好青年英才培养工作,努力建设一支年轻向上、朝气蓬勃、富于创新、勇于竞争的高层次、创新型、国际化青年人才队伍,从建设中国特色世界城市的高度,为加快实施"人文北京、科技北京、绿色北京",全面实现现代化提供可持续的青年人才支持和智力保障。

三 加强青年人才开发工作的主要举措

(一)按照抓早、抓准的要求,构建青年人才发现储备体系

(1)搭建青年人才培养链。坚持青年人才培养端口前移,善于发现、选准人才苗子,重视对青年英才的跟踪培养、接续培养。分级分类建立青年后备人才推荐选拔机制,建立各区县、各部门、各单位逐级推荐选拔和培养青年后备人才模式。加大对青年人才的发现、教育、培养和跟踪工作力度,充分运用党校、团校等各级各类培训资源,建立青年拔尖人才培养体系。实施北京青年英才培养计划,深化"青年马克思主义者培养工程",每年选拔不同年龄段的拔尖学生和优秀青年,开展集中学习培训和实践锻炼。

(2)打造青年人才展示平台。建立机制体制,搭建展示平台,在农村、社区、国企、学校、机关、事业单位等不同领域,通过创新创造、技术比武、技能展示等方式,支持优秀青年人才脱颖而出。建立科学有效的支持办法,支持青年人才参与重大科研和重大工程项目,促进青年人才自主创新,加强对创新成果的知识产权保护和转化应用。

(3)大力选树宣传青年榜样。建立完善分层分类青年人才评选奖励机制,不断提高政府激励的效果和影响力,激发各类青年人才不断涌现。注重在重点学科、重点领域选树和扶持一批青年领军人才,加大北京市优秀青年知识分子、北京青年五四奖章、创业青年首都贡献奖、北京青年岗位能手等奖项表彰

力度，建立各级各类青年人才奖励机制，形成爱护青年人才、关心青年人才、支持青年人才干事创业的良好氛围。

（二）按照有力、有效的要求，构建青年人才培养锻炼体系

（1）强化教育培训。实施青年骨干人才大规模培训计划，加大对党政机关、企事业单位、学校、社会组织等领域青年骨干的培训力度。积极倡导终身学习和培训理念，支持和鼓励各单位积极开展青年骨干培训项目，促进青年不断学习成长。创新青年人才培训模式，发挥互联网和远程教育的作用，提高培训的实效性和针对性。拓宽青年人才培养锻炼渠道，通过考察培训、挂职锻炼、轮岗交流、见习基地、选拔举荐等不同方式，为青年人才成长提供更多实践机会。

（2）实施导师计划。实施"万名导师计划"，组建青少年成才导师队伍，在青少年学生、青年公务员、创业青年、青年技工等群体中建立"传帮带"人才培养机制。邀请两院院士、学术大师、科技带头人和各类专家等，深入青少年群体讲学育人，培育青少年求知和创新精神。推动大中学生进国家重点实验室、高新技术科技园活动，开阔青少年眼界，引导和培养青少年对前沿知识的浓厚兴趣。

（3）拓宽青年人才国际化平台。加强与海外高水平教育机构、知名企业以及青年社团的交流合作，建立一批青年人才海外培训基地。设立青年人才国际交流专项经费，为青年人才参与国际学术和研究活动创造条件。利用国际学术会议、文化交流活动等渠道，每年选派优秀青年人才赴海外学习、考察、交流，推动国际化青年人才培养。

（三）按照优质、高效的要求，构建青年人才吸纳凝聚体系

（1）拓展青年人才联系服务渠道。加大对优秀青年的联系服务力度，建立多层次、分渠道的联系服务载体和平台。发挥党政机关、事业单位、企业公司、社会团体等作用，重点发挥共青团、青联等各类专业青年组织在凝聚各类青年人才方面的作用。加大对各类青年人才组织的支持力度，广泛团结凝聚各行各业优秀青年人才，打造青年人才聚集的"人才高地"。

（2）加强海外青年人才服务凝聚工作。建立与在境外一流教育机构深造的北京地区学校留学生和在京留学生、长期在京居住外籍青年的联系机制，实施联系服务海外青年人才行动，探索灵活的组织方式和活动平台，加强对国外京籍学习、工作人员联系服务。团结凝聚海外高层次青年人才，依托海外高层次人才创新创业基地，为青年人才在京创业、工作提供良好的服务环境。

（3）重视非公有制经济组织和社会组织中青年人才发展。把非公有制经济组织和社会组织青年人才纳入人才开发统一规划，切实加强联系和服务，在表彰奖励、教育培训、信息资源等方面同等对待，在就业创业、权益保护、文化需求、社会参与等方面积极提供支持和帮助。加强对各类青少年社会组织的培育扶持，做好社团负责人和骨干人员的联系服务。每年重点培训非公有制经济组织和社会组织青年骨干人才1000人。

（四）按照科学、及时的要求，构建青年人才推荐使用体系

（1）完善青年人才库建设。加大北京市青年人才库建设力度，支持和鼓励各区县、各单位、各部门建设青年人才库，将青年人才的储备、选拔和推荐使用等工作环节有机结合，建立开放、动态的青年人才信息系统。建设网上服务平台，为青年人才开发提供有效服务，向全社会集中展示各领域优秀青年人才的风采，为举荐使用青年人才提供科学依据。各级党政部门要重视从青年人才库中发掘人才，扩大视野，为青年人才施展才能创造机会。

（2）扶持青年拔尖人才。加强党政人才、企业经营管理人才、专业技术人才、高技能人才、农村实用人才以及社会工作人才中各类青年人才队伍建设，重点扶持培养青年学科带头人、行业领军青年人才和青年国际人才。建立产业集群和人才集群的互动发展机制，重点在生物、新能源、航空航天、高端装备制造等新兴产业以及相关传统产业，遴选青年拔尖人才，给予一定的科研、培训资金支持，形成各产业的高端青年人才集群，服务首都战略新兴产业实现可持续发展。

（3）畅通人才举荐渠道。各级党政部门要建立青年人才选拔机制，大力举荐和大胆使用青年人才，注重从基层一线培养选拔优秀青年人才，为优秀青年人才脱颖而出开辟"快车道"。建立团组织"推优荐才"机制，各级团组织

每年向同级党组织推荐一批优秀青年人才并提出使用建议，帮助青年人才走上更重要的岗位，形成人尽其才、才尽其用的良好局面。加强"推优"入党工作，推荐优秀青年人才作为党的发展对象，不断为党输送新鲜血液。

四 加强青年人才开发工作的实施保障

（1）加强组织领导。在北京市人才工作领导小组统一领导下，由市委组织部、市人力社保局、团市委及有关职能部门组建青年人才工作办公室，负责具体组织实施，制定任务分解方案，建立完善运行机制和评估考核机制，定期跟踪执行情况，提出改进措施。

（2）强化责任落实。各区县、各单位、各部门要按照本意见及任务分解方案，结合实际情况，研究制定实施细化方案，明确时间进度及责任人。

（3）加强资源保障。有效整合各级党政各类人才开发阵地资源，向青年人才开放，实现共建共享，发挥最大效益。市、区青年人才开发工作经费列入本级财政预算，在市、区人才工作专项经费中统筹考虑。

B.20 首都杰出人才奖评选表彰工作实施细则

第一章 总则

第一条 为大力实施首都人才优先发展战略，进一步优化首都人才发展环境，完善人才激励机制，积极营造"尊重劳动、尊重知识、尊重人才、尊重创造"的良好社会氛围，根据《中共北京市委、北京市人民政府关于设立首都杰出人才奖的决定》，制定本细则。

第二条 "首都杰出人才奖"是北京市人才奖励的最高奖项。不再评选"首都杰出人才提名奖"。

第三条 "首都杰出人才奖"一般每三年评选表彰一次，每次表彰5人左右，无符合条件者可空缺。

第四条 "首都杰出人才奖"的评选应当遵循"公开、公平、竞争、择优"原则。

第二章 组织机构

第五条 为做好"首都杰出人才奖"评选表彰工作，经市委、市政府批准，在市人才工作领导小组的领导下，成立由市委组织部、市人力社保局、市委宣传部、市科委、市科协组成的"首都杰出人才奖"评选表彰工作办公室（以下简称"评选工作办公室"），负责组织协调工作。评选工作办公室设在市委组织部。

第六条 评选工作办公室负责组建"首都杰出人才奖"评审委员会，评审委员会下设专业学科组，负责对参评人选的分组审议和综合评审工作。评审委员会设主任委员1名，副主任委员若干名。评审委员会委员根据当年参评人选涉及的专业领域确定。

第三章　评选范围和条件

第七条　凡在北京地区工作，为首都经济社会发展作出突出贡献的各类优秀人才，均可参加"首都杰出人才奖"的评选。

第八条　"首都杰出人才奖"的参评人选应热爱祖国，遵纪守法，拥护党的路线方针政策，具有良好的职业道德，在业内享有良好声誉、得到广泛认可。

符合下列条件之一者，可参加"首都杰出人才奖"的推荐和评选：

（一）在国家或北京市科技重大项目中取得了重要创新成果，并达到国际先进水平。

（二）在国家或北京市重点工程建设项目中解决了关键技术难题，作出了主要贡献。

（三）通过开展创新创业带动了新兴产业、行业发展，取得了显著的经济效益或社会效益。

（四）在教育、科研、卫生、体育、文化、社会建设等领域，取得了突出成就，社会声望较高。

（五）为建设"人文北京、科技北京、绿色北京"作出了重大贡献的其他各类人才。

第四章　推荐方法和程序

第九条　经市委、市政府批准，由市委组织部、市人力社保局联合下发通知，并通过媒体向社会发布公告，开展参评人选推荐工作。

第十条　参评人选推荐方式有：归口推荐、"首都杰出人才奖"获得者推荐和个人自荐。

（一）归口推荐。各区县，市委、市政府各部委办局、北京经济技术开发区工委、中关村科技园区管委会作为归口推荐单位，推荐本地区、本系统、本区域内符合条件的人选。

中央在京单位可直接向评选工作办公室推荐符合条件的人选，也可按属地原则，向所在区县的区县委组织部推荐符合条件的人选。

非公有制经济组织和社会组织按属地原则，向所在区县的区县委组织部推荐符合条件的人选。

（二）"首都杰出人才奖"获得者推荐。"首都杰出人才奖"获得者可推荐与所从事专业相同或相近、符合条件的人选。

（三）个人自荐。符合条件的个人可向评选工作办公室自荐参加评选。

第十一条 各归口推荐部门负责本地区、本系统、本区域参评人选汇总和材料核实工作，经征求专家意见并报领导班子集体研究后，确定本地区、本系统、本区域的推荐人选和排序，报评选工作办公室。

第十二条 推荐人选或个人自荐，应按规定提交《首都杰出人才奖候选人推荐书》《首都杰出人才奖候选人登记表》，并报送相关附件材料。

第十三条 荐单位、个人对推荐书所填内容的真实性负责，被推荐的人选对登记表所填内容的真实性负责。自荐人选对所填报材料的真实性负责。

第五章 评审及表彰

第十四条 选工作办公室汇总全市推荐人选，并进行资格审查，确定符合推荐条件的参评人选，提交"首都杰出人才奖"评审委员会评审。

第十五条 开"首都杰出人才奖"评审会。"首都杰出人才奖"评审委员会委员按专业学科组进行分组审议，并根据审议结果对上报推荐人选进行排序。

召开由"首都杰出人才奖"评审委员会主任委员、副主任委员及各专业学科组组长参加的综合评审会议，对分组评审结果进行综合评审，确定拟表彰人选名单。

第十六条 选工作办公室报请市人才工作领导小组审定拟表彰人选后，在有关媒体上进行公示，公示期一般为7天。

公示期间，任何单位或个人对公示人选如有异议，应署名向评选工作办公室提出，逾期或匿名不予受理。

在评选工作办公室的统一组织下，由公示人选所在单位或其上级主管部门对有关问题进行核查，并在规定时间内报送核查报告。核查结果及处理意见报市人才工作领导小组审定。

第十七条 公示结果无异议的，由市人力社保局报市委、市政府批准表彰，以市委、市政府名义印发表彰决定。

第十八条 "首都杰出人才奖"获得者，以市委、市政府名义颁发荣誉证书、奖杯，并一次性奖励人民币100万元。

第六章 附则

第十九条 本细则由市委组织部负责解释。

第二十条 本细则自发布之日起施行。《首都杰出人才奖评选工作实施细则（试行）》同时废止。

B.21 北京市优秀青年人才评选表彰办法

第一章 总则

第一条 为大力实施首都人才优先发展战略，表彰在首都经济社会发展中做出积极贡献的各领域、行业优秀青年人才，促进创新型、领军型高层次人才队伍建设，营造"尊重劳动、尊重知识、尊重人才、尊重创造"的良好社会氛围，结合我市实际，制定本办法。

第二条 "北京市优秀青年人才"是以市委、市政府名义评选表彰的北京市优秀青年人才项目。

第三条 "北京市优秀青年人才"每三年评选表彰一次，每次表彰原则上不超过60人。

第四条 "北京市优秀青年人才"的评选应当遵循"公开、公平、竞争、择优"原则。

第二章 组织领导

第五条 为做好"北京市优秀青年人才"评选表彰工作，经市委、市政府批准，在市人才工作领导小组的领导下，成立由市委组织部、市人力社保局、市委宣传部、市科委、市科协组成的"北京市优秀青年人才"评选表彰工作办公室（以下简称"评选工作办公室"），负责组织协调工作。评选工作办公室设在市委组织部。

第六条 评选工作办公室负责组建"北京市优秀青年人才"评审委员会，下设专业学科组，负责对参评人选的分组审议和综合评审工作。评审委员会设主任委员1名、副主任委员若干名，评审委员会委员根据当年参评人选涉及的专业领域确定。

第三章　评选范围和条件

第七条　凡在北京地区工作，为首都经济社会发展做出积极贡献，且评选当年在35岁以下的各类优秀人才，均可参加"北京市优秀青年人才"的评选。

第八条　"北京市优秀青年人才"的参评人选应热爱祖国，遵纪守法，拥护党的路线方针政策，具有不断创新的科学精神和良好的职业道德，近五年内在工作岗位上做出较大成就和贡献。

凡符合下列条件之一者，可参加"北京市优秀青年人才"的推荐和评选：

（一）在教育、科研、卫生、体育、文化、社会建设等领域，做出了积极贡献，取得了较好的经济效益或社会效益。

（二）获得国家、市级奖项，在全市同行业青年中业务水平处于领先地位。

（三）为建设"人文北京、科技北京、绿色北京"做出了较大贡献的其他各类人才。

第四章　推荐方法及程序

第九条　经市委、市政府批准，由市委组织部、市人力社保局联合下发通知，并通过媒体向社会发布公告，开展参评人选推荐工作。

第十条　"北京市优秀青年人才"推荐工作按照下列程序进行：

（一）单位提名

（1）本市各有关单位（含双管单位），可通过组织遴选或个人自荐，经本单位党委（党组）研究后，确定本单位的提名人选，并按干部管理权限报各区县或局级单位党委（党组）组织、人事部门。各局级单位党委（党组）研究确定本系统提名人选后，报市委主管部（委）。

（2）非本市单位（中央在京单位、非公有制经济组织和社会组织等）可根据评选工作的要求，确定本单位的提名人选，按所在区域报至所在区县的区县委组织部、北京经济技术开发区工委、中关村科技园区管委会。

（二）系统推荐

（1）各区（县）委组织部负责本地区提名人选的汇总和材料调查核实工作，经征求专家意见并报区（县）委研究后，确定本区（县）推荐人选和排序，报评选工作办公室。

（2）市委各主管部（委）负责本系统提名人选的汇总和材料核实工作，经征求专家意见并报领导班子集体研究后，确定本系统推荐人选和排序，报评选工作办公室。

（3）北京经济技术开发区工委、中关村科技园区管委会负责本区域内提名人选的推荐和推荐材料的调查核实工作，经征求专家意见并报工委（党组）研究后，确定本区域推荐人选和排序，报评选工作办公室。

第十一条　各推荐单位应按照规定提交《北京市优秀青年人才候选人推荐书》、评选工作报告、推荐人选情况一览表及相应附件材料。

第五章　评审及表彰

第十二条　评选工作办公室汇总全市推荐人选，并进行资格审查，确定符合推荐条件的参评人选，提交"北京市优秀青年人才"评审委员会评审。

第十三条　召开"北京市优秀青年人才"评审会。"北京市优秀青年人才"评审委员会委员按专业学科组进行分组审议，并根据审议结果对上报推荐人选进行排序。

召开由"北京市优秀青年人才"评审委员会主任委员、副主任委员及各专业学科组组长参加的综合评审会议，对分组评审结果进行综合评审，确定拟表彰人选名单。

第十四条　评选工作办公室报请市人才工作领导小组审定拟表彰人选后，在有关媒体上进行公示。公示期一般为7天。

公示期间，任何单位或个人如对公示人选如有异议，应署名向评选工作办公室提出，逾期或匿名不予受理。

在评选工作办公室的统一组织领导下，由公示人选所在单位或其上级主管部门负责对异议进行核查，并在规定时间内报送核查报告。核查结果及处理意见报市人才工作领导小组审定。

第十五条　对公示结果无异议的，由市人力社保局报市委、市政府批准表彰。

第十六条　"北京市优秀青年人才"获奖者，以市委、市政府名义颁发荣誉证书，并一次性奖励人民币1万元。

第六章　附则

第十七条　本办法由市委组织部负责解释。

第十八条　本办法自发布之日起施行。

B.22
首都中长期农村实用人才发展规划纲要
(2010~2020年)

为落实人才强国战略，按照《首都中长期人才发展规划纲要（2010~2020年）》的要求，着眼于为推进郊区社会主义新农村建设和城乡一体化建设提供必要的智力支持和人才支撑，特制定本规划纲要。

一 首都农村实用人才发展面临的形势

农村实用人才是农业农村人才中的骨干力量，是首都人才队伍建设的重要组成部分。当前，在首都建设世界城市的进程中，城乡统筹步伐进一步加快，郊区都市型现代农业、现代制造业、现代服务业共同推进，一、二、三产业融合发展，沟域经济方兴未艾，人才的基础性作用日益凸显。按照首都城乡一体化建设要求，培养和造就一支数量充足、素质较高、结构合理的农村实用人才队伍，对于推动郊区经济社会发展、促进农民增收致富具有重要意义。

2004年以来，市委市政府高度重视农村实用人才发展，大力实施京郊农村实用人才开发培养工程，以"扩大总量、提高素质、发挥作用"为目标，以"出政策、定标准、搭平台"为主线，在农村实用人才培养、使用、引进、激励等环节上全面推进。目前，农村实用人才总数达到3.2万人，农村实用人才队伍已经发展到拥有生产、技术、营销、管理、社会五大类，涵盖郊区经济社会发展的各个产业、各个行业的人才群体，农村实用人才在发展都市型现代农业、农产品加工流通、农民专业合作组织、乡村旅游和社会管理等方面的骨干带动作用和示范引领作用日益突出。

但也必须清醒地看到，在首都建设世界城市、全面推进社会主义新农村建设和城乡一体化建设的新形势下，农村实用人才工作起步较晚，工作基础相对薄弱，农村实用人才队伍还存在着年龄文化结构不合理、地区分布不平衡等问题。面对新形势新任务新要求，农村实用人才开发培养力度需要进一步加大，人才成长和发挥作用的环境需要进一步优化，新兴产业人才比例需要进一步提高。我们必须认清形势，提高认识，统筹规划，锐意进取，不断开创京郊农村实用人才工作的新局面。

二　指导思想和战略目标

（一）指导思想

高举中国特色社会主义伟大旗帜，以邓小平理论和"三个代表"重要思想为指导，深入贯彻落实科学发展观，坚持党管人才原则，进一步营造"尊重劳动、尊重知识、尊重人才、尊重创造"良好的社会氛围，贯彻落实中央和北京市人才工作会议精神，以总量增长、素质提高、结构优化、作用增强为重点，抓住开发培养、等级评价、服务激励、创业兴业、作用发挥等重要环节，努力建设一支适应首都新农村建设和城乡一体化建设要求的农村实用人才队伍，为首都率先实现城乡一体化提供智力支持和人才保障。

（二）战略目标

（1）总量增长。到2020年，郊区农村实用人才总量增加到5万人，占农村劳动力的3%左右。镇村两级要开发培养2万名左右初级农村实用人才，在此基础上，区县要培养选拔5000名左右中级农村实用人才，全市重点培养2000名左右高级农村实用人才。

（2）素质提高。农村实用人才的政治思想、职业道德、知识水平和能力素质有较大提高，科技成果应用能力明显增强，市场和经营管理能力显著提高。到2020年，全市农村实用人才平均受教育年限达到13年，具有高中中专以上学历的比例要达到50%以上，并使每名农村实用人才获得至少一项专业

（职业）技能证书。

（3）结构优化。到2020年，农村实用人才在产业、地区间的分布趋于合理，围绕建设都市型现代农业，不断优化农村实用人才队伍专业结构，在农产品加工、民俗旅游、农民专业经济合作组织、农村文化等新型行业的实用人才数量有显著提高，农村实用人才中女性比例明显增加，40岁以下的农村实用人才比例达到50%。

（4）作用增强。农村实用人才增收致富的能力逐步提高，示范引领效果更加显著，在郊区社会主义新农村建设和城乡一体化建设中的基础性作用进一步增强。到2020年，平均每个行政村主要特色产业要有2~3名示范能力强的农村实用人才带头人。

三　主要举措

（1）加大宣传力度。充分利用电视、广播、报纸、网络等媒体，广泛宣传优秀农村实用人才的业绩，推介优秀实用人才带头人的成果，提高农村实用人才的社会地位，扩大实用人才的影响力。积极宣传报道各区县在农村实用人才队伍建设工作中的典型经验，努力营造有利于农村实用人才成长兴业的良好舆论氛围。

（2）加强教育培训。实施分级分类培训，按照农村实用人才类别，每年市级部门开展农村实用人才示范培训；区县结合实际，开展农村实用人才重点培训；乡镇开展农村实用人才普遍培训，力争每名农村实用人才都能够接受一次培训。借鉴国内外先进地区的经验，市级部门每年组织优秀农村实用人才到国内和境外考察、培训，拓展思路，开阔眼界。注重实践育才，加强市、区县两级农村实用人才示范基地建设，辐射带动农村实用人才的培养。充分发挥农业技术推广服务体系、各类新经济组织、产业化龙头企业的作用，开展岗位培训和技术指导，通过科技示范、成果展示和农业实用技术交流活动，在社会实践中培养农村实用人才。积极组织优秀农村实用人才带头人参加国家有关部委举办的各类培训。

（3）健全激励评价体系。推广农村实用人才等级评定工作，建立起以生产技能为标准、以生产业绩为依据、以贡献大小为尺度的实用人才等级评价体系，按照高级、中级、初级对农村实用人才开展等级评定，充分激发和调动农村实用人才创业兴业的主动性、积极性。组织开展"有突出贡献的农村实用人才"评选表彰活动。积极支持政治素质好、业绩突出的农村实用人才进入基层人大、政协参政议政。探索优秀村党组织书记、村委会主任进入乡镇公务员队伍的途径和办法，调动农村基层干部干事创业的积极性。

（4）完善相关政策。落实人才发展的各项政策，强化对农村实用人才的扶持措施。在金融政策、土地流转、技术支持、项目立项、资金投入等方面进行政策集成，鼓励各类金融机构为农村实用人才创业兴业提供资金支持。依法保护农村实用人才的知识产权和合法权益，支持他们开展技术引进、开发、推广和成果转化等创新活动。研究制定外埠优秀农村实用人才引进政策。

（5）加大资金投入。建立健全政府主导的多元化投入体制。市级财政设立农村实用人才队伍建设专项资金，纳入财政预算并逐年递增；区县、乡镇政府也要增加对本地区农村实用人才队伍建设的资金投入。财政资金主要用于农村实用人才的开发培养、创业兴业、激励表彰、服务管理等各项投入。综合运用信贷、保险、税收等政策工具，鼓励、引导和动员各种社会力量参与农村实用人才队伍建设。

（6）强化服务管理。每年定期组织举办农村实用人才创业成果展示推介会，建立2~3个农村实用人才创业成果展示推介基地。不断完善"北京市农村实用人才信息管理系统"和"北京市农村实用人才网"，搭建面向全社会的农村实用人才推介服务平台。每年定期组织优秀农村实用人才休假疗养，组织高级农村实用人才体检。

四 重点工程

围绕推进城乡一体化和社会主义新农村建设的总体要求，按照《首都中长期人才发展规划（2010~2020年）》的总体部署，重点组织实施5个方面的农村实用人才开发培养工程。

1. 生产类农村实用人才开发培养工程

适应农业规模化、专业化发展趋势和产业结构调整的需要，以提高土地产出率、资源利用率和劳动生产率为核心，以中青年农民和农村妇女为重点，着力培养生产型农村实用人才。围绕区县功能定位和优势农产品区域布局，培养当地急需的种植、养殖和加工能手。积极引导各类经济组织、农业产业化龙头企业开展岗位培训和技术指导；大力加强科技示范基地和优质农产品示范园建设，引导农民自觉学习运用先进实用技术；积极开展农业实用技术交流活动，鼓励农业技术骨干、科技示范户、种养能手开办农家课堂，进行现场技术指导；组织专家、农技人员通过田间示范、巡回指导、联户结对等方式，帮助农民提高生产效率。

2. 技术类农村实用人才开发培养工程

适应农业产业逐步升级、农产品质量安全的新形势新要求，以提高职业技能为核心，以职业农民和高技能人才为重点，着力培养技术类农村实用人才。进一步完善以职业院校、广播电视学校、技术推广机构为主体，学校教育与企业培养紧密联系，政府推动为主导的技术类农村实用人才培养体系。通过免费培训、免费鉴定等方式，鼓励和引导农民参加职业技能鉴定并获得相应的职业资格证书。积极推进技术类农村实用人才培养与农技推广服务体系、农民专业合作组织和农业重大项目工程项目实施的有机结合。广泛开展各种形式的职业技能竞赛和岗位练兵活动。

3. 营销类农村实用人才开发培养工程

适应农业产业化和市场化发展需求，以增强经营管理水平和市场开拓能力为核心，以农村经纪人、农民专业合作组织负责人和农业产业化龙头企业经营者为重点，着力培养经营类农村实用人才。依托农产品市场体系建设，加大对农产品经纪人的培养力度，提高其营销能力，促进农产品流通，活跃农村市场。贯彻《中华人民共和国农民专业合作社法》，加大对农民专业合作组织带头人的培养，提高其组织带动能力、专业服务能力和市场应变能力，引导农民专业合作组织规范发展。支持农村实用人才带头人创办专业合作组织，积极扶持农村实用人才创业兴业。支持农业产业化龙头企业充分发挥辐射带动作用，培养一大批专业化程度高，具有较高素质的营销类农村实用人才。

4. 管理类农村实用人才开发培养工程

适应社会主义新农村建设和农村基层民主政治建设的需要，以提高理论素质和管理水平为核心，以村党组织书记、村委会主任和经联社长为重点，着力培养管理类农村实用人才。进一步扩大党内民主，推广基层党组织领导班子成员由党员和群众公开推荐与上级党组织推荐相结合的办法，逐步扩大基层党组织领导班子直接选举范围，选优配强农村党组织书记。加强党对村委会换届选举的领导，大力提倡村党组织成员与村委会成员交叉任职；通过召开村民大会或村民代表会议等民主形式，明确村委会成员的任职条件，选出群众公认、能带领群众致富的村委会班子。创新机制，加强村级后备人才培养。加强村民代表队伍建设，采取多种方式开展政策法规、民主法治等方面的教育培训，不断提高村民代表参政议政能力。

5. 社会类农村实用人才开发培养工程

适应城乡一体化进程中农村广大群众对社会服务的多元化需求，以提高能力素质和服务水平为核心，以农村文化活动组织者、农村文艺骨干和农村文化产业带头人为重点，着力培养社会类农村实用人才。结合农村群众的实际需求，积极开发社会服务就业岗位，依托司法、民政、文化、教育、公安等部门，加强对从业人员的培养，提高其就业能力和服务广大群众的水平。切实发挥文艺骨干、能工巧匠的"传帮带"作用，积极培养富有区域特点的文化传人。组织专业文化工作者下乡举办短期培训班，提高农民文化骨干的专业水平。

五 实施保障

（1）加强组织领导。坚持党管人才原则，各级党委要进一步建立健全农村实用人才的领导体制和工作机制。各区县要结合实际，研究制定本区县农村实用人才队伍建设规划，并认真组织实施。要坚持"一把手"抓"第一资源"，健全农村实用人才工作目标责任制。要把农村实用人才队伍建设纳入各级党委的议事日程，定期研究农村实用人才工作，及时研究解决工作中的主要矛盾和突出问题。

（2）加强检查考核。各区县要指导督促乡镇、村做好农村实用人才队伍建设，定期沟通情况、总结经验，确保各项工作任务落实。市委农工委每年对各区县农村实用人才工作进行考核评估，全面了解各区县农村实用人才各项工作完成情况、取得的经验和存在的问题，提出进一步加强推动农村实用人才队伍建设的意见和措施。

B.23
首都中长期高技能人才发展规划纲要
（2010~2020年）

为培养造就一支适应首都产业发展需要，具有精湛技艺和创新创造活力的高技能人才队伍，推动"人文北京、科技北京、绿色北京"和中国特色世界城市建设，根据《首都中长期人才发展规划纲要（2010~2020年）》，特制定本规划。

一 规划背景

高技能人才是指具有高超技艺和精湛技能，能够进行创造性劳动，并对社会作出贡献的人，主要包括技能劳动者中取得高级工、技师和高级技师职业资格的人员。高技能人才是首都人才队伍的重要组成部分，是各行各业产业大军的优秀代表，是技术工人的核心骨干，在加快转变经济发展方式、促进产业结构优化升级、提高企业竞争力、推动技术创新和实现科技成果转化等方面发挥着重要作用。

市委、市政府高度重视高技能人才工作，特别是市委办公厅、市政府办公厅印发《关于进一步加强高技能人才工作的实施意见》以来，全市不断完善政策、创新机制、改善环境、做好保障，高技能人才工作取得了新的进展。一是高技能人才规模不断扩大，结构逐步优化。2010年年底，全市技能人才总量223万人，其中高技能人才58.7万人，分别比2005年年底增长了20%和118%。二是高技能人才成长的政策环境明显改善。市委、市政府将高技能人才纳入市级专项表彰奖励项目，实施了基本养老金待遇调整向高技能人才倾斜的政策。各区县、各有关部门普遍制定了促进高技能人才队伍建设的政策措施。三是高技能人才培养体系逐步完善。行业企业在高技能人才培养中的主体作用得到进一步加强，探索了技工院校、职业院校多元化培养模式，组织实施了"五年五万"技师培养计划，大力加强急需紧缺高技能人才培养。四是高技能人才培训经费支持力度逐步加大。公共实训基地建设得到加强，建立了技师培养经费补贴制度，进一步加大财政资金对高技能人才培训工作的支持。五是高技能人才发挥作用显著增强。引导企业在其主体工种和关键岗位，建立首席技师制度，高技能人才在技术攻关、工艺创新和带徒传技等方面发挥了重要作用。六是高技能人才评价工作得到加强。以职业能力为导向，以工作业绩为重点，注重职业道德和职业水平的企业高技能人才评价体系初步建立，高技能人才多元评价机制初步形成。

经过全市各部门的共同努力，我市高技能人才队伍建设取得了可喜成绩，但与首都经济建设和社会发展的客观要求还存在一定的差距。一是技能人才的重要价值没有得到充分体现，社会上"重学历、轻技能"的观念依然存在，企业职工收入分配结构不尽合理，高技能人才工资待遇总体偏低。二是企业培养高技能人才的主体作用发挥不够，高技能人才培养存在"政府和职工两头热、企业中间冷"的现象，特别是中小企业对高技能人才"重使用、轻培养"的问题还比较普遍。三是技能人才结构不尽合理，特别是高技能领军人才相对匮乏，与首都经济建设和社会发展对高技能人才数量、质量和结构的新要求尚有差距。

未来十年，是北京建成现代化国际城市、全面实现现代化和建设中国特色世界城市的重要时期。当前，我市第一、二产业从业人员总量逐年下降，而以生产性服务业为核心的第三产业就业规模快速上升，高技能人才工作面临新的形势。一是传统产业从业人员正在向战略性新兴产业流动，现代制造业、高新技术产业、现代服务业成为我市吸纳就业的中坚力量，产业转型带来的就业结构调整，成为促进我市高技能人才队伍建设的内在动力。二是坚持高端发展方向，大力发展战略性新兴产业，着力打造新的经济增长点，推动首都产业持续升级和企业竞争力显著提升，不仅需要一批高端研发人才和高层次专业技术人才，也需要一大批高技能人才。三是结合首都经济发展方式转变和产业结构调整，培养造就一大批具有高超技艺和精湛技能的高技能人才，既是增强自主创新能力、推动创新型城市建设的重要举措，也是进一步服务首都经济和促进就业的客观要求。我们必须认清形势,提高认识,紧抓机遇,锐意进取,大力开拓首都高技能人才发展的新局面。

二 指导思想和工作目标

(一)指导思想

以邓小平理论和"三个代表"重要思想为指导,深入贯彻落实科学发展观,大力实施首都人才优先发展战略,坚持"提升能力、以用为本、高端引领、整体推动"的原则,以建立面向全体劳动者、全职业生涯、全过程衔接的职业培训制度为基础,以加强技师、高级技师培训为重点,以提升职业素质和职业技能为核心,着眼于创新驱动发展,围绕现代服务业、战略性新兴产业和高新技术产业等首都产业发展的重点领域,加大高技能领军人才培育和引进力度,加快形成首都人才资源竞争的比较优势,推动技能劳动人才发展壮大和整体素质的提高。

(二)工作目标

围绕首都产业发展需要,加快培养造就一支门类齐全、结构合理、技艺精湛、素质优良的高技能人才队伍,并带动中、初级技能劳动者队伍梯次发展,使我市技能人才的规模、结构、素质更好地满足产业结构优化升级和企业发展的需要,推动"人文北京、科技北京、绿色北京"和中国特色世界城市建设。

(1)大力加强高技能人才队伍建设。围绕提高企业竞争力和高技能人才职业生涯发展需求,发挥行业企业在技能人才培养中的主体作用,实现年培养8万名高技能人才的目标;加大高技能领军人才培育力度,鼓励高技能人才开展技术交流培训,每年组织1000名技师、高级技师参加前沿理论、技术革新研修培训;支持企业在主体工种和关键岗位设立首席技师工作室,开展关键工艺攻关、技能研习和创新以及技能传承。到2015年,全市技能劳动人才达到300万人,其中高技能人才达到80万人,技师、高级技师达到16万人。到2020年,全市技能劳动人才达到400万人,实现高技能人才占技能劳动人才比例30%的目标，高技能人才达到120万人，其中技师、高级技师达到24万人，接近发达国家水平。

（2）不断完善高技能人才工作体系。突出重点、科学筹划，有效集成社会优质培训资源，建立职业培训的院校合作、校企合作及国际合作机制，构建开放、多元的职业培训体系；加强技工院校和职业培训机构建设，建立示范性高技能人才培养基地；完善高技能人才多元评价制度，形成年30万人次的技能鉴定能力；开展多层次职业技能竞赛，每年举办不少于30个职业（工种）的行业、地区性职业技能竞赛，每3年举办一次全市性职业技能竞赛，促使高技能人才脱颖而出。建立和完善高技能人才统计调查制度和信息管理系统，夯实高技能人才工作基础。

（3）建立健全高技能人才工作制度。加强职业培训制度建设，政府、用人单位、培训机构及个人在职业培训和技能开发方面的权利和义务得到明确和落实。加大高技能人才培养投入，建立政府、用人单位、社会多渠道筹措职业培训经费机制。贯通高技能人才与工程技术人才职业发展通道，建立科学合理的高技能人才薪酬制度。完善高技能人才柔性流动机制，加大高技能人才引进力度。支持高技能人才参与企业经营管理和决策。重视提高高技能人才的政治待遇，注意在高技能人才中发展党员、评选劳模、选拔推荐人大代表和政协委员。落实高技能人才评选表彰制度，进一步提升高技能人才的经济待遇和社会地位。

三　主要任务

（一）构建开放、多元的高技能人才培养体系

充分发挥行业企业、职业院校和各类社会培训机构在高技能人才培养中的作用，结合首都产业发展需要，构建以行业企业为主体，职业院校为基础，校企合作为纽带，政府推动与社会支持相结合，开放多元的高技能人才培养体系。

（1）加强高层次研修培训和技术交流，培育高技能领军人才。发挥首都教育和人才资源优势，坚持高端发展方向，围绕中关村国家自主创新示范区建

设、城南行动计划以及北京市西部地区转型发展等战略重点，选派市场紧缺、企业急需且从业人员较多职业（工种）的技师、高级技师到高等院校、职业院校和大型骨干企业培训中心参加以新理论、新知识、新技术、新方法为主要内容的研修培训。鼓励和支持行业企业在其主体工种和关键岗位开展技能研修和技术交流，加大高技能人才出国（境）培训力度，加快高技能领军人才培育，促使我市高技能人才脱颖而出。

（2）围绕首都产业发展需要，搭建高技能人才社会化培训平台。发挥政策引导作用，在现代服务业、战略性新兴产业和高新技术产业等首都产业发展的重点领域，认定一批急需紧缺职业（工种）高技能人才培训机构，搭建高技能人才社会化培训平台。完善培训补贴制度，合理提高补贴标准，研究制定"需求引导培训、补贴对应紧缺"的高技能人才培训补贴政策。结合首都产业和区域经济发展，加快公共实训基地建设。"十二五"期间，重点建设10个国家级高技能人才培养示范基地，促进30个跨行业、专业化、社会化、示范性公共实训基地建设。到2020年，打造一批适应首都产业发展需要，功能齐全、技术先进的示范公共实训基地。

（3）推进产学研融合，打造高技能人才校企合作培养平台。依托技师学院、职业院校和大型骨干企业，组建重点行业、重点区域的职业培训联盟，推动院校和企业联合培养高技能人才。深化技工院校改革，推动专业设置和教学模式改革，实现技工教育与企业发展的紧密结合。引导技师学院、职业院校积极参与企业在职职工技能培训，鼓励企业结合高技能人才需求，与院校联合制定技能人才培训计划，联合组织开展技术革新、技术攻关和技术改造。"十二五"期间，实现年培养技师、高级技师1万人的目标。到2020年，力争达到年培养技师、高级技师15万人的规模。

（4）发挥企业主体作用，切实加强职工技能培训。适应企业产业升级和技术进步的要求，建立现代企业职工培训制度，充分发挥企业在职工培训工作中的主导作用。鼓励企业通过岗位培训、脱产培训、业务进修、技能竞赛等多种方式开展岗位技能提升培训，不断提高技术工人运用新知识解决新问题、运用新技术创造新财富的能力。"十二五"期间，实现企业技能岗位职工至少参加一次职业技能培训和重点行业领域技能岗位职工至少参加两次职业技能培训的目标。

（二）深化高技能人才技能考核评价体系

建立以职业能力为导向，以工作业绩为重点，注重职业道德和职业知识水平的高技能人才考核评价体系，促进技能人才队伍整体素质的提高，为高技能人才的成长创造条件。

（1）建立健全高技能人才多元评价机制。完善社会化通用职业（工种）技能鉴定，选择技术含量高、市场紧缺且从业人员较多的新兴职业（工种），开展技师社会化考评工作。对在技能岗位工作并掌握高超技能、做出突出贡献的骨干，进一步突破比例、年龄、资历和身份限制，推荐参加技师、高级技师考评。结合国家职业标准和企业岗位要求，积极推进企业高技能人才评价工作，选择具备条件的大型骨干企业，开展企业内职业技能评价，使考核鉴定更加贴近企业生产需要。

（2）完善职业技能鉴定管理体制改革。以提高职业技能鉴定质量为目标，按照"政事分开、考培分离"的原则，调整和完善相关部门和鉴定机构的职责，建立市、区县、行业、鉴定机构四者之间职责分明并相互监督的工作机制。根据通用性职业、行业特有职业和新兴职业的不同特点，调整鉴定机构布局，引导鉴定机构向社会化、专业化方向发展。

（3）充分发挥职业技能竞赛选拔作用。鼓励和支持区县、行业企业和职业院校举办职业技能竞赛，通过岗位练兵、技术比武，提高劳动者技能素质，不断发现和选拔具有高超技能的人才，拓宽高技能人才选拔通道，为大批年轻的优秀人才、能工巧匠脱颖而出创造条件。

（4）建立高技能人才职业发展通道。推动企业加快落实与企业高技能人才评价结果相对应的技能岗位使用与待遇制度，鼓励企业建立技能岗位员工职业生涯发展通道，拓展高技能人才发展空间。逐步贯通高技能人才与工程技术人才职业发展通道，鼓励和支持高技能人才在取得职业资格证书后，按照专业技术职务报考条件，考取相应等级的专业技术职务。

（三）健全高技能人才岗位使用机制

进一步推行技师、高级技师聘任制度，充分发挥高技能人才在解决技术难题、实施精品工程项目和带徒传技等方面的重要作用。

（1）建立有利于高技能人才成长的激励机制。充分考虑技能贡献因素，建立科学合理的高技能人才薪酬体系，使高技能人才与工程技术人才在工资福利方面享受同等待遇。企业在聘的高级工、技师、高级技师可与本单位助理工程师、工程师、高级工程师享受同等工资福利待遇。推动企业建立技能人才培训、考核、使用相结合并与待遇相联系的激励机制，建立有利于高技能人才发展的激励机制，逐步形成高技能人才进得来、用得上、留得住的良好局面。

（2）推行首席技师制度，健全高技能人才岗位使用机制。充分发挥高技能领军人才在企业生产（经营）中的核心骨干作用，企业在进行重大生产决策、组织重大技术革新和技术攻关项目时，要充分发挥高技能领军人才的作用。鼓励企业建立和完善技术带头人制度，在关键岗位、核心技术领域设立首席技师，建立技术岗位津贴，对于做出突出贡献的优秀高技能人才，实行股权和期权激励。建立首席技师工作室，研究制定我市首席技师工作室管理办法。"十二五"期间，提升完善100个首席技师工作室，并对30个重点工作室给予30万~50万元的资助。到2020年，建成150个首席技师工作室，基本形成覆盖首都重点产业和特色行业的技能传递与推广网络，建立较为完善的高技能人才技术技能、创新成果、绝技绝活和代际传承推广机制。

（四）完善高技能人才合理流动和表彰奖励机制

适应首都产业发展需要，引导高技能人才合理流动。完善以政府奖励为导向，企业奖励为主体的高技能人才奖励体系，促使高技能人才脱颖而出。

（1）加大高技能人才引进力度。坚持以市场为导向，进一步加大高技能领军人才的引进力度，对首都产业发展急需、企业紧缺的非本市户籍的技师、高级技师，可参照有关规定办理《北京市工作居住证》；对在京工作3年以上、按规定缴纳社会保险且取得技师及以上职业资格证书，并在工作中做出突出贡献的来京务工人员，经本市引进人才综合评价为优秀的，可从外省市直接引进。

（2）建立和完善高技能人才柔性流动制度。推进产学研融合，建立企业、院校、科研院所高技能人才柔性流动制度。鼓励高技能人才通过咨询服务、技术攻关、项目引进等多种方式发挥作用。

（3）完善高技能人才表彰激励政策。加快建立以政府奖励为导向、企业奖励为主体的高技能人才奖励制度。进一步完善市级高技能人才表彰奖励制度，对为首都经济社会发展做出杰出贡献的高技能人才给予表彰和奖励。市委、市政府每3年评选30名有突出贡献的高技能人才，每2年评选100名享受市政府技师特殊津贴人员。

（五）完善高技能人才的服务体系

发挥首都资源优势，大力加强高技能人才基础能力建设，建立健全高技能人才职业（岗位）需求预测和定期发布制度，进一步完善高技能人才培训的国际合作机制，提升高技能人才工作水平。

（1）加强高技能人才需求预测。积极开展职业技能发展趋势和人才成长规律研究，作好技能人才的调查统计和需求预测，建立健全技能人才统计调查制度，定期发布急需紧缺技能人才职业（岗位）目录，通过技能人才需求调查、计划制定，加强职业培训，引导高技能人才合理配置。

（2）完善高技能人才服务平台建设。建立高技能人才信息交流平台，为企业和高技能人才开展技术交流、技术开发、成果转让、绝招绝技展示以及创新创造等活动提供多维信息服务。加强职业技能鉴定机构建设，加大职业技能鉴定题库开发力度，健全职业技能鉴定质量督导和考评员制度，建立相对独立的质量督导和考评员队伍。

（3）加强高技能人才基础能力建设。深化职业院校教学改革，加强对高技能人才培养规律的研究，加快适用于高技能人才培训特色教材的开发，加大课程改革力度，完善模块化教学，建立职业院校教师定期培养制度。

（4）推动高技能人才国际交流与合作。发挥首都教育资源优势，深化高技能人才培训的国际合作机制，引进职业培训国际示范项目，完善高技能人才培训的多元智力支撑体系。建立企业急需紧缺高技能人才出国进修培训制度，探索政府推动和企业支持紧密结合，国内培养和国外培训有效衔接，专业理论和实操训练融会贯通的高技能人才培训体系。

四　保障措施

（一）加强组织领导

各区县、各有关部门要将实施本规划作为落实《首都中长期人才发展规划纲要（2010~2020年）》的重要内容进行安排部署。在市人才工作领导小组的领导下，市人力资源和社会保障局负责本规划的组织实施，并会同有关部门建立规划实施工作协调机制，共同研究解决高技能人才队伍建设中存在的重点、难点问题。

（二）强化责任落实

各区县、各有关部门要以本规划为基础，制定加快高技能人才队伍建设的工作计划，将高技能人才队伍建设纳入区县、行业人才发展规划，提出分阶段、分步骤的实施方案。

（三）完善运行保障

建立政府、企业、社会多渠道筹措高技能人才工作经费的投入机制，确保高技能人才工作经费落实到位。调整就业专项资金支出结构，落实各项补贴政策，科学合理提高高技能人才培训补贴标准。加大财政性资金投入力度，重点用于技工院校和实训基地建设、首席技师工作室资助、高技能人才研修培训、表彰奖励等。

（四）落实企业责任

企业是高技能人才培养和使用的主体，要将高技能人才培养纳入企业人才队伍建设总体规划。各类企业要按照不低于职工工资总额1.5%的比例提取职工教育经费，其中60%以上用于一线职工的教育和培训，重点保证高技能人才培养。对企业未按规定足额提取并使用职工教育经费的，区县政府可依法实行统筹，由人力资源和社会保障部门统一组织开展培训。

（五）加强舆论宣传

充分发挥舆论导向作用，在报刊、广播、电视、网络等媒体设立专栏、专题，大力宣传高技能人才工作的方针政策和技能人才在首都经济建设中的先进事迹，引导广大劳动者树立正确的择业观、人才观，充分调动劳动者投身首都经济建设的积极性，营造尊重劳动、崇尚技能、鼓励创造的良好氛围。

B.24 首都中长期教育人才发展规划纲要（2010~2020年）

为贯彻落实《首都中长期人才发展规划纲要（2010~2020年）》和《北京市中长期教育改革和发展规划纲要（2010~2020年）》，建设高素质、创新型、国际化教育人才队伍，服务首都教育现代化和中国特色世界城市建设，特制定本纲要。

序　言

教育人才是教育事业科学发展的第一资源，是强教之本，在首都人才队伍中具有重要的基础性、战略性、先导性地位和作用。大力加强首都教育人才队伍建设是培养拔尖创新人才的基石，是建设世界一流"人才之都"的关键。

北京市历来高度重视教育人才工作。改革开放以来，特别是进入新世纪以来，北京市制定实施了一系列加强人才工作的政策和措施，教育人才队伍建设取得了显著成绩。教育人才是教育发展第一资源的科学人才观初步确立；满足首都教育事业发展需要的人才规模稳步扩大；适应全面实施素质教育要求的人才质量得到较大提升；打造首都教育国际国内竞争力的高层次人才队伍不断壮大；顺应教育人才发展规律和需求的人才工作体制机制基本形成；保障教育人才创新发展的综合环境不断优化。

未来10年，是我国从教育大国向教育强国、从人力资源大国向人力资源强国迈进的历史发展新时期，是北京推动中国特色世界城市建设的关键时期，是全面实现首都教育现代化的攻坚阶段，是首都教育人才事业发展的重要战略机遇期。我们必须清醒地认识到，当前首都教育人才发展的总体水平与建设中国特色世界城市的要求还有一定差距，与首都教育现代化的需要还不适应，主要表现在：以人为本、人才优先发展的科学人才观还需深化，高层次教育人才仍然匮乏，人才结构亟需优化，人才队伍整体素质和国际化水平有待进一步提升，人才发展投入相对不足，人才管理服务水平有待进一步提高，人才发展体制机制还需进一步完善，有利于人才成长发展的创新创业环境亟待进一步优化。

面对新形势、新任务，我们必须从战略高度抓紧抓好教育人才工作，主动适应时代需求，积极应对各种挑战，进一步增强紧迫感、责任感和使命感，坚定不移走人才强教之路，不断开创首都教育人才发展的新局面。

一 指导思想和工作方针

（一）指导思想

高举中国特色社会主义伟大旗帜，以邓小平理论和"三个代表"重要思想为指导，深入贯彻落实科学发展观，牢固树立科学人才观，坚持党管人才原则，服务首都教育优质均衡发展、服务世界一流大学建设、服务首都经济社会发展，大力实施人才强教战略和人才优先发展战略，创新人才工作思路，深化体制机制改革，优化人才发展环境，以高层次人才队伍建设为重点，统筹推进各类教育人才发展，为全面实现首都教育现代化、推动中国特色世界城市建设提供强大的人才保证和智力支持。

（二）工作方针

推进首都教育人才发展，必须坚持和贯彻"优先建设、优势引领、优质提升、优化机制"的工作方针。

——优先建设。把教育人才摆在推动教育科学发展的首要地位，坚持教育人才资源优先开发，教育人才结构优先调整，教育人才投资优先保证，教育人才制度优先创新。

——优势引领。把首都人才集聚优势转化为教育人才高端发展的强大动力，通过培养、吸引和汇聚世界一流教育人才，引领高层次人才和创新团队发展，持续提升首都教育人才的国际竞争力。

——优质提升。把打造优质的教育人才队伍作为首都教育人才发展的根本任务，大力加强师德建设和专业能力建设，全面提升首都教育人才队伍的整体素质和国际化水平。

——优化机制。把优化人才环境作为服务教育人才发展的根本保障，有效破除束缚人才发展的思想障碍和政策壁垒，大力推进首都教育人才工作体制机制创新。

二 战略目标

到2020年，培养和造就一支师德高尚、业务精湛、结构优化、充满活力的高素质、创新型、国际化教育人才队伍，涌现出一批具有国际国内重要学术影响的学科领军人才，一批引领素质教育实施的教育教学名师，一批善于办学治校的名校长，一批具有先进教育理念、丰富教育实践、赢得社会广泛赞誉的教育家，进一步提升首都教育的国际国内竞争比较优势，成为支撑首都教育现代化的强大内驱力和中国特色世界城市建设的持久动力源。

——高层次教育人才规模进一步扩大。适应首都教育现代化发展需求的教育人才总量稳步增长，紧缺人才得到有效补充，人才结构更加合理，高层次教育人才队伍建设取得明显实效，社会服务能力显著增强。

——教育人才的整体素质大幅提升。教师的师德修养、专业素质明显提升，教学科研能力显著增强，教育管理和教学科研辅助人才的管理服务水平得到较大提高。

——教育人才的国际竞争力显著增强。人才国际化发展取得显著进展，具有国际影响的学科领军人才、具备国际教育视野和理念的教育管理人才、积极参与各类高端国际学术交流活动的人才不断涌现。

——充满活力的人才工作格局基本形成。教育人才发展体制机制创新取得突破性进展，与人才培养、吸引、使用、激励、流动衔接配套的教育人才发展服务体系基本形成，尊重人才、鼓励创新、开放包容的人才发展环境得到优化，人才活力竞相迸发。

推进首都教育人才发展，要统筹兼顾，分步实施。到2015年，重点在制度建设、机制创新上有较大突破。到2020年，全面落实各项任务，确保人才发展战略目标的实现。

三　主要任务

（一）突出培养造就高层次教育人才

以高层次教育人才作为教育人才队伍建设的战略重点，努力培养、吸引和汇聚世界一流教育人才，引领和带动首都教育人才队伍素质全面提升。

1. 培养造就一批学科领军人才

加大海外高层次人才引进力度，重点引进一批在国外著名高校、科研院所担任相当于教授职务，能够突破关键技术、发展高新产业、带动新兴学科的战略科学家和领军人才。加大资助和支持力度，鼓励高校积极参与"千人计划""长江学者奖励计划""海聚工程"等国家和北京市各类人才发展计划，实施"长城学者计划"和"高层次教育人才创新团队建设计划"，培养和造就一批具有国际影响的学科领军人才，培育一批联合攻关、勇于创新的高水平创新团队。

引导和鼓励首都高校与国内外科研院所、企业开展跨国跨地区的学术交流和项目共建，联合建设一批研发基地，构建拔尖创新人才发展平台，推动首都高校人才参与国际前沿科学和应用技术研究，促进拔尖创新人才融入国际竞争，在国际竞争中培养学科领军人才。

加大青年拔尖创新人才的培养力度，着眼于人才基础性和战略性开发，建立青年人才培养使用工作责任制，加大对高校青年学术骨干的支持和培养力度。在自然科学、哲学社会科学和文化艺术等重点学科领域，依托国家重大工程、重点学科和研究基地、重大科研项目以及国际学术交流合作，为青年拔尖创新人才发展提供充分的成长条件与机会，培养造就一批学科领军后备人才。

2. 培养造就一批首都名师

完善市区（县）校三级中小学骨干教师、学科教学带头人、特级教师的评价选拔与管理制度，建立分梯次、分层次、分类别培养培训制度，健全"特级教师工作室"培养模式，造就一批为人师表、教书育人、引领素质教育实施的中小学名师。

完善职业学校名师、专业带头人选拔培养制度，拓宽校企合作培养渠道，搭建教师专业实践平台，广泛开展以提高教师"双师"素质为重点的培训活动，提升教师实践教学能力与专业水平，造就一批教学成果显著、善于培养高技能创新人才的职业教育名师。

完善高校教学名师的选拔培养和引进制度，健全教学绩效评价机制，进一步提升教师师德修养、学术素养和教学科研水平，造就一批具有国际学术视野和较高科研水平、善于培养创新型人才的高校教学名师。

3. 培养造就一批名校长

研究制定科学合理的中小学、职业学校校长任职资格和专业发展标准，健全校长专注教育教学和学校发展的政策机制。建立优秀校长长期培养机制，设立分层分类的境内外校长研修基地，实施优秀校长高级研修计划，健全"名校长工作室"的培养模式。加强校长教育管理能力、课程领导能力、校园文化建设能力和教师专业发展引领能力的建设，培养一批具有先进教育思想、丰富教育实践、善于推动教育改革发展、赢得社会广泛赞誉的名校长。

按照社会主义政治家、教育家的要求，选好配强高校党政正职。坚持和完善高校党委领导下的校长负责制，支持和保证校长依法独立负责地开展工作。加强宏观指导与间接管理，切实落实和扩大高校办学自主权。继续推进"北京高校领导干部能力建设工程深化计划"，着力培养造就一批坚持社会主义办学方向、把握高等教育发展内在规律、善于运用现代教育理念和管理科学办学治校的教育党政人才。

（二）全面提高教师队伍整体素质

把提高教师整体素质作为首都教育人才工作的核心任务，加大培养培训力度，全面提高教师师德水平、专业能力、教学科研能力和国际化水平。

1. 全面提高教师师德水平

坚持以德为先的基本导向，把师德建设摆在教师队伍建设的首位，把提高

师德水平作为全面提高教师队伍整体素质的基础。加强教师职业理想和职业道德教育，增强广大教师教书育人的责任感和使命感。加强正面宣传与舆论引导，树立一批先进典型，弘扬高尚师德师风，树立首都教师的良好形象。

建立师德建设的长效机制，完善教师的职业道德教育、考评、监督机制，将师德教育贯穿教师教育全过程，将师德表现作为教师考核评价、聘任（聘用）、表彰奖励的首要内容，并接受学生、家长和社会的监督和评议。采取综合措施，引导教师形成良好的学术道德和学术风气。

2. 全面提升教师专业能力

研究制定中小学教师专业发展标准，全面提升中小学教师专业发展水平。鼓励高校创新中小学教师培养模式，更好地满足基础教育改革和发展的需求，重点解决好学前教育发展的教师短缺和素质提升问题。整合教师培养培训资源，构建由市级培训机构、高等院校和区（县）级培训机构三位一体的层次清晰、任务明确的中小学教师培养培训体系。建立教师带薪脱产培训机制，创新教师研修方式，重点加强学前教育、农村教育、特殊教育、民办教育教师培训，切实提高教师培训的专业性、针对性、实效性。创新教育硕士、教育博士招生培养机制，支持和鼓励教师在职提升专业学历层次。

优化职业院校教师队伍结构，提高教师学历层次和具有"双师"素质的教师比例。完善从行业、企业引进或聘请优秀师资机制。探索多种形式的教师培养途径，完善教师定期到企业实践制度。加大实施"职业院校教师素质提升工程"的力度，全面提高职业院校教师的专业教学能力和专业实践能力。

完善高校教师培养培训制度，全面提升高校教师教育教学能力和科研水平。创新教师岗前培训与岗位培养的模式、机制与内容，完善对青年教师和新兴学科教师的教学、科研项目资助制度，提高青年教师教育教学改革和科研参与度，鼓励青年教师不断更新知识结构、拓宽学术视野，加深青年教师行业实践背景，健全青年教师发展扶持体系。建立和完善高校教师学术休假制度。

3. 全面提升教师国际化水平

充分利用境内外教育资源，加强与境外高水平教育机构的合作，针对性地建立一批境内外教师培养基地，支持鼓励中青年骨干教师参加境外培训和研修活动，扩大教师境外学习培训规模，提高教师境外学习培训效益。

完善中小学国际友好学校之间教师交流合作制度，引导和鼓励教师跨国开展多种形式的学术交流、学习培训、项目研修等活动，提升外语使用能力和国际文化理解能力。加大职业教育国际交流合作力度，定期选派骨干教师赴职业教育发达国家学习、研修，提升教师专业素质和国际交流能力。

鼓励和支持高校教师出国研修、交流访问、参加国际学术会议、参与国际科研合作项目，提升教师对世界学术发展前沿的追踪把握能力和国际影响力。鼓励和支持高校高层次人才竞争国际权威学术组织领导职务。完善高校引进境外高水平教师的政策制度，吸引境外高水平教师来华任教，创新和完善外籍教师管理与服务制度，不断扩大高校外籍教师规模，整体提升高校教师队伍国际化水平。

（三）统筹推进各级各类教育人才协调发展

首都教育人才队伍涵盖教育、教学、科研、管理、服务等多个方面，覆盖城乡，兼顾中央和地方，要坚持统筹协调，切实推进各级各类教育人才协调发展。

1. 统筹推进城乡教育人才协调发展

加大农村教师培养培训力度，通过农村教师城镇研修、带薪脱产培训、教育硕士培养、设立"特岗计划"等措施，着力培养农村紧缺学科教师，着力提升农村教师的学历层次和专业素质。建立健全义务教育教师和校长合理流动机制，完善区域内义务教育干部教师资源的共享交流机制，促进优秀教师和校长向农村学校、薄弱学校流动，促进义务教育优质均衡发展。

2. 统筹推进中央与地方教育人才一体化发展

加强市属院校与在京中央高校、科研院所、企业联合开展学科专业建设、高层次人才培养和高水平科学研究，构建世界一流的产学研用结合的创新研发平台，搭建首都教育人才联合发展平台。设立央地科研合作专项基金，加大共建项目支持力度，鼓励首都教育人才围绕国家和首都经济社会发展需求合作开展研究，不断提高市属院校在国家人才发展平台和品牌体系中的比重，提升首都教育人才的整体发展水平。

3. 培养造就现代化的教育管理和辅助人才队伍

创新教育党政人才培养开发模式，大力推进思想政治建设，加大交流任职和培养培训力度，建设一支具有现代教育理念和国际视野、管理服务能力强、工作效率高的教育管理人才队伍。围绕提高各级各类学校教育教学、科学研究和社会服务水平，努力建设一支具有现代服务意识、专业技能强、服务质量好的教学科研辅助人才队伍。健全班主任、辅导员的发展保障机制，建设一支具有现代育人意识和育人能力、善于实施素质教育、善于服务学生发展的高素质班主任、辅导员队伍。

（四）大力提升服务教育人才发展的水平

坚持以人为本，构建和完善首都教育人才发展服务体系和保障机制，为广大教师和教育工作者成长发展创设良好环境条件，始终保持首都教育人才队伍的活力和创造力。

1. 构建教育人才职业发展体系

遵循教育人才发展规律，以服务人才创新创业为重点，深入推进教育系统干部人事制度改革，建立起权责清晰、分类科学、机制灵活、监管有力的人事管理制度。加强教育人才职业生涯规划和指导，完善符合各类教育人才特点的职业发展途径，改进人才管理和绩效评价办法，营造宽松、和谐的制度氛围，进一步提高教师的地位和待遇，不断提升教师的荣誉感和幸福感，激励和保障教育人才专注本职工作和专业发展。

2. 完善教育人才公共服务体系

适应首都教育人才发展需要，以推动人才管理职能转变为核心，以为教育人才提供优质公共服务为重点，创新教育人才服务机制，培育一批教育人才专业中介服务机构。完善符合教育发展规律的各类教育人才市场，构建规范、高效、优质的教育人才公共服务体系。建立教育人才发展需求调查制度，采取综合措施，提升教育人才的公共服务水平。

3. 搭建教育人才信息服务网络

充分利用现代信息技术，围绕人事、教学、科研管理信息化，以教育人力资源地理信息系统为基础，开发首都教育人才资源可视化管理系统，建设首都教育人才资源发展网络社区。整合各类教育人才信息资源，构建统一的首都教育人才信息服务网络，支撑人才资源管理决策科学化、流动配置合理化、共享交流便捷化，为教育人才专业发展提供全方位的信息服务。

四 重点项目

（一）实施"长城学者计划"

服务国家和首都发展需要，与高校学科专业布局调整相适应，与高校重点学科和新兴交叉学科建设相结合，培养和资助一批勇于实践，敢于探索，富有创新精神的优秀青年人才。设立专项资金，每年评选支持100人。

（二）实施"首都名师发展计划"

在获评国家和北京市教学名师奖、中小学特级教师等高校、职业院校、中小学教育教学一线的优秀教师中，每年重点遴选、支持和培养首都名师100名。

（三）实施"高层次教育人才创新团队建设计划"

依托国家和北京市重点学科、重点实验室、重大工程和市立科研院所等教学、科研创新平台及世界一流的产学研用结合的创新研发平台，重点建设、支持高水平教学、科研和管理创新团队100个。

（四）实施"高层次教育人才特区建设计划"

依托高校国家和北京市重点实验室、工程研究中心和大学科技园，探索建立10~20个高层次教育人才特区。针对教育人才特区建设给予政策上的支持和倾斜，赋予特区在人才管理、资源配置、经费使用等方面的自主权，建立有利于高层次教育人才创新发展的事业环境。

（五）实施"高层次教育党政人才培养计划"

依托市委党校、国家教育行政学院以及高校等，建立一批首都教育党政人才培训研修基地。每年重点选调高校、职业学校、中小学、教育行政机关等各类教育党政人才500人，采取脱产培训或岗位轮换、交流任职和挂职锻炼等形式的实践锻炼，培养培育一批思想政治素质过硬、教育理论水平高、综合业务能力强、善于推动教育科学发展的高层次教育党政人才。

（六）实施"优秀中青年骨干教师发展计划"

建立多层次、多类别、分渠道的中青年骨干教师支持和培养体系，设立首都中青年骨干教师培养基金，每年遴选、资助中小学、职业学校优秀中青年骨干教师1000名，高校优秀中青年骨干教师1000名。

（七）实施"职校教师双师素质提升计划"

通过资助教师企业实践、企业高技能人才兼职任教、教师国内外培训研修等方式，全面提高以专业教学能力和专业实践能力为核心的专任教师素质，改善教师的双师素质状况。用5~10年时间，使职业院校"双师型"教师比例达到60%以上。

（八）实施"农村教师素质提升计划"

加大农村教师培养培训力度，通过农村教师城镇研修、带薪脱产培训、教育硕士培养、设立"特岗计划"等措施，每年着力培养农村紧缺学科教师和中青年骨干教师3000人，全面提升农村教师的学历层次和专业素质。

（九）实施"首都教师国际视野拓展计划"

每年选拔、资助10名优秀校长、100名优秀骨干教师和1000名高校、职业院校、中小学优秀教师到国际高水平院校、科研机构或教育管理部门在职攻读学位、开展合作研究、进行高级研修、从事博士后研究、参加国际学术会议或交流，全面提升首都教师的教学科研能力和国际化素质。

（十）设立"首都教育家"荣誉称号

营造首都尊师重教的良好氛围，树立优秀教师和教育工作者先进典型，每两年评选表彰20名为首都教育事业改革和发展作出突出贡献、受到社会广泛赞誉和认同的首都名师、名校长。

五 政策制度保障

（一）加大高层次人才队伍建设投入

加大高层次人才队伍建设经费投入，完善分层分类的人才发展资助体系，重点加大对基础人才发展、高层次人才培养、紧缺人才引进、杰出人才绩效奖励及重大人才开发项目的经费保障力度，大幅度提高在重大建设和科研项目中用于人才发展的经费比例。对引进海外高层次人才，特别是急需紧缺的高层次人才，妥善解决在居留和出入境、落户、医疗、保险、住房、子女入学等方面的实际困难和问题，解除他们工作、生活的后顾之忧，不断完善配套政策，为海外高层次人才充分发挥作用提供良好的工作环境和生活条件。

（二）创新教育人才培养开发机制

制定教师专业标准、教师教育课程标准、教师教育机构资质标准、教师教育质量评估标准，完善教师教育质量保障体系。制定颁布《北京中小学（幼儿园）教师培训条例》，完善职业学校教师继续教育制度，制定《北京高校教师培训工作条例》。建立健全校企合作培养职业院校教师的机制，建立健全产学研合作培养高校教师的机制，健全鼓励和支持教师专业发展的培训管理制度和激励约束机制。探索名师、名校长培养培训机制。

（三）优化教育人才遴选聘用机制

严格实行教师准入制度，制定适应首都教育改革发展需要的各级各类教师任职标准。建立教师资格证书定期登记制度。全面推行高校教师海内外公开招聘制度。完善教师遴选补充机制和教师职务（职称）制度，推进教师职务（职称）评聘结合。实施高等学校编制标准和幼儿园教师配备标准。逐步实行城乡统一的中小学编制标准。建立统一的中小学职务（职称）系列，在中小学设立正高级教师专业技术职务。完善特级教师管理办法，充分发挥特级教师示范引领作用。完善聘用合同管理制度，区别不同类型学校和人员特点，探索实行劳动合同、劳务派遣、人事代理等多种合同管理形式。完善校长选拔任用制度，加大竞争性选拔任用校长力度，不断完善校长任期目标责任制度。

（四）完善教育人才资源配置机制

推进首都教育人才市场体系建设，完善市场服务功能，畅通人才流动渠道，制定发挥市场配置人才资源基础性作用的政策，进一步破除人才流动的体制性障碍。建立健全义务教育教师和校长合理流动机制，进一步完善区（县）域内教师、校长交流制度，引导优秀教师和校长向农村学校、薄弱学校流动。合理设置兼职教师岗位，建立高校、职业院校与科研院所、企业高层次人才双向交流兼职制度。完善优秀教师合理延聘和返聘制度。积极完善教师和其他人员的良性退出机制。

（五）改进教育人才考核评价机制

根据不同类型、不同层次学校特点，建立以岗位职责为基础，以品德、能力和业绩为导向，有利于促进人才专业发展的科学化考核评价机制。坚持分类评价，完善不同类型学校、不同类别人员入职性评价、职务晋升性评价和工作绩效性评价方法，增强考核评价的针对性和有效性。充分发挥学校在教育人才评价中的主体作用，拓宽人才评价渠道，完善校内外同行专家、专业组织和学生参与的多元评价机制。

（六）健全教育人才激励保障机制

深化学校分配制度改革，落实教师绩效工资，探索不同类别学校的薪酬分配制度，研究探索按岗位、按任务、按业绩确定报酬的公平合理的收入分配制度。试行中小学校长工资由区县统筹核定的办法。对学科带头人、创新团队带头人等高层次人才尝试年薪制、协议工资等多种分配制度。健全教育人才人事争议仲裁制度，切实维护教师合法权益。完善教师养老、医疗、住房等保障制度。制定教师住房优惠政策，建设专家公寓和青年教师公寓。加大农村教师在工资待遇、职称晋升、津贴补贴等方面政策倾斜力度，吸引和稳定优秀教师投身农村教育。设立农村教师奖励基金，对长期在农村任教、取得突出成绩和贡献的教师给予奖励。

六 组织实施

（一）加强组织领导

坚持党管人才原则，完善组织领导体系。在北京市人才工作领导小组的统一领导下，北京教育系统人才工作领导小组统筹谋划首都教育人才工作，各区县教育党政部门和各级各类学校成立人才工作领导小组或人才工作办公室。创新党管人才方式方法，健全人才工作决策和落实机制。成立首都教育人才工作专家咨询委员会，健全和完善教育人才工作重大决策专家咨询制度。建立人才发展重点难点问题调查研究制度。完善党政领导干部联系和服务高层次人才制度。建立党政领导班子和党政"一把手"人才工作目标责任制度，提高人才工作在各级党政领导班子和领导干部综合考核中的权重，强化党政领导干部特别是主要负责同志的人才工作意识。

（二）夯实工作基础

建立首都教育人才发展战略研究基地，加强对教育人才规划、监测、评估、人才工作政策制度以及教育人才成长发展规律的研究。加强北京教育系统人才交流服务中心建设，发挥其在首都教育人才资源开发、交流、服务中的集聚、调节、辐射功能。推进教育人才工作信息化建设，搭建促进教师专业发展和个性指导的网络服务平台。完善教育人才信息数据库，服务教育人才科学决策与管理。推进教育人才工作法制化建设。加大对教育人才工作队伍的培养开发力度，招录高层次专业人才充实教育人才工作队伍。

（三）强化责任落实

北京教育系统人才工作领导小组负责统筹协调和宏观指导本纲要的实施。

北京教育系统人才工作领导小组办公室负责研究制定任务分解方案。各区县教育党政部门、各有关学校主要领导要亲自负责,按照总体部署和任务分解方案,坚持分类指导、分步实施的原则,研究制定具体实施方案,明确工作时间进度和责任人。加强纲要实施情况的督导评估工作,建立实施情况的跟踪、监测和定期公布机制。完善调整机制,建立健全相关的法定程序。

(四)营造良好环境

采取多种形式,广泛宣传教育人才政策以及纲要的主要内容,进一步增强区县政府和各级各类学校推动教育人才优先发展的责任感和使命感。大力宣传教育人才工作的新做法、新成效和新经验,动员全社会力量关心、支持、帮助教育人才发展,努力营造良好的社会环境和舆论氛围。

B.25 首都中长期企业经营管理人才发展规划纲要（2010~2020年）

为贯彻落实全市人才工作会议精神和《首都中长期人才发展规划纲要（2010~2020年）》，建设适应首都城市总体发展目标和产业结构调整需要的企业经营管理人才队伍，推动首都企业科学发展、创新发展和国际化发展，制定本规划。

序　言

企业是经济发展、社会进步的重要基础，是市场经济的主体，是首都建设"人文北京、科技北京、绿色北京"和中国特色世界城市，深入推进经济发展方式转变，在新的起点上开创科学发展新局面的重要力量。首都企业担负着实现创新引领、推进绿色发展、促进社会和谐的社会责任和时代使命。企业经营管理人才是企业生存、发展、壮大的核心，提升企业经营管理人才的整体素质，培养造就世界级的企业家，是首都企业增强核心竞争力和积极参与国际竞争的重要保障，是发展社会主义市场经济、完善现代企业制度、加快转变经济发展方式、提高社会生产力水平、增强综合竞争力、迎接经济全球化挑战的迫切要求。

"十一五"时期，市委、市政府高度重视人才发展，大力实施以构建现代化人才资源开发与管理体制为核心的首都人才发展战略，相继出台一系列推进人才队伍建设的政策措施，聚集了一批高层次的企业经营管理人才，涌现出一批优秀的企业家。同时必须清醒地认识到，首都企业经营管理人才队伍总体上还不能适应经济向高端转型发展和应对国际竞争的需要，突出表现为：高层次企业经营管理人才匮乏，新兴产业发展急需的复合型经营管理人才不足；人才发展方式需要进一步转型，职业化、市场化、专业化和国际化步伐需要加快；人才开发能力有待提高，培养形式需要丰富、培训资源需要整合；体制机制创新力度不够，人才发展环境需要优化。

未来十年，是北京建成现代化国际城市、全面实现现代化和建设世界城市的重要时期。面对日新月异的产业技术革命、日益激烈的国内外市场竞争和不断增强的资源环境约束，北京要在全球和区域竞争中占领有利位置，实现高端引领、创新驱动和绿色发展，必须加快实施人才强企战略，大力推进企业经营管理人才队伍建设。

一 指导思想、基本原则和战略目标

（一）指导思想

以邓小平理论和"三个代表"重要思想为指导，深入贯彻落实科学发展观，坚持党管人才原则，遵循全球化背景下的市场经济运行规律、社会主义市场经济体制下的企业发展规律和现代企业制度下的经营管理人才成长规律，以提高企业经营管理水平和国际竞争力为核心，以培养造就战略企业家和高级企业经营管理人才为重点，以提高职业化、市场化、专业化和国际化水平为主线，大力推进人才工作理念和人才发展机制体制创新，完善人才发展政策体系，优化人才发展环境，积极开发利用国内国际两个人才资源市场，深入实施一系列重点人才培养工程，不断培养壮大首都企业经营管理人才队伍，大幅提升能力素质，为推动首都企业做强做优、实现又好又快发展提供坚强的人才保证。

（二）基本原则

（1）产业主导，人才优先。根据首都产业发展战略需要，明确经营管理人才工作的目标任务、工作重点和重要举措。在促进首都企业经营管理人才发展过程中，牢固树立人才优先发展理念，确保人才资源优先开发、人才结构优先调整、人才投资优先保证、人才制度优先创新。

（2）高端引领，协同推进。围绕提升企业核心竞争力和国际竞争力，实施以培育和造就行业领袖和战略型企业家为主导的人才发展战略，充分发挥领军人才的带动作用。统筹推动不同层次、不同类别经营管理人才协同发展，全面提升经营管理人才队伍的素质水平。

（3）创新机制，服务保障。始终把机制创新作为推动人才发展的根本动力，着力完善培养开发、选拔任用、考核评价和激励保障机制，最大限度地激发人才的创新创造活力。始终把服务好经营管理人才作为推进企业经营人才发展的重要方式和主要内容，为企业经营管理人才发展营造有利的环境氛围。

（4）企业主体、以用为本。充分尊重企业在人才培养中主体地位，调动、发挥各类企业的积极性和关键作用。进一步规范人才资源开发与使用、人才培养投入与效益、人才稳定与流动之间的关系，保护好企业和人才两方面的积极性。遵循人才发展规律，在实践中发现人才、培养人才、成就人才，把是否用好用活人才作为检验企业人才工作成效的根本标准。

（三）战略目标

适应首都产业结构优化升级和实施"走出去"战略的需要，培养造就一批具有全球战略眼光、市场开拓精神、管理创新能力和高度社会责任感的优秀企业家和一支高水平的企业经营管理人才队伍。努力实现经营管理人才规模与首都企业发展需要相适应，人才队伍整体素质显著提升，人才队伍结构进一步优化，高层次人才队伍规模不断壮大，国际化、复合型、创新型等急需紧缺人才得到有效充实，体制机制创新取得重大进展，人才成长环境持续改善，使用效能明显增强，对企业发展的贡献大幅提高。

到2020年，企业经营管理人才总量达到205万人；培养引进10~20名世界级产业领袖；100名左右职业素养好、开拓能力强、具有战略思维和全球视野的优秀企业家；500名左右能够带领企业在金融、高技术、文化创意和战略性新兴产业领域冲击世界领先水平的复合型经营管理人才；1000名左右国际化、专业化、职业化的高级经营管理人才和精通战略管理、财务、法律、金融、人力资源管理、国际贸易或国际项目运作等专业知识的管理人才；发现培养1000名左右经过重大项目锻炼、取得经营实绩并具有较大潜力的优秀青年经营管理人才。

二 以产业为导向推动人才结构优化

（一）适应世界城市产业发展形态的需要，加大高端经营管理人才的聚集培养力度

紧紧围绕首都建设具有国际影响力的金融中心城市发展目标，吸引金融领域国内外知名机构入驻，推动国际金融交流与合作，加大人才引进培养力度，提升金融领域企业经营管理人才的专业化、国际化水平。围绕首都高技术产业布局，抓住建设中关村人才特区的有利契机，搭建高技术产业高端经营管理人才集群平台，吸引国内外高技术产业领军人才带项目、带团队来京创新创业。结合首都建设"世界创意之都"的发展定位，在文化创意领域实施高端经营管理人才引进培养计划，培养聚集一批掌握艺术生产和文化发展规律，了解国际文化市场规则，具有现代管理观念和战略思维的高端经营管理人才。

（二）服务战略性新兴产业发展的需要，引进培养领军型企业家

建立高层次经营管理人才国际联络渠道，推行人才实名制推荐制度，掌握一批国际一流的企业家队伍，建立高端经营管理人才储备库。打造高品质的引才平台，实施战略性新兴产业领军型企业家引进计划，实行具有全球竞争力的人才服务政策，为海外高层次人才创新创业提供条件。实施高端经营管理人才培养计划，建立培训基地，推进能力建设和素质建设。结合重大科技攻关专项、重大科技成果转化和重点产业化项目的建设，发现培养一批战略性新兴产业领军人才。

（三）优化人才空间布局，推进产业功能区经营管理人才的集群化发展

围绕"两城两带"、六大高端产业功能区、四大高端产业新区和特色产业聚集区的产业定位，研究制定各功能区经营管理人才发展思路、工作重点和政

策措施，引导经营管理人才合理流动和聚集。围绕产业功能区的发展方向和重点领域，加大国内外企业集团总部的引进力度，发展总部经济，提升首都吸纳高端经营管理人才的能力。搭建产业功能区内企业经营管理人才能力提升的培训平台和沟通交流平台，打造国内乃至国际著名的高端经营管理人才集群品牌。加强高层次人才创新创业基地建设，营造良好的创新创业环境，促进企业家快速成长。

三　创新人才发展体制机制

（一）创新培训培养机制

着眼于全面提升企业经营管理人才能力素质，以培养造就具有世界眼光、战略思维和创新精神的企业家为引领，以推进经营管理人才职业化、专业化发展为重点，创新人才培训模式，拓宽人才培养渠道。加强国际合作，探索建立企业家海外培训基地，每年选派优秀企业经营管理人才赴国际知名商学院进行系统学习。加强联合培训，充分利用首都优质教育资源，定期举办全市范围内的企业经营管理人才高端研修班。加强培训手段创新，采取研究式、案例式、体验式、沙龙式、教练式和现场教学等方式，围绕实际问题开展培训。加强人才交流，采取岗位轮换、交流任职、挂职锻炼等方式，有计划地组织市属企业与中央企业之间、国有企业与非公有制企业之间、企业与党政机关、事业单位之间的人才交流。

（二）创新人才储备机制

适应首都经济布局和结构战略性调整，以及优秀人才向重点行业、优势产业集中的要求，加强高层次经营管理储备人才队伍建设。按照"及早选苗、重点扶持、跟踪培养"的原则，在首都高校中发现有经营管理潜质的青年拔尖人才进行重点培育，支持他们创业发展。充分发挥人才开发研究机构作用，加强经营管理人才岗位胜任素质研究，从成就动机、开拓精神、胆识能力、发展潜质等方面选拔优秀经营管理人才进行定向培养。制定战略性新兴产业人才培养计划，整合首都教育资源，在重点院校设立相应专业，重点培养高端产业人才。探索"导师制"培训方式，选聘具有丰富管理经验的企业家对具有潜力的经营管理人才进行个性化培养。完善个人职业生涯发展规划，统筹安排境内外培训、实践锻炼和交流培养。

（三）创新人才引进和选拔任用机制

完善相应配套制度，加大在人才引进、激励、服务、保障等环节的政策支持力度。充分发挥各类驻外机构的信息渠道作用，掌握一批海外高端人才资源，完善海外人才信息库建设。强化人才中介机构在高端人才寻访方面的优势和服务功能，实现人才引进和选拔的市场化运作。鼓励和支持企业在引进项目、技术、资金的同时引进管理人才，或者以项目为纽带，采取咨询、讲学、兼职、项目聘用、技术合作、人才租赁等多种形式，充分发挥各类企业经营管理人才的作用。积极发挥专业化人才服务机构作用，建立更为开放、信息全面的专业性、行业性企业经营管理人才市场，通过公开招聘、竞争上岗、市场化猎取等方式，加大企业经营管理人才的竞争性选拔。支持和鼓励企业更新观念、创新思维，择优聘用外籍职业经理人，建立国际化管理人才队伍。

（四）创新评价和激励机制

探索建立企业经营管理人才能力和信誉（信用）综合评价制度，健全企业经营管理人才资质考核、能力测评、绩效评估体系，倡导诚实守信、开拓创新、回报股东和社会的职业精神。建立以能力、业绩为导向，以岗位职责为基础，以市场薪酬为支撑，以绩效目标为核心的高层次经营管理人才激励与约束机制。建立高层次企业经营管理人才信用报告制度和公示制度。坚持业绩与薪酬相统一，健全与考核评价结果紧密挂钩的薪酬体系。完善高层次经营管理人才薪酬协商机制，实施对优秀人才的中长期激励制度，引导经营管理人才更加关注企业的长远发展。加快现代企业制度建设步伐，健全公司法人治理结构，为企业家成长提供良好的体制保障。构建企业经营管理人才荣誉体系，加大对在首都经济和社会发展中做出突出贡献的企业家奖励和表彰力度，增强企业经营管理人才的社会荣誉感。

四 优化人才发展环境

（一）营造良好的创业环境

不断优化创业环境，研究制定促进企业创业发展的政府采购优惠政策。严格规范对中小企业的收费行为，切实简化审批手续。全面落实鼓励创业的税收优惠、小额担保贷款、资金补贴、场地安排等扶持政策。积极推动金融产品和金融服务方式的创新，建立健全创业投资机制。通过形势报告、政策通报、座谈交流等多种形式，积极搭建企业和党委政府相关职能部门的交流沟通平台，及时了解需求、传递政策信息。编印年度《北京市创业优惠政策汇编》，通过多种渠道广泛宣传，让海内外人才了解首都创业政策。充分发挥各级创业服务指导中心作用，对各类创业人才给予指导服务。

（二）营造良好的市场环境

加快建立规范有效、开放包容的企业经营管理人才市场体系，充分发挥供求关系、价格要素和竞争机制在优化人才资源配置中的基础性作用。加快培养发展国际人才中介服务机构，切实提高人才中介服务机构专业化水平，鼓励引导首都有条件的人才中介服务机构跨国经营，促进国内国际两个人才市场有效对接。拓宽人才选择视野，建立企业经营管理人才供求信息定期发布制度，引导经营管理人才合理、有序流动。

（三）营造良好的舆论环境

大力宣传党和国家人才工作方针政策，深入宣传贯彻国家和全市人才工作会议、中长期人才发展规划精神。在市级主流媒体创办专门栏目，对作用突出、贡献卓越的优秀企业经营管理人才的成长经历、典型事迹和重要贡献进行广泛宣传，对企业经营管理人才工作的成功经验、做法和成效进行深入宣传，在全社会形成创新可贵、创造无价、创业光荣的社会氛围。深入开展舆情分析，及时掌握舆情动态，针对社会普遍关注的问题，坚持正确引导，努力营造有利于企业经营管理人才健康发展的和谐舆论环境。

五 重点工程

（一）优秀企业家培养聚集工程

实施高端化培训，举办"产业领袖级企业家培养造就研修班"，邀请在全球有影响力的经济学家、金融学家、世界级产业领袖授课或交流研讨。增强企业家国际化视野，每年选派100名优秀企业家赴境外高端培训机构和重点企业进行学习交流，提高战略管理和跨文化管理能力。建设高端企业家沟通研讨平台，举办"首都领军企业家峰会"，促进企业家交流思想、创新思维。依托"北京海外人才聚集工程"，加大对海外创业人才的引进力度。围绕首都产业调整方向，面向海内外实施"首都产业领军企业家引进计划"，加大力度吸引和聚集一批有实力的产业领军企业家。

（二）高级企业经营管理人才素质提升工程

加强高级企业经营管理人才培训力度，制定高级企业经营管理人才个性化培养方案，每年选派100名高级企业经营管理人才参加国内外知名商学院的EMBA教育。加强与国外知名企业的交流合作，通过海外并购、海外上市、境外设立子公司、海外合作项目等方式，每年选派100名高级企业经营管理人员赴境外锻炼。鼓励各类经营管理专业人才参加国际国内公认、知名度高的专业管理资格认证。

（三）青年经营管理人才开发工程

建立"传帮带"培养机制，在全市选择100家企业培养基地，聘请企业家作为"青年企业经营管理人才培育导师"，每年从全市高校选拔300名有发展潜质的优秀在校大学生进入基地，开展实践学习，实现企业家与大学生"点对点"的"传帮带"培养。提升青年人才队伍国际化素质，每年从企业选派100名左右优秀青年人才赴境外进行MBA教育，并进行跟踪培养。每年从国外知名院校接收100名左右优秀毕业生进入企业，为国际化青年企业经营管理人才队伍建设做好储备工作。

六 保障措施

（一）建立领导体系

在市人才工作领导小组的领导下，由市委组织部牵头抓总，市委统战部、市国资委、市经济信息化委、市工商联主责推动，市委宣传部、市发展改革委、市人力社保局、市财政局、市金融工作局、市科委、市教委、市外办、市工商局、市地税局、团市委等单位参加，共同推动全市企业经营管理人才发展工作。

（二）完善工作体系

建立专题会议制度，每年组织召开一至两次专题会议，研究本年度重点领域首都企业经营管理人才发展的现状与问题，通报上年度规划实施情况，安排本年度重点工作任务。建立定期考核制度，督促检查各相关单位企业经营管理人才工作任务落实情况。充分发挥各类企业家协会、经理人协会、猎头公司等社会组织和中介机构作用，拓宽企业经营管理人才服务渠道。

（三）加大投入力度

以政府投入为先导，由规划任务落实单位向市财政提出预算申请，优先保障规划实施所需配套资金。建立和完善人才投入增长机制，构建以企业为主导，社会、政府相关部门参与的多元化人才投入体制。

（四）加强基础工作

大力推进信息化建设，建立企业经营管理人才信息库，完善经营管理人才资源统计和定期发布制度，促进管理信息化、科学化。深入开展首都企业经营管理人才特点和成长规律研究，及时总结经营管理人才工作的成功做法和典型经验，紧密围绕首都经济社会全面发展对企业经营管理人才的需求，改进服务方式，提升管理水平，不断提高促进经营管理人才发展的工作水平。

B.26
首都中长期科技人才发展规划纲要（2011~2020年）

为进一步发挥首都科技智力资源优势，打造世界高端人才聚集之都，根据《国家中长期科技人才发展规划（2010~2020年）》《首都中长期人才发展规划纲要（2010~2020年）》和《北京市中长期科学和技术发展规划纲要（2008~2020年）》的总体要求，结合建设"科技北京"和中关村人才特区，制定本规划纲要。

一 规划背景

人才是第一资源，科学技术是第一生产力，科技人才是科技创新的关键因素，是推动经济和社会发展的中坚力量。改革开放特别是进入新世纪以来，市委、市政府大力实施首都人才发展战略，高度重视科技人才工作，不断加大科技人才投入力度，启动实施多项科技人才引进和培养计划，探索推进科研管理体制改革，切实优化科技人才发展环境，首都科技人才发展取得显著成效。科技人才队伍规模不断壮大，素质不断提升，结构日趋合理，管理体制日益灵活，科技创新能力大幅提升。但与首都经济社会发展需求相比，高层次创新型科技人才数量仍显不足，科技人才队伍结构仍需进一步完善，前沿、重点领域和战略性新兴产业科技人才紧缺，科技人才管理和服务体系有待完善，首都科技智力资源优势还没有充分发挥，科技人才创新、创业、创效能力和潜力还没有得到最大释放。

未来十年是北京全面实现现代化和建设中国特色世界城市的关键时期，也是完善首都科技创新体系、实现创新驱动发展的战略机遇期。面对新形势新任务新要求，要进一步加大首都科技人才资源统筹力度，不断优化科技人才创新创业环境，大力提升首都科技人才自主创新和科技成果转化能力，开创首都科技人才发展的新局面。

二 指导思想、基本原则和发展目标

（一）指导思想

深入贯彻落实科学发展观，紧紧围绕建设"人文北京、科技北京、绿色北京"和中国特色世界城市的要求，牢牢把握科技人才高端化、国际化、集群化、一体化发展方向，遵循科技创新规律和科技人才成长规律，搭建科技创新平台，优化科技人才发展环境，改革科技管理体制机制，加大科技人才激励力度，着力吸引、培育科技领军人才和青年科技人才，充分发挥市场配置科技人才资源作用，大力实施支持科技人才发展的政策措施，努力造就一支结构优化、布局合理、素质优良、国际一流的科技人才队伍，为推动首都率先形成创新驱动发展格局和全面实现现代化提供坚强的科技人才保证。

（二）基本原则

坚持人才优先与服务发展相结合。围绕首都经济社会发展的现实需求，适应首都产业结构调整和功能布局要求，确定科技人才发展目标和任务。落实首都人才优先发展战略，把科技人才培养和开发作为科技创新的先导，放在科技工作的优先位置，实现科技人才发展和首都经济社会发展的有机结合。

坚持政策引导与市场配置相结合。通过科技项目支持、创新平台支撑、人才工程培养等措施，优先引进、培育一批具有国际影响力和竞争力的科技领军人才和科技创新团队。遵循市场经济规律和人才发展规律，突出企业人才开发主体地位，不断完善科技人才市场化培养、配置和筛选机制。

坚持人才扶持与体制机制创新相结合。完善科技奖励、科技金融、成果孵化等激励机制，营造鼓励创新的政策环境和社会氛围，激励科技人才围绕首都

发展需要创新、创业、创效。以建设中关村人才特区为契机，探索推进新型科研机构建设，扩大科技人才科研和学术自主权，建立有利于科技人才自主创新的评价、使用和激励制度。

坚持培养储备与发挥效用相结合。改革教育教学内容，加大创新型科技人才培养力度。搭建支持科技人才自主创新的事业平台，引导和推动各类科技人才向企业创新一线流动，充分释放科技人才创新活力，提高科技人才在首都经济社会发展中的显示度和贡献率。

（三）发展目标

到2020年，首都科技人才发展的战略目标是：建设一支高端人才密集、结构素质优良、比较优势明显、跻身世界一流的科技人才队伍，将首都打造成为具有强大吸引力和国际包容性的高端科技人才聚集之都。

——科技人才队伍规模稳步扩大。到2020年，每万劳动力中研发人员达到260人年，在科技、教育、卫生、文化等领域培养高端创新型领军人才，聚集一大批科技创业人才，在首都重点发展领域和战略性新兴产业持续扶持一批科技骨干人才。

——科技人才高端化发展特征突出。到2020年，以科技领军人才为代表的高层次科技人才队伍基本形成；企业高层次创新型科技人才和重点产业领域科技人才的比重有较大幅度的提高；高端科技创业人才队伍规模继续扩大；形成一支满足首都科技发展需要的高层次科技管理、科技服务和科技普及人才队伍。

——科技人才竞争比较优势凸显。到2020年，吸引和培养一批世界一流的科技领军人才，高层次创新型科技人才的示范引领效应充分显现，国际竞争力和科技产出显著提高，百万人发明专利申请量和授权量分别达到3000件和800件，对全国的辐射能力进一步增强。

——科技人才发展环境世界一流。到2020年，全社会研究与开发投入占北京市地区生产总值的比重保持5.5%以上，投入结构进一步优化，建成一批具有世界水平的研发机构、科研平台和科技基础设施，构建完善的科技人才公共服务体系，全市人民的科学素养得到较大幅度提高。

三 重大任务

(一) 全面建设各类科技人才队伍

着力建设高端科技领军人才队伍。在全球范围内引进和聚集高端科技领军人才，聘请国际一流的科学家、工程技术专家参与首都重大科技研究项目。深入实施"科技北京"百名领军人才培养工程，加快建设一支具有自主创新能力的高端科技领军人才队伍。重点支持、培育和储备一批首都发展长期需要、研究方向明确、水平一流的高端科技领军人才团队，大力提升首都重点领域科技创新能力。

着力培育青年科技人才队伍。加大对青年创新人才的发现和培养工作力度，统筹"雏鹰计划""翱翔计划"和"北京市科技新星计划"等科技人才培养项目，构建青年创新科技英才培育链条。建立非公有制经济组织、新社会组织青年科技人才联系机制，鼓励和引导社会各界加大青年科技人才培养力度。支持青年人才独立开展项目研究，改善青年科技人才的工作生活条件。

着力发展成果转化和工程技术人才队伍。围绕重大科技成果转化和基础设施建设，培养聚集一批领军人才、工程技术人才和优秀创新团队，建设一批成果产业化人才培养基地。大力实施"百千万知识产权（专利）人才培育工程"，切实加强知识产权人才资源开发。全面推行产学研联合培养模式，充分发挥工程类和应用型科研机构在培养优秀工程技术人才方面的优势，支持有条件的科研机构开展研究生教育。进一步加强企业工程技术人才的继续教育，鼓励和支持企业开展工程技术人才在职培训和高级研修。

着力扶持科技创新创业人才队伍。探索多种形式的科研成果孵化模式，重点扶持一批拥有核心技术或自主知识产权的优秀科技人才创办科技型企业，支持企业实施知识产权战略，推动企业开展技术创新活动。通过政策引导和科技型中小企业创新基金资助，鼓励相关机构为创业人才提供技术开发、创业辅导、信息服务和融资支持等服务，协助解决初创期科技创业人才的各种困难，提高科技人才创业成功率。

着力建设科技管理、科技服务和科普人才队伍。通过组织科技管理学历、学位教育和有针对性的学习培训,提高科技管理人才素质。加强科技服务人才队伍的职业化和专业化建设,健全完善科技中介人员执业资格认证和管理体系。探索推进技术经纪人分级分类培训,建立一批技术转移人才培养基地。加强科普人才专业化正规化教育,促进科技人才参与科普工作。

(二)拓展科技人才创新创业平台

发挥科技计划项目的支撑作用。有效对接国家科技重大专项、重大科技基础设施和国家科技计划项目,建立健全央地科研与产业资源的对接机制,大幅提升首都科技人才协同创新能力。改革科技计划管理办法,支持高层次创新型人才自主选题,并给予经费保障和持续支持。加强人才与项目有机结合,支持科技领军人才、优秀创新团队跨领域、跨区域合作,共同承接国家和全市重大科技计划。

丰富科技人才创新组织和载体。加强全市重点实验室、企业工程技术研究中心建设,为科技人才开展共性技术研究提供研发平台。加强首都科技条件平台建设,完善研发试验服务基地、领域平台及工作站"三位一体"工作体系,建立服务评价机制,推进科技人才、科技成果等科技资源的开放共享。总结北京生命科学研究所的成功经验,推动科研机构建立与国际接轨的新型管理和运行机制,建设一批国际一流的科研机构。充分调动中央单位科技人才资源优势,与在京高校院所联合共建新型体制的新兴产业技术研究院。

优化科技人才集聚空间走向。按照"两城两带六高四新"发展布局,建设一批以知识和技术密集型为特征的新兴产业基地,引导科技人才向高端产业集群、战略性新兴产业、产学研相结合的经济实体流动。以北京生物医药产业跨越发展工程、北京高端数控装备产业技术跨越发展工程、北京新一代移动通信技术及产品突破工程等为载体,吸引和培养一批高端创新人才。深化与中央单位的科技合作,进一步加大对未来科技城的服务支持力度,共建国家现代农业科技城和怀柔科教产业园,联合推进科技成果在京转化落地。

完善科技人才创新创业支持体系。建立全过程服务体系,为高端科技人才创业和推广新产品提供有力支持。鼓励和支持民营企业、新型产业组织参与重大科技项目，健全以企业为主体的产学研合作的有效模式和长效机制。深化海外留学归国人员创业园建设，进一步加强科技孵化体系建设，引导科技企业孵化器和大学科技园专业化、市场化发展。

（三）改革创新科技人才发展体制机制

加大中关村人才特区科研体制创新力度。在中关村人才特区推行与国际接轨的科研管理制度，建立以学术水平和创新绩效为主导的科技资源配置和学术发展模式，扩大科研机构用人和科研经费使用自主权，健全综合评价体系，优化对科技人才的考核考评工作。及时总结成功经验和推广先进成果，充分发挥中关村人才特区的示范及辐射作用。

创新科技人才培养开发模式。改革科技领域的教学内容、方法和模式，提高学生解决实际问题的能力。推进首都高等学校、科研机构与企业间科技人才的双向流动。加强市属单位博士后流动站和工作站的建设，增加其管理自主权。依托国际合作项目，加大对青年科技人才出国参加学术会议和学术访问的资助力度，支持青年科技人才参与国际前沿领域的科技交流与合作。

改进完善科技人才评价与激励机制。根据工作性质和岗位，建立科技人才分类评价体系。完善首都科技人才奖励制度，注重向服务首都经济社会建设的重大科技创新领域倾斜，向科研一线和青年人才倾斜，充分发挥奖励的导向和激励作用。健全岗位绩效工资制度，对科技人才试行多种分配方式。强化知识产权、技术成果等对科技人才创新创业的激励作用，制定职务技术成果管理条例，提高技术成果转化和应用中主要发明人的收益比例。

创新科技人才投入机制。发挥财政资金的引导和杠杆作用，推动企业、金融机构、创业投资资金和其他社会资金投入科技人才工作。建立科技人才投入主要用于人才本身的培养激励制度，不断创新完善科技项目列支间接经费使用方式和绩效管理办法，更直接、更有效地激励科研人员。

推动科技人才合理有序流动。完善首都科技人才公共服务体系，搭建科技人才信息化服务平台，建立重点产业、行业和领域科技人才供给和需求信息的发布制度。支持和鼓励科研机构、高等学校等单位开展全球公开招聘。支持和推动科技人才向科研生产一线和企业等创新主体流动，推动产学研创新团队的

发展。加快央地科技人才一体化发展进程，推动专家服务基地和院士工作站建设，吸引中央在京单位高端创新人才参与首都发展。围绕建设"首都经济圈"，推进京津冀区域科技人才一体化发展进程。

四 重点工程

（一）首都科技人才源头培育工程

发挥教育在科技人才培养中的基础性作用，完善青少年科技创新学院工作机制，深化"雏鹰计划""翱翔计划"，提高全市中小学校利用科技资源开展科技创新教育的水平；到2020年，"雏鹰计划"学生参与率和基地校数量持续增加，"翱翔计划"学生培养质量大幅度提升。启动实施"卓越人才教育培养计划"和"研究生教育质量工程"，推进科学技术与研究生教育创新工程，建设教学科研共同体、校外科技人才培养基地和科技人才培养模式创新试验区，探索推进大中小学联合开展拔尖创新人才培养。到2020年，培养一大批具有较强科技创新潜力的大学生和科技创新水平卓越的研究生。

（二）首都科技人才支持培养工程

强化科技人才培养计划的支持作用，着力完善北京市科技新星计划、"科技北京"百名领军人才培养工程、创新团队建设计划和北京市"百千万知识产权（专利）人才培育工程"，拓展推荐选拔范围，突出单位主体作用，丰富人才培养方式，增强人才计划影响力和示范效应。各区县和各系统要进一步加大科技人才培养力度，建立专项科技人才支持培养计划，引导和支持社会资本以多种形式投入科技人才培养。到2020年，建立一大批创新人才培养示范基地。

（三）高端科技人才引进聚集工程

立足世界高端人才聚集之都建设，依托"北京海外人才聚集工程""中关村高端领军人才聚集工程",建立高层次科技人才引进绿色通道,进一步加大对海内外高层次科技人才和人才团队的引进力度。到2020年引进聚集高层次科技人才达到3000名。与海外高水平科研机构联合建立一批科技人才工作站,建设北京国际科技合作基地。积极整合中央在京人才智力资源,深入推进"部市会商""院市合作"工作,支持市属单位与中央单位共建研发机构和成果转化基地。

(四)首都科技人才环境优化工程

大力践行北京精神,加快建设创新文化,实施首都创新精神培育工程,全力构建支持科技人才创新创业的服务体系、创新人才的培养体系和创新文化的传播体系,营造良好的创新氛围。到2020年,高层次科技人才服务和保障政策基本完善,对高层次科技人才的吸引力不断提升。

五 组织保障

(一)加强组织领导

在市人才工作领导小组的领导下,由市科委牵头,市委组织部、市人力社保局、市财政局、市教委、市经济信息化委、市卫生局、市国资委、市知识产权局、中关村管委会、市科协等部门共同推进规划纲要实施。市科委负责纲要实施的组织协调,统筹全市科技人才的发现、培养和使用工作。各区县、各系统和各重点用人单位要按照各自职责,切实做好科技人才工作。

(二)加大投入力度

统筹全市科技人才投入资金,向重点科研领域和重点用人单位倾斜。提高科技经费投入的总体水平,市财政依法保障用于科技经费的增长幅度高于全市财政经常性收入的增长幅度。各区县、各有关部门要完善现有科技计划、专项、基金和其他科技经费的结构,加大用于科技人才培养和激励的经费比重。

（三）加强监督检查

制定监督检查工作办法，加强对各项重大任务和重点工程落实进展情况的监督检查，及时发现和解决规划纲要落实中遇到的重点难点问题。将规划纲要落实情况纳入对各区县、各科技管理部门的绩效考核体系，实行目标责任制。

（四）加强基础工作

加强科技人才理论研究，不断深化对科技人才成长发展的规律性认识，努力提高科技人才工作的科学性、针对性和有效性。加强科技人才工作者队伍建设，通过组织专题培训、实地考察等方式，不断提高科技人才工作者的素质能力和业务水平。

B.27 首都中长期社会工作专业人才发展规划纲要（2011~2020年）

为加强和创新社会管理，全面推进社会建设，深入贯彻落实中央和国家有关加强社会工作专业人才发展的要求，加快首都社会工作专业人才队伍专业化、职业化发展步伐，依据《首都中长期人才发展规划纲要（2010~2020年）》，制定本规划纲要。

一 规划背景

社会工作专业人才是具有一定社会工作专业知识和技能，在社会福利、社会救助、慈善事业、社区建设、婚姻家庭、精神卫生、残障康复、教育辅导、就业援助、职工帮扶、犯罪预防、禁毒戒毒、矫治帮教、人口计生、纠纷调解、应急处置等领域直接提供社会服务的专门人员。培养造就一支数量充足、结构合理、素质优良的社会工作专业人才队伍，充分发挥其在困难救助、矛盾调处、人文关怀、心理疏导、行为矫治、关系调适等方面的专业优势，对于化解社会矛盾，解决社会问题，维护社会稳定，践行北京精神，加快建设社会主义和谐社会首善之区具有重要基础性作用。

市委、市政府高度重视社会工作专业人才队伍建设。改革开放尤其是党的十六届六中全会以来，随着首都社会建设步伐不断加快，社会工作专业人才队伍建设取得显著成绩。人才队伍初具规模，专业教育迅速发展，服务机构不断壮大，制度建设稳步推进，管理体制逐步完善，发展环境日趋优化。社会工作专业人才在提高首都社会服务水平、解决群众困难、化解社会矛盾、增加和谐因素等方面作用日益显现。但总体看，社会工作专业人才发展水平与首都人民群众日益增长的多样化社会服务需求还不相适应，与构建社会主义和谐社会首善之区的要求还有一定距离。主要表现在：队伍建设水平有待提升，体制机制有待完善，职业空间有待拓展，经费投入有待增加，社会认知度有待提高等。

未来十年，是北京建成现代化国际城市、全面实现现代化和建设中国特色世界城市的重要时期，也是深化社会领域改革攻坚期和社会矛盾凸显期。我们必须认清形势，抢抓机遇，统筹规划，锐意进取，努力开创首都社会工作专业人才发展的新局面。

二 总体要求和发展目标

（一）指导思想

以邓小平理论和"三个代表"重要思想为指导，深入贯彻落实科学发展观，适应首都加快推进社会服务管理创新的新形势，以专业化、职业化为目标，以人才培养为基础，以人才使用为根本，以人才评价激励为重点，以政策制度建设为保障，初步形成具有时代特征、中国特色、首都特点的社会工作专业人才发展模式，培养造就一支高素质的社会工作专业人才队伍，为建设"人文北京、科技北京、绿色北京"和中国特色世界城市提供有力的社会工作人才支撑。

（二）基本原则

统筹协调，合力推进。坚持党的领导、政府推动和社会参与，建立健全统筹协调机制，不断增强社会工作专业人才发展的整体合力。

服务发展，以用为本。将服务首都经济社会发展、满足人民群众服务需求作为根本出发点和落脚点，把发挥作用作为根本任务，积极为社会工作专业人才释放活力、实现价值提供机会和条件。

专业引领，职业发展。坚持专业化、职业化发展方向，将社会工作专业人才纳入专业技术人才系列，以能力建设为核心，切实提高专业素质和服务水平。

分类指导，循序渐进。立足基层，突出重点，优先发展急需专业人才，优先解决重大问题，使社会工作专业人才队伍建设由重点领域向一般领域推进，社会工作服务对象由特殊人群向普通大众扩展。

（三）发展目标

到 2020 年，首都社会工作专业人才发展的总体目标是：建设一支数量充足、结构合理、素质优良、充满活力的专业化、职业化人才队伍，建成一套体系完善、保障有力、运转高效的体制机制，形成党委政府高度重视、社会大力支持、公众广泛参与的发展环境，将首都打造成为高端社会工作专业人才聚集之都。

——人才队伍不断壮大。加大社会工作专业人才教育培训力度，鼓励引导社会工作专业人才参加社会工作职业水平资格考试。到 2015 年，社会工作专业人才总量达到 5 万人，其中获得社会工作者职业水平证书的专业人才不少于 2 万人；到 2020 年，社会工作专业人才总量达到 8 万人，其中获得社会工作者职业水平证书的专业人才不少于 4 万人。

——人才素质不断提升。社会工作专业人才思想素质、专业素质、职业能力显著提升，人才结构不断优化，基本形成以初级为主体、中级为骨干、高级为引领的人才梯队。到 2015 年，社会工作专业人才大学以上学历比重达到 70%，到 2020 年超过 80%，在职在岗培训率实现 100%。

——人才发展载体不断拓展。积极培育发展社会工作专业服务机构，加快社会工作组织建设，推动社会工作服务向项目化、实体化转移。市、区两级社会工作"枢纽型"组织体系不断健全，行业服务管理功能得到充分发挥。社会管理和公共服务部门、公益服务类事业单位、城乡社区、公益慈善类社会组织中社会工作专业岗位开发设置标准逐步明确、数量不断增加、结构更加合理，基本实现社会工作专业服务在相关领域全覆盖。到 2015 年，社会工作服务机构达到 500 家，到 2020 年超过 1000 家，培育 20 个以上具有世界影响力的社会工作服务机构。

——人才发展环境不断优化。社会工作专业人才培养、选拔、使用、流动、评价、激励、保障等政策和制度体系逐步健全。社会工作服务与管理网络基本建立。各级党委、政府对社会工作专业人才发展重视程度不断提高，社会各界对社会工作专业人才的认知度和认可度显著提升。

三 重点任务

（一）加大培养力度，提升专业水平

统筹规划教育培训。根据首都社会工作专业人才队伍现状和经济社会发展趋势，研究制定社会工作专业人才教育培训规划，建立教育培训长效机制。合理配置教育培训资源，明确不同领域、不同层次社会工作专业人才教育培训重点任务和保障措施，加快建立不同层次教育协调配套、专业培训和知识普及有机结合的社会工作专业人才培养体系。

全面开展在岗培训。有计划、分层次对现有社会工作从业人员进行大规模、系统化的专业培训。实行岗位轮训制度，每3~5年，对在岗人员普遍轮训一遍。大力开展继续教育，鼓励尚未取得职业资格的实际在岗人员参加社会工作专业学历教育和社会工作者职业水平考试，加快向社会工作专业人才转化。对涉及社会管理和公共服务工作的党政机关、群团组织、事业单位、部分执法单位的干部特别是领导干部有计划、有步骤地进行社会工作理论和实务培训。加大对社会福利、社会救助、社区服务、残障康复、婚姻家庭、职工帮扶等社会服务机构管理人才的培养力度。积极开展社会工作专业人才队伍职业道德教育和作风建设，强化社会工作专业人才的社会责任感和职业认同感。

完善教育培训模式。加强社会工作专业人才培训基地和实训基地建设，提高实践教学在学校教育中的比重，配备具有丰富实践经验的实习督导，探索实行社会工作课堂教学与实务教育相结合的机制。制定社会工作服务项目实施和社会工作人才培养有机结合的政策措施。建立社会工作培训质量评估政策和指标体系，加强对培训机构的评估和监督。研究制定社会工作专业人才学习和培训的经费资助办法，建立经费支持制度，鼓励参与国际交流、学历教育、职业水平考试、继续教育等活动。

（二）完善评价制度，规范职业发展

完善职业水平评价体系。在现有助理社会工作师、社会工作师职业水平评价基础上，研究制定社会工作员评价办法。推动组建高级社会工作师评审委员会，探索开展高级社会工作师评定工作。逐步形成高端引领、梯次衔接、层级结构合理的社会工作专业人才职业水平评价体系。

建立综合评价机制。研究建立社会工作专业人才考核制度，健全以合同、岗位职责为依据，以能力、业绩和服务对象满意度为核心评价要素，由品德修养、行为操守、职业素质和专业知识等内容共同组成的岗位评价指标体系。坚持定期考核与经常性考核相结合，资格考试、业绩考核和同行评议相结合，定性与定量相结合，对在岗社会工作专业人才履职尽责、学习进修和职业发展等情况进行综合考核评价，实施动态管理。

健全专业职级体系。将取得职业水平证书的社会工作专业人才纳入本市专业技术人员管理范围，实行统一管理，建立健全社会工作专业人才职称职级体系。不断改进和完善社会工作专业技术人员聘用办法，社会工作专业岗位聘用人员时应当优先选拔持有社会工作者职业水平证书的社会工作专业人才，逐步推行持证上岗。探索建立与国际接轨的社会工作专业人才注册制度，取得职业水平证书的社会工作人才须在社会工作主管部门或其委托的机构进行注册登记后，方可以相应等级的专业人员身份从事社会工作职业活动。

（三）创新使用机制，提升服务效能

分类推进岗位设置。建立健全社会工作专业岗位开发、设置政策及配套措施，研究制定开发、设置实施办法。采取"明确一批，开发一批"的办法设置社会工作专业岗位。在具有社会管理和公共服务职能的有关部门、群团组织、公益服务类事业单位、城乡社区中，明确一批社会工作专业岗位，对现有在编在岗人员，主要采取提升转换的方式，通过专业培训、参加考试获得社会工作者职业水平证书，转换为社会工作专业人才；当社会工作专业岗位有空编且招考、录用或招聘人员时，应主要面向社会工作专业的毕业生和取得社会工作者职业水平证书的专业人员。在社会工作服务机构和公益慈善类社会组织中，着力开发一批社会工作专业岗位，并通过专业人才引进、购买专业岗位等方式，按要求配备社会工作专业人才。

培育发展社会组织。加大培育扶持力度，鼓励支持符合条件的组织、企业和个人兴办公益慈善类社会组织。完善培育扶持和依法管理政策，适当放宽准入门槛，简化登记程序，采取财政资助、提供服务场所等方式，支持民办社会工作机构更好开展工作。依托北京市社会组织孵化基地，完善民办社会工作服务机构的政府扶持和服务平台。发挥政府资金的示范引导作用，积极探索采取政府购买服务等方式，支持社会工作类社会组织发展。加强民办社会工作服务机构的管理监督，促进健康发展。引导和鼓励公益慈善类社会组织和民办社会工作服务机构吸纳社会工作专业人才。

拓展人才发展空间。探索建立专职制、聘用制、派遣制、委托制等多种用人机制相结合的柔性用人机制。完善社会工作专业岗位管理制度，做到人员能进能出、职务能上能下、待遇能高能低，形成优秀人才能够脱颖而出的用人环境。注重把政治素质好、业务水平高的社会工作专业人才吸纳进党员干部队伍，选拔进各级领导班子，支持有突出贡献的社会工作专业人才进入人大、政协参政议政。各级党政机关、群团组织、事业单位招录社会服务相关职位工作人员时，在同等条件下可优先录用具有丰富基层实践经验、善于做群众工作的社会工作专业人才。打破行业、区域、城乡、身份、所有制界限，促进人才有序流动。建立北京社会工作专业人才信息库，及时向社会发布社会工作专业人才信息，促进社会工作专业人才供需有效对接。推动建立社会工作专业人才和志愿者相互协作、共同开展服务的联动机制。

（四）加强激励表彰，优化发展环境

健全薪酬保障体系。在党政机关、群团组织、事业单位工作的社会工作专业人才，工资按照国家有关规定执行。在公益慈善类社会组织、民办非企业单位中工作的社会工作专业人才，由所在单位根据聘用人员学历、资历、职称、工作任务与工作能力等要素合理确定薪酬水平。健全和完善基层社会工作专业人才的薪酬保障机制。根据上年全市在职职工工资水平，综合考虑各区县实际情况，制定并公布全市社会工作专业岗位平均薪酬指导标准，作为政府购买服务以及公益慈善类社会组织、民办非企业单位支付社会工作专业人才薪酬的参考标准。在部分单位和领域探索建立兼职社会工作专业人才职业水平补贴制度。认真落实国家及本市相关社会保险政策规定，按时足额缴纳各类社会保险费用。依托人才中心和职介中心，完善社会工作专业人才的档案管理和就业服务。做好人才流动过程中社会保险关系的接续工作。

加大资金投入力度。各级政府要将应由政府负担的社会工作专业人才发展经费纳入财政支持范围，列入年度经费预算。逐步加大彩票公益金支持社会工作专业人才发展的力度。大力拓宽社会融资渠道，鼓励和支持有条件的企业和个人通过设立非公募基金会，引导社会资金投向社会工作服务领域。加强对财政性社会工作资金使用的审核监管，提高使用效率。符合条件的社会工作服务机构按国家税收法律法规的统一规定享受相关税收优惠政策。

建立表彰奖励制度。建立健全以党委、政府奖励为导向，以用人单位和社会力量奖励为主体，符合社会工作专业人才特点、鼓励创新创业的表彰奖励措施。组织开展"首都十佳社会工作者"评选表彰活动，将社会工作专业人才纳入各级劳动模范、先进工作者等评选范围。进一步树立社会工作专业人才先进典型，大力宣传先进事迹，提升社会工作专业人才的职业声望和社会地位，增强其工作热情和职业归属感。

（五）健全管理体制，推进力量整合

建立健全领导体制。在市人才工作领导小组的领导下，由市委组织部牵头抓总，市委社会工委、市民政局、市人力社保局具体负责，机构编制、发展改革、教育、公安、司法、财政、卫生、人口计生、信访等部门以及工会、共青团、妇联、残联等组织密切配合，动员社会力量广泛参与。社会建设工作部门要做好社会工作专业人才队伍建设规划、政策措施、地方性法规草案和政府规章草案的制定及组织实施工作，建立健全以培养、评价、使用、激励为主要内容的制度和机制。民政部门要做好本市社会工作专业人才登记管理和继续教育工作，人力资源社会保障部门要会同有关部门做好社会工作专业人才的职业水平评价、岗位开发设置等工作，其他有关部门要在各自职责范围内积极推进社会工作专业人才队伍建设。工会、共青团、妇联、残联等组织要充分发挥自身

优势，大力加强本系统、本领域社会工作专业人才队伍建设，提高其联系群众、服务群众、教育群众、维护群众合法权益等工作的水平和效果。建立社会工作专业人才队伍建设联席会议制度。

建立行业管理体制。按照"政社分开"要求，建立健全市、区县两级社会工作"枢纽型"社会组织，作为社会工作专业人才行业服务管理的专门机构，承担专业培训、行业自律、权利维护等职能。鼓励分领域、区域成立社会工作专业人才专业委员会或专门协会，充分发挥其服务、管理、监督功能，承接政府委托或转移的部分职能，不断提高社会工作的行业自律能力和为社会工作专业人才服务的专业水平。

健全工作督导机制。建立专业化、社会化的社会工作专业人才督导制度，提高人才使用效率。建立首都社会工作专家督导委员会，组建社会工作专门督导机构，培养专业督导人才。组建独立的社会工作评估机构，对各类社会工作服务项目、机构和人员进行第三方评估，提高评估的专业化水平和可信度。

四 重点工程

（一）社会工作管理人才综合素质提升工程

将社会工作行政管理人才、行业管理人才、专业机构管理人才和督导人才纳入全市干部教育培训体系。定期举办各级各类专题培训班，邀请国内外著名社会工作理论、实务专家学者和权威人士授课或交流研讨。提高社会工作管理人才专业管理能力，开阔国际视野，每年遴选50名优秀管理人才到著名高校学习深造、20名赴境外研修学习。加强国际交流与合作，引进培养一批高层次社会工作专业督导人才。

（二）社会工作服务人才职业能力建设工程

积极推进社会工作领域从业人员专业化进程，开展系统化专业知识轮训，鼓励参加社会工作者职业水平考试，力争实现平均每年4000人通过考试，对获取职业水平证书的从业人员给予财政补贴。大力推进社会工作服务人才高端化发展，每年组织不少于100人参加社会工作专业学历教育，对获取社会工作专业学位的给予学费补贴。加强社会工作专业培训和教育，广泛开展社会工作专业人才继续教育工作，确保持证人员继续教育参训率达到100%。

（三）社会工作教育研究人才培养引进工程

加强社会工作理论研究，培养高端理论研究人才。鼓励市属科研院所社会工作专业研究人员参加国际交流，提供必要的支持条件。吸纳海外高层次社会工作人才来京从事教育教学与研究工作。加大北京市重大人才资助项目向社会工作专业教育研究领域的倾斜力度。

（四）社会工作服务机构培育工程

加强与首都高校社会工作院系合作，鼓励社会力量兴办社会工作事务所等社会工作服务机构。制定支持社会工作服务机构发展的实施办法，在启动资金、办公场地、服务场所等方面给予必要支持。在社会服务需求较大的重点领域着力打造20个以上具有一定国际影响力的社会工作服务机构。通过政府向社会工作服务机构和公益慈善类社会组织等购买服务的方式，每年购买500个社会工作专业岗位，以派驻方式选派社会工作专业人才到有需要的群团组织、事业单位、城乡社区和社会组织中开展专业社会工作服务。

五　保障措施

（一）加强组织领导

各级党委政府要切实加强对社会工作专业人才队伍建设的领导，把抓好社会工作专业人才发展作为党联系群众、服务群众、加强社会建设的重要内容，将社会工作专业人才队伍建设纳入经济社会发展总体规划，纳入区县和有关部门领导班子考核，形成推进社会工作专业人才队伍建设的长效机制。充分发挥基层党组织对基层社会工作专业人才队伍建设的引领作用，在各类社会工作服务机构建立健全基层党组织。

（二）强化责任落实

市人才工作领导小组将依据本规划纲要细化分解重点任务，制定年度任务指标。各区县和有关部门要根据本规划纲要，研究制定本区县、本部门社会工作专业人才队伍建设发展规划或落实方案，明确发展目标、主要任务和具体措施，提出本区县、本部门社会工作专业人才队伍建设重大工程或重点行动计划。市人才工作领导小组将建立规划纲要实施监测评估机制，对各区县和有关部门社会工作专业人才重点任务实行项目化管理，跟踪分析、定期通报进展情况和实施效果。

（三）营造良好氛围

发挥首都科教资源密集的优势，与相关高校合作，建立社会工作人才发展研究院等机构，加强理论研究，为首都社会工作专业人才发展提供智力支持。大力宣传中央和市委、市政府有关社会工作专业人才队伍建设的重大战略思想和方针政策，宣传实施本规划纲要的重大意义、指导方针、目标任务、重大举措，普及社会工作相关知识，提高社会工作专业人才的社会认知度和认可度，进一步形成理解、关心、支持社会工作专业人才的良好社会氛围。

B.28
首都中长期专业技术人才发展规划纲要（2011～2020年）

为有效服务建设"人文北京、科技北京、绿色北京"和中国特色世界城市的发展目标，打造一支高素质专业技术人才队伍，根据国家《专业技术人才队伍建设中长期规划（2010～2020年）》和《首都中长期人才发展规划纲要（2010～2020年）》的总体要求，特制定本规划纲要。

一 规划背景

专业技术人才是指具备专业技术知识，达到一定的水平和能力，在专业技术领域从事专业技术工作的人员，是人才队伍的重要组成部分，是推动经济社会发展的关键力量。

2011年末，首都专业技术人才达到257万人，由两院院士、全国杰出专业技术人才、突出贡献专家、享受政府特殊津贴人员、"百千万人才工程"人选、"千人计划"和"海聚工程"入选者等组成的高层次人才近5000人，初步形成了一支规模较大、门类较全、素质优良、基本满足经济社会发展需要的专业技术人才队伍。专业技术人才发展体制机制不断完善，人才公共服务体系不断健全，人才市场服务体系基本建立，市场化的用人机制初步形成。专业技术人才在理论创新、制度创新、科技创新、文化创新等方面发挥了关键作用，取得了一批国内一流、世界领先的重大科研成果。

同时，也应该清楚地认识到，与首都经济社会发展总体要求相比，专业技术人才发展还存在一些不相适应的地方，主要表现在：人才队伍结构不尽合理，高层次人才尤其是世界一流的拔尖人才和领军人才匮乏；人才创新创业能力有待增强，国际化水平有待进一步提高；人才发展的体制机制障碍依然存在；人才发展环境需进一步改善。我们必须认清形势，锐意进取，全面加强专业技术人才队伍建设，努力开创首都专业技术人才发展新局面。

二 指导思想、发展目标和总体思路

（一）指导思想

以邓小平理论和"三个代表"重要思想为指导，深入贯彻落实科学发展观，坚持科学人才观，落实首都人才优先发展战略，以引进培养高端人才、创新人才、紧缺人才和国际化人才为重点，以创新体制机制为动力，以提升创新能力为核心，以发挥专业技术人才作用为根本，打造人尽其才、才尽其用的人才发展环境，为实施"人文北京、科技北京、绿色北京"发展战略和建设中国特色世界城市提供有力的专业技术人才支撑。

（二）发展目标

到2020年，培养聚集一批掌握核心技术、拥有自主知识产权、达到世界一流水平的高层次专业技术人才。建成一支规模宏大、结构合理、素质优良、富于创新的专业技术人才队伍，在特色产业和重点领域确立人才发展优势。大力推进专业技术人才发展体制机制创新，优化专业技术人才发展环境，全面提升专业技术人才国际竞争比较优势，将首都建设成具有强大吸引力和辐射力的世界高端专业技术人才聚集之都。

1. 打造一支引领世界城市建设的专业技术人才队伍

到2020年，首都专业技术人才总量达到380万人，其中高层次人才达到9000人。专业技术人才队伍结构不断优化，人才队伍整体素质大幅提升，形成以初级为基础、中级为骨干、高级为引领的人才梯队，高级、中级、初级专业技术人才比例达到2∶4∶4。人才布局更加科学合理，人才与产业高度融合发展。

2. 形成一套符合专业技术人才成长规律的体制机制

基本建成以品德、能力和业绩为导向的专业技术人才评价机制，建立健全职业分类体系。高层次专业技术人才培养选拔制度进一步改进，人才考核激励机制基本完善。专业技术人才互动交流的体制性政策性障碍基本解决，央地人才、城乡人才、区域人才实现一体化发展，人才资源充分共享，人才效能不断提升。基本建成社会化、科学化、法制化的专业技术人才管理体制机制。

3. 构建一种适合专业技术人才发展的良好环境

全面提高人才公共服务和信息化服务水平，构建完善的人才服务体系。科研平台等载体建设不断加强，与市场经济体制相适应的专业技术人才工作体系基本建成。人力资源市场体系进一步健全，市场配置人才的功能大幅增强。事业单位人事管理制度更加科学规范，专业技术人才使用机制趋于完善，专业技术人才成长发展的环境不断改善。

（三）总体思路

——围绕中心，服务大局。围绕北京建设国际活动聚集之都、世界高端企业总部聚集之都、世界高端人才聚集之都、中国特色社会主义先进文化之都、和谐宜居之都的发展目标，全面推进首都专业技术人才队伍建设。

——高端引领，总体提升。以高层次创新型人才队伍建设为重点，充分发挥高层次专业技术人才在经济社会发展和人才队伍建设中的引领和带动作用，建设高效率的科技创新团队，大力提升首都专业技术人才队伍整体素质和能力，形成多层次的人才梯队。

——创新机制，优化环境。破除阻碍人才成长、流动、使用的思想观念，创新完善人才发展的体制机制，充分发掘专业技术人才的潜能和创造力，努力营造优秀人才脱颖而出的良好环境。

——优化布局，以用为本。进一步优化首都专业技术人才布局结构，引导专业技术人才向重点领域、重点地区流动，向科研与生产一线转移。坚持以用为本，积极为专业技术人才创新创业搭建平台，充分发挥各类专业技术人才作用。

——统筹发展，整体推进。统筹不同层次、领域、行业专业技术人才的发展，整合首都专业技术人才资源，推进央地人才融合发展。充分发挥首都专业技术人才整体优势，加强对周边地区和全国的辐射带动作用，提升区域人才整体创新能力。

三 主要任务

（一）着力围绕产业结构调整优化专业技术人才布局

（1）满足世界城市产业发展需要，推动专业技术人才向金融、高技术和文化创意产业聚集。紧密围绕首都金融产业定位和建设具有国际影响力的金融中心城市的发展目标，制定推进首都金融人才发展的意见，在金融街探索建设"世界高端金融人才聚集区"，着力完善金融产业人才链条，吸引和培养专门金融人才。围绕首都高技术产业布局，以建设中关村人才特区为契机，搭建国际一流的高技术产业人才发展平台，吸引海内外高技术产业领军人才带项目、带团队来京创新创业，促进人才、科技、产业协同发展；拓宽选才用才视野，通过项目合作、联合攻关等柔性流动形式面向海内外吸引、使用行业紧缺专业技术人才，以人才引领科技创新，以科技推动产业发展，以产业聚集人才资源。按照"世界创意之都"的发展定位，集成现有政策资源，探索建设"文化人才管理改革试验区"，培养聚集文化创意高端领军人才。

（2）适应首都发展方式转变需要，支持引导专业技术人才向战略性新兴产业聚集。探索建设"高新技术制造业和战略性新兴产业领军人才聚集区"，引导鼓励专业技术人才向新一代信息技术、生物医药、新能源、节能环保、新能源汽车、新材料、高端装备制造和航空航天等八大战略性新兴产业流动。大力实施人才引进专项计划，结合重大科技攻关专项、重大科技成果转化和重点产业化项目的建设，定期向海内外发布战略性新兴产业发展急需的高层次人才需求目录，引进一批能突破关键技术、引领新兴学科、带动新兴产业发展的战略科学家和创新创业领军人才及团队。建设一批以知识技术密集型产业为主的新兴产业基地，以产业集群带动专业技术人才聚集。

（3）着眼传统优势领域发展需要，鼓励专业技术人才向科教文卫等重点领域聚集。大力推进科教文卫等传统优势领域高层次人才队伍建设，建立和完善高层次人才的动态遴选培养机制，不断完善引进、使用、评价、激励等政策。实施"长城学者计划"等领军人才、学科带头人、理论和技术骨干培养选拔引进计划，加大投入力度，设立项目经费，加强国际交流。建立健全央地科研与产业资源的对接机制，支持科技领军人才、优秀创新团队跨领域、跨区域合作，共同承接国家和全市重大科技计划。建设一批以重点学科为依托、以培养杰出人才为核心的创新创业平台，推动人才、项目和产业基地的有机结合，不断提升首都传统优势领域人才队伍建设水平。

（二）着力培养选拔高层次创新型专业技术人才

（1）提升高层次专业技术人才创新能力。大力实施专业技术人才知识更新工程，以12个科技重点领域和9个现代服务业领域为重点，开展大规模继续教育工作，申请建设4~6个国家级继续教育基地，组织认证一批市级继续教育基地，每年选报8~10个国家级高级研修项目，举办25期左右市级高级研修班，培养高层次急需紧缺人才1.5万人，培养中青年骨干人才1.5万人。加强创新理论和创新方法研究，切实提高高层次专业技术人才队伍的创新能力。通过举办专题讲座、培训班、研讨会、论坛等形式，搭建高层次人才交流学习的平台，着力提高研究能力、创新能力和实践能力。

（2）完善高端专业技术领军人才培养选拔体系。以培养杰出人才为目标，实施"首都学者计划"，10年选拔50人左右给予重点培养扶持，选拔和培养一批居于世界科技前沿、富有创新能力、具有国际先进水平的创新者、创造者、建设者和发展者，造就一批引领首都经济社会又好又快发展的科学家、工程师和名家大师。

（3）积极做好青年人才储备。建立多层次、多渠道的青年拔尖专业技术人才培养选拔体系，加快培育战略性青年后备人才。大力实施博士后（青年英才）计划、科技新星计划等优秀青年人才培养计划，组织实施优秀青年专业技术人才境外培训工程，选派各行业领域青年拔尖人才、学术技术带头人、技术骨干出国（境）参加1~6个月的培训，提升国际化素养。出台推进博士后工作管理体制改革的实施意见，扩大博士后科研流动站和工作站规模，培养跨学科、复合型高层次青年专业技术人才。每年在重点学科、重点产业等领域扶持培养1000名左右青年拔尖专业技术人才。建设一批优秀青年英才培养基地，每年组织1000名左右青年专业技术人才进入基地开展学习实践。

（三）着力培育国际化专业技术人才队伍

（1）加大海外专业技术人才聚集力度。贯彻落实中央"千人计划"，实施"海聚工程"和重大引智专项计划，聚集10个由战略科学家领衔的研发团队，聚集50个左右由科技领军人才领衔的高科技创业团队，引进并有重点地支持1000名左右海外高层次人才来京创新创业，建立10个海外高层次人才创新创业基地。落实"外专千人计划"，建立高层次外国专家联系制度，吸引一批国际一流的外籍科学家、工程技术专家来京工作。搭建海外高层次人才引进的政策平台、市场平台、信息平台和服务平台，做好创业政策咨询、融资服务、生活配套服务等工作。全面推进留学人员创业园建设，加强留学人员回国创业资助，开展北京市留学人员创新创业特别贡献奖评比表彰。

（2）推进本土专业技术人才国际化。重点扶持一批高等院校、科研院所和企业建设国际人才交流平台，积极支持和推荐优秀人才开展国际学术交流合作。推动境内外人才联合培养，加强与海外高水平教育科研机构、知名企业的合作，选拔500名左右优秀人才到发达国家著名高校、实验室和世界500强企业参加各类培训和学术交流，推动首都专业技术人才更多参与国际前沿科学和应用技术研究，大幅提升本土人才国际化素养，加速推进首都专业技术人才国际化进程。

（四）着力推进人才一体化发展

（1）推进央地人才一体化发展。构建央地项目信息平台，实现央地人才信息共享。为中央单位在京投资建设重大项目、组织科技攻关和技术创新建立人才引进绿色通道，促进中央重大投资项目在京落地，用项目带动高端人才聚集。实施北京市与中国科学院、中国工程院的《院市人才服务合作计划》，推动建设专家指导委员会、院士工作站。建立中央在京单位专业技术人才参与首都发展建设的长效机制，鼓励市属单位聘请中央在京单位高级专家、学者到重要岗位兼职。支持市属单位与中央在京高等院校、科研院所共建研发机构、科技成果转化基地，实现央地科技资源、人才资源交流共享与合作共赢。

（2）推进城乡人才一体化发展。建立统一开放的城乡人力资源市场，及时汇集发布人力资源需求信息，推动城乡人才互动交流。大力发展都市型现代农业，改善农村文化教育、医疗卫生条件，对口选派部分专家到郊区县进行项目指导和专业人才帮扶，吸引更多专业技术人才到农村创新创业。制定完善各类优惠政策，鼓励专业技术人才到农村支教助医，引导教育、卫生等领域专业技术人才向基层一线流动，促进教育、卫生等社会建设事业均衡发展。

（3）推进区域人才一体化发展。围绕建设"首都经济圈"，落实京津冀人才合作协议，成立区域人才资源合作组织，加强在专业技术人才交流、人事代理、人才培训、人才派遣等方面的合作，实现高层次人才智力共享，促进区域人才资源开发一体化。主动适应首都经济发展方式转变，按照"人才+产业"的发展模式输出人才资源，实现人才紧跟产业流动，人才流动带动产业发展。

（五）着力创新专业技术人才管理体制机制

（1）完善专业技术人才管理体制。充分发挥中关村人才特区的示范和辐射作用，加大人才管理体制创新力度，探索建立以学术发展、创新绩效为主导的科技资源配置机制和科研运行机制。适应现代院所制度、现代大学制度、现代企业制度的要求，改进专业技术人才管理方式，在事业单位探索建立理事会等形式的法人治理结构，逐步形成竞争流动、开放有序的用人机制。在有条件的科研机构、企业、工程技术中心，率先探索建立与国际接轨的科研管理制度，对高层次人才在学术选题、人员使用、经费支配等方面，赋予更大的自主权。探索建立产学研用合作联盟，鼓励企业和高等院校、科研院所专业技术人才间双向兼职，根据市场需求组织核心技术和关键技术攻关。

（2）创新专业技术人才培养开发机制。重视运用科研项目和科技平台等载体培养人才。制定科技政策、编制科技规划、建设科技平台、实施科技奖励时要注意考虑人才培养需求。对重大科研和建设项目、重点学科和科研基地以及国际学术交流与合作项目，单位预算中要安排一定比例的资金用于人才培养和创新团队建设。探索建立产学研用合作培养和委托定向培养机制，形成"人才—项目—基地"相结合的人才培养模式。全面推行博士后（青年英才）创新实践基地建设，将创新实践基地建设成为集人才培养、科技成果转化为一体的产学研用合作平台。

(3) 建立健全专业技术人才评价机制。坚持不唯学历、不唯资历、不唯论文的评价原则，建立健全以品德、能力、贡献、业绩为导向，同行认同和社会认可的科学化人才综合评价机制。探索和构建拔尖领军人才、创新型科技人才、科研管理人才等不同类型人才的分类考核与评价体系。研究改革专业技术职务聘任制度和职业资格制度，规范专业技术人才职业准入制度，建设符合高端领军人才发展需要和基层一线人员岗位需求的职称评价机制。落实国家相关职称系列分类改革意见，做好深化中小学教师和工程技术等职称系列的改革工作。积极争取开展技工院校等中等职业院校增设正高级教师职称制度改革试点工作，探索建立与国际接轨的工程师认证认可制度。以改革书画人才职称评价机制为突破口，逐步推广到动漫游戏、服装设计、广播影视等行业领域，不断完善文化人才职称评价体系。进一步完善符合各行业专业技术人才队伍发展规律的职称框架体系，推动职称由体制内用人机制向全社会人才评价服务平台的功能定位调整。

(4) 强化专业技术人才激励机制。建立以工作质量和创新能力为导向的绩效综合考核激励制度。推广股权激励与分红激励机制，探索知识产权、技术、管理等生产要素按照比例参与分配的实现形式，探索实行股权、期权激励和技术成果、知识产权折价等人才激励方式，鼓励专业技术人才创业，以产业联盟、标准联盟为纽带鼓励专业技术人才协同创新。加大知识产权的保护力度，给予知识产权的职务发明人、设计人、作者及重要实施者与其实际贡献相当的收益，完善知识产权服务和维权援助工作，加大知识产权保护执法力度。

（六）着力优化专业技术人才发展环境

(1) 建立完善人才公共服务体系和信息化服务平台。强化政府所属人才服务机构公共服务职能，建立公共服务激励机制，制定相应的指标评价体系。建立流动专业技术人才人事档案公共服务管理信息系统，完善人事档案服务管理工作格局，实现"一点受理、多点服务"的快捷服务。完善政府购买服务机制，鼓励经营性人力资源服务机构依法参与人才公共服务。

(2) 建设统一规范灵活的人力资源市场。充分发挥市场机制在专业技术人才配置上的基础性作用，不断提升专业技术人才配置服务水平。完善专业技术人才依法自由流动的管理服务政策，畅通专业技术人才在机关、企业、事业单位之间的流动渠道。

（3）建立规范的事业单位用人制度。以健全聘用制度和岗位管理制度为重点，健全事业单位岗位绩效工资制度，形成符合事业单位特点和人才成长规律的人事管理制度。研究制定高等院校和科研院所专业技术人才到企业兼职办法，鼓励其进入市场创新创业。建立和完善事业单位特聘岗位制度，在一定期限内面向企业等单位招聘高层次专业技术人才。探索建立首席科学家、终身教授、终身研究员等高级人才使用制度，充分发挥高层次专业技术人才的引领带动作用。

四　保障措施

（一）加强规划纲要实施的组织领导

在市人才工作领导小组的统一领导下，由市人力社保局牵头，市委组织部、市委宣传部、市委教育工委（市教委）、市发展改革委、市科委、市经济信息化委、市国资委、市财政局、市卫生局、市金融工作局、市知识产权局、中关村管委会等部门共同推进规划纲要实施。各区县、各系统和有关单位要按照各自职责，切实做好规划纲要落实工作。

（二）强化规划纲要实施的运行保障

制定监督检查工作办法，加强对规划纲要各项重大任务落实进展情况的监督检查，及时发现和解决规划纲要落实中遇到的重点难点问题。建立定期考核制度，督促检查各相关单位任务落实情况，有计划有步骤地抓好落实工作。

（三）完善规划纲要实施的投入保障

各级政府通过加强资金、政策和投入方式的统筹，多渠道筹措资金，进一步加大专业技术人才投入规模。完善专业技术人才培养资助制度，设立"百千万人才工程"培养资助、博士后工作资助、留学人员科技活动资助及科技创新团队建设等专项经费。各级政府及各部门各行业要切实保障专业技术人才知识更新工程开展所需经费，充分利用国家级继续教育基地建设等资源，开展急需紧缺专业技术人才培训。进一步完善金融、税收等政策，支持企业和社会组织建立人才发展基金，鼓励非盈利组织、慈善机构和个人投资人才资源开发。

（四）做好规划纲要实施的基础工作

开展首都专业技术人才发展战略性理论研究，进一步提高专业技术人才工作的科学化水平。研究修订《北京市专业技术人员继续教育规定》，为专业技术人才发展提供法制保障。积极推进专业技术人才信息化建设，为人才工作提供信息保障。加强专业技术人才工作者队伍建设，通过组织专题培训、实地考察等方式不断提高人才工作者素质能力和业务水平。加大对规划纲要及重大政策措施的宣传力度，为规划纲要实施创造良好的社会舆论环境。

B.29
关于推进首都人才集群化发展的实施意见

为贯彻落实《首都中长期人才发展规划纲要（2010～2020年）》，加快推进首都人才集群化发展，实现人才与产业的无缝对接和良性互动，充分发挥人才对产业集群的服务、支撑和引领作用，现提出以下实施意见。

一 推进首都人才集群化发展的重要意义

（1）推进首都人才集群化发展，是加快推进产业集群形成和升级的迫切需要。美国硅谷、印度班德鲁尔、中国台湾新竹等世界著名产业集群区的发展表明，产业集群既是强势经济区，也是人才密集区，大量的人才聚集是产业集群形成和发展的重要前提和基础。推进首都人才集群化发展，有利于把人才发展与产业集群紧密结合，以人才集聚带动产业集聚，以人才结构优化助推产业结构升级，实现人才对产业发展的引领带动，将首都人才资源优势转化为产业发展优势。

（2）推进首都人才集群化发展，是加快转变人才发展方式的内在要求。北京建设六大高端产业功能区和四大产业功能新区，大力发展八大战略新兴产业，产业发展高端化、集群化的特征日益明显，对人才发展方式提出新要求。推进首都人才集群化发展，有利于产业集群内人才专业化技能和知识的积累与共享，更好地发挥知识溢出效应，有利于推进集群内社会化协作和技术创新，降低人才创新创业成本，增强集群可持续发展能力，推动产业集群向更高水平发展。

（3）推进首都人才集群化发展，是建设世界一流人才之都的战略选择。

纽约、伦敦、东京的发展实践表明，世界城市通常也是世界高端人才聚集之都，在国际上具有很强的人才竞争力和影响力。推进首都人才集群化发展，围绕产业功能区和战略新兴产业聚集大批人才，有利于整合首都人才资源，发挥重点产业人才结构互补优势，提高人才资源的整体使用效益，提升首都人才的国际竞争力和影响力。

二 推进首都人才集群化发展的总体要求

（一）指导思想

坚持以邓小平理论和"三个代表"重要思想为指导，深入贯彻落实科学发展观，坚持党管人才原则，尊重劳动、尊重知识、尊重人才、尊重创造，遵循社会主义市场经济规律、产业发展规律和人才成长规律，主动适应首都产业功能区和战略新兴产业发展需要，加快实施人才集群化发展战略，以高端领军人才为牵引，引导人才向重点产业合理布局，努力构建人才和产业协同发展的新格局，为建设世界一流人才之都提供有力支撑。

（二）基本原则

协同发展。把人才与产业的协调发展作为人才集群化发展的根本出发点和落脚点，通过构建产业集群的人才支撑体系，实现人才与产业的无缝对接、相互促进、共同发展。

高端引领。实施以高端领军人才为主导的人才发展战略，充分发挥高端人才在人才集群形成、发展、升级中的引领作用，充分发挥领军人才对产业集群的带动作用。

统筹推进。统筹考虑人才和产业发展政策，充分整合政府、企业、高校、科研及相关机构的优势资源，相互协作形成发展合力，共同推进人才集群和产业集群的发展。

突出特色。围绕区域优势和特色资源，突出行业优势和地方特色，重点培育区域相对集中、比较优势明显、规模实力较强的产业人才集群。

（三）目标任务

适应世界城市产业形态、六大高端产业功能区和四大产业功能新区、八大战略性新兴产业、生产性服务业发展需要，通过实施相应的人才集群化发展战略，依托产业集群吸引、培养、聚集人才，引导人才在产业链上的科学布局和层次上的合理分布，实现集群内人才资源的优化配置，全面提升人才资源聚集优势，带动产业集群优化升级，实现人才与产业的融合发展，打造一批具有国际影响力的人才集群，全面提升人才对产业集群发展的贡献率。

三 全力打造一批世界级特色产业人才集群

（一）打造世界级金融产业人才集群

健全完善金融市场体系和产业链条。结合首都建设具有国际影响力的金融中心城市的战略目标，加快建立和完善多层次资本市场，重点培育全国性的金融交易市场，大力培育全国性场外交易市场，培育发展具有较高公信力和国际水准的信用评级机构，在金融街打造金融标准、金融信息、资信评级等方面的世界级品牌，为人才集群发展提供载体平台。

加大高端金融人才的培养引进力度。建立高校与企业人才培养合作机制。构建金融人才专业化、国际化的能力建设体系，推动人才国际化交流与合作。结合金融街世界高端金融人才聚集区建设，制定实施首都金融人才开发培养工程，以高层次、国际化、复合型金融管理人才为重点，汇集一批懂得国际惯例和熟悉WTO规则的律师、会计师、经济师等相关专业人才，引进一批基金管理、金融产品开发、风险管理、保险精算等急需紧缺人才。

打造专业化的金融人才服务体系。完善基础服务和公共金融资源共享系统。搭建金融人才信息资源共享和互动平台，组建开放、互动、交流、共赢的金融街人才交流网络，提供创新实验平台、公共技术服务平台，建立创新成果展示与交易中心。

（二）打造世界级高技术产业人才集群

大力实施高技术产业集群人才引进培养工程。积极落实全市各类引才计划，重点引进高技术产业发展急需的国际水平领军人才。全面推进"科技北京"百名领军人才培养工程，深入实施北京市科技新星计划，培养和储备一批战略性青年科技后备人才。精心组织实施一批科技振兴产业工程，建设具有国际水平的产业研发体系。加大与国外优势企业合作共建研发机构的力度，积极开展国际间交流与合作，吸引和凝聚国际一流的高技术产业人才。

稳步推进高技术产业人才集群发展平台建设。构建多元化的科技成果转化机制，吸引国际一流的高技术产业人才带项目带团队来京创新创业。鼓励和引导高技术创业服务中心等服务机构的专业化和市场化发展，为高技术产业人才集群提供一流的技术转移服务。完善研发试验服务基地、领域平台和工作站三位一体工作体系，为高技术产业人才集群提供科技条件资源共享服务。

着力打造中关村高技术产业人才集群。推动中关村与美国硅谷、印度班德鲁尔、台湾新竹等地区开展合作，提升高技术产业集群和人才集群国际化水平。建立高端领军人才创新创业绿色通道，发挥领军人才对人才集群的引领作用。构建知识产权创造与运营服务体系，完善技术交易服务平台，引进和培育具有品牌效应的国际人才中介服务机构，建立健全专业化、国际化的人才市场服务体系。

（三）打造世界级文化创意产业人才集群

实施文化创意高端人才培养计划。围绕首都文化创意产业发展，以创新创意型、领军型、复合型高端文化人才为重点，加大文化创意人才培养力度。充分发挥首都高等院校的科教资源优势，在高水平院校设立创意产业学院和研究机构，制定实施文化创意产业人才招生培养计划，为首都文化创意产业发展培养储备人才。支持和鼓励首都文化创意产业相关院校与国际相关机构开展交流与合作。

大力引进文化创意产业高端人才。重点引进文化创意产业链最上游的原创人才、高级管理与运营人才、既有深厚文化底蕴又有国际视野的高级创意人才。支持和鼓励重点文化创意企业引进高端文化人才，给予适当的政策和资金支持。对于市属文化企事业单位引进的高端文化人才，在人员编制和专业技术职务结构上给予支持。依托国家及市级重点文化创意产业项目，鼓励用人单位以柔性方式引进国内外文化创意高端人才。

用活用好文化创意高端人才。注重发挥资深专家、大师作用，根据需要适当放宽退休年龄。进一步打破所有制、部门界限，推动中央和地方、不同所有制单位间文化创意高端人才交流与合作。对于文化创意高端人才创新创业项目优先资助，优先融资担保，优先展演播映。遴选30名左右文化创意产业高端人才组建"市长文化创意顾问团"，定期向市领导提供咨询建议。支持设立"名家大师工作室"、"国际艺术家村"等新型文化创意高端人才培养载体。

大力推动文化创意产业国际交流。完善海外市场服务体系，扩大自主产品出口。积极推动企业与联合国教科文组织、知识产权组织、贸易发展组织、全球创意产业联盟，以及美国、英国、韩国、日本等创意产业发达国家和地区建立合作关系，争取各类国际性创意产业机构在北京落户和建立分支机构。加强文化创意项目推广，支持优秀创意设计作品参加国际知名竞赛等。

四 加速推进产业功能区人才集群化发展

（一）加速推进区域人才集群品牌建设

根据产业功能区功能定位和资源优势，实施差异化的人才集群品牌战略。以现有品牌资源为基础，以国际化为立足点，以形象标识、人才队伍建设、重点企业航母为主要支撑，以产业文化为重要内涵，整体推进、分步实施，全面打造国内乃至国际著名的区域人才集群品牌。把人才集群作为区域品牌来营销和运作，扩大区域品牌在国内外的知名度和影响力，提高区域品牌的美誉度，增加市场对集群品牌的认可度，加速各产业人才向产业功能区聚集。

（二）努力搭建人才集群互动交流平台

大力支持猎头公司、会计师事务所、律师事务所、投融资机构、培训机构

等社会化服务机构的发展，着力构建和完善适应集群发展所需要的专业化服务体系。依托产业集群，建立专业化行业协会，加强自律和维权，推动集群健康发展。根据不同人才梯队特点，成立人才俱乐部或联合会，不定期举行各种活动，促进人才信息、管理理念、创新意识等各方面的共享互动。

（三）努力提升产业功能区环境品质

加强基础设施及公共配套服务设施建设，创造智慧友好的工作生活环境。加强企业文化、产业文化建设，着力培育区域内企业家，营造有利于品牌创造的制度文化氛围。培植诚信文化、协作文化和创新文化，严厉打击假冒伪劣行为，保护技术创新成果，形成良好的市场秩序和创新氛围。强化政府公共服务职能，创新政府服务方式，加快推进人才服务的系统化、标准化和专业化发展，优化人才服务环境。

五 加快聚集一批战略性新兴产业领军人才

（一）实施战略性新兴产业领军人才引进计划

绘制战略性新兴产业人才全球分布地图，推行人才实名推荐制度，掌握一批国际一流的科学家、工程技术专家和企业家的情况。结合重大科技攻关专项、重大科技成果转化和重点产业化项目的建设，定期向海内外发布战略性新兴产业急需的高层次人才需求目录。以中关村科学城、未来科技城为载体，持续引进一批能突破关键技术、引领新兴学科、带动新兴产业发展的战略科学家和创新创业领军人才及团队，促进战略性新兴产业人才高密度聚集。

（二）实施战略性新兴产业领军人才培养计划

推动境内外人才联合培养，加强与海外高水平教育科研机构、知名企业的合作，联合建立一批研发基地，推动首都人才参与国际前沿科学和应用技术研究。大力开展政产学研用联合培养人才试点，推动博士后科研工作站、博士后（青年英才）创新实践基地建设。支持企业与高校、科研院所联合进行人才培养,共同推动一批产业技术研究院、工程研究中心、重点实验室、工程实验室、企业技术中心建设,联合培养博士研究生、硕士研究生,进行合作研发和重大科技成果转化。鼓励企业专业技术人员和科研人员进行双向兼职挂职,从事专业教学或课题研究。

(三)创新战略性新兴产业人才聚集机制

进一步创新"人才＋项目"模式,提高战略性新兴产业领军人才在确定项目方向上的自主权。在政府产业扶持专项资金中,对于入选"千人计划"、"海聚工程"、"高聚工程"等人员开展的、代表新兴产业未来发展方向的创新创业项目,优先给予政府直接投资、融资担保、贷款贴息等支持。建立健全战略性新兴产业项目储备库,充分发挥一流科学家、工程技术专家和企业家的作用,邀请其指导或参与战略性新兴产业项目的立项评估工作。对于享受政府财政支持的战略性新兴产业项目,安排一定比例的资金用于培养创新研发人才及团队,加快形成科研人才和科研辅助人才衔接有序、梯次配备合理的人才结构。

六 积极完善产业集群人才支撑体系

(一)优化完善产业集群人才服务体系

支持政府所属人才服务机构在相关产业聚集区设立服务窗口或分支机构,有针对性地提供人才招聘、人才培训、人员派遣、高级人才寻访、人才服务外包、人员测评、人事代理、人力资源管理咨询等服务;创新各类在京人才服务机构合作模式,拓宽在京人才服务机构参与首都人才集群化发展渠道,积极培育服务于首都产业集群发展的专业性人才市场;积极鼓励民营和中外合资人才服务机构发挥自身优势,为首都产业集群化发展提供人才服务;探索建立人力资源服务产业园区,引导人才服务机构围绕首都产业集群发展实现集聚发展;逐步建立符合国际通行做法的人才开发模式,推进人才服务与国际通用规则和标准相衔接,提升首都产业集群发展人才服务的国际化水平。

（二）建立完善产业集群人才评价体系

从规范职位分类与职业标准入手，针对金融、高技术、文化创意以及八大战略性新兴产业的不同行业特点和职位要求，制定完善分类分层的产业人才评价序列。建立评价序列定期调整制度，根据首都产业集群发展变化，及时对产业链条延伸拓展中出现的新职业进行补充调整。改革人才评价方式，发展和规范人才评价中介组织，重点扶持一批专业性强、社会认可度高的人才评价机构。改革完善专业技术职务聘任制度，探索建立分类管理模式。

（三）创新完善产业集群人才培养链

充分发挥高等院校、科研院所在高层次人才培养方面的主渠道作用，在著名大学探索建立高水平的市立学院或产业发展研究院，有针对性地培养一批服务于首都产业集群发展急需紧缺的高级人才。充分发挥技工院校和各类职业院校在高技能人才培养方面的主渠道作用，建设一批适应首都产业集群化发展的高技能人才培养基地，推进职业教育与首都产业集群的对接。依托高等院校和科研院所的重点实验室、重点学科、工程技术中心、博士后科研流动站和工作站等平台，重点建设一批开放式、交互型的产业人才高级研修基地。

（四）建立完善产业集群人才统计制度

建立和完善产业集群人才综合监测指标体系，定期实施产业人才数据监测和分析，全面掌握世界城市三大业态产业和首都产业功能区人才资源状况，科学引导调整人才的产业结构和分布。搭建产业集群人才资源信息共享平台，加快"北京市宏观经济与社会发展基础数据库"建设进度，定期公布产业集群政策和产业发展、科技市场、人才供求信息，满足政府、企业和社会公众需求。

七　推进首都人才集群化发展的实施保障

（一）加强组织领导

在市人才工作领导小组的领导下，由市人力社保局、市委宣传部、市委教育工委、市发展改革委、市教委、市科委、市经济信息化委、市国资委、市金融工作局、市统计局、市投资促进局、中关村管委会、经济技术开发区等部门和各重点产业功能区所在区县负责具体推进落实。

（二）建立协调推进制度

实施项目责任制，各单位每年制定年度工作计划，市人才工作领导小组每年对工作进展进行检查评估。定期召开首都人才集群化发展协调会议，统筹协调解决重点难点问题。建立信息沟通机制，各单位及时向市人才工作领导小组办公室报送工作成果。

B.30
关于进一步加强党管人才工作的实施意见

为贯彻落实《中共中央办公厅印发〈关于进一步加强党管人才工作的意见〉的通知》(中办发〔2012〕22号),深入实施《首都中长期人才发展规划纲要(2010~2020年)》,进一步加强和改进党对人才工作的领导,提高人才工作科学化水平,结合本市实际,提出如下实施意见。

一 充分认识进一步加强党管人才工作的重要意义

(1)进一步加强党管人才工作,是完成党的执政使命、巩固党的执政地位的战略需要。人才是国家发展最宝贵的战略资源,是社会中影响比较大的群体,是党执政的重要依靠力量,是党的执政骨干的重要来源。党管人才是人才工作的重要原则,是党的组织制度的重要组成部分,是人才工作沿着正确方向前进的根本保证。加强党对人才事业的统一领导,有利于在人才工作中贯彻落实党的各项方针政策,有利于把更多的人才团结在党的周围,凝聚到党和国家发展的各项事业中来,更加有力地推进党的建设新的伟大工程。

(2)进一步加强党管人才工作,是推进首都科学发展、加快建设中国特色世界城市的重要保证。人才是高层次的发展要素,抓发展就要抓人才,抓人才就是抓发展。加强党对人才工作的领导,有利于更好地统筹经济社会发展和人才发展,促进人才资源与首都经济社会发展紧密结合,有利于更好地集聚大批海内外高端人才在首都创新创业,打造世界高端人才聚集之都,在激烈的全球人才竞争中形成比较优势,加速建设中国特色世界城市。

(3)进一步加强党管人才工作,是解决首都人才发展深层次问题、提高人才工作科学化水平的关键举措。党管人才是一项综合性工作，发挥党委（党组）在人才工作中核心领导作用，有利于以改革创新的精神，从根本上解决制约人才发展的深层次矛盾和问题，有利于调动全社会参与人才发展事业的积极性，加大人才工作的统筹力度，进一步提高人才工作的科学化水平。

二　进一步加强党管人才工作的指导思想和目标任务

（4）指导思想。高举中国特色社会主义伟大旗帜，以邓小平理论和"三个代表"重要思想为指导，深入贯彻落实科学发展观，坚持科学人才观，遵循社会主义市场经济规律和人才成长规律，坚持依法管理，不断改革创新，进一步完善党管人才工作格局，大力提升党管人才工作水平，加快确立首都人才优先发展战略布局，坚持人才资源优先开发、人才结构优先调整、人才投资优先保证、人才制度优先创新，为建设世界高端人才聚集之都提供坚强的政治和组织保障。

（5）目标任务。进一步明确党管人才工作的重点任务，形成全面覆盖、重点突出的党管人才工作领域。进一步完善党管人才的职责框架，形成左右衔接、上下贯通的党管人才工作格局。进一步强化党管人才工作的保障措施，形成精简高效、运转协调的党管人才工作机制。

三　进一步明确党管人才工作的重点任务

（6）建体系。逐步建成领导、组织、协调、落实、保障五位一体的人才工作体系。发挥党委（党组）核心领导作用，着力解决人才工作和人才队伍建设中带有根本性、全局性、关键性的问题，形成科学民主决策的领导体系。理顺各有关部门的职能，明确工作职责，健全各级人才工作机构设置，形成权责分明的组织体系。充分发挥人才工作领导小组作用，支持和保证组织部门、各职能部门、群团组织等发挥职能作用，建立高效畅通的协调体系。抓好人才工作检查督促，强化绩效考核，建立规范的督促落实体系。加大人力、物力、财力投入，建立有力的保障体系。

(7) 建机制。深入推进人才培养开发、评价发现、选拔任用、流动配置、激励保障等各项人才发展体制机制改革，尊重社会主义市场经济规律，健全人才市场体系，充分发挥市场在人才资源配置中的基础性作用。抓住建设中关村人才特区的有利契机，探索建设一系列人才综合管理改革试验区，积极创新人才政策，带动人才发展体制机制创新，解决制约人才发展的重点难点问题。加快转变人才发展方式，推动央地、城乡、区域人才一体化发展。

(8) 建队伍。在统筹各类人才队伍建设的基础上，重点培养支持一批拔尖领军人才、急需紧缺人才和战略后备人才。充分开发国际国内两种人才资源，依托中央"千人计划"和全市重点人才工程、重大人才项目，大力引进海外高层次人才，加强国内高层次、创新型、国际化人才开发培养。重视和加强非公有制经济组织和新社会组织人才开发工作。高度重视人才安全工作，将关系和影响地区发展的关键人才团结在党的周围。

(9) 建平台。重视人才载体建设，发挥用人单位在人才发展中的主体作用，将用人单位的自身发展与人才发展有机统一。依托中关村国家自主创新示范区、金融街、商务中心区等高端产业功能区和高端产业新区建设，加快引进一批跨国公司、国际组织、大型央企和民营企业总部或分支机构。加强各类高新技术产业开发区、留学人员创业园、海外高层次人才创业孵化基地等人才创业载体建设，推动高等院校、科研院所、专家服务基地、企业技术中心等人才创新平台建设，为各类优秀人才发挥作用提供宽广舞台。

(10) 建环境。大力建设和营造尊重人才、鼓励创新、开放包容的人才发展环境。优化人才发展法制环境，推动制定人才发展综合性法规、重点专项法规，加快人才工作法制化进程。加强思想建设和舆论宣传，大力表彰宣传优秀杰出人才，牢固树立尊重劳动、尊重知识、尊重人才、尊重创造的社会价值取向。着力培育创新文化，提高人才学术自主性，倡导追求真理、勇攀高峰、团结协作的精神，形成科学民主、开放包容、勇于创新的氛围。大力践行以"爱国、创新、包容、厚德"为主要内容的"北京精神"，深入发掘我国传统文化精髓，吸收借鉴国际先进文化理念，加快建设中国特色社会主义先进文化之都，营造更加开放、更具吸引力的人才发展环境。

四 进一步完善党管人才的工作格局

（11）加强党委统一领导。各级党委（党组）要履行好管宏观职责，把握人才工作的正确方向，创新人才工作理论和实践，通过制定战略规划等方式完善人才工作顶层设计。要履行好管政策职责，深入研究人才工作面临的突出矛盾和问题，加强对政策制定的统筹和指导，主持制定事关全局的重大政策，加快人才工作制度化、规范化建设。要履行好管协调职责，充分发挥人才工作领导小组的重要作用，创新协调方式方法，建立完善协调有力、运行高效的工作机制。要履行好管服务职责，准确把握用人主体和人才个体需求，综合运用政策支持、精神激励和环境保障等多种手段实现人才工作根本目标。

（12）加强组织部门牵头抓总。组织部门作为人才工作宏观管理和统筹协调部门，在党委领导下承担人才工作牵头抓总责任。要履行好党委参谋助手职责，抓好战略思想研究、总体规划制定、重要政策统筹、创新工程策划、重点人才培养和典型案例宣传等工作。要履行好党委决策落实职责，将党委研究决定的工作任务分解到具体承办单位或部门。要履行好支持协调职责，在任务执行过程中协调各方力量，给予承担单位或部门必要的支持。要履行好监督考核职责，对工作任务结果进行有效监督和科学考核。要坚持牵头不包办，抓总不包揽，统筹不代替，积极支持配合其他部门在职责范围内开展工作。

（13）促进职能部门各司其职、密切配合。职能部门要积极贯彻落实党委关于人才工作的各项大政方针、工作部署和工作任务，提高人才工作执行能力。要主动配合相关部门和单位开展的人才工作，提供有力支持和必要协助。要积极推进本部门人才发展事业，保障人才工作人员、经费等落实到位。人力资源和社会保障部门作为政府人才工作综合管理部门，要在制定人才政策法规、构建人才服务体系、培育和发展人才资源市场等方面发挥职能作用。承担党政人才、企业经营管理人才、专业技术人才、高技能人才、农村实用人才和社会工作人才等人才队伍建设的各部门要切实履行好工作职责。各党政职能部门要充分调动本部门资源优势，齐抓共管、通力合作，在人才工作大局中发挥更加有效地支撑保障作用。

(14）切实发挥用人单位主体作用。把握和遵循人才成长规律，加强人才工作分类指导。指导机关、企事业单位和社会组织根据各自特点开展人才工作。引导各类用人主体在总结运用人才工作传统经验的同时，不断推进人才工作实践创新、理论创新、制度创新。引导和督促各用人单位认真贯彻执行党的人才工作方针政策，自觉做好本单位人才培养、引进和使用工作。不断深化干部人事制度改革，扩大干部工作民主，拓宽选人用人渠道，促进优秀人才脱颖而出。深化国有企业和事业单位人事制度改革，创新管理体制，完善用人机制，尊重和落实单位用人自主权。鼓励和引导非公经济组织和新社会组织认真落实所在地方党委、政府人才规划，以灵活机制做好人才服务和管理工作。

（15）引导社会力量广泛参与。引导和支持工会、共青团、妇联、科协、文联、作协等人民团体和各民主党派、工商联、无党派人士等各方面力量积极参与人才工作。大力发展人才服务业，鼓励和支持各类人才培训机构、中介机构、人才社团以及从事国际人才交流的民间机构创新服务方式和内容，为人才提供个性化和多样化服务，动员全社会力量协调一致地做好人才工作。

五 进一步强化党管人才工作的保障措施

（16）进一步健全党管人才工作的组织形式。建立"一把手"抓"第一资源"领导体制，党委（党组）书记要带头抓好人才工作，党委常委（党组成员）要按照分工抓好分管领域系统的人才工作。各级党委（党组）要加强人才工作领导小组建设，明确人才工作领导小组成员单位职责分工，规范人才工作领导小组工作制度和流程，切实发挥好综合管理职能。承担全市人才工作任务较重的职能部门，应根据实际需要建立健全人才工作机构，充实人员力量。各区县人才工作领导小组组长由区（县）委书记担任，相关部门主要负责同志担任领导小组成员。各区（县）委组织部门要单独设立人才机构，配齐配强工作力量。

（17）进一步改进党管人才工作的决策方式。建立各级党委常委会听取人才工作综合汇报制度，每年至少听取一次汇报，研究部署人才工作。凡涉及人才工作的重要文件、重要活动安排等，都要提交人才工作领导小组审议，重大事项要报同级党委（党组）审定。建立人才发展重点难点问题调查研究制度。注重发挥专家作用，在人才工作重大决策和部署方面积极听取专家意见和建议。

（18）进一步拓展党管人才工作的协调途径。完善人才工作领导小组年度重点工作管理制度，根据上级总体要求和本单位实际，制定人才工作年度计划，确定工作重点，分解工作任务，明确工作要求。完善人才工作领导小组例会制度，定期交流工作进展情况，统筹协调解决重点难点问题。人才工作领导小组各成员单位要确定联络员，加强同领导小组和其他成员单位的工作联系。完善信息交流互通机制，各部门和地区在制定人才政策时，需征求相关部门意见。建立人才政策公用信息平台，汇集全市各类人才政策信息，为各类用人单位和人才个体提供服务。各级党委组织部门要制定和完善人才工作协调运行办法，切实承担起重大人才事项的协调工作。

（19）进一步改进党管人才工作的落实方法。建立党政领导班子人才工作目标责任制度，明确人才工作主要职责、工作分工和工作目标，设立科学的考核指标，建立规范的考核流程，把考核结果作为领导班子和领导干部综合考核有关指标的主要依据，推动党政领导干部特别是主要负责同志更加重视和加强人才工作。加强重点工作跟踪指导和专项督查，探索建立通过第三方对人才发展情况进行监测、分析和评估的有效办法。抓好示范性工程和重大活动的组织策划，各级党委每年要组织开展一些有影响的重大活动，打造首都人才品牌项目，发挥示范性工程和重大活动的引领带动作用。完善党委联系高层次人才制度，按照建立联系、发挥作用、搞好服务的要求，增强党在高层次人才中的凝聚力和号召力。探索运用现代科技手段特别是网络信息技术开展人才工作。

（20）进一步强化党管人才工作的支撑手段。加强财政经费对党管人才工作的支持力度，市、区两级财政要优先保证人才投资需求，并在整合统筹现有资金的基础上明确人才发展专项资金，健全完善人才发展专项资金的管理制度，确保全市重点人才工程和重大人才发展任务的顺利推进。探索构建多元化的人才投资渠道，以政府财政投入作为引导资金，鼓励企业和社会组织建立人才发展基金，用于重点领域人才引进、培养和优秀人才奖励资助。强化理论指导，大力宣传普及科学人才观，大力发展专业化人才理论研究机构，深入开展人才理论研究，重视研究成果运用，提高成果转化率。健全人才信息年度统计和发布制度，明确统计调查的主要内容、调查方式和责任分工，及时全面掌握首都人才资源基本状况。加大全市人才工作者队伍建设，通过开展境内外培训、工作交流等形式，使全市各级人才工作者成为帮助人才发挥作用的专家、熟知人才成长规律的专家、建设人才队伍的专家和服务各类人才的专家。

B.31
2011年北京人才工作大事记

1月

13日 北京市召开宣传文化系统"四个一批"人才新春座谈会，并发布《北京市宣传文化系统"四个一批"人才培养工作方案》《北京市宣传文化系统"四个一批"经营管理人才培养工作方案》等文件，进一步加大"四个一批"人才和文化经营管理人才培养力度。

15日 "千人计划"专家联谊会在北京成立。中共中央政治局委员、中央书记处书记、中组部部长李源潮出席成立大会，并与海外知名专家座谈。

20日 北京市召开新闻出版行业领军人才工作会议，公布2010~2012年度首批北京市新闻出版行业领军人才遴选结果，136人荣获"首届北京市新闻出版行业领军人才"荣誉称号。

3月

9日 北京市召开全市人才工作领导小组会议，对2011年人才工作进行部署。会议听取了第四批"海聚工程"评选工作汇报，审议了《关于进一步加强党管人才工作的实施意见》《北京市建设海外高层次人才创新创业基地暂行办法》《"海聚工程"青年项目工作细则》《"海聚工程"短期项目实施细则》等政策文件。

14日 中央和国家15个部委与北京市委、市政府联合印发《关于中关村国家自主创新示范区建设人才特区的若干意见》，决定在中关村实行重大项目布局、境外股权和返程投资、科技经费使用等13项特殊政策，全面建设"人才智力高度密集、体制机制真正创新、科技创新高度活跃、新兴产业高速发展"的国家级人才特区。

22日 北京市住建委成立住房和城乡建设行业人才队伍建设领导小组,确保有效地组织并指导实施北京市住房和城乡建设行业人才队伍建设规划。

30日 北京市委常委会议研究通过了《贯彻落实〈关于中关村国家自主创新示范区建设人才特区的若干意见〉实施方案》和《中共北京市委北京市人民政府加快建设中关村人才特区行动计划(2011~2015年)》。

31日 中共中央政治局委员、中央书记处书记、中组部部长李源潮到北京中关村调研人才特区建设时指出,要解放思想、推进改革,积极探索和创新人才政策与体制机制,大力引进和用好海内外高端人才,将中关村人才特区建成令人向往的创新创业人才特别集聚区,为科学发展、自主创新提供人才支撑。要充分发挥人才特区的优势,更好地集聚海外高端人才包括外国高级专家,努力把中关村建设成为世界一流的国际化人才集聚区和科技自主创新示范区。

4月

28日 中组部、国家发展改革委等15个中央部门与北京市相关部门共同组成"人才特区建设指导委员会",为统筹协调、细化落实支持政策,探索人才体制机制创新,推动中关村人才特区建设提供有力支撑。

5月

13日 北京市委组织部、市人力资源和社会保障局等单位召开新闻发布会,发布《2011年北京市引进海外高层次人才专项计划》,提出定向引进436名海外人才,同时在中关村人才特区协调引进100名左右创业类海外高层次人才。

13日 北京市出台《中关村高端领军人才专业技术资格评价办法》,在部分区域高层次人才中试行职称评审"直通车"制度。

18~29日 北京市代表团出访德国、芬兰并赴香港特别行政区,参加了在德国举行的"北汽集团海外高级人才招聘会""北京—斯图加特高层次人才恳谈会""留德海外学人聚贤会"和"中关村驻德国联络处揭牌仪式",积极开展人才政策推介和人才寻访活动。

27日 北京市人才工作领导小组驻香港人才联络处在香港正式揭牌。驻港联络处将着力打造成为促进京港人才交流的主要枢纽,面向海外宣传北京发展建设成就的前沿阵地和北京引进海外高层次人才的重要中转站。

6月

11日 北京市人力资源和社会保障局在北京人才大厦举办"国际英才"第四届北京外籍人才引智洽谈会,面向已经在华、在京工作的外籍人才及国内名牌大学即将毕业的外籍留学生,为用人单位和外籍人员搭建就业桥梁。

16日 北京、天津、河北三地人才工作领导小组在京共同举办"京津冀人才工作联席会议暨2011年北京人才发展高端论坛",审议通过了《京津冀人才工作联席会议章程》,联合发布了《京津冀人才一体化发展宣言》,提出三地人才一体化发展将坚持服务发展、平等互利、优势互补、市场推动的原则,探索建立独具特色的合作模式、高效有力的服务体系和协调一致的合作机制,通过加快构建区域人才合作新机制、拓展区域人才合作新空间、搭建区域人才合作新舞台等具体行动,使京津冀区域人才合作形成三地联动、加速前进的新态势,努力把京津冀地区建设成全国最具示范性的区域化人才发展试验区、东亚地区最具吸引力和凝聚力的人才都市圈、全球高端人才高度汇聚和融合的核心枢纽。

7月

1日 北京市财政局、人力资源和社会保障局印发了《关于事业单位聘用海外高层次人才有关工资问题的通知》。文件明确了市属事业单位聘用海外高层次人才单独申报工资总额。

12日 中关村人才特区建设工作大会召开。会议强调要贯彻落实中央精神,动员各方力量,集中中央和北京市地方资源,全力推进中关村人才特区建设。中共中央政治局委员、北京市委书记刘淇,中共中央政治局委员、中央书记处书记、中央组织部部长李源潮出席大会并讲话。

26日 "科技北京百名领军人才培养工程"实施工作会召开。会议公布了"科技北京百名领军人才培养工程"首批入选人员名单,27名入选人员平均年龄44.2岁,分布在13个专业领域。

8月

8日 《首都中长期农村实用人才发展规划纲要(2010~2020年)》正式发布。

23日 北京市教育委员会、中关村科技园区管理委员会发布《关于加强北京高校与中关村国家自主创新示范区企业人才互动工作的意见》。

9月

11日 北京市发布《关于鼓励和吸引海外高层次人才来北京经济技术开发区创业和工作的意见(试行)》。

9月底至10月中旬 北京市、内蒙古自治区组织部门开展了北京市—内蒙古自治区人才对口帮扶合作工作,在京举办了现代农业干部培训班、二级以上医院院长管理培训班、中小学校长培训班三期,在蒙开展了专家论坛和医疗帮扶活动。

28~30日 "北京海外人才交流大会暨第二届北京海外论坛"召开,来自美国、英国、法国、澳大利亚、日本等国家和地区的600余名海外人才参加大会。

10月

20~21日 北京市人才工作领导小组在京港洽谈会期间举办"京港人才

合作交流活动",召开了"人才引领发展·创新开拓未来"圆桌会议,组织香港人士赴中关村人才特区和朝阳区 CBD、西城区金融街进行实地考察,促进京港人才交流与合作。

11 月

21 日　中关村创新平台发布了中关村人才特区财政扶持、股权奖励个人所得税、人才培养与兼职、居留与出入境、落户与国籍变更、进口税收、医疗、住房、配偶安置等 9 项扶持政策的办理流程及试点方案,符合条件的高层次人才即日起可申请享受有关扶持政策。

27 日　北京大学、中国科学院、中关村管委会、海淀区等部门共同召开大中小学联动培养创新人才成果交流研讨会。

28 日　北京市专家联谊会与芜湖市举办经济技术合作交流论坛,开启"产业+项目+人才"合作模式。

12 月

1 日　《首都中长期高技能人才发展规划纲要（2010~2020 年）》正式发布。

23 日　《首都中长期企业经营管理人才发展规划纲要（2010~2020 年）》正式发布。

28 日　北京市"十二五"时期人才发展规划》正式发布。《规划》提出,"十二五"期间,本市的重点任务是培养打造创新创业型领军人才、紧缺专门人才、国际化人才、青年英才。

30 日　北京人才工作领导小组办公室与中国人民大学劳动人事学院联合举办"2012 中国人力资源管理新年报告会",本次报告会的主题是"人才、人材、人裁、人财,开启人力资源管理的新时代"。

B.32
2012年北京人才工作大事记

1月

12日 北京市科协启动第十二期北京青少年科技后备人才早期培养计划。该计划组织青少年进入高校和科研单位的重点实验室，利用课余时间进行科学研究活动，从而启迪科学思维，激发对科学探索的兴趣，培养具有创造精神和创造能力的高素质青少年人才。目前，共有超过100个中央和市属重点实验室对学生开放，120余个基地示范校参与该计划。

16日 创新人才教育研究会成立大会暨第一次会员代表大会在京召开，来自全国27个省区市的近300个会员单位代表参会。研究会的主要任务是开展创新人才培养体制、模式等研究和教育教学改革实验，探索创新人才成长规律，创新教育教学内容和方法。人大附中校长刘彭芝担任会长。

2月

8日 教育部、文化部联合召开"动漫高端人才联合培养计划"启动实施工作会议。该计划拟由北京师范大学、中国传媒大学和北京电影学院等高校组成跨校联合体共同举办实验班，每年选拔一批本科生进入实验班，采用名师指导、小班教学、工作室制和参与影视制作，以及跨校选课、学分互认等方式开展教学活动，推动动漫类专业教学改革，促进艺术和技术融合，共同探索动漫高端人才培养的新途径。

9日 北京市召开进一步鼓励和引导社会资本举办医疗机构工作会议，提出将把社会办医疗机构纳入全市引进人才专项计划工作范围，对于通过公开招聘平台确定引进的人选可直接办理人才引进调京手续。社会办医疗机构在科研课题申请、科研成果申报方面享受政府办医疗机构同等待遇。

13日起 北京市面向非华裔外国专家启动第二批、第三批"外专千人计划"申报工作,以吸引更多的海外高层次人才来京工作和创业。中央财政将给予入选专家每人100万元的一次性补助,并根据工作需要提供最高500万元的科研经费补助。

14日 2011年度国家科学技术奖励大会在京召开,谢家麟、吴良镛荣获2011年度国家最高科学技术奖,374个项目和10位科技专家获得2011年度国家科学技术奖励。

25日 北京市在悉尼举办"全澳华人高端人才峰会",市委常委、组织部长、市人才工作领导小组组长吕锡文同志发表主旨演讲,介绍了北京引进海外人才的有关政策、中关村人才特区建设情况和北京市海外人才聚集工程情况,并为中关村驻悉尼人才联络处揭牌。

3月

13日 《北京市人才引进公开招聘管理办法》发布。该办法对全市人才引进公开招聘工作进行了规范,明确了本市人才引进公开招聘将重点围绕7类重点产业领域,并再度拓宽引才渠道。

4月

9日 "科技北京"百名领军人才培养工程2012年申报选拔正式启动。

12日 北京市召开2012年人才工作领导小组会议,对2012年全市人才重点工作进行安排部署。

13日 北京市召开科学技术奖励大会,市委书记刘淇,市委副书记、市长郭金龙等领导出席大会并为获奖代表颁奖。2010年、2011年度共有408项成果获北京市政府奖励,其中重大科技创新奖1项,一等奖53项,二等奖109项,三等奖245项。获奖成果中,有252项是国家、北京市等各级政府资金支持形成的成果,占获奖项目总数的62%。

5月

3日 中关村高端人才创业基地揭牌。中关村高端人才创业基地落户于北京科技大学,将依托国家重大人才计划,重点引进杰出科学家和研究团队,培养产业领军人才和创业团队,集聚创业服务团队,抢占战略性新兴产业制高点。

15日 北京市人力资源和社会保障局为首批通过职称评审直通车获得教授级高工职称的中关村高端领军人才颁发了职称证书。按照规定,凡在中关村海淀园、亦庄园两试点区域内的企业中从事工程技术研发生产、且工作业绩和专业水平达到一定条件的高端人才,不受职称、学历和任职年限限制,不需参加外语和计算机应用能力考试,可直接申报高级工程师(教授级)职称评审。

21日 北京市开展第三批有突出贡献的高技能人才评选表彰活动。

6月

4日 北京市启动实施"长城学者计划"。计划预计每年引进100名左右高端人才,提供总额数亿元的科研费、学科建设费等支持,鼓励高端人才在北京地区高校开展科研创新,为首都经济社会发展和做大做强首都高等教育事业提供人才支撑。"长城学者计划"拟引进的人才包括3个层面,分别是院士级人才,国际知名科学奖项得主,长江学者、海聚工程、千人计划、百人计划等国内高端人才计划的入选者。

7月

1日 北京市第十一次党代会召开新闻发布会,介绍五年来全市组织工作的主要成就。人才工作方面,截至2011年年底,北京地区人才总量达到532万人,人才贡献率达40.6%;北京地区聚集了719位两院院士,约占全国院士总数的48%;有享受国务院政府特殊津贴的专家3611人,国家突出贡献专家 98 人,"新世纪百千万人才工程"385 人,其中国家级人选 41 人。

18 日 北京市委组织部、北京市人力资源和社会保障局召开 2012 年度引进海内外高层次人才新闻通报会,集中发布海外高层次人才、国内人才两类人才需求,市属高校、科研院所、企业等单位共提供了 1085 个岗位需求。

19 日 北京市发布《2012 年度北京市引进海外高层次人才专项计划》。

8 月

3 日 北京市委常委牛有成会见海外人才为国服务团。

27 日 两岸文创人才服务基地落户北京。

9 月

10 日 北京市首次面向海外高级专业人才及高级管理人才设立政府特聘岗位,共有北京市旅游委旅游发展规划总监和国际旅游市场营销总监、北京市交通委交通战略规划总监、北京市经信委公务机项目总监、北京市商务委服务贸易规划总监、北京市医管局总药剂师、中关村管委会国际化业务总监等 7 个岗位面向海外公开招聘。特聘岗位不对应行政级别和专业技术职务,实行"协议工资制";承担政府特聘岗位职责的海外高层次人才享受户籍、住房、医疗、子女入学等相关政策待遇,并优先推荐参评中央"千人计划"。

14 日 北京市科技创新大会举行,首都科技创新发展指数同期发布。该指数通过 62 个纵向指标和 13 个横向指标在世界范围内将北京科技创新水平进行了定位,分析影响科技创新发展的主要因素,提出针对重大战略性问题的解决思路和政策建议。

19 日 北京市教育委员印发《北京市属高等学校高层次人才引进与培养三年行动计划(2013~2015 年)》。

19 日 市委常委会召开会议研究加强党管人才工作。会议讨论通过了《关于进一步加强党管人才工作的实施意见》。

27~29 日 北京市举办第二届海外人才交流大会,来自美国、加拿大、英国等国家和地区的 500 多名海外人才来京，参加了中关村人才特区政策宣讲会、海外学人迎接国庆 63 周年座谈会、北京海外论坛主题报告会、2012 北京海外人才创新创业发展论坛等一系列交流活动。

29 日，北京市委、市政府发布《关于深化科技体制改革加快首都创新体系建设的意见》，提出到 2020 年，基本建成适应社会主义市场经济体制、符合科技发展规律的首都创新体系，初步建成全球技术创新网络的重要枢纽和有世界影响力的科技文化创新之城。

10 月

16 日　北京市科协召开青少年"科技后备人才计划"工作研讨会。

11 月

29 日　北京市首个由园区开发建设单位建设并运营的人才公租房项目——翠湖·阅西山竣工，2000 多套房源主要面向海淀北部新区的中关村企业分配，计划于 2013 年 3 月入住。这是本市最大规模人才公租房项目。

12 月

12~13 日　北京市人才工作领导小组办公室举办全市人才工作者培训班。

29 日　北京市人才工作领导小组办公室与中国人民大学劳动人事学院联合举办"2012 中国人力资源管理新年报告会"，本次报告会的主题为"关爱与幸福：人力资源管理超越绩效的使命与追求"。

英文摘要

Promoting Talent Competitive Advantage in China's Capital Forging Innovation Driven Development Pattern

—Beijing Talent Development Report in 2011 – 2012

Group of Beijing Center for Human Resource Research

Abstract: Based on the goal of Beijing's building world city with Chinese characteristics, the report researches the talent development, talent work in 2011 – 2012, and facing the situation and tasks in the future. Firstly, according to talent definition in the national talent planning, it analyzes the talent scale, talent quality condition, industrial and area distribution, talent environment and efficiency. At the same time, by comparison with the domestic and international cities, it studies the strengths and weaknesses of Beijing talent development. Secondly, starting from the talent planning framework, by focusing on select projects to promote talent, overseas high –level talents to introduction, talent career platform to build, talent system and mechanism innovation, it sorts out the talent development to promote the main policy measures in recent years and clears the work pattern of the talent. Finally, in connection with the situation and tasks of the talent development for the period ahead, the paper proposes suggestions from the human resources development, personnel restructuring, integration of urban and rural talent, personnel policy innovation and other aspects.

Key Words: Beijing Talent Development; Talent Competition; Innovation Drives

Report on Scientific Human Resources Development in Beijing

Beijing Scienology Research Center
Li Yongjin   Zhang Shiyun   Chen Yuanyuan   Zhangyang

Abstract: Based on the connotation of the scientific human resource, by comparing with each other at home and abroad, this report analyses the status, characteristics and future trends of the Beijing scientific human resources from scale, quality, industry clustering, sector structure and innovation efficiency. It concludes that, Beijing scientific human resources is domestic leading position, but there still exists gaps by compared with the world city, the gap is mainly embodied in the quality, department, structural optimization and innovation efficiency, and so on. In addition, the report also puts forward policy suggestions from improving the quality, adjust the structure, enhances international competitiveness, and innovation performance, etc.

Key Words: Scientific Human Resources; Scale Growth; Quality Improvement; Efficiency

Report on Beijing Social Work Talent Team Construction

Liu Zhanshan   Zhang Qiang   Sun Xianli

Abstract: In recent years, social work talent team construction in Beijing has made much progress but still faces many challenges. This paper analyzes the main factors that have impeded the development of this talent team construction and points out that the capital of social work talent and qualified personnel acceleration along the direction of the "six" will show the general trend of development. In order to facilitate an orderly, step-by-step, and steady progress of social work talent team construction, this paper proposes perfecting educational training systems, improving social worker evaluation systems, speeding up job creations and regulations, improving incentive mechanisms, strengthening social service organizations, and developing volunteer talents etc.

Key Words: Social Work; Social Management; Talent Team Construction

Report on Beijing Financial Industry Professionals Condition

Group of Beijing Municipal Bureau of Financial Work and Beijing G&G Human Resource Development Center

Abstract: The project which is carried out by the Beijing Municipal Bureau of Financial Work and the Beijing G&G Human Resource Development Center, is intended to strengthen the scientific soundness and effectiveness of the talent exploitation in financial industry in Beijing. On the basis of lots of literatures, a questionnaire survey was designed and conducted by the research group. By analyzing the data collection of questionnaire, this paper researches the current situation of talents-exploration in financial industry of Beijing and puts forward existing problems and challenges. And then, expert interviews and seminars were held to providing proposals on strengthening construction of talent contingent of financial industry in Beijing.

Key Words: Finance Talent; Team Status; Measures and Suggestions

Research on Regular Pattern of Beijing Yong Leaders Growth

—Based on Bureau-level Leaders in Beijing

Group of CPC Beijing Committee Organization Department and China Communist Youth League Beijing Committee

Abstract: The steady professional advancement of young government officials and a continuous supply of executive talents are basic guarantees of the development and prosperity of the Party and the people. This paper analyzes the main factors that affect the advancement of young bureau-level officials based on research of 254 such officials. Based on general law of growth of young government officials, this paper makes several propositions including outstanding moral priority and leading role in the selection of young cadres standards, doing a good job of young officials practice and training, perfecting recruitment mechanisms of young officials, gradually establishing a reliable chain of grass-root recruitment, fostering a healthy environment and atmosphere for professional growth, and strengthening and improving the five policies regarding the training and selection of young officials.

Key Words: Young Government Officials; Growth; Rules

Report on Talent Development of Zhongguancun Science Park

Group of Administrative Committee of Zhongguancun Science Park

Abstract: Talent resources are the extremely significant factor of Zhongguancun Science Park. The report analyzes the talent development situation of Zhongguancun Science Park from three aspects. Talent resources accelerated aggregation, talent structure is further optimized, the characteristics of high level, high creativity and internationalization is increasingly apparent. The reform of talent development system and mechanism implement fully, talent policy system improve gradually, talent environment advantage reflects. Talent clusters continue to grow, a large number of innovative achievements have emerged, and talent has played an important supporting and leading role in promoting the development of emerging industries.

Key Words: Zhongguancun Science Park; Special Talent Zone

Report on High-end Innovative Talent Condition of Core Area at Zhongguancun Science Park

Yang Zhihui

Abstract: By taking Haidian District, which the core area of Zhongguancun

Science Park, a place of origin of the strategic emerging industries of China and an area with the most dense science and technology talents, as a case, the author made an in-depth investigation and research of the status of the high-end and innovative science and technology talents, and compared with World-class Science and Technology Parks of the international developed areas, and conducted an comprehensive analysis of the problems of talents in the paper on the basis of the definition of the high-end and innovative science and technology talents. In addition, by focusing on building Zhongguancun special talent zone, the author proposed the suggestions and measures for accelerating the building of high-end and innovative science and technology talents teams in the core area of Zhongguancun from the aspects of the evaluation, introduction, training and motivation.

Key Words: Haidian District; Demonstration Core Area; Innovation; Technology Talents

Exploration and Thinking on Practices of Cultural Talent Team Construction in Dongcheng District of Beijing

Wu Songyuan

Abstract: The cultural talent team is vital to the cultural development and prosperity. In recent years, Dongcheng District has made significant achievements on the culture talent team construction, but still faces some urgent problems on it. This paper is based on analyzing resources advantages, achievements and existing problems on culture talent team, and making some suggestions on optimizing talents development environment, building high-end platforms, creating a mechanism for talents evaluation criterion, planning activities and putting preferential policies in right place. Especially, this paper explored the concept of cultural talents as well.

Key Words: Culture Talent; Team Construction; Talent Evaluation Criteria

Research on Talent Performance Differentiation in the Capital Region

—Based on Industry-level Data

Wu Jiang   Wang Xuanhua

Abstract: Performance is an iconic indicator in measuring efficiency of human resource allocation. The article examines the overall development trend of talent performance in Capital region, and researches differentiation characteristics according to education levels, macro-industrial and emerging industry standards. The conclusions show that the performance level of the talent resources is improving year by year, it illustrates that structure of the talent resources allocation is continuous optimization. From academic level, it is a positive correlation between performance level and qualifications, and differentiated characteristics of macro-industry talent performance is apparent, and the secondary industry is higher than the tertiary industry in the income-type performance, and the tertiary industry is higher than secondary industry in profits performance. In emerging industries, talent performance of financial, cultural creative and logistics exhibition is significant. Therefore, it provides direct evidences to select the important industries in the Capital region in the future.

Key Words: Talent Performance; Differentiation Characteristics; Talent Level, Emerging Industry

Report on Policy Innovation of Zhongguancun Science Park

Group of Policy Innovation Research for Zhongguancun Special Talent Zone

Abstract: The construction of the Zhongguancun Special Talent Zone focuses on talent policy innovation. Giving impetus to policy innovation is of great significance of the comprehensive promotion of talent development, enhancing the competitive advantage of special talent zone to better serve the national strategy. In this paper, the author firstly analyzes the progress and effectiveness of the policies implementation in Z-park Talent Zone, then, it compares with advanced policies carried out in developed countries and other provinces. Based on the above, the author analyzes the main problems of the existing policy system, and finally, it proposes several suggestions and clauses in terms of talents gathering, technology innovation, entrepreneurial support, and industry promotion etc.

Key Words: Zhongguancun; Special Talent Zone; Policy; Innovation

Research on Policy System of Beijing Building a City Gathering High-end Talent in the World

Zeng Xiangquan   Yuan Gang   Hu Qi

Abstract: Beijing has made great success in building the world's high-end talents capital, but also faced by the problems of the external environment and internal systems. The report specifically proposes nine recommendations for improvements: introducing policies to promote the combination of the high-end talents and industrial development; improving the legal guarantee; introducing the special support policies; diversifying the dominant powers of implementing policies; expanding the scope of the gathering policies; establishing the scientific evaluation mechanisms of the high-end talents; keeping improving the gathering policy system and focusing on propaganda and implement; increasing the efficiency of the use of high-end talents; establishing the unified and dynamically adjusted database of high-end talents.

Key Words: High-end Talents; Gathering; External Environment; Internal Systems

Research on Evaluation Mechanism of Science and Technology Talent

Research Group of Beijing Municipal Science & technology Commission

Abstract: The talent evaluation refers to the process, in which the evaluation subject makes an evaluation conclusion by specific evaluation purpose, certain evaluation criteria, and evaluation method. The technological talent evaluation is an activity based on scientific and technological personnel as an object, which is an important means by which science and technology talents are selected, used, and cultivated. At present, Chinese scientific and technological personnel evaluation still exists some questions, for example, lacking of targeted classification, evaluation index not reflecting the ability and quality of evaluation objects, the single evaluation methods, not adapting to innovative national strategic objectives and the requirements of Beijing science and technology development goals. Based on the domestic and foreign experience, and making basic research talents, application development talents, science and technology entrepreneurship talents, and leading talents (the innovation teams) as the object, this report makes a set of technological personnel evaluation mechanism by competency model, individual innovation behavior theory. Finally, according to the concrete demand and problems of science and technology talents in Beijing, the report puts forward specific suggestions on improvement of Beijing science and technology talent evaluation mechanism.

Key Words: Science and Technology Talent; Evaluation Index; Evaluation Mechanism; Policy Proposal

Report on Social Organization Playing a Role in Talent Work

Lu Jian   Yang Peilong

Abstract: Beijing society organizations play a leading role in personnel work to carry out the training of personnel, exchange platform, personnel research, the development of industry standards, the information provided by building talent credit, promote talent employment, the introduction of a special talent, improve personnel security, to carry out the evaluation and honoring. But there are also play the role of inadequate, unbalanced, their own lack of talent, lack of policy environment and other issues. In the future, it need that society organizations involved in personnel work into the Party and government personnel working arrangements and further improve the policy mechanisms, it also need to create a good social atmosphere, increase investment in human resources work and foster social organization full-time personnel workers team.

Key Words: Personnel Work; Social Organizations; NGO

Research on Beijing's Legislation for Talent

Research Group of Beijing Municipal Human Resource and Social Security Bureau

Abstract: Since three decades of the reform and opening up, especially the two national talents meeting, with the continual development of Beijing's talents course, the talents work gradually turns normalized and legalized and talent legislative demand becomes more and more urgent. On the one hand, the implementation of the Party's managing principle of talent, the normalization of government action, the security of talent investment and other aspects need legislative regulation urgently; on the other hand, social and political conditions of legislation are gradually matured, and the issuance of a large number of policies also provides solid foundation. Referring to the legislative practice at home and abroad, Beijing's talent legislation is around the corner. On the basis of analysis of related necessity and feasibility, this article sorts out the core content of Beijing's talent legislation in the next stage systematically.

Key words: Legislation for Talent; Necessity; Feasibility

Cooperation and Win-win: Research on Talent Integration of Beijing, Tianjin and Hebei

Ma Ning   Rao Xiaolong   Wang Xuanhua

Abstract: Based on the analysis of talent cooperation basis, the current situation and problems of Beijing, Tianjin and Hebei, the paper proposes that the implementation path of the regional talent integration is to build the coordination regional talent planning arrangement, complementary advantages regional talent development mode, policy interoperability personnel service system and talent cooperation mechanism of mutual outcome.

Keywords: Beijing Tianjin and Hebei; Talent cooperation; Talent integration

Research on Experience of Gathering High-end Talent in World Cities

Zeng Xiangquan   Yuan Gang   Hu Qi

Abstract: Finance and Culture industries hold the important economic status in the world cities such as New York, London and Tokyo. United States, Britain, Japan had created a well domestic environment for these cities in the Talent Strategy, visa and immigration-related bills and policies、national executive search, entrepreneurship and research support etc. The three world cities had taken distinctive practices to create good environment for the development of the talent、encourage and support entrepreneurship、promote the exchange of information、afford greater rewards、personnel training etc. Three advanced recommendations for the construction of the high-end talent capital of Beijing: using the point system to improve the evaluation system; building the high-end talents intermediary system with the participation of the executive search companies; building the platform for the development of the high-end talent.

Key words: Points Based System; National Headhunters; Platform for Development of the High-end Talent

权威报告　热点资讯　海量资源
当代中国与世界发展的高端智库平台

皮书数据库 www.pishu.com.cn

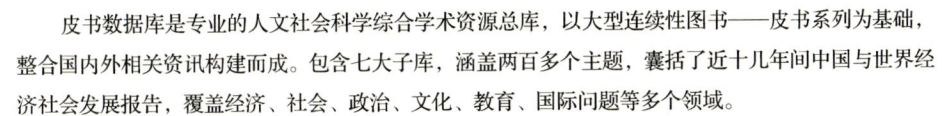

皮书数据库是专业的人文社会科学综合学术资源总库，以大型连续性图书——皮书系列为基础，整合国内外相关资讯构建而成。包含七大子库，涵盖两百多个主题，囊括了近十几年间中国与世界经济社会发展报告，覆盖经济、社会、政治、文化、教育、国际问题等多个领域。

皮书数据库以篇章为基本单位，方便用户对皮书内容的阅读需求。用户可进行全文检索，也可对文献题目、内容提要、作者名称、作者单位、关键字等基本信息进行检索，还可对检索到的篇章再作二次筛选，进行在线阅读或下载阅读。智能多维度导航，可使用户根据自己熟知的分类标准进行分类导航筛选，使查找和检索更高效、便捷。

权威的研究报告，独特的调研数据，前沿的热点资讯，皮书数据库已发展成为国内最具影响力的关于中国与世界现实问题研究的成果库和资讯库。

皮书俱乐部会员服务指南

1. 谁能成为皮书俱乐部会员？
- 皮书作者自动成为皮书俱乐部会员；
- 购买皮书产品（纸质图书、电子书、皮书数据库充值卡）的个人用户。

2. 会员可享受的增值服务：
- 免费获赠该纸质图书的电子书；
- 免费获赠皮书数据库100元充值卡；
- 免费定期获赠皮书电子期刊；
- 优先参与各类皮书学术活动；
- 优先享受皮书产品的最新优惠。

3. 如何享受皮书俱乐部会员服务？

（1）如何免费获得整本电子书？

购买纸质图书后，将购书信息特别是书后附赠的卡号和密码通过邮件形式发送到pishu@188.com，我们将验证您的信息，通过验证并成功注册后即可获得该本皮书的电子书。

（2）如何获赠皮书数据库100元充值卡？

第1步：刮开附赠卡的密码涂层（左下）；

第2步：登录皮书数据库网站（www.pishu.com.cn），注册成为皮书数据库用户，注册时请提供您的真实信息，以便您获得皮书俱乐部会员服务；

第3步：注册成功后登录，点击进入"会员中心"；

第4步：点击"在线充值"，输入正确的卡号和密码即可使用。

卡号：6776766388977887
密码：

（本卡为图书内容的一部分，不购书刮卡，视为盗书）

皮书俱乐部会员可享受社会科学文献出版社其他相关免费增值服务
您有任何疑问，均可拨打服务电话：010-59367227　QQ:1924151860
欢迎登录社会科学文献出版社官网（www.ssap.com.cn）和中国皮书网（www.pishu.cn）了解更多信息

法律声明

"皮书系列"（含蓝皮书、绿皮书、黄皮书）由社会科学文献出版社最早使用并对外推广，现已成为中国图书市场上流行的品牌，是社会科学文献出版社的品牌图书。社会科学文献出版社拥有该系列图书的专有出版权和网络传播权，其LOGO（ ）与"经济蓝皮书"、"社会蓝皮书"等皮书名称已在中华人民共和国工商行政管理总局商标局登记注册，社会科学文献出版社合法拥有其商标专用权。

未经社会科学文献出版社的授权和许可，任何复制、模仿或以其他方式侵害"皮书系列"和LOGO（ ）、"经济蓝皮书"、"社会蓝皮书"等皮书名称商标专用权的行为均属于侵权行为，社会科学文献出版社将采取法律手段追究其法律责任，维护合法权益。

欢迎社会各界人士对侵犯社会科学文献出版社上述权利的违法行为进行举报。电话：010-59367121，电子邮箱：fawubu@ssap.cn。

社会科学文献出版社